清华大学地区研究丛书·专著 IIAS
Area Studies Book Series, Tsinghua University-Monographs

姜景奎 张 静 主编

成为内陆国家的岛屿
演化经济地理视角下的马达加斯加发展困境

熊星翰 著

How an Island has become Landlocked
The Development Impasse of Madagascar through the Perspective of Evolutionary Economic Geography

中国社会科学出版社

图书在版编目（CIP）数据

成为内陆国家的岛屿：演化经济地理视角下的马达加斯加发展困境 / 熊星翰著. —北京：中国社会科学出版社，2024.4

（清华大学国际与地区研究院·专著）

ISBN 978-7-5227-3569-6

Ⅰ.①成… Ⅱ.①熊… Ⅲ.①经济地理—研究—马达加斯加 Ⅳ.①F148.299

中国国家版本馆 CIP 数据核字（2024）第 100560 号

出 版 人	赵剑英
责任编辑	张 潜
责任校对	侯聪睿
责任印制	王 超

出　　版	中国社会科学出版社
社　　址	北京鼓楼西大街甲 158 号
邮　　编	100720
网　　址	http://www.csspw.cn
发 行 部	010-84083685
门 市 部	010-84029450
经　　销	新华书店及其他书店

印　　刷	北京君升印刷有限公司
装　　订	廊坊市广阳区广增装订厂
版　　次	2024 年 4 月第 1 版
印　　次	2024 年 4 月第 1 次印刷

开　　本	710×1000 1/16
印　　张	24.5
插　　页	2
字　　数	342 千字
定　　价	128.00 元

凡购买中国社会科学出版社图书，如有质量问题请与本社营销中心联系调换
电话：010-84083683

版权所有　侵权必究

目　　录

导言　研究问题、文献梳理与写作结构 …………………（1）
　一　研究问题和写作结构 ……………………………（1）
　二　第一个研究问题的文献梳理 ……………………（17）
　三　对马达加斯加发展困境的既有讨论 ……………（43）

第一章　理论、方法与创新性 ………………………………（77）
　一　理论选择：演化经济地理学 ……………………（77）
　二　研究方法 …………………………………………（103）
　三　研究的创新性 ……………………………………（110）

第二章　马达加斯加独特的经济地理格局是如何形成的 ………（128）
　一　概述 ………………………………………………（128）
　二　地理大发现时代中的马达加斯加 ………………（132）
　三　奴隶贸易时期的马达加斯加 ……………………（161）
　四　殖民时期的马达加斯加 …………………………（194）
　五　去殖民时期的马达加斯加 ………………………（225）
　六　小结 ………………………………………………（249）

1

第三章 马达加斯加独特的经济地理格局如何影响其当代国家发展 ………………………………… (252)
- 一 概述 ……………………………………………………… (252)
- 二 地理视角下的地方分权失败 …………………………… (256)
- 三 区域一体化困境 ………………………………………… (288)
- 四 非洲沿海国家迁都内陆的启示 ………………………… (316)
- 五 小结 ……………………………………………………… (341)

第四章 结论与反思 …………………………………………… (344)
- 一 结论 ……………………………………………………… (344)
- 二 本书可能存在的局限性 ………………………………… (349)

参考文献 …………………………………………………………… (354)

致　谢 ……………………………………………………………… (388)

导　言

研究问题、文献梳理与写作结构

一　研究问题和写作结构

（一）研究问题

本书将试图回答以下两个问题。

（1）马达加斯加内陆统御沿海的独特经济地理演化路径是如何形成的？

（2）马达加斯加内陆统御沿海的经济地理演化路径如何影响其当代的国家发展？

在接下来对研究问题来源的分析中将会看到，两个问题是深度关联的。因为引发本书研究问题的困惑如下：马达加斯加作为非洲最大岛国，拥有非洲国家中最长的海岸线，但是当前沿海地区极度欠发展，国家整体也面临发展困境。这其中牵涉到两个维度，一是经济地理格局本身的，二是发展层面的，但是两者密不可分。因此既需要回顾历史，分析这种经济地理格局形成的原因，随后自然而然也需要论证这样鲜明的经济地理特征如何影响马达加斯加的当代国家发展。这一方面是研究中好奇心自然而然的生发，另一方面也是研究中宏观论证逻辑的必要衔接。

1. 为何提出第一个研究问题？

马达加斯加是非洲独一无二的大型岛国，也是全球第四大岛屿，

◈ 成为内陆国家的岛屿

仅次于格陵兰、新几内亚和加里曼丹。马达加斯加的总面积约 59 万平方千米,略小于英国与日本的面积之和,相当于 16 个中国台湾岛的体量。只需要看一眼世界地图的非洲部分就会对这种规模产生的独特性印象深刻(见图 1):环绕整个非洲大陆,除了马达加斯加岛外,无论是东部的毛里求斯、塞舌尔、科摩罗,还是西部的佛得角或者圣多美和普林西,都只是方寸有限的微型岛屿。作为一个巨大的岛国,马达加斯加自然而然也拥有漫长的海岸线,其海岸线总长超过 4800 千米,排名非洲第一、世界第二十八。① 此外,马达加斯加地处印度洋西南,再向西跨过莫桑比克海峡即可到达非洲大陆,两者间的最近距离约为 400 千米。并且马达加斯加除南方少部分国土处于亚热带以外,大部分国土位于热带,所有海岸均不存在冰冻期。

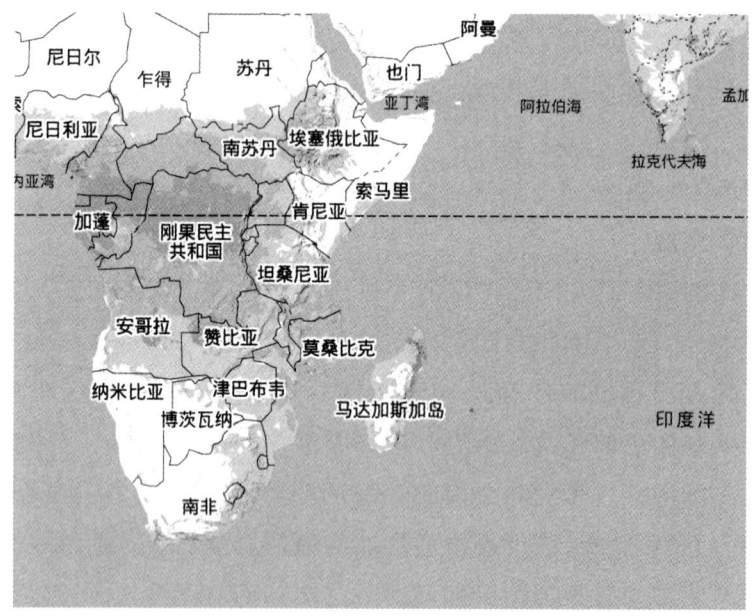

图 1　马达加斯加的显著位置②

---

① List of countries by length of coastline, https://en.wikipedia.org/wiki/List_of_countries_by_length_of_coastline, 2020-09-10.
② 来源于 Google Map。

以上是马达加斯加的总体自然地理形态，尽管它已经非常独特，但与之相比，马达加斯加的经济地理存在着更加引人深思的现象——作为拥有非洲最长海岸线的大型岛国，马达加斯加却没有出现任何大规模的沿海城市。下列两个统计会让这个特点显现得更加直观（见表1、图2）。

表1　撒哈拉以南非洲主要沿海国家及其最大沿海城市的人口统计①

国家	人口	最大沿海城市	最大沿海城市人口	最大沿海城市人口占全国人口比例
安哥拉	30809762	卢安达	7774200	25.2%
贝宁	11485048	科托努	927545	8.1%
科特迪瓦	25069229	阿比让	4920776	19.6%
喀麦隆	25216237	杜阿拉	3655656	14.5%
刚果民主共和国	84068091	马塔迪	245862	0.3%
刚果共和国	5244363	黑角	715334	13.6%
加蓬	2119275	利伯维尔	813489	38.4%
加纳	29767108	阿克拉	3064718	10.3%
几内亚	12414318	科纳克里	1843121	14.8%
肯尼亚	51393010	蒙巴萨	1208333	2.4%
利比里亚	4818977	利比里亚	1418300	29.4%
莫桑比克	29495962	马普托	1635392	5.5%
毛里塔尼亚	4403319	努瓦克肖特	1205414	27.4%
尼日利亚	195874740	拉各斯	13463421	6.9%
塞内加尔	15854360	达喀尔	2978419	18.8%
塞拉利昂	7650154	弗里敦	1135949	14.8%
索马里	15008154	摩加迪沙	2081624	13.9%

---

① 数据源自世界银行，https：//data.worldbank.org/indicator/SP.POP.TOTL? locations = ZG；https：//data.worldbank.org/indicator/EN.URB.LCTY? locations = ZG，2020 - 05 - 25。以下数据例外：刚果民主共和国、刚果共和国、肯尼亚、南非、马达加斯加最大沿海城市人口源自 https：//www.citypopulation.de，2020 - 05 - 25。

◈ 成为内陆国家的岛屿

续表

国家	人口	最大沿海城市	最大沿海城市人口	最大沿海城市人口占全国人口比例
南非	57779622	开普敦	6844300	11.8%
坦桑尼亚	56318348	达累斯萨拉姆	6047600	10.7%
多哥	7889094	洛美	1745744	22.1%
马达加斯加	26262368	塔马塔夫	326286	1.2%

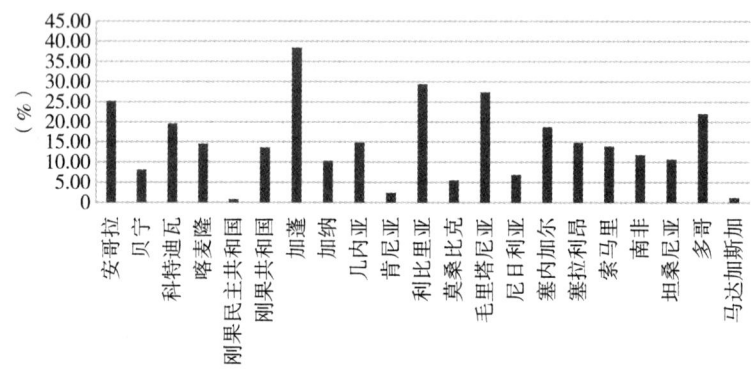

图2 最大沿海城市人口占全国人口比例

通过分析上述图表中的数据可以看到，撒哈拉以南非洲国家的最大沿海城市人口数量一般都在百万级别以上，其人口在各自国家总人口数量中的比例大多数也超过10%，而马达加斯加全国最大的沿海城市塔马塔夫的这个比例仅略大于1%，人口总数也仅仅是不到33万人。除了人口指标以外，马达加斯加沿海城市在经济体量、城市面积等数据上也都很微小。比如就港口货运能力而言，2012年，同处于东非海域的毛里求斯路易港年吞吐量为标准集装箱417467个,[①] 南非德班港为2568124个,[②] 而马达加斯加塔马塔夫港仅为

[①] Mauritius Ports Authority, Annual Report, http：//www.mauport.com/sites/default/files/public/MPA‐Annual‐Report‐2012.pdf, 2020‐03‐12.

[②] Port of Durban, https：//en.wikipedia.org/wiki/Port_of_Durban, 2020‐03‐12.

131580个。① 如果对比数十年来马达加斯加全国与其他一些非洲沿海国家的港口吞吐量，同样可以发现前者在非洲海运中的体量微不足道（见图3）。即便像贝宁这样的西非小国，其海运标准集装箱年吞吐量都超过了30万个，并且这还是在它旁边存在尼日利亚、加纳、科特迪瓦这样的西非大国的情况下实现的。总之，对于一个非洲海岸线长度排名第一的大型岛国来说，马达加斯加沿海极度滞后的发展现状是个让人感到极其惊讶且困惑的现象。

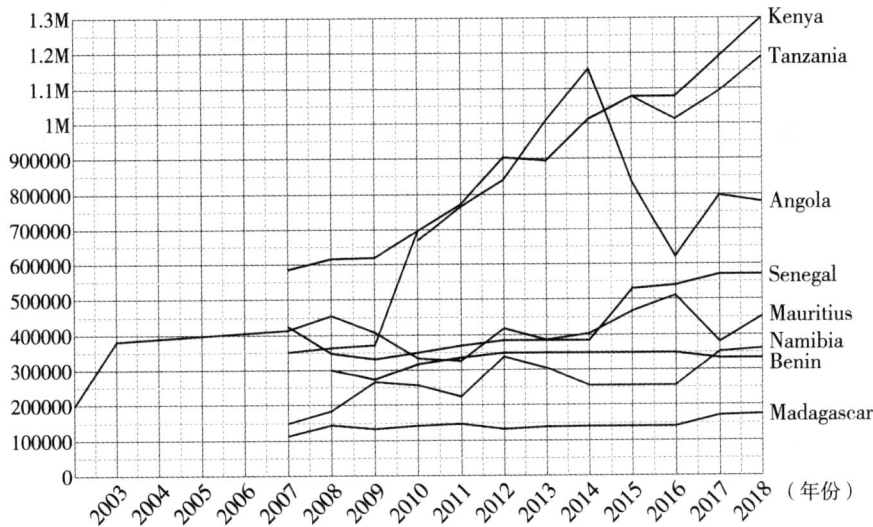

图3　2007—2018年部分非洲国家集装箱吞吐量对比②

从古典经济学的视角看，马达加斯加沿海欠发达的情况也有悖于常识，在人们的认知中，温带和热带的沿海国家往往具备优良的海运

---

① SPAT, Statistiques Annuelles, http://www.port-toamasina.com/statistiques/statistiques-annuelles/, 2020-03-12.
② Container port traffic (TEU: 20 foot equivalent units), https://www.google.com/publicdata/explore?ds=d5bncppjof8f9_&hl=en&dl=en#!ctype=l&strail=false&bcs=d&nselm=h&met_y=transport_infrastructure_and_services&scale_y=lin&ind_y=false&rdim=world&idim=country:MUS:NAM:MDG:TZA:KEN:BEN:AGO:SEN&ifdim=world&hl=en_US&dl=en&ind=false, 2020-09-17.

条件，因此能比内陆国家有更好的贸易流通和经济发展。亚当·斯密在其《国富论》中也曾指出：地理位置是一个国家能否快速积累财富的关键性因素，沿海地区的经济能够比内陆地区发展得更好，因为沿海地区直接与海洋贸易线路连接，这意味着商品能更好地流通和进入市场。[①] 按照亚当·斯密的推论，马达加斯加这种得天独厚的海洋国家应该依赖其便利的海运条件发展起繁荣的贸易，并且其国家的经济中心应该优先在沿海地区发展起来。然而，事实上，马达加斯加呈现出来的国家发展格局完全与这一推论相反，它的首都塔那那利佛及其所处的内陆中部高原地区在整个国家发展中占据绝对中心的位置，而其沿海地区则长期处于边缘地位，社会和经济发展程度都非常有限。

就地理学而言，这体现出马达加斯加地理的一个深层特点——该国包括经济、政治、文化各方面的人文社会活动中心的地理空间分布异于大多数沿海国家，呈现出"作为中心的内陆统御作为边缘的沿海"这一特征。当然，首先需要强调的是，本书对马达加斯加地理的讨论不只停留在作为自然环境的地理特征，而是将"地理"的含义从自然地理扩展到了人文地理的层面。但是这并不意味着对自然地理空间的轻视，本书在分析地理的人文和自然范畴时还会考虑人类活动与自然地理环境的交互作用，这种区分—融合—关联的思维贯穿本书始终。

举个例子，当谈论一个国家的中心和边缘时其实存在不同维度，不仅有地理空间维度上的中心和边缘，还有政治、经济、文化等人文活动的中心和边缘。对于沿海国家而言，很多情况下国土空间中心与人文活动的中心是不重合的，其人文活动的中心经常处在沿海，而沿海在国土空间位置上却往往是边缘；同理，沿海国家国土空间的中心往往是经济发展的边缘地区（见图4）。

可以说，这种经济中心和地理空间中心不重合的情况是符合亚当·

[①] 亚当·斯密：《国富论》，华夏出版社2005年版，第17—18页。

斯密的论断的,然而马达加斯加正好是一个反例,它虽然是一个沿海国家,但它的地理空间中心与人文活动中心是重合的。这种重合不易被发觉,因为它无意间契合着一般的心理认知图示,中心本身是一个空间和身体部位构成的复合隐喻概念,中是空间含义,心则既处于人体的中间,又对人类生存具有极其重要的意义。借助"中心"对区位进行描述是常见的借助隐喻来认知和秩序化外部世界的体现。因此,正因为马达加斯加空间中心和经济、政治中心的重合,反而容易让人忽视它的反常——在全球化贸易时代不断深化的过程中,就沿海国家而言,地理空间的中心长期与人文活动中心重合的情况是罕见的。

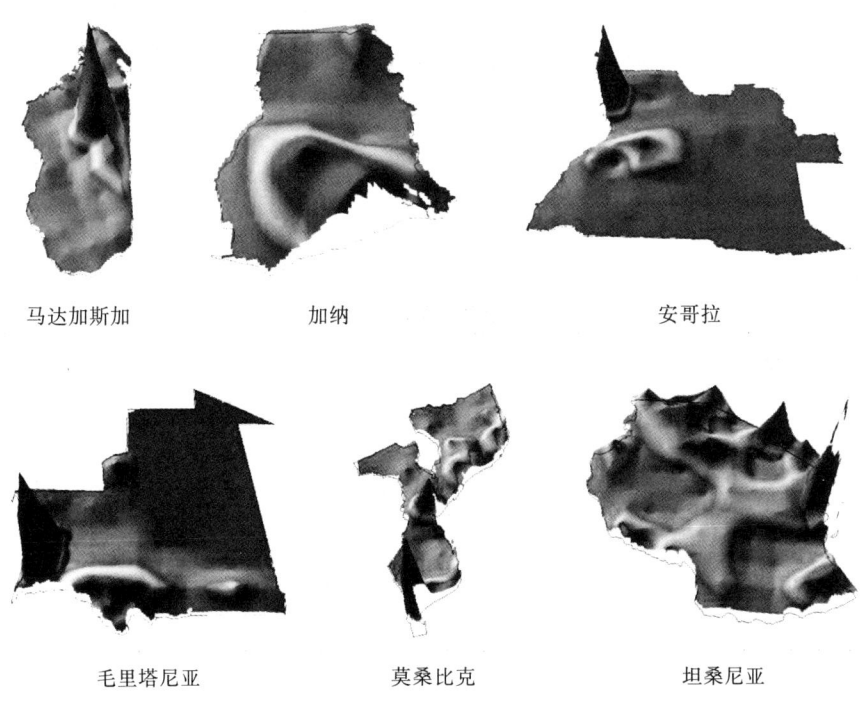

马达加斯加　　　　加纳　　　　安哥拉

毛里塔尼亚　　　　莫桑比克　　　　坦桑尼亚

图4　部分非洲沿海国家的经济地形①

---

① Individual country files and economic contour map G-Econ project, Yale University, https://gecon.yale.edu/country–listing, 2020–03–16.

◈ 成为内陆国家的岛屿

尤其是就撒哈拉以南非洲而言,由于奴隶贸易、殖民统治以及独立后在整个世界经济体系中提供原材料和初级制成品的依附性地位,其经济在很长一段时间内都依赖原材料或初级制成品的出口进行运转,这更放大了海运对这些国家的意义。所以整体而言,撒哈拉以南沿海非洲国家的近现代发展路径大多是沿海地区首先崛起,再靠沿海区域带动内陆区域发展。这种情况除了显著体现在沿海经济、人口体量方面以外,还体现在国家区域发展的顺序上。对于大多数非洲沿海国家而言,经济发展在近现代都呈现出沿海带动内陆的趋势,所以大城市和经济、政治中心区域在这些国家往往都最先出现在沿海。

当然,在随后的历史进程中,沿海国家到底是顺应经济、贸易运行的规律来继续优先发展沿海,还是按照新的发展逻辑来协调沿海和内陆地区的发展,始终是一个没有停歇过的讨论。很多现代沿海国家迁都的历史也反映了这一点:整体而言,近现代沿海国家的迁都一般遵循从沿海到内陆的规律,比如人们熟悉的以下国家的迁都行为都在印证这一点(见表2)。

表2　　　　　　　　　近现代沿海国家的迁都轨迹

国家	迁都轨迹
缅甸	仰光—内比都
巴西	里约热内卢—巴西利亚
巴基斯坦	卡拉奇—伊斯兰堡
坦桑尼亚	达累斯萨拉姆—多多马
尼日利亚	拉各斯—阿布贾
科特迪瓦	阿比让—亚穆苏克罗

而促成上述迁都行为的原因,常常是政治逻辑介入经济逻辑,寻求一个兼顾经济发展和政治稳定的效果。这一类迁都往往因为沿海旧都地区发展迅速,城市急剧膨胀,需要转移人口、环境等压力;同时为了确保国家安全和协调内陆发展,通过政治和行政手段推进迁都。

比如缅甸、巴基斯坦的迁都决策中，国家安全因素都是重要的原因，而科特迪瓦甚至出于费利克斯·乌弗埃－博瓦尼（Felix Houphouet-Boigny）的个人原因而推动了首都阿比让迁往雅穆苏克罗。但是，从迁都前后新建的中心城市发展的表现上看，能够发现大部分案例都显现出政治行为面对经济规律时遭遇的困境和压力，内陆的新首都不一定获得预想中的发展，这些沿海国家的经济中心依然停留在沿海地区。撒哈拉以南非洲向内陆迁都的沿海国家同样产生了政治中心和经济中心分离的现象（见表3）。

表3　撒哈拉以南沿海非洲国家政治、经济中心的地理分布情况

政治、经济中心合一且在沿海	经济中心在沿海，政治中心在内陆	政治、经济中心合一且不在沿海的例外
塞内加尔：达喀尔 加纳：阿克拉 多哥：洛美 几内亚：科纳克里 利比里亚：蒙罗维亚 毛里塔尼亚：努瓦克肖特 加蓬：利伯维尔	科特迪瓦：阿比让—亚穆苏克罗 喀麦隆：杜阿拉—雅温得 坦桑尼亚：达累斯萨拉姆—多多马 尼日利亚：拉各斯—阿布贾 刚果共和国（刚果布）：黑角—布拉柴维尔 肯尼亚：蒙巴萨—内罗毕	刚果民主共和国［刚果（金）］：234万平方千米的国土面积而海岸线仅有37千米（全球海岸线长度与国土面积比例最小的国家），政治、经济中心靠近大西洋，远离国土空间中心。 马达加斯加：世界第四大岛屿，海岸线总长约4800千米，政治、经济中心却都在中部高原首都塔那那利佛

通过上述案例可见，在非洲乃至全世界沿海国家中，经济中心、政治中心与国土空间中心的重合都是极少出现的人文地理结构，马达加斯加作为一个大型热带岛屿呈现这种政治、经济、地理中心高度合一的情况可以说极其反常。特别是如果考虑到马达加斯加也和大多数撒哈拉以南非洲国家和地区一样，经历过航海大发现、奴隶贸易、殖民统治的洗礼，这样的人文地理特征就更让人感到困惑，因为近现代史上这几个大型的历史动态机制都是由海洋霸权主导的，在大多数受它们影响过的地区都带来了沿海的率先发展。为何马达加斯加独具一

格，让自己4800千米的海岸线地区在经过这些历史浪潮的席卷后依然悄无声息？

出于以上困惑，本书要尝试回答的第一个问题就是马达加斯加由内陆统御沿海的经济地理格局是如何生成和延续的。

2. 为何提出第二个研究问题？

在马达加斯加独特的经济地理格局之外，另一个让人困惑的现象是这个国家的整体发展现状。

按照联合国、世界银行以及世界货币基金组织的人均国内生产总值（GDP per Capita）排名，马达加斯加是全球最不发达的十个国家之一（见表4）。根据世界银行的数据，马达加斯加近五年的贫困率都在75%以上（贫困线标准为1.9美元/天），慢性营养不良人口比率世界第四高，半数五岁以下儿童发育不良，儿童辍学率世界排名第五。① 除此之外，马达加斯加目前在社会安全、自然灾害防控、居民卫生医疗条件等方面的表现也非常不理想。

表4　联合国、世界银行以及国际货币基金组织人均GDP统计排名最后十位的国家（2017年）②

联合国		世界银行		世界货币基金组织	
排名	国家	排名	国家	排名	国家
184	刚果（金）	179	塞拉利昂	175	塞拉利昂
185	塞拉利昂	180	冈比亚	176	冈比亚
186	冈比亚	181	刚果（金）	177	刚果（金）
187	马达加斯加	182	马达加斯加	178	利比里亚
188	中非共和国	183	尼日尔	179	马达加斯加
189	尼日尔	184	莫桑比克	180	中非共和国

① The World Bank In Madagascar Country Overview, https://www.worldbank.org/en/country/madagascar/overview, 2019-10-25.

② List of countries by GDP (nominal) per capita, https://en.wikipedia.org/wiki/List_of_countries_by_GDP_(nominal)_per_capita, 2019-10-25.

续表

联合国		世界银行		世界货币基金组织	
排名	国家	排名	国家	排名	国家
190	莫桑比克	185	中非共和国	181	莫桑比克
191	马拉维	186	马拉维	182	尼日尔
192	布隆迪	187	布隆迪	183	马拉维
193	索马里	188	南苏丹	184	布隆迪

此外，在基础设施建设方面，根据2019年发布的世界竞争力排行，马达加斯加在142个参与排名的国家中位列第133。在经济产业比重方面，马达加斯加工业化程度非常低，经济中占主导地位的依然是农业，并且农业人口占全国总人口的80%左右。①

如此低下的发展程度和马达加斯加得天独厚的资源禀赋也形成了鲜明的反差。作为一个人口超过2500万、大部分国土处于热带的世界第四大岛屿，马达加斯加拥有丰富的资源，其中主要包括以下几方面。

（1）农业资源。马达加斯加国土面积的一半适宜农业生产，其中可耕地面积达到1800万公顷，超过其余印度洋岛国面积总和。② 因为可耕地面积广大，加之在岛屿的中、东、北部都有丰沛的降水，马达加斯加在粮食生产上有着巨大的潜力。除此之外，由于存在大面积的热带雨林气候区域，马达加斯加在热带经济作物种植方面也有得天独厚的优势。从殖民时期开始，殖民者就在马达加斯加广泛种植咖啡、棕榈等作物，后来香草异军突起，马达加斯加成为全球最大香草生产国，产量一度占全球产量的80%。③ 除此之外，马达加斯加还是全球

---

① Klaus Schwab, ed., *The Global Competitiveness Report 2019*, World Economic Forum, 2019, p. 358.
② Symonette Fanjanarivo, et al., *Entreprendre à Madagascar: les Grands Défis d'un Développement pour tous*, Antananarivo: CERIC, 2016, p. 32.
③ 曾尊固等编：《非洲农业地理》，商务印书馆1984年版，第461页。

第二大丁香生产国，并且出产多种热带水果。除种植业外，马达加斯加在畜牧业上同样前景广阔，据估计，在20世纪80年代，整个岛屿上有峰牛约2300万头，后来随着乡村地区社会治安恶化，目前该数字下降到约600万头。①

（2）矿产资源。矿产资源种类多样，储量丰富。主要矿藏包括铁、铜、金、铬矿、石墨、铝矾土、云母、镍、硅等，其中石墨储量居非洲首位，水晶蕴藏量居世界第三。② 目前，日本、韩国、加拿大等国的企业联合开发的镍钴矿以及力拓公司开发的钛铁矿投资规模都已经超过10亿美元，前者总投资预算甚至达到80亿美元。③

（3）旅游资源。地形地貌多样：包括热带雨林、喀斯特地貌、山地景观等。热带海岸线漫长：沿线椰林树影水清沙白，有众多优质岛屿和海滩。生物种类丰富独特：马达加斯加因为板块漂移而形成的独特的地理环境庇护了世界上最丰富和独立的生物群落之一，从各式植物到两栖、爬行动物门类，再到哺乳灵长类的狐猴都能在这里看到。独特的人文景观：马达加斯加历史上受东南亚、阿拉伯世界、非洲大陆移民影响，形成了丰富而特别的文化呈现形式。总体而言，马达加斯加具有丰富的旅游资源和巨大的旅游发展前景。

（4）生物独特性和多样性。在马达加斯加生长生活的动植物中，85%的植物、39%的鸟类、91%的爬行动物以及99%的两栖动物属于世界独有。④ 生物独特性和多样性在旅游、化妆个护、食品加工、医药等产业都会给马达加斯加带来巨大的助力。以生物制药为例，马达

---

① Madagascar：Échec des efforts soutenus par la Banque mondiale pour commercialiser la viande bovine，https：//fr. mongabay. com/2020/09/madagascar – echec – des – efforts – soutenus – par – la – banque – mondiale – pour – commercialiser – la – viande – bovine/，2020 – 11 – 16.
② 赵雪朋、郝太平、邓志东等：《马达加斯加矿产资源勘查概述》，《西部探矿工程》2013年第9期，第86页。
③ Ambatovy History，http：//www. ambatovy. com/ambatovy – html/docs/index. php. html，2019 – 05 – 12.
④ Symonette Fanjanarivo，et al.，*Entreprendre à Madagascar：les Grands Défis d'un Développement pour tous*，Antananarivo：CERIC，2016，p. 162.

加斯加应用科学研究院（Malagasy Institute for Applied Research）在半个世纪前就开始与拜耳制药合作生产含有马达加斯加特有植物成分的药品。[1] 并且该研究院负责人曾声称大约50%的马达加斯加传统医药知识在经过马达加斯加应用科学研究院科学家的严格检验后被认为是有效的。[2]

（5）能源资源。在矿石能源方面，马达加斯加被探明具备较为丰富的石油和煤炭储备，其中齐密鲁鲁（Tsimiroro）地区据估算拥有储量约20亿桶的油田，目前已经进入初期产油阶段；[3] 此外，在马达加斯加南部萨瓦地区有储量可观的煤炭资源。除了化石能源，马达加斯加还具有丰富的水能、太阳能、风能开发潜力。

（6）劳动力资源。除了自然资源以外，马达加斯加拥有接近1400万劳动人口，25岁以下人口在总人口中的比例超过60%，[4] 并且受限于经济发展水平，平均薪酬很低。目前的法定月最低工资为20万阿里亚里（Ariary），约等于50欧元。不过考虑到马达加斯加存在大量非正式就业，所以实际薪酬水平可能比法定数额还要更低。

综上可见，尽管拥有得天独厚的条件，但马达加斯加的发展现状似乎难以匹配其优良的资源禀赋。更让人感到不解的是，在20世纪60年代非洲众多国家取得独立之时，马达加斯加在发展指标上并不落后于非洲大陆上的大多数其他国家，处于和撒哈拉以南非洲当时平均发展程度相当的水准。但是随着时间的推移，马达加斯加越来越难以跟上撒哈拉以南非洲国家整体的发展节奏。以人均国内生产总值为

---

[1] Andry Rajoelina sur FRANCE24, "Il ne faut pas sous-estimer les scientifiques africains", https：//www.youtube.com/watch? v = K1oBM5RPp_k, 2020 - 08 - 02.

[2] TWAS（the Academy of Sciences for the Developing World）, Malagasy Institute for Applied Research：Profiles of Research Institutions in Developing Countries, 2008, p. 33.

[3] Madagascar Oil Sa：Company Profile and History, https：//www.ide.go.jp/English/Data/Africa_file/Company/madagascar02.html, 2019 - 09 - 30.

[4] Demographics of Madagascar, https：//en.wikipedia.org/wiki/Demographics_of_Madagascar#：~：text = According%20to%20the%202019%20revision, was%2065%20years%20or%20older%20, 2020 - 10 - 25.

例，1970年以前马达加斯加与撒哈拉以南非洲都在200美元左右的区间徘徊，但是现在马达加斯加已经落后撒哈拉以南非洲的平均水平约1000美元（见图5）。

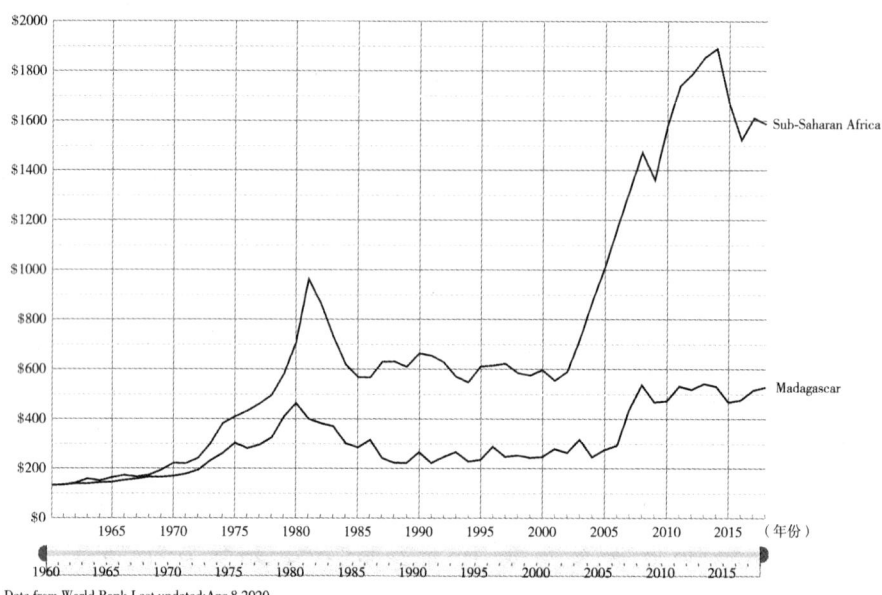

图5　1960年以来马达加斯加与撒哈拉以南非洲人均GDP变化趋势对比①

单独选择一些非洲国家进行对比也可以发现同样的趋势，以卢旺达、坦桑尼亚、塞内加尔、科特迪瓦、肯尼亚五个国家为例，在1970年以前，马达加斯加不但在人均GDP的统计上与科特迪瓦、塞内加尔相差不大，更是领先于卢旺达和肯尼亚，甚至在20世纪90年代依然优于坦桑尼亚，但现在马达加斯加被这些国家远远抛在身后，并且总体上的差距还有进一步扩大的趋势（见图6）。在这几个甩开马达

---

① Public Data：GDP per Capita, World Bank, https：//www.google.com/publicdata/explore? ds = d5bncppjof8f9_ &met_ y = ny_ gdp_ mktp_ cd&idim = country：MDG：MUS：MOZ&hl = en&dl = en#! ctype = l&strail = false&bcs = d&nselm = h&met_ y = ny_ gdp_ pcap_ cd&scale_ y = lin&ind_ y = false&rdim = world&idim = region：SSF&ifdim = world&hl = en_ US&dl = en&ind = false，2020 - 09 - 16.

加斯加的国家中,既有同马达加斯加一样曾经的法属殖民地科特迪瓦、塞内加尔,也有同样位于印度洋西岸东非地区的肯尼亚和坦桑尼亚,还有同属法语国家但是经历过战乱和种族屠杀并且是内陆国的卢旺达。

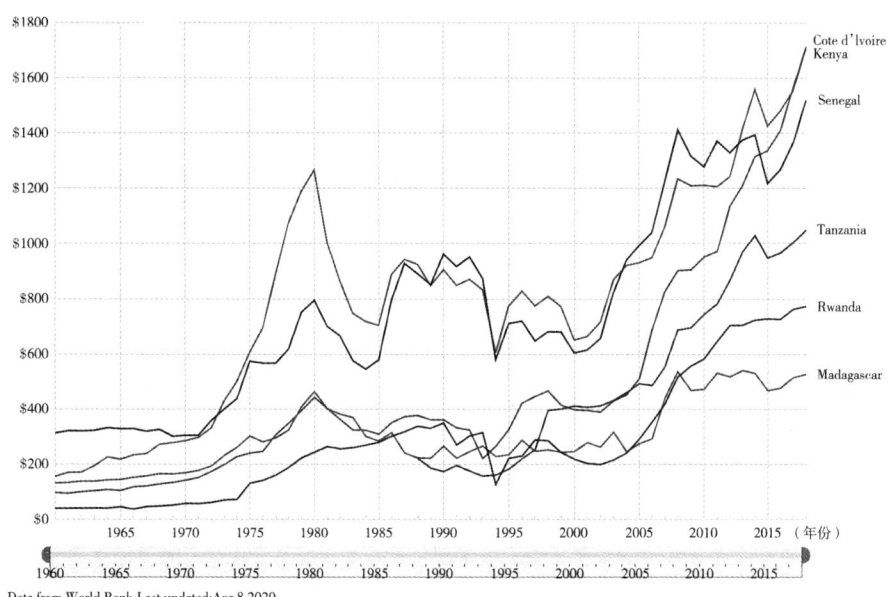

图6　1960年至今几个非洲国家的人均GDP变化情况对比①

还有一点值得注意的是,通过表3的对比可以发现,世界人均GDP排名最后的十个国家中,大多数要么爆发过内战,比如塞拉利昂、利比里亚、莫桑比克、刚果(金),要么就是内陆国家(Landlocked Country),比如马拉维、布隆迪、中非、尼日尔、南苏丹,其中像南苏丹、布隆迪这样的国家既是内陆国又爆发过内战。除此之

---

① Public Data：GDP per Capita, World Bank, https：//www.google.com/publicdata/explore? ds = d5bncppjof8f9_ &met_ y = ny_ gdp_ mktp_ cd&idim = country：MDG：MUS：MOZ&hl = en&dl = en#! ctype = l&strail = false&bcs = d&nselm = h&met_ y = ny_ gdp_ pcap_ cd&scale_ y = lin&ind_ y = false&rdim = world&idim = country：MDG：CIV：TZA：KEN：RWA：SEN&ifdim = world&hl = en_ US&dl = en&ind = false, 2020 - 09 - 16.

外，没有爆发内战又属于沿海国家的世界最不发达国家就只剩下冈比亚和马达加斯加。但很显然，就国家体量和资源禀赋而言，马达加斯加都比冈比亚领先很多，前者本应该有足够的条件来使自己脱离最不发达国家这一行列。

由上可见，马达加斯加的欠发达现状不只是一个当前所面临的困境，更是一个在历史进程中不断累积的效应，它展现出一种持续性和稳定性。截至目前，已经有学者从族群、制度、文化、资源诅咒、基础设施与公共服务等角度讨论它们对马达加斯加发展的影响。但是在后文的文献梳理中会看到，这些解释都难以对马达加斯加当前发展困境的独特性予以足够让人信服的说明。

除了说服力的不足以外，既有对马达加斯加发展困境的研究都没有讨论地理因素对该国发展所起到的影响，这对于一个无论在自然地理层面还是人文地理层面都有显著特征的国家而言令人费解。特别是后者，在前文的介绍中已经看到，马达加斯加作为大型岛国，其整体经济地理格局所呈现出的"内陆统御沿海"特性在撒哈拉以南非洲乃至全世界范围内的沿海国家中都是罕见的；其沿海地区展现出来的异常滞后的发展状态同样也是沿海国家中少有的。

毫无疑问，特定的地理特征对于某一国家或地区的发展会产生显著的影响。这其中有可能是自然地理的直接影响，比如小型岛屿国家（Small Island Country）因为在气候变暖现象中受到的威胁最大，所以它们对于节能减排给予了非同寻常的关切，在国家发展政策制定上也非常注重发展的可持续性。此外，对于热带小型海岛国家而言，出于面积、景观等多重考虑，它们多将旅游业、金融服务业等产业定位为自身的发展核心。也有可能是经济地理状况带来的影响，比如在世界上很多沿海国家，由于沿海往往是其经济优先得到发展的地区，所以在一定历史时期国内会出现显著的区域发展不平衡问题，造成国内人口流动、资源分配失衡、群体矛盾加剧等。还有可能是自然地理和经济地理双重作用下的影响，比如内陆国家往往面临缺乏出海口的困难和与之相关的一系列对外贸易阻碍，这其中既有身处内陆这样自然地理条件的限制，同样也有国境的历史建构、贸易壁垒、税收影响等经济地理条件的作用。

综上，无论在学理上还是现实中，分析马达加斯加地理因素如何影响其当代国家发展都是一项亟待完成的工作。另外，由于沿海地区发展本身属于马达加斯加国家整体发展中的一个组成部分，就其低发展状态如何影响全国整体发展进行讨论同样也是对马达加斯加经济地理状况进行研究时应该回应的问题。

（二）写作结构

为探讨上述两个研究问题，本书将按照以下结构安排书写。

首先在导言中对探讨两个问题的既有相关文献分别进行梳理，并讨论它们对于相关问题的解释力和局限性，同时针对本书的问题总结出需要对既有研究进行改进和超越的地方。

第一章将针对导言文献回顾，为研究问题提出本书将采用的研究理论和研究方法，并分别对它们进行细致的梳理和介绍，同时也论证本书所采用理论和方法的适用性。在此基础上，本章还会专门从研究对象、研究范式、理论对话以及概念交流的层面讨论本书所具有的创新性。

第二章和第三章将是本书的实证研究部分，其中会将马达加斯加的实际案例与本书采用的理论结合，分别对本书的两个研究问题进行回答。

第四章将会呈现本书的结论，并反思其可能存在的局限性。

二　第一个研究问题的文献梳理

关于"马达加斯加内陆统御沿海的独特经济地理演化路径是如何形成的"这一问题，由于既有研究中不存在直接讨论马达加斯加经济地理格局如何形成的文献，所以本部分的文献回顾主要分析既有人文地理学说中探讨经济地理格局生成机制的理论，并从中分析它们对于马达加斯加问题的解释力和不足。

（一）早期人文地理思想的相关探讨和不足

久远的古代，早期旅行者在他们的见闻游记中就尝试过探讨地理环境如何影响居住其间人群的社会和文化特征。有时候他们不是以一种直接下定论的方式阐述这种关系，而是通过并列叙述一地的环境和该地的风俗，从而展现地理环境对人文特征的某种决定性作用。但是从这种并列叙述中可以感知到一种暗含其间的强烈因果逻辑推论，即某种地理环境造成了某种社会形态和社会运作机制。

比如《大唐西域记》中，玄奘在描述屈支国时曾写道：气序和，风俗质。① 而在介绍充满雪山、沙漠并有绿洲点缀的窣利地区时，玄奘将当地人文风俗归纳为：风俗狡讹，多行诡诈，大抵贪求，父子计利，财多为贵，良贱无差。② 这种从气序到风俗，从雪山、沙漠、绿洲复杂地貌到充满商贾奸猾计利的民风的并列描述，虽然没有直接论断地理环境和社会文化特征的决定性关系，但是却给人强烈的两者高度相关的印象。

除了玄奘这样的伟大旅行者，中国古代的史学家也注意到地理因素对于商业活动的意义。在《史记》的《货殖列传》中，司马迁就指出：范蠡能在短期内积聚起可观财富的一个重要原因，就在于他将自己从事商业活动的地点选在了作为交通枢纽的陶国——"朱公以为陶天下之中，诸侯四通，货物所交易也。乃治产积居，与时逐而不责于人……十九年之中三致千金"③。

---

① 玄奘、辩机原著，季羡林等校注：《大唐西域记校注》，中华书局1985年版，第54页。
② 玄奘、辩机原著，季羡林等校注：《大唐西域记校注》，中华书局1985年版，第72页。
③ 张萍：《历史商业地理学的理论与方法及其研究意义》，《陕西师范大学学报》（哲学社会科学版）2012年第4期。

与中国史学家类似，亚当·斯密在其《国富论》中也指出地理位置是一个国家能否快速积累财富的关键性因素。他认为沿海地区的经济能够比内陆地区发展得更好，因为沿海地区直接与海洋贸易线路连接，这意味着商品能更好地流通和进入市场。对此斯密写道：

> 水运比陆运开拓了广大得多的市场，因而自古以来各种产业的分工改良，自然而然地都开始于沿海沿河一带。
>
> 非洲内地，黑海和里海以北极远的亚洲地方，古代的塞西亚，即今日的鞑靼和西伯利亚，似乎一向都处于野蛮未开化状态。鞑靼海是不能通航的冰洋，虽有若干世界著名大河流过鞑靼，但因彼此距离太远，大部分地区不利于商业和交通。在欧洲，有波罗的海与亚得里亚海；在欧亚两大陆间，有地中海与黑海；在亚洲，有阿拉伯、波斯、印度、孟加拉国及退罗诸海湾。但在非洲，却是一个大内海也没有，境内诸大河又相隔太远，因此不能有较大规模的内地航行。此外，在一国境内，纵有大河流贯其间，但若毫无支流，其下游又须流经他国国境始注于海，这国也就仍然不能有大规模的商业，因为上游国能否与海洋交通，随时都要受下游国的支配，就巴伐利亚、奥地利和匈牙利各国而言，多瑙河的效用极为有限，但若此河到黑海的全部航权，竟为三国中任何一国所独有，效用就不可同日而语了。①

如果说亚当·斯密将重心放在论证地理条件和经贸活动的关系上，那么孟德斯鸠则更多在讨论地理环境特征对相应地区政治形态和特点的影响。比如他认为亚洲大陆因为缺少可以抵御寒风的山系，所以温带地区稀少，北部冷空气可以直接袭击南方。他认为正是出于这样的地理气候环境，北部坚韧残酷的人群可以征服并轻松地统治南部

---

① 亚当·斯密：《国富论》，华夏出版社2005年版，第17—18页。

柔弱的人群，并且因此建立起专制政体。此外，孟德斯鸠指出，欧洲是一个被众多难以通过的河流切割开的平原，因此容易形成众多小型国家对峙共存的局面；相反地，亚洲大陆因为缺少可靠的自然屏障，容易形成统一的大帝国。①

在早期探讨地理环境与人类社会发展关系的思想家中，出生于今天突尼斯的阿拉伯历史学者伊本·赫勒敦（Ibn Khaldun）尤其值得一提。他在自己的鸿篇巨制《历史绪论》中，对地理环境如何决定人类社会形态和发展进程进行了非常系统的讨论。他首先借助当时阿拉伯世界先进的地理学知识，做出了人类生活的世界是一个球体的论断，并且指出大多数人群集中在北半球。在这个基础上，伊本·赫勒敦将北半球自赤道向北极点划分为七个温度带，认为其中气候比较温和的温度带的居民在肤色、体质、性格等方面都比较适中，并且这些地区也发展出了较高级和复杂的文明。伊本·赫勒敦还特别强调了环境对相关社会中道德的塑造作用，比如游牧民族因为往往分散居住所以有更强的自我保护需求，因此他们变得更加警醒、敏感，并且因为游牧过程中远离政府不受拘束，因而也变得崇尚奔放自由。此外，相对恶劣的畜牧环境也使得游牧民族变得勇敢，并且对家庭和族人忠诚。并且和亚当·斯密类似地，伊本·赫勒敦也指出文明更倾向于在沿海或是大河流域这样水道便利的地方发端和兴盛。②

诚然，这些先贤对于地理因素和社会发展之间关系的论著有将问题简单化的特点，甚至有时候还带有美化自身所在群体的倾向。但是，如果考虑到当时他们所处的历史和社会情境，就应该为他们这种尝试在经验事实中来寻找普遍规律的努力而赞叹。他们放弃了简单用神学体系解释人类社会变动的先验范式，而是采取更客观和严谨的态度。他们的论述中还有一部分在现今看来依然具有参考价值，比如良

---

① 孟德斯鸠：《论法的精神》，商务印书馆2012年版，第321—326页。
② 伊本·赫勒敦：《历史绪论》（上卷），宁夏人民出版社2014年版，第66—104页。

好的海运条件对人类群体财富积累的促进作用,这一点在全球贸易无比繁荣的今天变得极其明显。又比如关于自然环境对于社会组织形式和管理的影响,如今在马达加斯加一些偏远地区,当进行全国范围的民主选举时,选票的计票工作依然因为恶劣的交通条件和滞塞的信息传递而面临极高的舞弊风险。在经济地理层面,这使得选举制度下中央与地方的关系更加微妙和复杂,从而会影响到地方的后续发展。

此外,在其他一些细节处,早期古典地理学的见解对于今日马达加斯加而言也很有启发性,比如亚当·斯密认为对于奥地利、匈牙利等国,由于多瑙河下游入海河段不受它们控制,所以大河航运的价值由此下降很多。就马达加斯加而言,在后文的分析中会看到,缺乏连通内陆与海洋的河道极大地延缓了外界对它的认知进程,并且在后续发展中也极大地阻碍了内陆与沿海的物流沟通。这样的阻碍在奴隶贸易时期使得马达加斯加内陆可以在一个相对封闭的环境下形成强大的王国,并确立起内陆统御沿海的结构。

就马达加斯加而言,因为这个岛屿被外界发现和了解是16世纪以后发生的事情,所以早期旅行者和思想家并没有对它做过多的论述。不过有意思的是,亚当·斯密和伊本·赫勒敦所做的关于海洋有利于一个国家贸易发展和财富积累的判断在马达加斯加这个地方似乎没有得到完全印证——马达加斯加热带岛国的属性并未带来其沿海地区的高速发展,也没有因此促成整个国家商贸的繁荣与财富的积累。根据前文中的介绍,马达加斯加恰恰形成了一个独特的反例来挑战两个人的观点。尽管亚当·斯密和伊本·赫勒敦的观点符合普遍性的常识和直觉,但是它就是无法说明马达加斯加这个国家所呈现的独特现象,这也让人意识到早期思想家对于地理环境所起作用的判断不够严谨,有待修正。

(二)地理决定论的相关探讨和不足

从20世纪开始,一种认为自然地理环境对当地居民生理特征、

◈ 成为内陆国家的岛屿

生活生产方式以及社会组织形式会产生影响，以至于最后决定该地社群发展模式和发展水平的学说开始引起重视，这一学说流派被冠名为"地理决定论"（Geographic Determinism），有时候也被称为"环境决定论"（Environmental Determinism）。地理决定论是这样一种思想，它认为自然环境限制和塑造相应地区居民的行为，并因此导致这些居民构成的社会按某一类特定的模式演变，从而呈现出该社群或文明现在的境况。地理决定论兴起于 20 世纪初，该理论草创之初的代表人物之一是埃尔斯沃斯·亨廷顿（Ellsworth Huntington），他就地理气候条件与文明所处位置以及发展模式之间的关系进行了大量论述。比如他曾经提出气候条件是一种选择性力量，欧洲之所以能够率先崛起并且主导世界就是因为欧洲居民生活在一种最能刺激社会演化和进步的气候中。[1]

除亨廷顿外，支持地理决定论的另一个重要学者是卡尔·奥古斯特·魏特夫（Karl August Wittfogel），他提出了著名的"水利假说"。该假说认为一个地区的降雨量和当地的经济增长与社会形态等有密切关系：在降雨较少并且呈现明显季节性降雨量变化的地区，比较容易出现高度集权的政体，从而调动和协调国家能力来进行水利建设和水资源调配；在降水较多的地区，众多水源地周围很可能形成比较多的彼此独立的小规模农业生产社群。魏特夫认为：长久来看，降水量少的集权型国家由于缺乏外来竞争和威胁，倾向于维系稳定状态从而导致发展停滞，而降水多的地区各个小型国家相互竞争会带来一系列的创兴，并且使得地区总体收入增加。[2]

当然，现今地理决定论的代表人物还是贾雷德·戴蒙德（Jared Diamond），在他的代表作《枪炮、病菌与钢铁》中，戴蒙德从大陆轴线这一地理特征起点出发，论证了亚欧大陆这样横轴模式与非洲、

---

[1] Roger Lee, et al., *The SAGE Handbook of Geography*, SAGE, 2014.
[2] Karl Wittfogel, *Oriental Despotism: A Comparative Study of Total Power*, Yale University Press, 1981, pp. 11-48.

美洲这样纵轴模式的地理环境在历史长河的演进中,如何给各自区域内的居民带来不同发展轨迹。在戴蒙德的因果关系链条里,大陆轴向结合地球运动以及地表环境、地质条件,会影响到各个大陆的气候、植被等因素,从而在很长一段时间内决定相应环境中演化出来的人类社会可以种植怎样的植物、驯化什么种类的家畜家禽,这种早先区别又会进一步影响相应居民群体的聚居形态以及文化模式,从而导致诸如疾病、科技这些人类社会活动的产出品发生区别,最终造就今日整个世界不同地区和文明的不同。① 此外,在其另外一本著作《崩溃——社会如何选择成败兴亡》中,戴蒙德用更多的案例丰富了他的学说体系,尽管这些案例彼此间相对独立,但将整个地理环境作为逻辑推论的起点这一大方向贯穿全书。②

值得一提的是,戴蒙德专门讨论了非洲历史上存在的自然地理因素对当地后续发展趋势的影响。戴蒙德认为,大航海时代开始后,欧洲人进入非洲时与当地人相比有三大优势,它们分别是:以枪炮为代表的科技,普及的(如果不能说是更高的)文化,还有可以支持维系昂贵的征服和探险费用的政治组织。而之所以出现这三大差异,主要原因也有三点:一是非洲没有驯服家畜;二是非洲培育出来的粮食作物种类极少;三是长久以来非洲地广人稀的局面导致当地居民缺乏竞争力,使得科技和政治组织上的发展远远落后。戴蒙德指出,产生这三个原因的根本原因在于非洲大陆的轴向为南北向,这使得某一温度和气候带的动植物难以传播到相邻地区,因为南北差异意味着自然环境更剧烈的改变。③

除戴蒙德以外,论述非洲自然环境对社会文化格局塑造的典型例子还有非洲早期移民和外来宗教传播的路线。比如强大的班图文明最

---

① 贾雷德·戴蒙德:《枪炮、病菌与钢铁》,谢延光译,上海译文出版社2018年版。
② Jared Diamond, *Collapse: How Societies Choose to Fail or Succeed*, Penguin, 2005.
③ 贾雷德·戴蒙德:《枪炮、病菌与钢铁》,谢延光译,上海译文出版社2018年版,第405—432页。

◈ 成为内陆国家的岛屿

早发源于非洲西北部，他们曾经携带着自己先进的农业技术南下扩张，并迫使当地原住民比如俾格米人和桑人出逃到更南部的地区。但是，班图人的南迁却在地理环境面前遇到阻碍，家养动物在来到中部非洲茂密湿热的森林地区时都会因为雨水和疾病而无法生存。同样地，今天非洲宗教分布界限的形成不完全是一种偶然，伊斯兰文明在萨赫勒地区以及其他半干旱草原地带上停留下来而不再南征与其要面对的自然环境有直接的联系。这和亚欧大陆上的情况截然相反，这里有数个强大的帝国都曾经完成东西向的征服，而非洲大陆上南下的扩张很久以来在雨林区都只能停下脚步。[1]

托马斯·索维尔（Thomas Sowell）和杰弗里·赫布斯特（Jeffrey Herbst）关于地理环境和政治制度之间关系的论述也承接了这种思路。前者认为那些被自然地理环境割裂得更严重的地区相对难以建立起稳固的统一集权国家，这导致的一个后果就是这些地区在面对强大的外来入侵时难以组织有效的抵抗，从而使得该地区的居民容易被掠夺和贩卖成奴隶。索维尔用巴尔干地区的例子来说明这一点，在西欧将非洲作为奴隶输出国之前的数个世纪，巴尔干地区曾是整个西半球的奴隶提供地。[2]

赫布斯特也做了类似回应，他以撒哈拉以南非洲为对象，讨论了该地与欧洲相比在国家形成历史上的差异。赫布斯特认为，由于地广人稀且人口分布比较分散，撒哈拉以南非洲的领导人在其国家建立和整合的过程中面临的是一个松散的边界和流动性极大的人口。广大的土地资源和空间纵深使得当地居民在面对外来权威时，有比较大的可能性选择迁徙等手段来选择更好的生存环境。这种地理情况特点给当地的国家形成、氏族结构以及权力组织都带来了独特的影响。相应地，前殖民时代，非洲国家间的战争不是以争夺领地为核心的，而主要在于劫掠财物和人畜，这种特点也与奴隶贸易发生了耦合，很多非

---

[1] Dwayne Woods, "Bringing Geography Back In: Civilizations, Wealth, Poverty", *International Studies Review*, Vol. 5, No. 3, p. 346.

[2] Thomas Sowell, *Conquests and Cultures: An International History*, Basic Books, 1998, p. 13.

洲当地近现代权力体系的形成都与奴隶贸易有关,这也解释了为什么奴隶贸易反而促成了很多非洲国家的形成。

赫布斯特进一步将非洲这种地广人稀的境况与欧洲进行了对比,他认为 15 世纪以来,随着人口密度的提升,欧洲出现了查尔斯·梯利(Charles Tilly)指出的为竞争贸易和领土而导致的急剧竞争,这种竞争常常以战争形式呈现,成为推动欧洲近现代史进程的主要原因。正因为欧洲国家是在这种互相战争的过程中形成的,所以对于领土的实际控制显得尤为重要。此外,由于国家需要通过向国民要求税收和服役来维持国家机器的运转,一种直接统治形式下紧密的中央—地方关系也因此形成,无论是王权的下达还是后来民主制度的设立,其目的都是要通过一套政治和行政体制安排,实现国家的统一性和内部一致性。此外,欧洲国家发展很大程度上是由城市与其辐射区域之间相互紧密的关系塑造的,国家发展史往往也是一部城市发展史。城市在资本主义扩张时期成为资本的涵纳场所和流通节点,整个贸易网络依靠城市连接,农村对城市的依附也越来越强。[1]

与之相反的是非洲的情况,赫布斯特指出,一直到 1975 年非洲的人口密度才接近欧洲 1500 年左右的水平。在非洲,前殖民时代的政治中心规模很小,并且常常迁移,到殖民时期甚至独立前叶很多国家境内都没有大规模的核心城市。比如 1901 年,拉各斯仅仅有 1.8 万居民,阿克拉则是 2.1 万人。1906 年,东非沿海最大的两个城市达累斯萨拉姆和蒙巴萨也分别只有 2 万和 3 万居民,甚至 1931 年,阿比让的人口还是只有 1 万左右。正因如此,赫布斯特认为,尽管人们经常谈论关于殖民时期对非洲国家人为划界造成地理边界与族群边界不符合的一系列问题,但从非洲的人口密度、国家权力实施形态来看,这种边界划分的后果并没有想象中那么严重。而且这种"国际社

---

[1] Jeffrey Herbst, *States and Power in Africa*, *Comparative Lessons in Authority and Control*, New Edition, Princeton University Press, 2000, pp. 20 – 21.

会"的和外来强权强制界定的疆界反而在独立后成为非洲领导人进行国家建构和政权巩固的重要资本。①

值得一提的是，赫布斯特等人不仅仅把地理看作影响发展的唯一因素，他们同时也认可文化、经济制度、领导人特征等对国家发展演变可能产生影响。他们强调的是地理因素的先导性（approximate），认为是地理特征首先决定了该地区后续发展的某种整体方向。不过也正因为如此，可以看到地理决定论学说体系内在逻辑的一致性，也就是说，地理因素因为其先于人类社会存在的特征而成为论证发展特性的推理起点，它参与到之后该地居民一切政治、文化、经济等模式的后续演化中来，因此成为解释现状的先导原因。

对地理决定论的批评有很多，批评者认为戴蒙德等人的理论过于还原论（reductionistic），也举证了一些案例来反驳戴蒙德的观点。德隆·阿西莫格鲁（Daron Acemoglu）和詹姆斯·A. 罗宾逊（James A. Robinson）的《国家为什么失败》就是其中典型，在本书中作者用墨西哥与美国，朝鲜与韩国，新加坡、博茨瓦纳与其他热带国家等对比的例子来批评地理决定论的无效。阿西莫格鲁和罗宾逊认为地理环境差异不应该是解释国家发展不平等的根本原因，并且戴蒙德的理论自身存在矛盾，比如欧亚大陆广泛分布着相似的生物品种（野猪、野牛、小麦），按照戴蒙德的逻辑这种相似性也应该带来日后欧亚大陆整体发展的相似性，但如何解释现今欧亚大陆上各个地区极为不同的发展境况呢？两人还指出，在1492年以前，相比当时的北美、智利、阿根廷等地区，中美、墨西哥中部山谷和安第斯山脉地带的文明拥有更发达的技术和更高的生活水平，但是在地理条件不变的情况下，这种差距在后续的历史演进中不但没有维持，反而被逆转了。②

---

① Jeffrey Herbst, *States and Power in Africa, Comparative Lessons in Authority and Control*, New Edition, Princeton University Press, 2000, pp. 15–17.
② 德隆·阿西莫格鲁、詹姆斯·A. 罗宾逊：《国家为什么会失败》，李增刚译，湖南科学技术出版社2018年版，第34—39页。

值得注意的是，上述这些论据不仅仅是为了在事实上质疑地理决定论的普遍性甚至合理性，同时也是为了支持制度主义者自身提出的论点——阿西莫格鲁等人认为制度区别是决定一个国家后续演化方向并产生发展差异的主要原因，他们认为建立起包容性制度的国家能够稳定增长，而实施汲取性制度的国家将长期陷于困境。

　　虽然激烈批判地理决定论的结论，但制度主义者在解释是什么原因导致国家发展差异的相关问题上，其实有着和他们批判对象类似的思维模式。他们都是先在自己的逻辑链条上找到一个推理的起点，然后论证这个起点是决定后续历史进程的主要原因。但在这个过程中，他们也意识到仅仅尝试用单一因素来进行解释是行不通的，所以其实制度主义者也不否认地理环境在国家发展中扮演的角色，认同在某些历史时间段地理环境会决定该地采取怎样的制度，比如殖民时期的热带海岛依据本地的自然地理条件，一般会选择种植园的经济模式和相应管理体制。但最终，制度主义者认为是制度差异最终造成了各个地理环境相似的国家在发展程度上的差异。换言之，地理优先论和制度优先论都不完全否认对方的效用，但是在整个解释国家发展因果推论的逻辑链条中各要素的次序和权重问题上有着很大的分歧。

　　但还有值得一提的是，阿西莫格鲁等人使用地理环境相似而制度不同的国家来反驳地理决定论观点的时候，没有进一步论述为何有些国家制度相似但是发展程度不同。朝鲜和韩国、墨西哥和美国南部、新加坡和其他热带国家的对比，确实很能凸显制度差异在地理环境相似的国家的发展历程上所体现的不同效用；但是法语非洲的很多国家在殖民时和独立后都实行了类似的制度，为什么这些国家相互之间的发展存在显著差异？

　　此外，制度决定论者由于缺乏对地理因素长时段影响的观照，过于相信制度的决定性作用，因此也往往忽视制度差异中的历史地理维度。举例而言，制度决定论最喜欢援引的案例之一是朝鲜半岛的发展分化，还经常配上该地的夜间卫星航拍图，从而论证地理环境差异对国家发展的影响在政治制度差异面前微不足道。乍一看，朝鲜和韩国夜间醒目的灯照对比让制度主义的论点无可辩驳，但是不妨反问一个问题：为何北纬38度线只在朝鲜半岛被大众熟知？它所穿过的大部分地理空间为何默默无名？为什么实行社会主义的是三八线以北的地区？

如果不是因为在地理上的特殊位置，难以想象朝鲜半岛可以得到中、俄、日、美等大国的关注。从毋丘俭到丰成秀吉，从甲午战争到抗美援朝，朝鲜半岛格局其实是体现地理因素与国际关系相互作用、共同演化的典型案例，三八线及其两侧制度的分野正是这种人文地理演化最鲜明的表征。不可否认，制度差异在朝韩后续发展的路径差异上起着重要的作用，但是脱离整体地缘格局和历史视角来看待双方经济发展差距的做法无疑是不够深刻和全面的。

可以说，地理决定论对于解释马达加斯加的经济地理格局依然存在重要的借鉴意义。岛屿属性以及马达加斯加在地球上的相对位置决定了这个国家天然具有较高的孤立性和封闭性，这会导致沿海对外交流的动机和频率在先天上较低。此外，岛屿广大的面积和地形特征也能够帮助理解马达加斯加岛内社会组织形态的一些特点是如何形成的，比如凝聚马达加斯加梅里纳（Merina）人的文化体系"阿希纳"（Hasina）中，社会身份等级的判定存在与现实中空间高低差异明显对应的映射，这和马达加斯加中部高原，特别是塔那那利佛地区的地形有着直接的关系。

但是，地理决定论的缺点也决定了它在面对马达加斯加问题时的局限性，当要把国家整体经济地理格局形成的原因最终归结到自然地理环境时，这种还原论的推理方法很容易因为忽视自然环境以外的其他因素而遇到挑战。比如，如果对比马达加斯加岛和中国台湾岛会发现，两者都处于大陆东南海域和热带亚热带交接处，都呈南北走向，地形也都是中央高、沿海低，甚至沿海平原也都是东部狭窄、西部宽阔。但是两个岛屿在经济地理演化的进程以及后续的整体发展上却展现出完全不一样的轨迹。马达加斯加岛依然停留在农业社会为主的中部高原支配沿海的模式，而中国台湾岛早就在沿海发展起了一系列大型海港城市，整个岛屿的经济中心也集中在沿海地区，全岛也已经发展成高度工业化的经济体。

类似地，对比马达加斯加和距离它不到1000公里的毛里求斯，两者同处印度洋西南，都是岛国，但是毛里求斯却同样依托自身条件，在20世纪中叶开始的转型中将旅游业和金融业中心布局在沿海，如今毛里求斯已经完成了经济转型和起飞，成为撒哈拉以南非洲最具竞争力的国家之一。这些案例体现出制度主义学派对地理决定论的批判是有意义的，寻求对马达加斯加经济地理格局形成机制的解释需要超越单一地理决定论的思路。而且地理决定论往往也容易陷入机械决定论的窠臼，把一切归根于地方特性，忽视了外来影响以及地方与更广阔整体环境的系统性互动。

（三）地缘政治学说的相关探讨和不足

地缘政治学说在19世纪末20世纪初兴起并迅速发展，至今依然具备非常可观的影响力，特别是在国际政治和国际关系学界。一般认为地缘政治学说起源于瑞典政治地理学家鲁道夫·契伦（Rudolf Kjellen），他于1916年在自己的著作《生存形态的国家》中提出建立一种用地理环境来说明政治现象与事件的地缘政治学方法，这种方法主要借鉴了弗雷德里希·拉采尔（Friedrich Ratzel）的"生存空间"和"国家有机体理论"，把国家当作空间中存在的有机体，并在此基础上探究作为空间有机体的国家是如何生成—发展—衰落—消亡的。在这种理论框架中继而诞生了哈尔福德·麦金德（Halford J. Mackinder）的心脏地带学说和世界岛模型，阿尔弗雷德·塞耶·马汉（Alfred Thayer Mahan）的海权论，尼古拉斯·斯皮克曼（Nicholas John Spykman）的边缘地区学说，以及卡尔·豪斯霍弗（Karl Haushofer）的泛区域理论等地缘思想，它们至今依然构成一个具有极大影响的学说体系。①

地缘政治学说符合当时世界局势的演化和其中发达国家扩张争霸的需求。一方面，第二次工业革命如火如荼，随着科技的突飞猛进和诸如汽船、铁路、飞机、电报等工具的出现，世界各部分被前所未有地探知、了解和联系起来，各片海洋和土地的尺度也被重新认识和界定。另一方面，威斯特伐利亚和约后形成的民族国家体系发展到了新的高度，开始在全球舞台上实践自己的意志，帝国主义殖民和争霸竞争在不同区域上演。在这种情况下，地缘政治学者开始寻求关于各个民族国家怎样崛起和未来怎样竞争的解释。比如马汉从航海技术革新以及海洋贸易的重要性出发，认为得海洋者得天下；而麦金德则在铁路的发展中看到了大陆的重要性并提出了相应的世界岛模型；斯皮克曼认为环欧亚圈是影响世界的关键；而豪斯霍弗等人则强调帝国式霸权体系需要由一个工业化强国和为它提供原材料的殖民地共同组成。

其实，通过对麦金德、马汉等人开创的地缘政治学说的解读，会发现地缘政治学说从深层次上看其实也是一种对"地理决定论"的发展，不过比起戴蒙德等人的地理决定论，地缘政治中的"决定"多了另一层含义。以戴蒙德为代表的地理决定论是对不同地区不同发展状况"实然"的分析，通过自然地理因素来解释为什么一个地方会出现某一特定的发展状况；而地缘政治学说除了有对"实然"情况的解释，更有对"应然"的推定，是结合时代特征，通过分析国家内部情况和国家间所处地理位置的相对关系，而针对国际政治、经济走向进行的推论和展望。他们的学说特色颇像中国古代的一些战略思想家，以地理环境和国家对抗争霸的关系为出发点，对世界格局变化趋势进行推演和预测。比如《过秦论》《隆中对》中关于关中、荆州等关键地区战略价值的某些论述，与麦金德、斯皮克曼等人对于全球重要地理区域的评价就很相似。

---

① Colin Flint, *Introduction to geopolitics*, Routledge, 2006, pp. 17 – 27.

这种建立在地理知识上的"应然"型知识体系会促使人们去思考地理环境和人类能动性间的关系。换言之，地理决定论如其名称中的"决定论"三字所言，是一种"上天注定"式的还原论思维，认为当预设的自然地理环境已经被赋予以后，相关的人类社会发展就只能按照某种既定方向进行。与之相比，地缘政治具备了肯定人类能动性的特征，它虽然首先承认地理环境某些无法更改的特性及其对一个国家造成的影响，但与此同时也极其强调这个国家应该通过怎样的行为来扬长避短，谋求自身利益的最大化。

在这样一个过程中，可以看到的是地理空间信息与人类认知活动的交互作用，以及这种交互在现实中进一步参与塑造整个世界历史演进的过程。为了更好地说明这一点，在这里借用地理绘图学发展与地缘政治理论对地图的应用的例子。

首先值得想象一下，当谈论地缘政治时是否可以不依靠地图？应该是不可能的，因为在谈论某国对外发展的战略时，即便不需要放置一幅地图在眼前，人们依然需要依赖大脑中对谈话涉及的地图的记忆。可以想象，历代的政治家和军事家也一样，有赖于地图这种可以呈现资源、军事力量、地形等要素空间关系的工具，作为其战略谋划、部署和推进的重要模拟和推算媒介。"图穷匕见"里的"图"是地图，"张松献图"中的"图"是地图，地图这种对于空间信息做高度概括和表征的工具，成为一国实施外交政策和争霸战争的重要信息资源和情报保障。地缘政治与地图的关系也呈现出同样的逻辑，麦金德在向大不列颠的国家精英们介绍他的学说时，就是依赖地图作为自己展示论证的直观媒介的。

杰里·布罗顿（Jerry Brotton）在其专著中对这一点做了细致的描述。布罗顿指出，麦金德在推出自己的地缘学说观点时，要面临的一个主要问题是如何将他帝国保护主义的地缘政治论点表现在地图上。他先审视了前人制作的《世界地图》中不列颠群岛的位置，在这个过程中他认为在哥伦布大航海之前，英国处在世界的尽头，是最边缘的

◇❖ 成为内陆国家的岛屿

地区。随着发现美洲并开拓了整个大西洋航线后，英国逐渐成为世界的中心。但是，虽然不列颠群岛战略位置发生了如此重大的提升，在既有的地图上却很难得到反映，因为既存的海图中没有一幅能完整地展现大西洋。于是麦金德稍微转动地球仪，让英国处在视线的中心点（见图7）。随后他利用当时已经高度发展的制图学为自己的论点服务，以地图上英国所处的位置为立论的基础，对英国如何发展成帝国霸权进行了谋划。在麦金德的地图上，英国位于重要的国际海上航线的交汇点，但与任何大陆都不相连。就此麦金德得出结论：英国同时具有孤立性和普遍性——它属于欧洲又不位于欧洲，这方便它利用海上资源，并且避免与邻国产生边境纠纷；但这也使得英国需要尽快同化其在海外的殖民地，否则它们很容易被欧洲大陆上的强国吞并。①

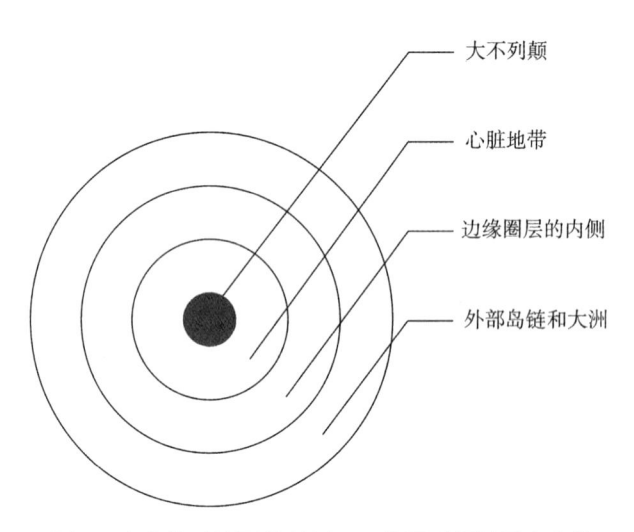

图7 麦金德对地图的利用——将不列颠置于中心②

（标注：大不列颠、心脏地带、边缘圈层的内侧、外部岛链和大洲）

麦金德所代表的地缘政治学者对地图加以利用的案例值得引起重

---

① 杰里·布罗顿：《十二幅世界地图的世界史》，浙江人民出版社2017年版，第289—290页。
② Comparing Mackinder's "Heartland", https：//www.researchgate.net/figure/Comparing-Mackinders-Heartland-Source-G-Chaliand-J-P-Rageau-Strategic-Atlas_fig3_282007294, 2019-03-10.

视，它可以在尝试回答"当今世界格局是如何在历史中演变而来"这一问题时，加入一种历史主体与地理空间如何互动的视角。因为在类似殖民活动和帝国扩张的过程中，人类都在认识地理和利用地理的两个维度上不断推进。因此，"地理环境—地理环境的知识与表征—在地理环境上进行实践活动"这一模式其实贯穿了整个资本主义全球化的过程，并深刻塑造了当前的世界体系。正是对于地理环境，包括各地气候、地形、水文、物产等因素了解得更加细致和科学以后，针对这些信息制定的行动才会更接近实现它们预期的效果。即便这不是绝对客观主义的地理决定论，但它反映了一种世界格局结构和建构之间的辩证关系。更重要的是，这种地缘学说的运作特点切实影响了很多世界强国决策层的对外政策走向，它对于形塑过去和今日世界格局的作用是实在的，从一战到冷战再到今天的国际关系中，地缘政治理论始终在源源不断地将地理和权力之间的关系转化成国家的经济、外交、军事方略，并切实影响信息、人口、商品、能源等实体要素的流动和分布。

非洲在历史进程中也没有逃脱地缘政治中这种地理环境与人为能动因素间交互作用的影响。首先，殖民非洲的整个征服过程也是科学、技术、资本通过信息媒介，针对地理、人文特征各异的非洲土地进行度量、切分和管理的过程。从 15 世纪开始到 20 世纪初，欧洲人不断地在非洲重复着"抵达、探索、占领、管理、掠夺"的行动模式，非洲对于欧洲也从中世纪的模糊认知中逐渐清晰，首先是海岸线部分被描绘出来，接下去是海岸地带和一些连通内陆的大河沿线被探索和认识，最后是整个非洲的地形、物产、人群等都被描述和统计，编入了殖民帝国的信息系统中。

换言之，没有对于地理环境的充分理解和现代化表征，欧洲国家是难以按今天人们熟悉的殖民史那般以一种统筹和科学的方法来完成对于世界各地管理的总体安排的。这种安排建立在商业盈利、资源控制、文化影响、军事投放等目的之上，统一在欧洲中心主义的基本框架内（麦金德的地图就是最好的注脚），并成为影响今天全球贸易、人员流动以及资源分配的某种体系性坐标参照。

除了地理环境与人类能动性通过地图绘制等信息要素体现出的相互影响以外，地缘政治学说还鲜明地体现着关于地理环境和作为历史主体的人类之间的互动关系。英国政治地理学者詹姆斯·菲尔格里夫（James Fairgrieve）在其著作《地理与世界霸权》中也进行过很多辩证思考，在序言中他提出：历史舞台的设置部分源于自然力，但设置本身也被舞台上的行为者改变着，随着时代变迁，舞台上的设置会出现大幅变化，而这些变化又会影响之后到来的场景。不过菲尔格里夫自己似乎也在这种辩证当中有些迷茫，一方面他认同地理环境对"行为者"产生着影响，但又强调历史会展现出自身的精神意志，地理在这方面没有绝对的控制力。[1] 可见他还是寻求在地理环境与人为因素间确定一个更根本的因果起点。

为了找到这一起点，菲尔格里夫的论述从古代埃及、巴比伦开始，一直到近现代欧洲诸国、美国，试图从地理和地缘的角度解释世界政治、经济格局。他沿袭麦金德、马汉等人关于海陆、心脏地带与霸权崛起的讨论思路，但是不将地理视为决定因素，而是采取一种地理与历史互动的思维模式。比如在最后一章中菲尔格里夫写道：心脏地带、海权、冲突地带，这些概念都和客观因素相连，它们有规律可循，但这规律源于发展，在各种变化的因素作用下，历史被引向当下的格局，并没有固定的编排。[2] 可以说，菲尔格里夫模糊地意识到了地理环境与作为历史主体的人类的互动是超越其中任意一方单一决定论的，但是就此他并没有提炼出一个简洁和明确的模型来阐述这种互动。

菲尔格里夫也专门针对非洲的情况进行过讨论，他的论述和戴蒙

---

[1] 詹姆斯·菲尔格里夫：《地理与世界霸权》，龚权译，上海人民出版社2016年版，第2页。
[2] 詹姆斯·菲尔格里夫：《地理与世界霸权》，龚权译，上海人民出版社2016年版，第295页。

德等人没有什么大的区别，都认为撒哈拉沙漠、赤道雨林带、气候以及疾病等因素阻碍了早期人群的迁徙和交流，使得非洲大陆长期以来被未开化的初民占据，并且没有本质上的发展进步，最终导致了奴隶贸易和殖民时期该地居民被掠夺，并进而造成了今天的困境。[①] 此外，作者专门提到之所以大航海初期白人探险家不愿意深入非洲，是因为这里没有吸引人们进行开拓的刺激因素，比如黄金和香料。因此人们只会路过这些不宜生存的海岸，朝着已知蕴藏财富的美洲、印度等地方前进。[②] 如果把物产资源也看作地理环境的一部分，那么这种论证也说明着地理环境在历史上对区域发展产生过决定性的作用。

综上，通过对地缘政治理论的介绍和评价，能够发现地缘政治理论是对地理决定论的一种发展和利用。一方面它认可地理环境对人类活动的局限，另一方面它也强调人类群体（特别是国家）对地理因素可以进行利用从而为自身服务。就马达加斯加而言，地缘政治的视角对于剖析殖民主义对其经济地理形态演化造成的影响有很重要的意义。比如早期海洋霸权对于海洋航线以及海外据点的规划逻辑就是围绕争夺东方贸易航路进行的，而这深刻影响到马达加斯加在这个贸易网络争霸中所具有的地位，并因此延缓了它早期沿海地区的发展。再后来，英国和法国从18世纪末到19世纪末对印度洋关键地点的争夺，同样是与它们当时的地缘战略认识相生相伴的。最终当英国节节胜利时，法国却在同一地区遭受一连串失败，从普拉西战役和卡纳蒂克战争后退出印度，到拿破仑远征埃及、叙利亚受挫，再到后续让出塞舌尔、毛里求斯，直至最后英国获得苏伊士运河的控制权，而将战略地位大大下降的马达加斯加作为补偿让给法国。可以说英国是在与法国的地缘竞争中完成了对印度洋的攻略，而这种将印度洋打造成日

[①] 詹姆斯·菲尔格里夫：《地理与世界霸权》，龚权译，上海人民出版社2016年版，第243—253页。

[②] 詹姆斯·菲尔格里夫：《地理与世界霸权》，龚权译，上海人民出版社2016年版，第250页。

不落帝国内湖的地缘战略思想也深刻影响了内湖中最大岛屿马达加斯加的发展，后者被从大英殖民体系中排除孤立，在区域和世界范围内的封闭性进一步延续加深，沿海发展也因此深受阻碍。这些将在后面的章节中有更详细的探讨。

但是地缘政治在解释马达加斯加经济地理演化特点时也存在不足之处，归纳起来主要有如下两点。

一是明显的大国中心视角和"中心—边缘"二元体系。地缘政治学说与殖民扩张和霸权争夺相生相伴，因此在理论产生的一开始就是服务于欧美大国的对外战略的。这种视角可以帮助了解边缘小国如何被纳入殖民体系之内，以及它在欧洲列强整个大的殖民体系中所占有的位置如何，其实这也是依附理论和世界体系理论在理论构建上的重要组成部分。但是，地缘政治这种以大国战略为着眼点进行分析的理论范式忽略了欠发达国家和地区自身的特性。比如在同样被纳入法兰西殖民帝国体系的非洲国家中，马达加斯加与法属西非、法属赤道非洲相比，在经济地理结构的发展上就呈现出很大不同，后两个法国殖民地区的沿海国家其经济中心经过殖民时代后无一例外都在沿海得到巩固，而只有马达加斯加的经济重心在殖民时代后于内陆得到加强，对于同处于法兰西地缘战略框架中的它们而言，产生这样的区别只通过宏观地缘视角来解释无疑是具有很大不足的。

二是地缘政治视角的历史局限性。在上文介绍地缘政治学说发展时提到过，它与19—20世纪国际形势的演变有密切联系，同时也看到地缘政治学说与大国对外战略的紧密结合。但正因此，地缘政治学说带有比较强的时代特色，它能够比较好地解释帝国主义时期的全球性竞争，以及它们如何形塑当时全球整体的经济地理格局。但它却难以对这个时代到来之前的全球性政治经济活动的机制给予有效的说明，也难以对当前信息和资本流通更迅速的新时代的特征进行深刻描述。比如在19世纪下半叶瓜分非洲的大潮到来之前，为何欧洲国家在非洲只占据很小面积的领地，甚至在奴隶贸易后期殖民地规模趋于萎缩，这与麦金德等人对于殖民地的定位是矛盾的。同样地，进入20世纪后期和21世纪的非洲，当跨国公司、互联网通信、全球金融、区域性合作机制等新兴事物将各个国家和地区以新的方式联结和整合的时候，传统地缘学说也因为其关注帝国霸权而忽视新兴要素的特点而受到挑战。

（四）经济地理区位学说的相关探讨和不足

经济地理学是研究人类经济活动与空间关系的学说，其最核心的关切是人类经济活动和地理空间共同构成的复杂系统如何运转和演变。代表经济地理学开端的人物往往被认为是19世纪末苏格兰学者齐泽姆（G. G. Chisholm），他在自己的著作《商业地理手册》中介绍了世界上生产与贸易如何运行和在哪里运行，并采用气候与地貌等因素解释这些生产、贸易分布的原因。齐泽姆认为：地理条件的具体情况将决定该地生产哪一类特定商品，并且生产活动还会趋于在这些具有优势的区域集中。而交通运输条件又为这种集中的生产以及随后的销售提供了可能性。[①] 但其实可以看出，齐泽姆的理论还是在延续亚当·斯密等人的思路，是一种通过自然地理条件来判断商业活动发展空间规律的古典式商业地理分析。

真正开始让经济地理学自成一体的是20世纪上半叶一系列区位学说的出现，这其中约翰·杜能（Johann Heinrich von Thünen）的农业区位理论、阿尔弗雷德·韦伯（Alfred Weber）的工业区位理论、埃德加·M. 胡佛（Edgard M. Hoover）的区域经济理论以及奥古斯特·廖什（August Losch）的市场区位理论都很有代表性，它们都是在寻求地理区域与生产活动、商业经营以及经济增长的关系。不过值得注意的是，虽然这些理论被尽数纳入经济地理学的范畴，但其实它们对于地理和经济关系的论述相比齐泽姆的方法掺杂了更多传统意义

---

① 李小建主编：《经济地理学》，高等教育出版社2018年版，第2—3页。

上的非地理因素。比如杜能的"杜能圈"就是一个以城市为中心的分析模型,通过建立以城市为经济活动中心的抽象空间结构来归纳该中心周围农业活动会呈现出的分布态势与运作规律。相似地,韦伯、胡佛等人的理论中考虑的运费、人力成本、土地费用等问题,已经脱离了传统上人们理解的地理概念,而应该被归入社会、经济的范畴或许才更贴切。也正是这个原因,这一类理论往往被归入"区位理论"(Location Theory)的范围。甚至可以认为,相比戴蒙德"地理决定论"中的地理因素,经济地理学中的"地理"是一个扩大了外延的、具有强烈经济史阶段特征的概念,诸如运费、劳动力成本、地价这些分析单位是人类活动,特别是经济活动发展到某一历史阶段所呈现出的全球整体经济、政治权力势能的分布和它们彼此间的联系,它是先期人类活动与自然地理环境互相作用后形成的一个状态,也处在不断的变动之中。

由于当前全球化进程已经以前所未有的深度和广度在进行,经济地理学中其他后续出现的重要分支也不断在既有的经济网络和空间互动中寻求对于地理与发展之间关系的理解。比如有关跨国公司的研究中,在论述跨国公司的区位选择时,约翰·邓宁(John Harry Dunning)列举了三个主要参考因素,分别是自然禀赋、集群效应和政策干预。[①] 约翰·弗里德曼(John Friedmann)在构建它的"核心—外围"理论时,认为是贸易不平等、经济权力、技术水平、生产效率等要素决定了作为创新型能力的中心地区能从外围地区获得剩余价值,并因此形成两极化的不平衡发展格局。[②] 不难看到,邓宁和弗里德曼等人使用的概念及其背后代表的整个框架其实都是工业资本主义全球化时代以后发展起来的,是在既有全球经济体系下分析为什么有些地

[①] John H. Dunning and Sarianna M. Lundan, *Multinational Enterprises and the Global Economy*, Edward Elgar Publishing, 2008, pp. 594–597.

[②] John Friedmann, *A General Theory of Polarized Development*, The Ford Foundation Urban and Regional Advisory Program in Chile, INT-2296, 1967, pp. 29–34.

方成为经济"高地",有些地方成为经济"洼地"。

也有一些学者看似直接从地理的角度讨论空间对于工业和经济发展的意义,比如迈克尔·波特(Michael E. Porter)就认为,地理上的集中性所带来的产业集群优势是一个国家取得发展的关键因素。[1] 保罗·克鲁格曼(Paul Krugman)更是直接下论断认为经济活动最突出的特征就是空间聚集。[2] 但这背后他们实际上的论证逻辑是"弱地理化"甚至"去地理化"的,因为虽然他们看似在描述企业因为空间逻辑而做出自己的区位选择,但这种空间逻辑其实与实际具体一个地方的自然地理环境关系很弱,而是与营商环境关系更密切,而这也是"区位"(Location)与"地理"(Geography)的一个最显著区别。比如波特在《国家竞争优势》中介绍意大利、德国以及美国的产业集群空间选择时,并没有着重去解释为什么这些集群出现在这些特定的地理空间,而是在论证这些集群现象是一种成功的发展模态,对于集群中的企业和集群所代表的产业发展都有益处,因此也会继续吸引相关企业,并推动整个产业发展。[3] 类似地,在交通区位分析中,靠近大型港口被视作一种重要的区位优势,但是这却并不能很好地说明这个港口最初为何在这个地方兴建并发展,这种区位优势的论证是建立在该港口已经具有的巨大物流、仓储能力上的,与该地本身的地理特征关系并不一定紧密。

所以,相比地理决定论和部分地缘政治学说,经济地理的重点并不是讲述自然地理环境如何在长时间的尺度下影响该自然环境中的社会人文发展形态,而是侧重解释地理环境如何与既存的经济要素结合,并进一步影响接下来的经济行为选择,甚至将地理抽象成一种普遍性的空间结构因素,来讨论既有人类社会中的不同区位特征对于经济活动的影响。

---

[1] 迈克尔·波特:《国家竞争优势》,中信出版社2018年版,第132—142页。
[2] 保罗·克鲁格曼:《地理与贸易》,中国人民大学出版社2017年版,第6页。
[3] 迈克尔·波特:《国家竞争优势》,中信出版社2018年版,第138—139页。

◆❖ 成为内陆国家的岛屿

不过，在所有人文地理的相关理论中，经济地理学对于经济地理格局形成原因和机制的讨论无疑是最多的。

首先，经济地理研究者承认区域经济差异的存在有其必然性和普遍性。一个国家中不同区域在发展历史、资源禀赋以及生产要素条件等方面往往存在不同，它们在国家对外经济活动中所处的位置和定位也不尽相同，这些因素综合起来必然产生区域经济发展的不同状态与不同水平。类似地，世界中的不同区域在资源、文化、政治经济等各个要素的差别在经过相互复杂互动的历史进程后，在各自后续发展上会展现不同的状态，最终形成区域间差异。

这里值得注意的是，因为区域本身是一个边界不甚明晰的概念，在不同语境下具有不同的指代层次。所以它既可以指代类似"东亚""西非""北欧"甚至"第三世界"这样构成全球性整体系统的大区域，也可以指代诸如"华北""东北"这样的次国家级区域，甚至可以指代如"珠三角""京津唐"这一类空间上更为集中的经济或产业区域。

在经济地理学关于区域经济结构的讨论中，一方面，既有偏向描述全球范围内经济权力势能分布的宏观解释框架，比如在"中心—外围"框架下，有弗里德曼建立的中心发展模式，也有保罗·克鲁格曼提出的"核心—边缘模型"，它们更多被用来反映发达国家与发展中国家形成的整体经济势差在空间中的体现。另一方面，也有侧重于展示更小地理单元内经济地理格局的区域空间结构分析。比如一个小型区域可以根据其中城市、交通网、产业区等不同构成要素的特点被划分为"点—点""点—线""面—面""线—面"等不同区域空间结构。

不过经济地理学中空间单位的大小和解释模型的建构并非具备严格的规模对应关系。比如网络关系分析（Network Analysis）既可以用来处理城市内不同经济单位的相互关系，也可以用来研究全球范围内的网络结构。类似地，像"极化—涓滴效应"（polarization-trickling down）和"梯度推移"学说同样既能用来描述一个国家内空间单元的相关经济地理现象，也可以用来描述跨国级别的区域性甚至全球性经济地理现象，而弗里德曼和克鲁格曼的模型用来解释一个国家内的区域经济发展差异同样有可观的适用性。

综合上述介绍，可以看到经济地理学研究中将经济发展差异的空间分布视为必然，并在此基础上建立了不同的解释模型。针对马达加斯加的情况而言，它的经济地理形态呈现出鲜明的"极核式"空间结构特点，塔那那利佛代表的中部高原核心地区在历史进程中成为马达加斯加整体发展的增长极，并通过类似涓滴效应的扩散作用来带动全岛的发展。除了马达加斯加这种"极核式"的空间结构，经济地理学中比较典型的空间结构还包括网络式、点轴式、对称式等。

在区分不同区域空间结构的同时，经济地理学还将区域空间结构的形成和演变进行了不同阶段的划分。比如弗里德曼就认为在某一区域内，前工业化阶段的经济区域空间结构接近同质性极强的均衡状态，不存在经济"高地"和"低地"的区别。之后随着区域的发展，一个经济地理的中心会出现并打破原有均衡，它会吸引周边的要素并逐渐壮大。很显然，马达加斯加的区域空间演化在弗里德曼的框架中就处于这一阶段。接下去，弗里德曼认为随着区域进一步的发展，除了原有的单一中心外又会涌现出一批其他经济活动的中心，该区域内一个经济活动的中心体系会出现并形成网络。最后，随着不同区域间联系日趋紧密和物质、信息沟通极大增强，区域内的差别会消失，中心与边缘的对立不再存在，空间一体化此时将得以实现。

经济地理学的视角对于理解马达加斯加独特经济地理形态的出现和发展无疑极有价值，它让人注意到地理环境与其他经济要素结合后如何进行空间呈现。此外，经济地理的研究有助于揭示在当前历史阶段，仅仅采用自然地理条件来推断一个国家和地区会演化出怎样的经济地理格局是不可能的。它必然是一个涉及人地相互作用关系的历史过程。

对于马达加斯加来说，目前尚无系统地从经济理论视角来探讨该国内陆统御沿海结构成因的研究。其实这一点本身就是一个很有意思的现象，作为拥有如此特殊地理位置的一个国家，是否因为其显著的地理特殊性而反倒让人觉得这是一种习以为常的情况呢？在先行介绍马达加斯加深层地理特点的章节中展现了马达加斯加经济区位布局极大的特殊性——作为一个岛国却把经济中心放在了内陆，为何长期以来这种特殊性没有引起经济地理研究者的重视？对此，如果借助经济地理学中的一些理论来对其进行分析，想必是能得出有意思的发现的。比如马达加斯加低廉的劳动力和貌似便利的海运条件却没有促成当地制造业的普遍发展，这种与区位优势常识相悖的现象下一定存在更深层次的原因。

当然，经济地理学在解释马达加斯加这样的案例时也存在不足之处，最显著的一个问题就是其论证建立在既有历史发展阶段下的经济逻辑和资源布局上。换言之，诸如"伦敦地租贵""加州湾区劳动力成本高""发达国家产学研合作搞得好"等要素，常常被用作经济地理学研究生产、经济活动中的基本分析单位进行处理，并在此基础上对当前全球经济地理格局进行解释并导出预测。这种研究模式对于描绘资本主义商业成为主导的时代，特别是二战以后至今的全球经济活动地域分布时是卓有成效的，但没有能够更"倒退"一步，思考当下的产业链布局、全球交通联系、资本流动及分布是怎样从一个早期彼此相对隔离的世界中经过全球化过程逐渐形成的，以及这个过程中马达加斯加经济发展与地理环境的互动如何影响了它在全球经济地理系统中的定位。此外，如果仅仅考虑全球化中的区位因素，也会忽视其他诸如政治地理、文化地理等因素对于马达加斯加发展的影响，同时也会缺乏对于马达加斯加国内特点的呼应。

此外，经济地理学的另一个显著缺陷是其对地理空间过度模型化抽象后造成的"去地理化"现象。如前文介绍过的，从杜能和韦伯开始,为了追求理论的简洁性和普适性,他们将农业和工业的区位原则简化成抽象的理想模型。后来的"中心—边缘"模式、"涓滴效应"等也存在类似的问题。换言之,包括自然维度、人文维度在内的具体的地理系统被简化成了空间表征,当这样的模型被重新用于具体案例分析的时候,很可能因为忽视案例的地理特殊性而错过重要的地方性特征。以马达加斯加和其他一些发展中沿海国家的对比为例,这些国家的经济地理结构都可以用"发展核"或是"核心—边缘"模式来进行分析:首先将最大的城市视为核心,远离该城市的边远地区视为边缘,然后建立起一个抽象的模型。但如果这样做,往往会忽视这里的核心在内涵上具有的不同的层次性,对于马达加斯加而言,核心既是经济活动的核心,又是地理空间的核心,但是对于其他沿海国家而言,由于最大的城市在沿海,其核心只是经济活动的核心,而地理空间的核心往往在内陆。如果忽视这种地方性差异,在研究马达加斯加经济地理格局演化的时候,就会忽略沿海地区沦为边缘这一特点以及它会给整体经济地理格局的后续发展产生怎样的影响。

综上,在依次检视了与经济地理格局如何生成相关的主要人文地理学理论后,可以发现它们在解释马达加斯加独特经济地理格局形成的原因时能提供非常有意义的借鉴视角。但是显然,既有人文地理学中的理论在面对这一问题时又都各自有所欠缺,需要一种创造性的整合。而想要实现这一整合,以下几个方面是亟待改进的地方。

(1)地理因素与其他因素相互共同作用的系统性和复杂性关系。

(2)重视全球性、区域性整体态势与地方特性互动的关系。

(3)重视长时段人文地理路径演化与特定时段系统演化机制互构的关系。

三 对马达加斯加发展困境的既有讨论

与第一个研究问题类似,关于"马达加斯加内陆统御沿海的经济

◈◈ 成为内陆国家的岛屿

地理演化路径如何影响其当代的国家发展"这一问题,由于同样不存在直接讨论马达加斯加经济地理如何影响其发展的既有文献,所以针对本书问题的文献回顾将主要分成两个部分:一是介绍讨论马达加斯加发展的相关文献有哪些,其中和经济地理相关的解释机制是什么;二是介绍经济地理学中讨论经济地理格局对国家发展影响的文献有哪些,它们对马达加斯加的适用性和局限性各自是哪些。

(一) 宏观发展理论中的相关探讨和不足

首先,因为本书讨论的第二个研究问题涉及马达加斯加的国家发展,所以有必要先对本书所探讨的发展概念做一个简要讨论和限定。

从当前最为熟悉的语境来讲,发展是指事物的一种变化过程,这种过程通常带有方向性甚至目的性,并且在这个过程中事物往往经历从简单到复杂、从低级到高级的改变。因此,现如今在谈论发展时经常把它和进步互换。其实发展的本意并不带有好坏的价值判断,英语中 develop 一词词源上是指将被封装的物品打开、解封使其呈现出来,该词义进而引发出"展开"和"呈现"的内涵,再后来 develop 被赋予了从模糊、晦暗到显现和清晰的意义,摄影术语中的 develop 就是指通过化学药水使相片底片显影的过程。[①] 将发展用来描述一个国家或者社会群体的变化是相当晚近发生和现代性的现象,今天经常听到的发展中国家(Developing Countries)、发达国家(Developed Countries)这样的分类其实是随着经济成为衡量发展程度的重要指标以后出现的,并且其实除了"最不发达国家"(Least Developed Countries)于 1971 年被联合国正式定义和部分量化以外,目前为止关于"发达国家"和"发展中国家"也没有一个标准化的定义。

阿玛蒂亚·森(Amartya Sen)在 20 世纪末大大丰富了发展的内涵,在经济维度的财富积累和收入增加的基础上,将发展的定义拓宽

---

① Online Etymology Dictionary,https://www.etymonline.com/word/develop,2020 - 10 - 20.

到了人的幸福层面，指出健康、教育以及生活水平都应该纳入发展的考虑范围内。并且在他的推动下，联合国于1990年开始提出人类发展指数（Human Development Index）这一新的发展评判指标，该指标由三个维度构成，分别是用人均预期寿命来衡量的健康维度、由受教育年限衡量的教育维度和用人均国民收入衡量的生活水平维度。① 除了阿玛蒂亚·森的视角以外，还有认为人类应该将自己同所生存的环境统一考虑、兼顾现在与将来的可持续发展理论，以及更彻底解构甚至走向虚无的后现代发展观。

尽管存在不同层次和立意的对于发展的理解，本书所要探讨的发展主要还是马达加斯加作为一个国家在整体经济层面的发展。当然，在讨论过程中，该国的人类发展指数也会被提及，但这不代表本书的关注重点放在个体层面，也就是说，本书在方法上对于发展将采用一种整体主义（Holism）的视角进行，即便有时可能涉及生活水平、健康、受教育等话题，但它们更多被视为一种国家整体运转中的再分配表现，因此它们其实还是被当作国家整体发展的一个方面来考量的。

在明确了本书对于发展概念进行的界定以后，接下来将首先简要介绍依附理论、世界体系理论以及新自由主义理论这三个宏观层次的发展理论，它们的一个共同点是在理论内核中其实都与地理空间有着深度的关联。尽管在这三个宏观层次的发展理论并非直接回应马达加斯加发展问题，但是它们能为理解经济地理结构如何影响国家发展提供很有启发性的见解。

1. 依附理论

依附理论发端于20世纪50年代，它起源于解释为什么拉美进口替代政策和民众主义无法实现国家发展。依附理论是马克思主义理论体系中的一支，主要研究资本主义扩张和资本主义体系运作过程中在

---

① Human Development Index（HDI）, United Nations, http://hdr.undp.org/en/content/human-development-index-hdi, 2020-10-20.

不发达国家和地区资本积累的特殊规律和现象，期待以此解释这些国家和地区欠发达的原因。它的主要关切是垄断资本在世界范围内的扩张及其对边缘欠发达国家社会、经济结构的影响，以及这种影响反过来对今天资本主义全球体系的运行有什么作用。由于它也常常被看作帝国主义理论的一个方面，所以也被称作"新帝国主义理论"。

依附理论的关键概念"依附"指的是处于弱势地位的依附国其经济状况依赖和受制于被依附国的经济发展与扩张，因而处于落后和被剥削的情况。依附产生的根本原因是从殖民时期开始形成的生产的国际分工和产业链分布，其倡导者认为资本出于扩张和追求最大利润的特质必然导致依附状态的形成。突出表现是依附国向被依附国提供原材料和初级制成品，而后者反过来向前者销售高附加值的工业制成品。另外，产生这种结构的原因还在于先进和高生产率的技术和人才等集中在被依附国，并且因为它们最早完成资本的原始积累，有先发优势，所以形成了对依附国不断增大的支配地位。在依附形式上，历史上首先出现的是"殖民地依附"和"工业—金融依附"这两种依附的表现形式。二战后出现了新的"工业—技术依附"，其特点是跨国公司大规模在欠发达国家和地区进行投资，实现产业链的全球性搭建。

可以说，依附理论展现出一种强烈的对霸权和帝国主义进行批判的色彩，并且采取二元对立思维的特征，在马克思剩余价值分配问题的基础上将世界划分为收益极大的中心地区和遭受严重剥削的边缘地区。它将当前的发达与欠发达问题归结于殖民时期开始在全球形成的经济势能差异，并着重强调后续形成的经济分工中，被依附国如何借助固有的结构性优势来继续维持甚至扩大整个资本主义体系中自己的主导地位。

依附理论的二元对立特征在经济地理上正好对应着前文介绍过的弗里德曼的"核心—边缘"模式，它展现出殖民时期以来全球经济关系在空间上的不平等对立。此外，类似建立在产业链不平等关系上的剥削形式也是要在全球空间中通过分工完成的，整个生产布局和产业演化的过程也呼应着经济地理中的梯度推移学说。

毫无疑问，依附理论对于马达加斯加的问题有部分的解释力，特别是对于理解殖民时期的马达加斯加经济地理运行中的动力来源和后续影响方面。此外，依附理论还能为马达加斯加的经济地理演化提供一个殖民帝国空间布局上的整体视角，从而帮助理解殖民结束后马达加斯加国家发展逻辑的结构性转变。

但是，依附理论如果想要解释马达加斯加当前经济地理格局和发展困境的关系，无疑还存在明显的缺陷。

这其中首先体现为后殖民时代依附理论在马达加斯加案例上的适用度不高。当前马达加斯加的贸易总额非常有限，国内生产活动与全球产业链的接入度非常低，根据世界银行统计，马达加斯加直到2007年年度出口总额才首次超过10亿美元，如今也只有不到30亿美元，[①]这意味着它的经济发展困境与其说是受到中心地区对边缘地区的剥削，不如说是它没有融入世界经济体系的全球性空间生产和市场布局之中。对于一个自然资源丰富，地理位置也不算边缘的国家而言，这种发展境况是非常奇怪的，也是难以用空间的依附性对立关系解释的。再有，当前世界经济地理的格局不再是简单的"中心—边缘"模式，冷战格局的终结与新兴经济体的涌现和壮大使得全球经济往来与竞争在空间上展开变得越发复杂。就非洲而言，中国、印度、日本等国家的进入，非洲区域性大国的崛起，这些地缘政治和经济地理上的变化使得非洲国家与世界其他地区的经济地理联系由过往的双边依附型向今天的多边选择型转换。在此新趋势下，马达加斯加的既有经济地理格局如何阻碍它失去过往数十年历史变动带来的机遇，继续挥霍自己的优良天赋？无疑，依附理论在这些新现象面前显得比较无能为力。

2. 世界体系理论

世界体系理论由伊曼纽尔·沃勒斯坦（Immanuel Wallerstein）、萨

---

① 贸易，World Bank Database, https：//data.worldbank.org.cn/topic/%E8%B4%B8%E6%98%93?end=2008&locations=MG&start=1960, 2020-11-15。

米尔·阿明（Samir Amin）等人提出和发展。这是一种基于长时段研究的历史梳理，主要讨论资本主义扩张和维持机制如何在全球范围内产生地理空间布局以及这种布局如何演进。

沃勒斯坦将世界体系中的各个区域划分为中心、边缘和半边缘三类，其中诸如美、英这样的发达国家位于体系的中心区域，它们通过历史上积累起来的生产和交换双重优势来剥削边缘、半边缘地区，借此维持甚至进一步扩大自身的主导地位。一些中等发达国家处于体系的半边缘地带，它们一方面遭受中心地区国家的剥削，但另一方面也剥削比它们处于更劣势地位的边缘地区。除了中心和半边缘地区，剩余广大地区都属于边缘地区，它们受到中心和半边缘国家的双重剥削。

从体系的搭建上看，世界体系理论和依附理论有相似的地方，它们都以马克思的社会分工和剩余价值分配为出发点，描述了在全球扩张和取得支配地位的资本主义体系内部的不平衡现象，因此二者都给予了资本主义发展历史极大的关注，也都将论述的重心放在经济层面。但是，与依附理论强调依附国与被依附国二元对立不同的是，世界体系理论的视角更为整体，它强调的是资本主义内生动力推动下的扩张过程中，一个具有中心—半边缘—边缘特征的网络结构和生产分布是如何在资本流动和扩张中自显的。正因为如此，世界体系理论从法国年鉴学派处借鉴更多，对从16世纪以来的长时段经济史以及资本扩张中的地理分布投入了极大关注。

比如世界体系理论对非洲边缘化的过程从奴隶贸易早期开始就给予了重视，世界体系理论认为奴隶贸易从最初的小规模交易开始就不仅仅是非洲国家与外部市场进行的一种奢侈交换。根据沃勒斯坦的观点，从18世纪初起，奴隶贸易就开始成为世界经济逻辑斯蒂波动中劳动力分工重构的不可缺少的一部分。而"瓜分非洲"（Scramble for Africa）行动在19世纪使得非洲西海岸在世界体系中的边缘化过程加剧，该世纪最后25年，随着一个个殖民地在非洲建立，非洲大陆开始以一个新的边缘区角色融入世界经济体系。①

但是，也正是这种整体论和侧重经济体系分析的视角，使得世界体系理论关注更多的是中心、边缘、半边缘这些地区作为整体如何通过经济活动联系起来并产生差异，而没有能够对参与到这个生产和交换网络中的各个国家有什么内部特点给予足够的重视，因而也没有能够进一步讨论这些不同地区国家内部特点可能和资本主义经济体系发生的互动式反应。比如一个国家经济地理形态在面对资本主义扩张时会产生怎样的变化，这些变化反过来又如何参与塑造世界体系的总体结构。以中国为例，清朝末年西方列强入侵中国时，第一批被要求开放的通商口岸都在沿海，之后随着整个中国经济地理格局的变化，新的外向型半殖民地经济地理形态又开始作用于中国整体的社会经济演变，彭慕兰（Kenneth Pomeranz）关于19世纪末20世纪初华北腹地的研究就是其中的代表之一。②

毫无疑问，在沃勒斯坦等人的框架里，马达加斯加肯定属于一个处在世界体系边缘地区的国家。但是，如同在讨论依附理论时质疑过的一样，这里同样可以提问：在全球整体的经济空间中，马达加斯加这种边缘性和其他边缘国家相同吗？马达加斯加自身经济地理的特性与其在世界体系中的边缘性存在什么关系？应该说，世界体系理论提供了一种很有价值的整体论视角，从历史演进的长期脉络和因经济活动而产生联系的全球空间这两个维度来审视国家的发展问题。但是世界体系理论对于马达加斯加问题而言在解释力上薄弱的方面是它缺乏的当地视角，也就是说，它没有能够从马达加斯加的角度出发考虑这个岛屿何以在体系中成为边缘。并且也因此缺乏对于马达加斯加与其

---

① Immanuel Wallerstein, *The Modern World-System III: The Second Era of Great Expansion of the Capitalist World-Economy, 1730s – 1840s*, Berkeley: University of California Press, 2011, pp. 178 – 185.

② 彭慕兰:《腹地的构建：华北内地的国家、社会和经济（1853—1937）》，上海人民出版社2017年版，第296—300页。

他边缘欠发达国家之间更细致的对比。

3. 新自由主义理论

作为一种倡导自由市场、反对国家干预资本主义竞争性市场机制的政治经济学思想，新自由主义兴起于20世纪70年代，从冷战后期开始获得极大关注，最终形成了"华盛顿共识"（Washington Consensus）这样的政策输出框架，并通过国际货币基金组织以及西方国家的援助等形式极大地影响了20世纪末很多欠发达地区的发展进程。

新自由主义理论的理论预设起点是理性经济人（homo-economicus），它认为人类个体都有追求最大化自身利益的天性，如果能确立制度，保证大家都能按自己的意愿追求利益最大化，那么个人利益最大化的叠加也必然能带来全社会总体利益的最大化。并且值得注意的是，新自由主义不只在经济维度持有这一观点，它更把同样的论证迁移到了政治维度，并为此创建了公共选择理论。依据公共选择理论，人类不但在经济行为上具有理性，在政治行为上同样趋向于最大化自身利益。因此，应该充分赋予每个个体最大的政治选择自由，也就是通过直达基层的民主制度使得民众的个人政治意愿通过投票选举体现出来。

新自由主义发展理论在冷战后期社会主义阵营式微的情况下展现出极大的影响力，特别是经济学芝加哥学派在拉美的政策实践与里根—撒切尔主义的遥相呼应，加之世界银行和国际货币基金组织的推动，都使得自由主义在当时成为国家发展的金科玉律。弗朗西斯·福山（Francis Fukuyama）在当时的历史潮流下，更是发出了"历史已然终结"这样极具震撼力的言论。但是，随着拉美、俄罗斯、非洲等地在采取新自由主义发展范式后遭遇失败，以及东亚部分新兴经济体在强烈的政府干预下依然取得惊人发展，新自由主义理论受到了严重的挑战。不但如此，崇尚经济理性和市场自由的西方社会自身也孕育出诸如金融投机、房地产"泡沫"这样给全人类福祉带来严重伤害的怪物，认为单纯保障个体逐利行为就能带来总体利益提升的思想已经受到越来越多的质疑。

导言　研究问题、文献梳理与写作结构

　　此外，这种挑战和质疑不只在于表面上的政治民主和自由市场在制度实施上遭遇的挫折，更在于新自由主义发展逻辑的最重要预设——"理性经济人"和"理性政治人"受到了来自理论实践中各种各样反例的冲击，这些反例都在质疑理性个人主义的普适性是否成立。人们发现在奉个体自由权益至上为圭臬的西方意识形态之外，还存在非个人主义传统的文化社会类型，比如路易·杜蒙（Louis Dumont）关于阶序人（Homo Hierarchicus）的研究就展现了一种将等级秩序视为社会整体运作逻辑必要条件的人类组织形态。这样的发现对于理解印度以及马达加斯加这种深受种姓阶序影响的社会很有借鉴意义。杜蒙还通过历史梳理讨论了欧洲个体主义特别是法国大革命以后欧洲个体主义的发展演变，并将其与印度的社会形态进行了对比。相较于欧洲平面化、原子化、以个体为出发点的社会组织形态，印度这样的卡斯特社会呈现出的则是一个差序化、整体化、以阶序体系为出发点的社会组织形态。① 因此，如果要把前者的治理逻辑移植到后者的社会中，必然需要经历一个漫长的融合和适应过程，而最后展现出的社会治理特点也不会和欧洲相同。

　　遗憾的是，尽管新自由主义理论和实践中存在的问题已经受到过很多探讨和反思，但是它们大都在政治经济学的理论脉络下进行，还很少有学者从经济地理的视角来检视新自由主义理论。

　　其实新自由主义理论与经济地理存在很深的交集，比如新自由主义治理实践中的"从属性原则"（subsidiarity）就非常具有代表性。由于立足于理性经济人这样的个体主义哲学，新自由主义理论认为在地方的管理上应该满足大空间单位服从小空间单位的整体特征，也就是后者在决定权上从属于前者。换言之，基层空间单位在自身事务的选择和决定上享有最高权力，通俗讲就是"总统也无法干预村议会的决

---

① Louis Dumont, *Essais Sur L'individualisme*: *Une Perspective Anthropologique Sur L'idéologie Moderne*, Paris: Edition du Seuil, 1991.

51

定"。从属性原则对于受新自由主义实践支配的地区的经济地理形态可谓影响深远，它从政治经济的运作逻辑上赋予了经济地理空间更多独立性，但是也增加了后者碎片化的可能。而这种碎片化的趋势在后续结合新自由主义的运行时，又会对国家整体发展产生新的干预。

综上可见，新自由主义的发展范式不但是充满争议的，而且在其经济地理的意义上存在进一步研究拓展的空间。这一点在马达加斯加也得到了印证，从1981年接受国际货币基金组织的结构性调整以来，马达加斯加的国家发展并没有取得显著进展，反而进入了一种周期性爆发政治危机的治乱循环和长期的发展停滞中。此外，马达加斯加政府从1994年开始按照新自由主义公共选择理论逻辑推广的地方分权（Decentralization）至今也未产生预想中的由地方发展带动整体发展的制度绩效，反而造成了地方分权单位不断碎片化的整体趋势。不仅如此，马达加斯加社会的阶序结构与其地理特征存在紧密关联，比如后文中会介绍的马达加斯加文化中的政治秩序在最初构建时对于中部高原山地的地貌有很大程度的借用，而这种社会文化内核的阶序整体性与新自由主义个人价值至上存在紧张的矛盾。

由上可见，新自由主义理论其实有着深刻的经济地理内涵，很可能会为理解马达加斯加经济地理格局如何影响其发展提供深远的洞见。但是由于既有文献缺乏该方面的探讨，所以本书也寄希望于通过马达加斯加的案例，在这一方面提供一种有益的尝试。

（二）直接解释性学说的相关探讨和不足

上一小节梳理了三种宏观发展理论，特别是它们各自关于经济地理与国家发展间存在何种关系的讨论，并简要分析了它们在解释马达加斯加问题上存在的不足。接下来，本节将通过回顾既有直接分析马达加斯加发展困境的文献，这些文献从族群、制度、文化心态、资源诅咒以及基础设施状况等方面对马达加斯加的发展困境予以了尝试性的解释。通过对它们的分析会发现，它们都无法很好地论证马达加斯加发展困境的独特性。但与此同时，它们都通过一种深层次的方式涉及马达加斯加的地理因素，却又都忽略了这些地理因素可能对马达加斯加发展产生的影响。因此，通过对它们的梳理分析，同样可以反映出研究马达加斯加经济地理特征对其国家发展影响的重要性。

1999 年，保罗·科利尔（Paul Collier）与简·冈宁（Jan Willem Gunning）在其《非洲为什么增长缓慢》一文中，综合回顾了对于回答撒哈拉以南非洲欠发达原因的解释，并将其提炼为一个矩阵框架。这个框架认为要解释撒哈拉以南非洲的缓慢增长，可以从表 5 中的四个维度和它们的四种组合来进行。整个矩阵框架将对非洲国家欠发达的解释依据是先天禀赋型的还是政策导致的，是国内因素造成的还是国际因素造成的，分为如下四种情形。

表5　　　　　　　　　科利尔和冈宁的解释矩阵框架[①]

	先天性的（Destiny）	政策性的（Policy）
内部的（Domestic）	自然地理环境；疾病与人口因素；族群关系	政治、经济制度；公共服务；民主制度完善程度
外部的（External）	人口密集区与海洋的距离；单一的出口商品结构	对外贸易政策；全球货币体系中的地位；国际债务问题

其中，内部先天性原因是指一个国家的地形地貌、气候植被、疾病以及人口因素、族群关系等；内部政策性原因则是指一国内部的政治经济制度，比如是否有良好运行的民主体制，公共服务是否低效甚至缺失等；外部先天性原因是指一国难以自主左右的在其对外交往中所具备的禀赋和条件，比如该国国内人口密集区与海洋（以及背后所代表的对外经贸往来）的距离以及该国出口产品是否种类单一并因此受市场波动影响严重；外部政策性原因是指一国对外贸易政策的适当

[①] Paul Collier, Jan Willem Gunning, "Why Has Africa Grown Slowly?", *The Journal of Economic Perspectives*, Vol. 13, No. 3, Summer 1999, pp. 10 – 18.

性、稳定性，受外汇市场影响的大小以及国际债务问题等方面。

尽管这不是既有的唯一对非洲地区欠发达进行解释的尝试，但它却是涵盖方面最广、最全面的，其他解释非洲地区或国家欠发达的文献大多是从这个矩阵框架中的一个或几个方面来着手进行的。马达加斯加也不例外，既有探讨马达加斯加欠发达问题的文献也都未能脱离这个框架，主要从族群、制度、文化与心态、资源诅咒以及公共服务和基础设施几个维度来解释马达加斯加当前所面临困境的原因，下面将对这些解释逐一进行介绍和评论。

1. 族群

族群是研究非洲国家时难以回避的重要因素，这里曾发生过卢旺达大屠杀这样由族群因素引起的浩劫，也有科特迪瓦这样因为移民改变的国内族群结构和政治权力再分配问题共同作用下的国家内部战争。非洲国家因为殖民史等因素导致存在特殊"族群—国家"关系以及民主制度运行下选举制度可能和族群因素发生联动，而这些特点很多情况下会通过影响国家稳定来阻碍国家发展，也正因为如此，很多非洲国家都把族群间和解（Reconciliation）视作实现国家长治久安的重要条件，很多学者也把族群视作决定非洲国家发展的重要影响因素。[1]

马达加斯加在官方话语中存在 18 个不同族群，因此也被视为一个族群关系比较复杂的国家。在既有的解释马达加斯加欠发达原因的文献中，有一部分就认为马达加斯加的族群矛盾是阻碍其国家发展的重要原因。[2] 持这种观点的学者一般都离不开从马达加斯加内部中央

---

[1] Einar Braathen, et al., ed., *Ethnicity Kills? The Politics of War, Peace and Ethnicity in SubSaharan Africa*, London: Palgrave Macmillan, 2000. Paris Yeros, ed., *Ethnicity and Nationalism in Africa Constructivist Reflections and Contemporary Politics*, London: Palgrave Macmillan, 1999. Wanjala S. Nasong'o, ed., *The Roots of Ethnic Conflict in Africa From Grievance to Violence*, London: Palgrave Macmillan, 2015.

[2] Solo Raharinjanahary, Emmanuel Tehindrazaharivelo. Les Communautés Ethniques à Madagascar// Laurence Ink. Madagascar Fenêtre: Aperçus sur la Culture Malgache Volume 3., Antananarivo: CITE, 2009, pp. 138 – 157. Lauren Ploch and Nicolas Cook, *Madagascar's Political Crisis*, Washington: CRS Report for Congress, 2012, p. 8.

主体族群和其他少数族群对立冲突的角度出发来进行论证,他们认为这种族群对立有深厚的历史渊源,可以追溯到18世纪中叶至19世纪早期梅里纳人建立伊默里纳(Imerina)王朝的时期。从16世纪起,马达加斯加岛上开始涌现出大小不一的、由不同族群主导的王国。这些王国互相交战、吞并,最终居住在今日首都塔那那利佛附近地区的梅里纳人所创建的伊默里纳王国逐渐壮大,并在19世纪初期对其他族群确立了比较明显的统治地位。借助这一优势,梅里纳人在对其他族群的征伐中使用了高压统治的手段,包括贩卖战俘为奴隶、推行强制劳动等,导致其与其他族群相互间矛盾的激化。

19世纪中期,就在伊默里纳王朝向统一全岛的目标努力的时候,西方殖民势力介入,随着1884年柏林会议的召开和1895年法国军队占领马达加斯加,马达加斯加的政治权力格局被彻底改变。在一种中央王朝基本建立却又未能完全归化周边民族的历史境况下,外来势力的影响改变了岛上原有的政治发展走向。一个明显的"中央—沿海"对立结构因而被固定下来,并且在殖民时期因为种种原因被强化,时至今日仍然影响着马达加斯加社会和政治的不同层面。比如:

- 重要的民选地方长官以及议员都在族群属性上必须和地方主体族群一致,地方长官、重要公共机构的最高领导不可能来自中部高原,反之亦然。
- 马达加斯加政治权力的划分要考虑平衡族群关系,比如惯例是总统与总理必须分属两大族群背景。其他军政体系的重要职位分配也要考虑族群背景。
- 族群间在通婚等问题上依然有非常清晰的禁忌和界限,梅里纳人和沿海族群的婚姻在很大一部分家庭的观念中是不可接受的。
- 沿海族群对梅里纳人的传统性排斥依然存在,比如很多沿海地区认为自己的海域不允许梅里纳人涉入。

认为族群原因阻碍马达加斯加发展的观点指出:由于存在这样的

族群对立，使得中央方面难以调动地方力量，实现一种全国层面的协同发展。同样地，地方也难以从中央获得足够的支持，缺少实现自己发展项目和规划的必要资金支持。长此以往，双方的矛盾与对抗不断加剧，进一步降低了行政效率，民众间的成见也继续维持。

但是如果进一步分析，会发现用族群来作为解释马达加斯加两个发展谜题的决定性因素存在明显的缺陷。

首先，尽管马达加斯加官方认可马达加斯加存在多达18个不同族群，但如果进一步思考关于族群的定义，会发现马达加斯加这种看似很大的族群差异性存在值得商榷的地方。比如桑姆森（Alex Thomson）编写的《非洲政治导论》将族群定义为：基于某种共同认可的源流、亲属关系、传统、文化独特性、历史或者有可能是一种语言，从而认同彼此间存在共同身份和命运的群体。[1]从这个定义中看到，除了亲属关系外，文化独特性、历史和语言等因素都可能成为族群划分的重要依据。马达加斯加一个有趣的地方就在于，虽然存在18个不同族群的划分，统计呈现的族群差异度也较高，但是不同族群在语言上却具有极高的同质性（见图8）。马尔加什语在全国范围通用，虽然存在不同的地方方言，但是不同族群间的沟通交流不存在太大困难。根据萨丕尔-沃尔夫的假设，语言会极大地影响思维习惯和行为方式，因而语言同质度高的不同群体应该具有相似的文化模式。从这个意义上讲，因为马达加斯加不同族群间享有语言的一致性，所以国家塑造统一身份和民族认同感时应该能取得更好的效果才对。并且根据调查也可以看到，马达加斯加是非洲地区国内族群之间歧视最不显著的地区（见图9）。

在民主政治的运行上也可以质疑认为族群因素阻碍马达加斯加发展的观点，目前族群身份并不直接决定国家宏观民主票选结果的逻辑在马达加斯加已经逐渐成为趋势。以2018年总统选举为例，进入最

---

[1] Alex Thomson, *An Introduction to African Politics*, Routledge, 2010, p.61.

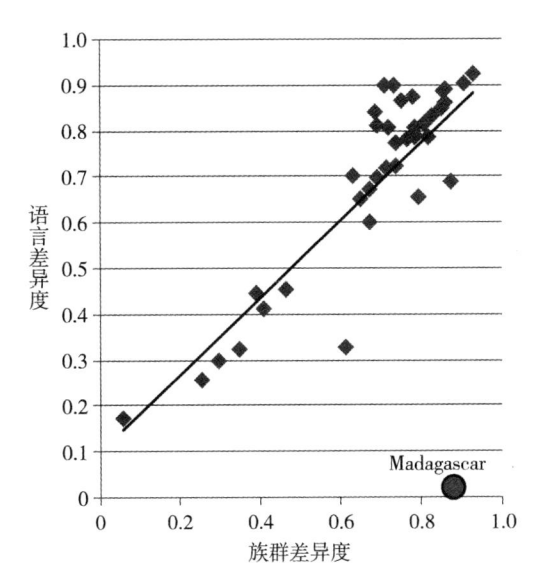

导言　研究问题、文献梳理与写作结构

图 8　语言和族群差异度（马达加斯加对比其他撒哈拉以南非洲国家）[①]

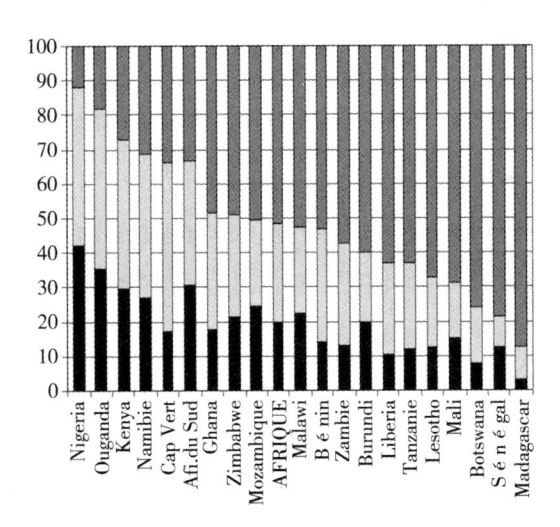

是否觉得自己受到他族歧视：黑色——经常；浅灰——有时；深灰——从不[②]

图 9　非洲族群和语言差异的对比

[①] Mireille Razafindrakoto, et al., *L'énigme et le paradoxe：Économie politique de Madagascar*, IRD Éditions, 2017, p.40.

[②] Mireille Razafindrakoto, et al., *L'énigme et le paradoxe：Économie politique de Madagascar*, IRD Éditions, 2017, p.41.

◇◆ 成为内陆国家的岛屿

后一轮对决的两位候选人马克·拉瓦卢马纳纳（Marc Ravalomanana）和安德里·拉乔利纳（Andry Rajoelina）都来自中部高原的梅里纳族。如果梅里纳代表的中部高原和其他族群代表的沿海区域之间的对立不可调和的话，对于仿照法国采取多数两轮投票制的马达加斯加而言，在总统大选第一轮的投票中应该在地域上体现出极大的支持度离散分布才对，因为第一轮参选的 36 名候选人来自全岛各个区域。但是此次总统大选第一轮投票中，拉瓦卢马纳纳和拉乔利纳获得了超过 74% 的选票，如果再加上排名第三的另一位梅里纳候选人埃里·拉乔纳里马曼皮亚尼纳（Hery Rajaonarimampianina）约 9% 的得票，则有超过 83% 的选票被梅里纳族的候选人获得。根据估算，马达加斯加梅里纳人的总人口为 500 多万，约占全国人口的 21%，而此次总统大选第一轮的有效投票数为 530 多万票。在这种情况下，除非出现有效投票中绝大多数由梅里纳人所投而其他族群的选民绝大部分弃权的局面，才可以说明族群因素在马达加斯加民主政治中起到决定性因素。由于缺少选民族群背景的统计，对于多少梅里纳人参与投票不得而知。但是由于马达加斯加的族群目前在空间分布上依然相对集中，所以根据选票的地域分布统计可以看出，参与投票的梅里纳选民比例并未大幅超过梅里纳人在总人口中的比例。换言之，大多数沿海地方族群的选民也将选票投给了梅里纳族的总统候选人。此外，在沿海各省区进行访谈的过程中，当笔者询问受访者对总统候选人的偏好时，他们给出的解释理由大多数是发展绩效，比如某候选人先前是否为受访者所在地修建过基础设施，是否带来较大规模投资并使该地居民受益等。这也说明总统大选中，族群身份在经济发展成效前的权重已经大大下降。

更重要的是，即便进行简单的横向对比也会发现，族群问题比马达加斯加更严重的很多其他非洲国家在当前国家发展的表现上优于前者。无论是尼日利亚、科特迪瓦、肯尼亚、塞内加尔，还是经历过种族屠杀浩劫的卢旺达，如今都在社会和经济建设上取得了比马达加斯加更加令人瞩目的成就。所以，即便族群因素或许会对马达加斯加的政治权力分配和社会生活产生影响,但它无法单独解释为何马达加斯加相较于其他非洲国家会在独立后发展滞后。

就经济地理与国家发展层面的关系而言,马达加斯加中央与沿海族群的对立性呈现出一种空间上的相关性分布。虽然这更多是政治地理领域的内容,但值得注意的是,族群对立虽然更多是一种政治地理上的空间呈现,但是在经济发展至上与西方民主制度这两个因素的共同作用下,政治地理的运行肯定会与经济地理产生密切的联动作用。比如选举活动时,选票所反映的偏好不再仅仅是族群认同这样的文化身份逻辑,经济发展绩效在选举活动中发挥着越来越重要的作用。而作为争取选民的手段,政治家在当选后必然会针对民主制度下的选民地理空间特点规划国家整体的经济资源分配。

换言之,族群因素不是单独用来论证马达加斯加欠发展谜题的原因,即便族群问题在马达加斯加的国家发展中可能起到阻碍作用,也是在和当地政治地理与经济地理的协同作用下发生影响的。鉴于目前的研究没有注意到马达加斯加族群问题的地理维度,在后文实证研究部分讨论经济地理对马达加斯加发展的影响时,本书将就此进行相关的分析。

2. 制度

一系列学者从制度层面分析了马达加斯加的特点和问题,并试图论证这种制度本身的缺陷,或者说制度设计与制度实施的差异造成了马达加斯加的政治困境,并进一步阻碍了马达加斯加的国家发展。

比如理查德·马库斯(Richard Marcus)从政党制度的角度出发,指出马达加斯加的政党不具备西方民主体制中遴选候选人、推动投票、代表政党支持者群体利益的特征,而演变成为政治强人主导的新世袭主义(Neopatrimonialism),并且这种政治强人主导从2001年马克·拉瓦卢马纳纳上台后越来越体现为总统以及总统相关人际圈所持

◈ 成为内陆国家的岛屿

有权力的极度扩大和不受限制。① 相似地，还有学者借用了道格拉斯·诺斯（Douglass North）精英主义的分析方法，认为马达加斯加长久以来存在一个非常"有限准入"的精英统治阶层，正是这种精英统治结合当权者操纵民主体制而追逐"自私性的利益最大化"的结果导致了马达加斯加长期以来的治乱循环和欠发展困局。②

其实，上述这两种解释方法和政治经济学中制度主义名家德隆·阿西莫格鲁（Daron Acemoglu）和詹姆斯·罗宾逊（James Robinson）等人提出的"容括型制度"（Inclusive Institution）与"汲取型制度"（Extractive Institution）有异曲同工之处。在阿西莫格鲁和詹姆斯看来，汲取型制度首先体现为一种建立在权力极度不公平基础上的社会对立，其中处于支配地位的统治阶层通过制度设计与制度维护来实现资源自下而上的汲取。因此，占社会人群中大多数的商品生产者无法通过再分配获得他们应得的回报。并且，两人进一步指出，汲取型制度可以体现在政治制度层面和经济制度层面，往往汲取型的政治制度是为了维护汲取型的经济制度服务的。与汲取型制度相对应的是容括型制度，它从政治上强调的是通过制度设计保证大多数公民都能被赋予政治权利。这种设计最常见的形式就是民主政治，通过给予所有选民选举权和被选举权，以及保证民主选举的公正、规律运行，来实现权力的平衡与更替。在经济上，容扩型制度旨在维护市场进入和竞争的自由性，反对垄断、专卖等控制市场从而获得超额利润的情况出现，简言之，就是维护自由市场主导的经济运行机制。③

可以说，从制度视角出发来解释马达加斯加发展问题的尝试基本都是在阿西莫格鲁与詹姆斯的框架内进行的，其逻辑都是在论证马达

---

① Richard Marcus, "Political Parties in Madagascar: Neopatrimonial Tools or Democratic Instruments?", *Party Politics*, Vol. 11, No. 4, 2005, pp. 495–512.
② Mireille Razafindrakoto, François Roubaud, Jean-Michel Wachsberger, *L'énigme et le paradoxe, Économie politique de Madagascar*, IRD Éditions, 2017, pp. 229–232.
③ Daron Acemoglu, James A. Robinson, *Why Nations Fail: The Origins of Power, Prosperity and Poverty*, London: Profile Books, 2012, pp. 73–76.

加斯加自从独立以来始终没有能够建立容扩大多数公民参与的比较公平的政治和经济制度,因此造成了国家资源集中于少数精英群体之手,最终阻碍了马达加斯加的发展。

不可否认,从制度视角来看,马达加斯加存在比较严重的问题,比如行政效率低下和腐败现象普遍。但与族群因素相似,制度视角的不足也在于其无法解释制度缺陷相似的后发国家为何存在发展差异。以撒哈拉以南非洲国家为例,贪腐是该地区普遍而显著的现象,[1] 马达加斯加的贪腐程度在其中只处在中游水平,而一些贪腐更为严重的非洲国家在经济发展指标上却优于马达加斯加。[2] 仅仅依靠制度因素无疑是难以解释这种反差的。

从制度视角解释马达加斯加发展问题的缺陷还在于其缺乏对于制度框架和制度实践之间所存在反差的观照。以马达加斯加的地方分权制度为例,这个制度完全是以新自由主义治理理念为基础,以西方国家地方分权的法律框架为模板制定和实施的。但是在马达加斯加的地方分权制度实践中出现了与该制度推广者预设的巨大差异,制度实施所取得的发展成效也非常有限。按照制度主义者的观点,地方分权制度一定是属于"容括型制度"的,因为它的理念就是让最基层的个体通过政治参与来决定自己的发展,那么一旦采取这一制度,必然可以使国家治理走向良性循环从而获得社会整体的发展。但是众所周知,在全球采用新自由主义治理模式的国家中,获得政策实践成功的并非多数。总之,由于制度主义经常缺乏回应在制度设计和制度实践间为何产生扭曲,这使得制度决定论的解释力大为下降。

在经济地理对国家发展影响这一问题上,制度主义的主要关联在于其新自由主义治理逻辑下的公共选择理论。这一点在前文关于新自

---

[1] Kempe Ronald Hope and Bornwell C. Chikulo, ed., *Corruption and Development in Africa Lessons from Country Case Studies*, London: Palgrave Macmillan, 2000.

[2] The World Bank, *Silent and lethal: How quiet corruption undermines Africa's development efforts*, African Development Indicators 2010, Washington, D. C. 2010.

由主义宏观视角的分析中已有过论述——理性政治人、经济人的预设和与之相关的国土治理"从属性原则"会带来经济地理单位的碎片化，并结合马达加斯加重内陆而轻沿海的经济地理特点对国家的对外经贸交往以及整体发展产生阻碍。但同样遗憾的是，既有制度主义对马达加斯加发展问题的分析也未对地理维度予以关注。

经济地理维度的缺失还会造成的一个后果是它容易让人忽视制度本身也受到其他因素的影响。制度的透明、公正和效率本身是与社会其他因素共同演化的。一个地区整体经济、商业的繁荣可以促进竞争，从市场的层面施压，推动该地区行政效率和透明度的提升。造成腐败的原因通常也是一种结构性的权力不对称机制，这其中当然也包括区域发展不平衡带来的不对称，试图仅仅通过制度层面的设定和调试而达到消除腐败的目的往往难以实现。

3. 文化与心态

从这个角度出发来论证马达加斯加欠发达现状的类型主要有两种。

一种是从上层精英的"自私性"出发的，这一类论证和前文制度因素讨论中关于马达加斯加汲取型经济政治制度的部分是相关联的。这种观点认为：因为马达加斯加权力精英具有自私性和排外性的文化与心理特征，所以会形成自己的小型关系网络，从而维持有利于自己团体的既有制度。这样的观点尝试在马达加斯加本土文化的特点中获得对自己论证的支持，最显著的例子就是援引族群和"种姓"因素。前文已经介绍过，马达加斯加存在官方认定的18个族群，其中占据中部高原特别是首都塔那那利佛地区的梅里纳人与沿海族群间的矛盾已经被讨论过。在对族群问题讨论的延伸中，有一部分学者认为马达加斯加的族群矛盾源于文化性差异。首先，这种差异源自马达加斯加居民独特的起源构成，根据语言学、考古学和生物学的证据，马达加斯加人的祖先当中有很大一部分来自今天的东南亚特别是印尼和马来群岛。这样早期的移民也带来了属于南岛语系的语言、非洲少见的水稻耕种文化以及东南亚人明显区别于南部非洲大陆人种的外貌特征。在历史进程中，这些文化特征在具备区别于马达加斯加其他族群文化要素的同时，也因为人为建构而产生出诸如身份认同和政治权力的差异。比如梅里纳人就曾经借用自身东南亚移民背景的文化特性在舆论上对中国商人进行攻击，暗示如果后者的存在感进一步增强的话，马达加斯加首都塔那那利佛有可能重蹈新加坡被华人侵占的覆辙。[1] 当然，梅里纳人的文化身份也曾经成为马达加斯加沿海族群攻击的对象，在第二次世界大战后争取民族独立主导权的竞争中，沿海政党曾经对梅里纳政党使用过"马达加斯加人留在马达加斯加，马来西亚人回马来西亚"这样的口号。

除此之外，在马达加斯加社会中还存在一种类似种姓制度的身份阶序差异。在这个身份阶序中，存在处于顶端的贵族阶层（Andriana）和处在底端的奴仆阶层（Andevo）以及处在贵族与奴仆之间的自由民（Hova）。在一些研究者看来，马达加斯加文化中存在的这种融合了种姓阶序和族群差异的特征，使得社会更容易趋向分裂和对抗，这种分裂和对抗不只体现在族群之间，也体现在种姓之间。它们随着政治权力和经济制度的分层又被进一步固化，从而使得权力精英不断努力维系自己的身份和地位，并因此也阻碍了社会的全面发展。

除了从上层精英的角度来论述文化对马达加斯加发展的影响外，还有另一个视角是从民众的工作伦理来论述文化对马达加斯加发展的影响。比如在殖民时期，法国殖民当局就对东部沿海地区的主体族群贝奇米扎拉卡人（Betsimisaraka）的工作态度进行过批判，认为他们比起中部高原的梅里纳人缺乏必要的劳动纪律。[2] 这种认知一直延续

---

[1] Catherine Fournet-Guérin, "La Nouvelle Immigration Chinoise à Tananarive", *Perspectives Chinoises*, Vol. 96, No. 1, 2006, p. 54.

[2] Genese Sodikoff, "Land and Languor: Ethical Imaginations of Work and Forest in Northeast Madagascar", *History and Anthropology*, Vol. 15, No. 4, pp. 367–368.

◈ 成为内陆国家的岛屿

至今，成为以梅里纳人为代表的中部高原族群评判东部沿海族群工作态度的典型模式。前者认为后者不具备长期发展的眼光，因为他们会把当年的劳动收入全部投入享乐性消费中，而很少考虑扩大投资从而增加生产规模。特别是东部沿海以香草、丁香等经济作物的种植闻名，这一点就异常凸显，部分东部沿海种植园主在将当年的农业收获出售变现以后，会购买轿车、高档电器等，并且在酒吧等娱乐场所大肆挥霍和享乐。最终当年的收入很快会被耗尽，这些农业生产者只好又变卖不久前购得的奢侈物件，准备下一年的生产。最终，这种"今朝有酒今朝醉"的心态严重阻碍了东部沿海以及整个马达加斯加的发展。

除了东部沿海族群，马达加斯加人作为一个整体，其工作伦理也不时因为文化差异的原因受到质疑。比如在当地的很多外国商人看来，马达加斯加人的行事风格是慢条斯理的，没有"时间就是金钱"的紧迫感。此外，在宗教信仰上，中国商人无法理解为什么马达加斯加人不把时间用来努力赚钱，而是浪费在教堂做礼拜上面。当然，不只中国商人在抱怨，来自其他国家的公民也会在一些场合抱怨马达加斯加人的拖沓和低效，并认为这代表的是一种懒惰，并且影响了马达加斯加的国家形象和发展速度。马尔加什语里有一句全国闻名的句子 Mora mora，意思就是慢慢来、不要着急，它成为很多欧美人戏谑马达加斯加低下效率时最喜欢援引的语汇。①

使用文化因素来解释马达加斯加欠发达现状的缺陷很明显，首先根据上文介绍，从语言上看，马达加斯加是撒哈拉以南非洲国家中语言同质化最高的地区之一，此外这里的宗教差异也不大，极少出现教派冲突。从工作伦理和心态上看，虽然沿海部分族群被批评没有资本增殖的长远规划意识，但是这种理解忽略了马达加斯加主要沿海热带

---

① Patricia Rajeriarison and Sylvain Urfer, *Idées Reçues：Madagascar*, Antananarivo：Foi et Justice, 2010, p. 75.

作物产区低下的基础设施条件。并且需要指出的是，这些地区基础设施条件的恶劣，正是经济地理演化长期重内陆而轻沿海的不良后果之一。

由于缺乏必要的交通、电力条件，当地农产品加工业发展受到严重制约，农业生产者在获得当季收成后只能寻求尽快将产品出口，否则会受到重大损失。这一方面使得农业生产的风险增加，另一方面也降低了农业生产者可以获得的利润。加之在欠缺基础设施的地方投资建厂本来就是普通农业生产者难以负担的投资，所以很多情况下，寄希望于他们迅速进行资本增殖的扩大化生产可谓纸上谈兵，缺乏对现实情况的观照。

相似地，责备马达加斯加民众缓慢低效也有失公允。首先，马达加斯加社会传统价值中对于懒惰是否定的。比如当地有两句谚语，一是"在荒野中旅行时，损失一个懒惰的仆人比弄坏一口锅要好"，二是"懒人常年穿烂衣"，它们都鲜明地体现出当地文化对懒惰的鄙视。在马达加斯加，无论是城市里赤脚穿梭卖烤花生的小贩，还是为了少交摊位费在天刚亮就已经卖完菜的农民；无论是早上四点起床给孩子准备早餐然后赶公交去城市另一头上班的雇员，还是深夜等最后一桌客人散场后才下班的中餐馆服务员，这些与勤劳有关的场景都是当地人日常生活的一部分。其次，将慢等同于文化上的懒惰也忽视了马达加斯加的社会现状，马达加斯加的慢有时候是不得不慢，一方面受制于基础设施条件有限和资源短缺，另一方面由于长期缺乏发展和外来物质输入，当地社会运行维持在一种低耗能、低效率的状态，每一个有过在马达加斯加等待社区官员为其手写居住证明的人都能切身体会这一点。所以与其说是文化和心态阻碍了发展，倒不如说有时候是欠发展困境在影响着当地人的心态和文化。

同样地，马达加斯加与外界缺乏交流的状态和它经济地理格局中沿海发展长期以来的停滞有显著关系，所以即便要理解马达加斯加的慢文化，也必须对其经济地理特征和它对全国发展的影响予以关注，看到文化和经济的相互反馈效应。否则只从文化层面进行论证也是缺乏可信度的。

4. 资源诅咒

资源诅咒是指当一个国家的经济太过于依赖自然资源的出口时导致经济结构单一，并使得该国宏观经济体系和政治运行上出现问题。比如在经济上如果过于依赖某种自然资源出口，而该种资源又在全球市场处于高价位时，很可能冲击资源出口国的其他工业部门，削弱其他行业在国际市场上的竞争力，并同时带来货币快速升值。这会进一步阻碍本国产品的出口、引发通货膨胀，还会造成国内居民失业率升高和购买能力降低。如果这种现象持续下去，还可能造成该国经济结构的严重失调，并使其对全球原料市场的价格波动更加敏感，抗击经济、金融风险的能力减弱。此外，在政治层面，资源诅咒体现在自然资源的开发和出口过程很可能滋生政客借助国家资源食利的机会，从而增加腐败等现象，同时还因此加剧资源丰富地区与不丰富地区、资源开采区与受资源开采影响区之间的矛盾。

无论从数量还是种类上看，马达加斯加都具备丰富的自然资源，所以就不免有观点认为马达加斯加的欠发达可以用资源诅咒来解释，认为自然资源的开发不当造成了腐败、加剧了社会矛盾，从而诱发政治危机等。比如英国《每日电讯报》认为2009年初导致时任总统马克·拉瓦卢马纳纳下台的政变诱因当中就有自然资源收入归属权的争议存在，除了大面积将可耕地租让给韩国大宇公司以外，力拓矿业在马达加斯加东南部的矿石开采税收的分配、旅游业税收的利用均被认为是点燃民众不满情绪的导火线。① 路透社在马达加斯加2013年总统大选前也指出，马达加斯加采矿业是该国未来发展的关键，但是它存在很大问题并需要进行整顿。为此路透社援引了时任马达加斯加矿业

---

① https://www.telegraph.co.uk/news/worldnews/africaandindianocean/madagascar/5009380/Madagascar-is-blessed-with-resources-but-cursed-by-politics.html, 2018-10-05.

部部长的话:"马达加斯加矿业是病态的,像是一个人通过慢性流血来维持他的生命。"① 法国环保型非政府组织"地球之友"也在其 2012 年发布的报告中指出:尽管马达加斯加政府将采矿业视为其国家发展的重中之重,但是矿业资源的开发与民众对于改善生活的期望之间产生了巨大落差,相关产业的税收所得没有能够体现在社会整体发展的提振上,因此马达加斯加很容易滑入资源诅咒之中。② "地球之友"还援引了世界银行 2010 年对马达加斯加所做的治理和发展报告支撑自己的论证,该报告中指出马达加斯加政治集权的特点和精英阶层利益分配的矛盾使得这个国家很容易遭受资源诅咒的影响。③ 2019 年伊始,在马达加斯加现任总统拉乔利纳宣誓上任之前,总部设在美国的全球性环保组织"蒙加贝"(Mongabay)援引透明国际的报告,指出拉乔利纳在 2009 年至 2013 年担任过渡政府首脑时期曾涉嫌卷入红木、宝石等自然资源的走私活动,表示在接下来拉乔利纳的总统任期内,马达加斯加可能在环境保护和资源管理方面存在重大的风险隐患。④ 同样地,《自然》(Nature)杂志在同一时期也刊登了文章,认为马达加斯加森林的命运掌控在这一任总统的手中,⑤ 其实质上是在影射马达加斯加新政府可能对森林资源带来威胁。

但是就马达加斯加的发展困境而言,使用资源诅咒进行解释的一大问题在于资源诅咒在马达加斯加是个程度不严重并且表现也不典型的现象。相比 20 世纪的荷兰病与近年来的委内瑞拉危机,马达加斯

---

① ghttps://www.reuters.com/article/us-madagascar-mining-analysis/analysis-madagascar-faces-struggle-to-restore-mining-industry-idUSBRE9B10F320131202, 2018-10-05.

② Initiative pour la Recherche Economique et Sociale en Afrique, Madagascar: The New Eldorado for Mining and Oil Companies, Friends of the Earth France and Friends of the Earth Europe, www.amisdelaterre.org/rapportmadagascar.

③ World Bank, Governance and Development Effectiveness Review A Political Economy Analysis of Governance in Madagascar, Report No. 54277-MG, 2010-12.

④ https://news.mongabay.com/2019/01/madagascars-next-president-to-take-office-bears-suspect-eco-record/, 2019-06-05.

⑤ https://www.nature.com/articles/d41586-019-00189-8, 2019-06-05.

◇◈ 成为内陆国家的岛屿

加从未因为资源的巨量开发而带来国内收入的显著增加和经济结构的急剧失衡，因此也没有因为国际市场的相关资源的价格震荡以及汇率变动而产生爆炸式的通货膨胀和国民生活水平的断崖式下跌。如同上文中引用的马达加斯加前矿业部部长的比喻——这像是一个通过慢性失血而维持生命的过程。

在其他资源诅咒的典型案例中，有很大一部分是受到石油生产的影响，比如荷兰、委内瑞拉、苏丹、尼日利亚等，还有少部分则是因为钻石，比如塞拉利昂。换言之，资源诅咒现象经常发生在自然资源价值密集度高的地区。所谓价值密集度，指的是这一类资源的空间分布非常有限，但是其产出所创造的产品价值却极高。比如一个原油储量丰厚的产油区，能在一段时间内源源不断产出单价很高的石油，在国际原油价格处于高位的时候这种密集度更是越发显著。钻石矿因为钻石的市场稀有性和高价值属性存在同样的特点。换言之，这一类自然资源往往在具有极大价值总量的同时还具有较好的投入产出比，因此也能够很快地通过其产出对相关地区的经济结构和社会运行产生极其显著的影响。当然，又因为这一类产品（特别是原油）在国际市场上的价格起伏很大，所以当一国完全依赖自然资源维系其经济运行时，它的政治经济状况面对国际市场变动的敏感性也就越大，委内瑞拉从查韦斯时代到今天的局势演变就是对此最好的注脚。

相比这些国家而言，马达加斯加迄今为止依然不存在大规模的石油开采和生产，甚至一直到 2008 年，非洲国家主要油气探明储量和产量统计上马达加斯加都因为没有石油开采而缺乏数据。[①] 虽然在其南部齐密鲁鲁（Tsimiroro）地区拥有号称储量为 17 亿桶的油田，但主导该区块开采的马达加斯加石油公司（Madagascar Oil）从 2004 年成立以来至今依然没有能够进入规模化开采阶段，只是在 2015 年左

---

① Guoyu, Li, *World atlas of oil and gas basins*, Wiley–Blackwell, 2011, p.179.

右达到过大约每天300桶的产量。① 而这是目前已知的马达加斯加唯一投产的油田,其他要么还处于勘探阶段,要么就是因为储量不甚理想已经被放弃。当然,马达加斯加也有丰富的宝石和半宝石矿产,但其产品主要是蓝宝石、祖母绿、碧玺、水晶等,并没有发现有开采价值的钻石矿。前边这些品种的宝石因为附加值相对较低、开采难度较小,已经被各种中小规模资本支配。并且由于自然环境和基础设施等因素造成的监管难度大、规范化程度低等原因,马达加斯加这一部分矿产资源的走私很严重,也就导致了相关税收的减少。与此情况相似的还有马达加斯加的稀有木材资源,它们都以一种持续性流失的方式被消耗掉,确实非常类似一种慢性失血的过程。

综上,很难说马达加斯加存在典型的资源诅咒现象,马达加斯加最大的问题其实是资源未得到有效的开发和利用。比如乔治·弗利纳斯(George Frynas)等人在《没有资源的资源诅咒》一文中就认为,马达加斯加体现出了某些受到资源诅咒影响的现象,主要集中在政府治理层面因为资源而滋生了腐败和加剧了利益相关体的矛盾。但是,这篇文章又指出,马达加斯加的资源诅咒与其说是像其他典型资源诅咒国家一样因为资源的大规模开采而导致一系列问题,不如说是因为大规模开采资源的预期没有实现而产生了负面影响。②

资源诅咒视角无疑和自然地理因素存在紧密联系,因为自然资源的地理空间分布是产生资源诅咒影响的先决条件。但是马达加斯加上述特殊的资源诅咒表现恰好体现了在自然地理因素之外,资源还会通过经济地理的运行机制发生流失。马达加斯加拥有漫长的海岸线,而由于沿海地区欠发展,对于走私活动的打击能力非常有限。以马达加

---

① https://www.rigzone.com/news/oil_gas/a/137516/madagascar_oil_updates_on_its_operations_including_tsimiroro_project/? all = HG2,2019-06-05.

② Jędrzej George Frynas, Geoffrey Wood, Timothy Hinks, "The Resource Curse without Natural Resources: Expectations of Resource Booms and Their Impact", *African Affairs*, Vol. 116, Issue 463, April 2017, p. 260.

斯加东北部旅游胜地圣玛丽岛（Ile Sainte Marie）为例，笔者在田野调研期间发现马达加斯加政府为这个面积超过200平方千米的岛屿只配备了一艘海岸巡逻艇，并且还常年因为缺乏燃油和维修预算而无法使用。考虑到圣玛丽岛已经是马达加斯加沿海旅游业发展程度最高的地区之一，在其他偏远的海岸地带，要实施对诸如红木、宝石这样自然资源的走私监管更是难上加难。由此可见，马达加斯加经济地理的特征对于理解它独特的资源诅咒现象也有重要意义。但是既有研究同样缺乏对这一方面的观照。

5. 基础设施建设滞后，教育医疗等公共服务匮乏

虽然鲜有学术研究系统论证马达加斯加基础设施建设和公共服务情况对其发展的影响，但目前在对马达加斯加的发展规划中，加快基础设施建设和改善公共服务都被视为重中之重。这种发展优先级本身体现了一种类似"要致富先修路"的基础设施建设促进经济发展的逻辑，也暗含了认为滞后的基础设施建设以及公共服务供给情况导致了马达加斯加当前经济发展的推论。无论是近些年马达加斯加经济部向国际货币基金组织提供的经济发展规划文件[1]，还是新任总统拉乔利纳在当地非常有名的《马达加斯加崛起规划》（*Initiative Emergence Madagascar*）[2]，都体现出这种思维方式。

毫无疑问，马达加斯加糟糕的基础设施现状的确对该国经济的发展起到了阻碍作用。对于一个电网覆盖率极低且电力缺口很大的国家，提升工业化水平的难度会因此而增加。比如，根据德国弗雷德里希·艾伯特基金会旗下杂志《政治》（*Politika*）的统计，马达加斯加截至2016年仅有15%的家庭通电。而除了电力基础设施建设的滞后，偷电现象严重以及公务部门不按时支付电费等因素又造成国家水电公司的运营困境，阻碍了其更新设备和提供更好的服务，马达加斯加国

---

[1] 详见 IMF, *Republic of Madagascar: Economic Development*, Country Report, No. 17/225。
[2] 详见 *Initiative Emergence Madagascar—Politique Générale de l'Etat*, 2019-2023。

家水电公司（Jirama）在2015年仅电力板块的亏损就超过1亿美元。这些因素反过来又增加了用电成本，极大地妨碍了当地工业的发展，比如马达加斯加最大的饮料生产商Star公司，其电费（包括停电时使用发电机发电的油气花费）开支占到税前营业额的5%、生产成本的13%。在2017年全球营商指数报告中，马达加斯加的"电力接入"一项，在186个参评国家中排名倒数第二位。[1] 马达加斯加因为常年电力供给不足问题，积累了数万个递交过用电申请的客户在等待国家水电公司的通电许可，笔者在马达加斯加调研时也遇到过因为供电问题而放弃投资的外来企业家。

但是，如同文化上被人误解的"慢"一样，马达加斯加基础设施建设滞后的问题到底是这个国家没有发展的根本原因呢，还是长久以来马达加斯加欠发达境况所展现出的病症？

有资料显示，马达加斯加在独立后很长一段时间，在人口平均寿命、识字率、受教育程度以及全国教育普及度等数据上都领先大多数撒哈拉以南非洲国家，甚至到了2017年，马达加斯加在公路覆盖度、人口识字率、人口平均寿命等指标上都不低于撒哈拉以南非洲的平均水平（见表6）。

表6　马达加斯加与一些非洲国家部分发展指标的对比

	马达加斯加	贝宁	布基纳法索	科特迪瓦	喀麦隆	撒哈拉以南非洲整体
识字率（%）	66.6	29.1	22.7	40.7	65.3	58.9
平均寿命（岁）	52.0	50.0	47.0	47.7	50.4	48.9
公路密度（千米/公顷）	3.0	1.7	5.5	3.7	2.5	2.4

数据来源：World Development Indicators（2017）。

---

[1] Politika, Friedrich Ebert Stiftung, 2016 Ⅲ, p.35.

由此可见，用基础设施建设和公共服务水平来解释马达加斯加的发展困境，说服力是非常有限的。尽管基础设施建设滞后确实给马达加斯加未来的发展蒙上了阴影，但是从历史的进程中看，马达加斯加迄今为止欠发达局面的出现并不是早先基础设施整体上的欠缺造成的。在后文中甚至可以看到，其实马达加斯加殖民时期的公共投资力度远远大于西非的法属殖民地。造成马达加斯加发展困境的机制在其他方面。

对此，经济地理视角可以为理解马达加斯加的基础设施问题提供有益的补充。因为基础设施对于发展的影响不只通过其数量体现，基础设施的空间布局合理性也非常重要。就马达加斯加而言，由于经济中心处于内陆，当在该区域进行的经济活动需要和外界发生物质能量的交换往来时，必须通过连接内陆与沿海的公路线路进行，这无疑增加了物流成本，加剧了经济损耗。而且由于马达加斯加地形、气候的综合原因，维持这样的交通布局还意味着常年对于基础设施大规模养护的成本投入，以及维护交通干道沿线运输安全的成本开销。此外，经济地理层面交通布局的不合理也会将成本部分转嫁到位于马达加斯加的企业之上，从而降低它们的市场竞争力。

在后续的实证研究部分，对于经济地理和基础设施在马达加斯加发展中的综合作用机制会有更详细的分析，鉴于目前缺乏相关研究，本书无疑能提供一个非常具有启发性的讨论经济地理格局对发展影响的案例。

6. 小结

在按照对非洲欠发达因素的解释矩阵依次分析了对马达加斯加发展困境的解释后，可以发现，虽然既有文献中的每一种解释都能体现出马达加斯加目前在国家发展中存在的一部分问题，但是它们也都无法单独成为解释马达加斯加独特发展困境形成的原因（见表7）。

并且通过再次检视科利尔和冈宁对于非洲欠发达原因的解释框架

（见表8），能够看到在既有主要解释马达加斯加欠发达原因的文献中，很少有涉及马达加斯加自然地理环境的讨论，也鲜有文献研究马达加斯加人口密集区与海洋距离的问题。并且在有限的探讨马达加斯加自然环境与其国家发展关系的资料中，更多也是在谈论自然灾害的影响，因为马达加斯加地处热带亚热带海域而容易遭受印度洋飓风袭击，另外其南部地区会不定期受到干旱困扰。然而已经有研究指出，马达加斯加的自然灾害虽然在频率上略微高出大陆非洲国家的平均水平，但是在强度上却不是那么严重。比如从每一期自然灾害造成的人员死亡数量上看，马达加斯加的数据是60人左右，而非洲大陆的平均值是550人。[1]

表7　　　　　既有文献对马达加斯加发展困境成因的讨论

	先天性的（Destiny）	政策性的（Policy）
内部的（Domestic）	殖民；族群；文化与心态；基础设施	制度（世袭主义、民主的缺失）；公共服务
外部的（External）	资源诅咒	少有讨论[2]

表8　　　　　科利尔和冈宁的非洲欠发达问题解释矩阵框架[3]

	先天性的（Destiny）	政策性的（Policy）
内部的（Domestic）	自然地理环境；疾病与人口因素；族群关系	政治、经济制度；公共服务；民主制度完善度
外部的（External）	人口密集区与海洋的距离；单一的出口商品结构	对外贸易政策；全球货币体系中的地位；国际债务问题

---

[1] Mireille Razafindrakoto, François Roubaud, Jean-Michel Wachsberger, *L'énigme et le Paradoxe, Économie Politique de Madagascar*, IRD Éditions, 2017, p. 31.

[2] 在科利尔的框架里有外债和金融，但马达加斯加目前不存在这个问题，其负债总额和负债占GDP比重在撒哈拉以南非洲国家中都不高，近20年来学界鲜有声音认为这是阻碍它发展的原因。

[3] Paul Collier, Jan Willem Gunning, "Why Has Africa Grown Slowly?", *The Journal of Economic Perspectives*, Vol. 13, No. 3, Summer 1999, pp. 10–18.

与此同时,在这一部分的文献回顾梳理中可以发现,既有研究中无论是族群、制度、文化、资源诅咒还是基础设施等论证马达加斯加发展困境的因素,都和经济地理格局有着深层次紧密的关联,但长期以来这种与经济地理的联系又都受到了学界的忽视。从某种意义上这也呼应着科利尔和冈宁的矩阵框架应用在马达加斯加时地理解释机制缺失的现象。

综上,鉴于既有直接解释马达加斯加发展问题的机制都存在明显的局限,而它们与经济地理格局的深层关联又长期未得到应有的重视,本书分析经济地理格局对马达加斯加的影响在理论和经验层面都是富有意义的。

(三) 经济地理学中的相关探讨和不足

在既有经济地理学文献中,大多数文献集中于讨论区域经济差异的成因和变化趋势。这其中有从全球宏观视角和资本主义体系出发去分析全球经济地理中"核心—边缘"结构如何产生并维持的,[1] 也有从国家视角出发去分析国家内区域性经济差异产生的原因的。[2] 其中前者的方法与前文中介绍过的"依附理论""世界体系理论"等宏观发展理论存在相通之处;而后者则更多呼应着上一节中的解释机制,认为资源要素分布、制度与政策导向、基础设施条件差异等是造成区域经济差异的原因。但无论出于全球宏观视角还是国家层次的中观视角,这些研究往往不会进一步去探寻区域经济差异或者经济地理整体格局如何具体反过来再影响一个国家的发展。

分析特定经济地理格局对国家发展的文献中,内陆国家 (Landlocked Countries) 和小型岛屿国家 (Small Island Countries) 是两个产

---

[1] Paul Knox, John Agnew and Linda McCarthy, *The Geography of the World Economy*, Routledge, 2014, pp. 116 – 142; Rob Potter, et al., *Key Concepts in Development Geography*, SAGE, 2012, pp. 36 – 44.

[2] Rupert Hodder, *Development Geography*, Routledge, 2000, pp. 123 – 124.

出较多的分支。接下来，就分别对二者的主要既有研究进行简要回顾。

1. 内陆国家

经济地理形态对于内陆国家发展的影响主要从交通与物流的成本上体现，由于通往出海口需要经过其他国家的国土，所以内陆国家通常面临运输距离长、运输税费高、远离海外市场、缺乏出海口、需要海运加陆运多种运输模式衔接等境况，[1] 这都会增加交通物流成本，同时也会制约内陆国家对外贸易伙伴的选择，从而对内陆国家发展带来阻碍。

2. 小型岛屿国家

在经济地理对国家经济发展路径的影响上，小型岛屿国家的体量小、人口少，所以在诸如行政支出等国家管理上所需的成本也小，因而可以具备建立离岸金融中心或"避税天堂"的条件。[2] 此外，很多小型岛屿国家一方面具有得天独厚的自然环境，另一方面又受益于全球旅游文化的繁荣，所以大力发展旅游业，并逐渐将旅游业转变为其支柱产业。[3] 但是，小型岛屿国家独特的发展路径又使其容易出现对外债务问题，比如2012年全球债务问题最严重的20个国家中，小型发展中岛屿国家占据了其中的一半。[4] 此外，小型岛屿国家出于自身安全和发展旅游的需要，对于全球气候变暖非常敏感，在维护自身环境和生态方面也需要进行大量投入，这些因素也无形中加重了它们的

---

[1] Anwarul K. Chowdhury, Sandagdorj Erdenebileg, *Geography Against Development: A Case for Landlocked Developing Countries*, United Nations Office of the High Representative for the Least Developed Countries, Landlocked Developing Countries and Small Island Developing States, 2006, pp. 24 – 40.

[2] Beate M. W. Ratter, "Geography of Small Islands: Outposts of Globalisation", *Springer International Publishing*, 2018, p. 153.

[3] Beate M. W. Ratter, "Geography of Small Islands: Outposts of Globalisation", *Springer International Publishing*, 2018, p. 146; OECD, Making Development Co-operation Work for Small Island Developing States, 2018, p. 32.

[4] Damien King and David F. Tennant, *Debt and Development in Small Island Developing States*, Palgrave Macmillan, 2014, p. 11.

成为内陆国家的岛屿

发展负担。

但值得注意的是，无论内陆国家还是小型岛屿国家，讨论经济地理格局对其发展的影响，更多是从一个它们所处的宏观经济地理格局来进行的。内陆国家处在其他国家的领土环绕之中，因此产生了在物流、税收、国家安全、外交、区域经济发展程度等多方面因素共同造就的对其国家发展的影响。同样地，小型岛屿国家发展受经济地理的影响，更多也是在区域性和全球性经济分工的结构性需求中产生的。无论是作为"避税天堂"的功能还是旅游度假的功能，经济地理都更多是在通过一种整体外部性来对这两种具有特殊地理位置和形态的国家施加影响。就马达加斯加的问题而言，这种外部整体性的经济地理影响固然重要，但是同时还需要重视马达加斯加国内经济地理格局对其发展的影响，以及国内经济地理与区域性、全球性经济地理环境的互动作用。

此外，不管是内陆国家还是小型岛屿国家，它们在自然地理上的先天劣势非常明显，更重要的是，这些先天劣势与它们发展中面临的困境存在一种真实机制和表面常识的一致性。换言之，对于经济地理了解不多的学者，依然可以很容易推测内陆国家会因为运输、出海口等问题而对其发展产生负面影响；会推测小型岛屿国家会大力发展旅游业，并且在生态和环境问题面前面临更大压力。而他们的这些推测常常也符合实际情况。但是就马达加斯加而言，它的自然地理条件和人们的常识判断间存在明显的矛盾，比如一个大型热带岛屿并未展现出与外界良好的海运连通度。这也说明在影响马达加斯加发展的机制上，经济地理因素存在更特殊的作用模式，而它亟待更多研究去探讨。

综上，经济地理学重视探讨经济地理格局的成因和变化趋势，但是对于经济地理格局如何影响某一具体国家的研究还有待加强，特别是一国内部经济地理格局对国家整体发展的作用机制依然存在较大探讨的空间。

第一章

理论、方法与创新性

一 理论选择：演化经济地理学

（一）概念体系与理论框架

从学科归类上说，演化经济地理学属于经济地理学中的一支。它的出现在学术脉络上首先归因于地理学在 20 世纪下半叶开始发生的"制度转向"和"文化转向"，这两种趋势将经济地理学的关注从区位扩展向制度、文化、社会环境，寻求人文地理变化的综合性解释。此外，在同一时代的一些经济学家也开始关注地理因素的重要性，将经济分析和地理空间结合起来进行考虑。在此经济和地理学科协同研究的基础上，地理学又发现了历史在解释经济地理变化上的重要性，因为人类经济活动在空间上的聚集与迁移都涉及相关人群的历史过程。因此，经济地理学又从演化经济学中吸收了与生物进化类比的研究视角，开始了新一轮的地理学范式推进，这种新趋势也被学界称为地理学的"演化转向"。[①] 该转向是 20 世纪 80 年代开始借助演化经济学的发展成果，结合广义达尔文主义、复杂性理论和路径依赖理论而构成的新的地理学研究视角和方法的总和。

根据演化经济地理学最有代表性的两位学者让·博西玛（Ron

---

① 贺灿飞：《演化经济地理研究》，经济科学出版社 2018 年版，第 40—41 页。

Boschma）和让·马丁（Ron Martin）的观点，演化经济地理学研究的是在历史进程中出现的新事物、新模式等"新奇"（Novelty）现象的空间性，关注经济的空间结构如何从经济主体（个人、组织）的行为中出现。此外，演化经济地理学还很关注在缺乏整体指导与协调的情况下经济地理如何在自组织机制中涌现出秩序与结构；路径涌现和依赖的机制如何与地理因素相互作用并影响经济的变化和发展；路径创生与依赖的机制在多大程度上是具有地方特殊性的。[①] 演化经济地理学认为"新奇"是其关注的重点。这里值得指出的是：新奇是一种特异性或者打破原有状态的新状态的出现，它不一定代表发展和优化。甚至"新奇"这一概念本身指代的是一种特殊性，它更多想表达的是人类活动与地理环境共同构成的复杂系统在历史演化中涌现出的新模态或者新路径。这也是为什么在演化经济地理学的理论框架中很重视偶然性、自组织、涌现这些概念。关于这一点会在后文中进行详细讨论。

贺灿飞总结了演化经济地理学的四个基本假设，[②] 分别介绍如下。

（1）不完全理性经济人的假设。由于社会是复杂的，信息和知识是局限的，完全理性不可能存在，所谓理性人瞬时做出的判断其实都受到自身习惯、过往经历、社会规则等历史积累性条件的影响。这一点上和以布尔迪厄、吉登斯等为代表的实践理论是非常接近的。

（2）历史进程的非可逆性和动态性。这一点其实是系统论和复杂性理论非常强调的一个核心原则，它在自然科学层面挑战的是以牛顿、拉普拉斯为代表的机械决定论，在社会科学层面反驳的是古典经济学中的静态假设，以及认为历史过程可逆可复现的观点。

（3）演化结果的非最优性。这一点强调整个人文地理系统是一个开放系统（open system），而非封闭系统（closed system）或孤立系统

[①] 让·博西玛、让·马丁主编：《演化经济地理学手册》，商务印书馆2016年版，第7页。
[②] 贺灿飞：《演化经济地理研究》，经济科学出版社2018年版，第49页。

（isolated system），也就是说，演化过程是发生在所有与外界不停产生物质能量交换的人文地理单位中，这个系统处在一个演化性的动态平衡中，它的演化方向难以预料，并且演化过程不一定能达到帕累托均衡那样的最优效用。

（4）能产生自我转型最根本的原因是创新。这一点类似进化学说中的突变理论和自然选择的结合，但是带有主观能动性的考虑，它强调经济体必须在不断变化的外界环境中自我创新，不断适应外界条件并与其互动、共生，这样才能在演化中转型成为适应大环境的成功者。

在上述四个假设的基础上，演化经济地理学的理论体系主要由三个理论模块和它们各自包含的概念组成，三个理论模块分别为广义达尔文主义、复杂性理论以及路径依赖理论。它们各自涉及的核心概念见图1-1。

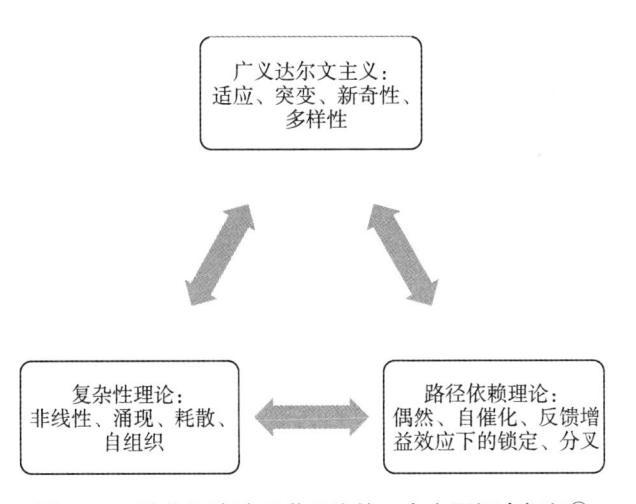

图1-1 演化经济地理学理论的三个主要概念框架[①]

演化经济地理学依然是一门出现不算久的人文地理学分支，它被系统性地提出只有数十年的时间。目前形成的共识是演化经济地理学

[①] 让·博西玛、让·马丁主编：《演化经济地理学手册》，商务印书馆2016年版，第9页。

主要由三个理论模块共同组成，虽然图1-1中显示这三个模块之间相互联系，但目前为止还没有经济地理学家对由它们共同组成的整个演化经济地理学宏观理论进行梳理和整合。因此，这个宏观理论系统的架构并不是一个内部有清晰逻辑关系的理论体系，而更像是一个在前文四大假设前提下进行的理论选择和归类。并且，整个理论框架存在的意义还缺少进一步的拓展和经验材料的支持。此外，由于这三个理论框架以及它们各自包含的概念大多源自对自然科学，特别是20世纪以降自然科学体系中一些概念的借用，如果不加以说明，很容易产生歧义。

所以，这里首先要做的一项工作是澄清演化经济地理学理论体系中的核心概念到底是什么，并讨论它们对于理解演化经济地理有什么样的意义。

首先总结一下国内既有文献对演化经济地理学三个主要理论框架中的关键概念是如何解读的（见表1-1）。

表1-1　　国内既有文献对演化经济地理学主要概念的解释

	广义达尔文主义（演化）	复杂性理论	路径依赖理论
刘志高、崔岳春[①]	对现代生物学中进化隐喻的借用	认为复杂性科学不是演化经济地理学的理论基础	未讨论
刘志高、尹贻梅[②]	质疑对达尔文所创"演化"概念的借用	未讨论	类似于物理学中的惯性，事物一旦进入某一路径，就会不可避免地锁定于这一特定路径（如技术或生产模式），稳定了选择结果，并常常与收益递增有关

[①] 刘志高、崔岳春：《演化经济地理学：21世纪的经济地理学》，《社会科学战线》2008年第6期。

[②] 刘志高、尹贻梅：《演化经济地理学：当代西方经济地理学发展的新方向》，《国外社会科学》2006年第1期。

续表

	广义达尔文主义（演化）	复杂性理论	路径依赖理论
贺灿飞[①]	社会经济系统和自然系统存在相似性，核心概念为多样性、创新、记忆（遗传）、变异、适应性	源自复杂性科学中的自组织系统、自我再生系统、复杂自适应系统、复杂演化系统等。具有分散性、开放性和非线性三大特征	源于演化经济学，从历史维度解释经济增长，强调偶然性、自反馈和锁定。认为社会经济作为开放系统其演化依赖于过去
贺灿飞、黎明[②]	市场经济竞争环境中，只有获得更多资源的行为主体才能在自然选择的压力中存活下来	发展是内生的且过程不可逆，发展是动态的、非均衡的	历史偶然因素导致规模效应的递增，累积循环机制使递增加强，最后形成路径依赖
安虎森、季赛卫[③]	多样性、选择性、保留性（VSR原则）	复杂性理论认为系统演化的动力本质上来源于系统内部，微观主体的相互作用产生中观和宏观的复杂性现象	路径依赖的基本含义是指经济系统一旦进入某一路径，则因惯性的力量不断进行自我强化，使得该系统锁定在这一特定路径上

同时再对比一下国外学界对于这些概念的解释。

（1）关于演化。使用演化经济地理学的国外学者认同该理论与演化经济学存在相似性，而两者最大的结合点就在于"演化"。他们大多数认为演化这个概念取自达尔文的生物演化学说，由于将其转用于社会科学领域，因此被称为广义达尔文主义。但值得一提的是，也有学者认为演化经济地理学中的演化概念至少从三个理论中汲取了素材，它们分别是非线性动力学和复杂性理论、路径依赖和演化生物学。[④] 也

[①] 贺灿飞：《演化经济地理研究》，经济科学出版社2018年版，第50—53页。
[②] 贺灿飞、黎明：《演化经济地理学》，《河南大学学报》（自然科学版）2016年第4期。
[③] 安虎森、季赛卫：《演化经济地理学理论研究进展》，《学习与实践》2014年第7期。
[④] 尤根·艾斯来茨比奇勒、大卫·L. 里格比：《广义达尔文学说与演化经济地理学》，载让·博西玛、让·马丁主编《演化经济地理学手册》，商务印书馆2016年版，第54页。

就是说"演化"这个词不单指达尔文理论中的进化概念,也是一个复杂系统中形成的特殊演化路径,尽管它存在一定的与传统进化概念相似的地方,但是却又不仅限于此。

(2)关于复杂性理论。国外学者对于复杂性理论的探讨更为充分,他们认为复杂性系统包含以下属性和特征(见表1-2)。可以说,这是一个不限于地理学范畴的对于复杂性不同特征的解释,这些概念的背后其实都有自然科学背景,并且很多是从热力学、系统论、混沌理论等20世纪开始兴起的自然科学体系中借用的。

表1-2　　　　　复杂系统的属性和它们各自的主要特征[①]

属性	特征
开放性	复杂系统与外界环境间没有显著而不可跨越的边界。系统依赖外界维持自身。往往呈现耗散特征,不停地与外界发生物质、信息交换
动态的非线性	组成复杂系统的各要素间存在复杂的互动和反馈机制,使系统呈现出显著的非线性特征,系统演化也往往通过反馈性的路径依赖体现出来
系统各部分非机械叠加构成	整体大于部分之和,构成系统的各个部分和它们具有的功能不能通过机械的方式拆分或求和
自组织与宏观结构涌现	复杂系统所呈现的结构性往往来源于其组成部分、单位之间相互作用下的自组织机制
适应性	由于具有自组织的特性,复杂系统在面对外界环境或者内部要素改变时,能通过自组织机制对自身予以调校
不可预测性和确定性的辩证统一	复杂系统在运行机制上依然是决定论的,但是由于对初始条件的极度敏感,致使对系统具体演化的状态难以实现真正意义上的准确预测

(3)关于路径依赖。国外文献中将路径依赖解释为一种动态累积的因果关系,[②] 其中大卫和阿瑟所展示的就是一种典型的演化经济地

[①] 让·马丁、皮特·森利:《复杂性思考和演化经济地理学》,载让·博西玛、让·马丁主编《演化经济地理学手册》,商务印书馆2016年版,第96—97页。

[②] 让·马丁、皮特·森利:《从演化视角看路径依赖在经济景观中的地位》,载让·博西玛、让·马丁主编《演化经济地理学手册》,商务印书馆2016年版,第76页。

理学对路径依赖的理解（见图1-2）。从大卫和阿瑟所呈现的图示来看，路径依赖是一种由历史小事件引起的后续自增益和自维持效应，并且路径依赖的生成和延续往往是在较长时间尺度中进行的。其实这和戴蒙德后期对自己学说的修补已经存在非常大的相似之处。

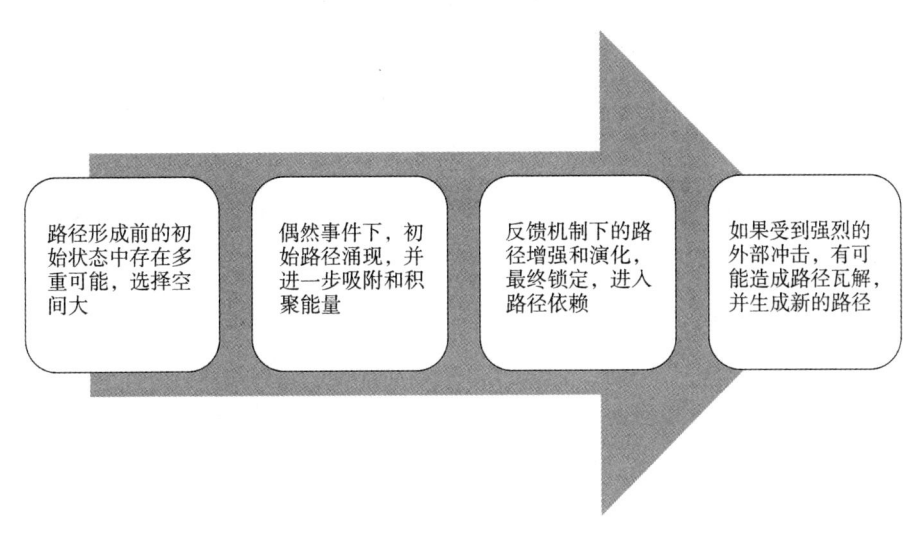

```
┌──────────┐  ┌──────────┐  ┌──────────┐  ┌──────────┐
│路径形成前的初│  │偶然事件下，初│  │反馈机制下的路│  │如果受到强烈的│
│始状态中存在多│  │始路径涌现，并│  │径增强和演化，│  │外部冲击，有可│
│重可能，选择空│  │进一步吸附和积│  │最终锁定，进入│  │能造成路径瓦解，│
│间大          │  │聚能量        │  │路径依赖      │  │并生成新的路径│
└──────────┘  └──────────┘  └──────────┘  └──────────┘
```

图1-2　大卫和阿瑟的路径依赖的产业或技术的经济演化阶段模式[①]

在对比了国内学界和国际学界对于演化经济地理学理论框架和相关概念的解释后，能从中发现一些差异。首先是国内学界除了贺灿飞的专著外，尚未有系统和深入地阐释演化经济地理学的核心概念和理论体系的，也没有探讨演化经济地理学三个理论模块之间的关系的。再有就是国内一些学者对于演化经济地理学的核心概念存在一些不一样的认识，比如刘志高和崔岳春认为复杂性理论不是演化经济地理学的理论基础，[②] 刘志高和尹贻梅认为路径依赖相当于经典物理学中的

[①] 让·马丁、皮特·森利：《从演化视角看路径依赖在经济景观中的地位》，载让·博西玛、让·马丁主编《演化经济地理学手册》，商务印书馆2016年版，第80页。
[②] 刘志高、崔岳春：《演化经济地理学：21世纪的经济地理学》，《社会科学战线》2008年第6期。

惯性。① 可以说，这些观点与经济地理学界主流对于相关概念的阐释有较大区别，不过这也体现了当前学界特别是国内学界对于演化经济地理学的概念依然存在较大争议。

（二）演化经济地理学理论的独特性和适用性

上一小节分别对演化经济地理学的理论模块进行了介绍，本小节需要对它们分别进行详细的介绍，从而更细致地展现演化经济地理研究具有的特点。因为只有在这个基础上，才能清楚它在面对本书的两个问题时是否能够回应对于"导言"文献综述中提出的要求，从而完成对既有解释的改善。

总体上而言，演化经济地理学具有如下理论特性，它们和前文中贺灿飞总结的演化经济地理学的基本假设非常相近。

第一，演化模式是关于开放、复杂系统的，可包括社会经济系统。在这些系统里，未来不可预测，因此经济既不会走向某种预定的平衡状态，也不会自然发展到某种更高水平。第二，对于均衡概念，即系统处于静止状态，它与经济变化的演化模式是对立的，在演化模式里由于存在不确定性，为了寻求优势，需要不断地试验和搜寻。对经济地理学来说，演化方法侧重于动态变化，侧重于形成和破坏政治经济活动、影响多数活动的制度关系以及地理异质性的空间组合过程。第三，演化解释基于种群方法，后者展示了众多单个主体的多样特征和行为，并说明宏观秩序如何从无数看似混乱的竞争者行为中产生。这种秩序不一定需要完全信息和理性才能产生。第四，演化方法关注主体的行为和它们在环境里的相互关系，环境约束着这些主体的行为，并受它们的影响。因为演化的经济变化机制与活动范围相关联，在这个范围内运行着政治经济机构，它们作为主体的行动，只有

---

① 刘志高、尹贻梅：《演化经济地理学：当代西方经济地理学发展的新方向》，《国外社会科学》2006 年第 1 期。

通过它们在历史与空间维度上的位置才能理解。第五，演化经济地理认识到单个主体的行动是在一定背景下发生的，受它们自己创造的广泛的制度结构的影响，并随时间演化。①

在介绍了演化经济地理学的总体特点以后，接下来将通过讨论"复杂性""路径依赖""演化"这三个核心概念模块来详细阐述演化经济地理的理论特性，以及它们对于本书所具有的意义。

1. 演化经济地理系统的复杂性

演化经济地理将地理单位看作一个复杂系统，非线性和混沌是它的主要特征。

在国际政治学者罗伯特·杰维斯（Robert Jervis）看来，线性（linearity）涉及两个特点：一是在一个系统中，系统输入与输出之间的变化是呈现比例关系的；二是系统在获得数个输入后，其获得的输出效果是先行输入效果的总和，也就是说，具备数学意义上的可叠加性。②诺贝尔化学奖得主伊利亚·普利高津（Ilya Prigogine）也认为，线性和非线性的一个显著区别就是叠加性原理是否有效。在线性系统中，构成系统的两个不同要素的总的作用是这两个要素各自单独作用的简单叠加，而在非线性系统中这种叠加律是不存在的，系统内任意一个子要素的改变都会产生无法衡量的戏剧性效果。③大卫·拜尔奈（David Byrne）与吉尔·卡拉甘（Gill Callaghan）认为，线性是一种广义的在原因和原因诱发的效果间存在等比例变化的现象，体现的是一种牛顿式机械模型，此外，微分方程中采取的将变化率取近似直线处理的方法体现的也是一种线性思维。④弗里特约夫·卡普拉（Frito-

---

① 尤根·艾斯来茨比奇勒、大卫.L.里格比：《广义达尔文学说与演化经济地理学》，载让·博西玛、让·马丁主编《演化经济地理学手册》，商务印书馆2016年版。
② 罗伯特·杰维斯（Jervis, R.）：《系统效应：政治与社会生活中的复杂性》，李少军、杨少华、官志雄译，上海人民出版社2008年版，第75页。
③ G. 尼科里斯、I. 普利高津：《探索复杂性》，四川教育出版社2010年版，第64页。
④ David Byrne, Gill Callaghan, *Complexity Theory and the Social Science: the State of the Art*, Rutledge, 2014, p. 18.

jof Capra）也持有类似观点，他认为牛顿力学中的微积分思维和麦克斯韦开创的用概率统计方法描述气体宏观状态的思维都属于线性化的方法。卡普拉尝试用简短通俗的语言描述线性和非线性的区别，他认为线性系统就是"小改变产生小效果，大改变产生大效果"。相反地，非线性系统不遵从这个原则。在非线性系统中，小的改变完全有可能产生意想不到的巨大效果，并且这种效果由于在系统内存在复杂的迭代效应而难以预测。[1]

卡普拉还用数学模型简单介绍了这个产生非线性的过程，也就是迭代方程。在以下这一个看似简单的方程式中：

$$x_{n+1} = kx_n(1-x_n)$$

常数 k 的值对函数曲线有着非常大的影响。如果这个函数代表的是一个系统的变化情况，那么随着 k 值变化，系统会首先从收敛变成幅度逐渐减小的振荡，随后再变成振荡幅度恒定的单周期振荡，接下去再变为周期为 2、4、8、16、32……的振荡，最后呈现出完全无法预测的混沌形态。[2] 其实，卡普拉介绍的这个迭代方程来源于生态学家罗伯特·梅（Robert May）对生物种群数目更替的研究。在 1976 年《自然》杂志中一篇名为"简单数学模型和非常复杂的动力机制"（Simple mathematical models with very complicated dynamics）的文章中，梅使用了 $x_{n+1} = \mu x_n(1-x_n)$ 这个逻辑斯蒂模型来描述生物种群的代际变化。

他发现当代表模型非线性程度的参数 μ 被增大时，生物种群个体的数目会从小参数时的保持稳定变成大参数时的周期性大小交替，在现实生活中这就像农作物收成的大小年现象。随后，当 μ 进一步增大，种群个体数量大小更替的周期会持续加速倍增，最终进入难以对

---

[1] Fritojof Capra, *The Web of Life: A New Scientific Understanding of Living System*, Anchor Books, 1996, pp. 115 – 124.

[2] Fritojof Capra, *The Web of Life: A New Scientific Understanding of Living System*, Anchor Books, 1996, pp. 124 – 126.

种群个体数目进行预测的混沌状态。①

由非线性特征造成的一个复杂系统变化难以预测的情况简言之就是一种混沌现象，除了罗伯特·梅的种群变化模型，爱德华·洛伦兹（Edward Lorenz）提出的"蝴蝶效应"也是广为人知的混沌形态。此外，其实混沌研究中历史最悠久也是最著名的模型就是三体问题，从牛顿到伯努利，在面对两个恒星的相互关系时，使用他们的理论可以很好地描述天体的运动轨迹。而仅仅增加一个恒星以后，它们的运动轨迹就变得极其难以计算和预测。一直到19世纪末亨利·庞加莱（Henry Poincaré）才证明了三个天体之间的运动轨迹不可能求解析解，只能求近似解，并且由于系统对初始值极其敏感，所以在计算时所取数值的微小差异，也会对所求近似解的结果产生重大影响。

除了上述自然界中的混沌现象，在人类社会生活中也存在着很多非线性的混沌系统以及随之产生的复杂和难以预测的效应。

比如一首不知从何处传唱起来的童谣：钉子缺，蹄铁卸；蹄铁卸，战马蹶；战马蹶，骑士绝；骑士绝，战事折；战事折，国家灭。还有我们耳熟能详的"细节决定成败"。当然，值得注意的是，这一类例子，包括"蝴蝶效应"，都是为了形象化展现混沌系统具有的非线性和不可预测性特征而进行的特例举证。钉子缺而蹄铁还在的情况应该不少，蹄铁掉落战马还能坚持跑一段的情况应该也存在，偶尔因为瘸战马死亡掉的骑士也很可能不是对战局有重要影响的军队领袖。换言之，谁也无法预测混沌系统中的迭代效应会在哪一步中断或者去向新的分叉。并且，这种推论模式其实没有完全展现出混沌系统的特性，人类社会中的混沌系统往往存在不同子系统的高度耦合，这种"因小失大"的"蝴蝶效应"推论只是在特定时间节点混沌系统特定状态下存在的可能性的一种。

---

① 何大韧、刘宗华、汪秉宏编著：《复杂系统与复杂网络》，高等教育出版社2009年版，第22—23页。

除了上边这一则很有名的童谣外，布莱恩·阿瑟描述的股票市场也是一个典型的混沌系统。他指出，在现实生活中，市场是一个经由自组织行为构成的复杂系统，系统中会涌现出多种多样的"市场心理"行为，它们会诱发难以预期的技术型交易，从而导致市场短期内急剧的震荡，这种震荡通常表现为崩溃或泡沫。①

如同一开始在介绍复杂性时提到过的一样，对于混沌现象的发现和解释向那种"认为系统可以通过分解逐一进行研究并且加以了解的还原论观点发出了巨大质疑"。并且它深深地动摇了那种纠缠于精确预测的因果模式分析。② 虽然混沌系统并不是对决定论的排斥，但是它展现出了因果决定过程本身的复杂性和难以预测性，为整体社会科学研究的发展提出了新的挑战。

就此，法国社会学家埃德加·莫兰（Edgar Morin）认为，具备非线性和混沌效应的复杂系统其复杂性不只停留在计算复杂度的层面，更代表了一种认识论意义上的不同。③ 相对于原有的单一性思维，他总结出了以下关于复杂性思维的特征。

- 科学规律普适性与特殊性的对立统一。科学规律有时候只有在复杂的现象发生时才展示出来。
- 时间是重要的尺度，并且时间具有不可回溯性。换言之，认为存在超越时间的永恒规律是应该受到质疑的。
- 还原论和基础论（Elementarist）无法解释复杂事物，复杂性需要引入整体和互动的观念。并且由于互动本身即为复杂的且容易受到细微扰动的影响，不可能认为将复杂物体的各个单独部分抽离出来后就能获得事物的本质和原因。

---

① 布莱恩·阿瑟：《复杂经济学》，浙江人民出版社2018年版，第109页。
② 霍奇逊：《演化与制度：论演化经济学和经济学的演化》，任荣华等译，中国人民大学出版社2017年版，第63页。
③ Edgar Morin, Jean-Louis Le Moigne, *L'intelligence de la complexité*, Harmattan, 1999, pp. 56–57.

- 决定论是随机性中的决定论。在秩序和失序中存在对立统一的互补性。
- 线性的、不考虑参与事件物体和环境的因果论机制需要受到挑战，类似反馈作用和自催化作用的因果模式应该引起注意。
- 个体在互动中共同构成整体，整体又不断影响和决定个体。

圣菲研究院研究员，同时也是卡耐基梅隆大学经济学与社会学系教授的约翰·H. 米勒（John H. Miller）用另一种更为简洁的方式对复杂性进行了总结，他认为复杂性是无处不在的，但是传统科学范式依赖于还原论的分析方法，比如阿基米德的"给我一个支点，我可撬动地球"就是这样一种方法导向的典型。但是事实上，人类所处的世界由复杂的成分构成，而它们之间又以复杂的方式进行互动，并在这样一种动态的复杂互动中形成一个整体。在这样的一个整体中，无论出发点如何简单，只要互动开始就可能带来完全难以预计的结果。有时候这种结果符合我们的需要，比如市场规律正常时我们能根据它对商品和服务做出优化配置。然而这种互动也可能带来负面效果甚至灾难，比如它可能带来市场的弱肉强食和垄断出现，可能造成巨大的金融"泡沫"和经济崩溃。[①]

从莫兰和米勒对复杂性的总结可以看到，复杂性当中的关键点是整体论、动态互动中的非线性、历史特殊性和系统混沌性。它们也是演化经济地理区别于先期地理学说的重要特征。比如，相对于极端的地理决定论者，演化经济地理视角下的整体论取向不会将一切历史发展的原因都还原到自然地理环境上，而是会更关注人地互动关系，强调一个地区发展现实的历史特殊性，会对地理因素采取更为细致的区分，关注在特殊历史条件下地理因素和其他变量发生了怎样的耦合，并因此生发出独特的演化路径。相比地缘政治学说，演化经济地理不

[①] 约翰·H. 米勒：《复杂之美：人类必然的命运和结局》，潘丽君译，广东人民出版社2017年版，第2页。

仅关注世界性强国对地缘格局的整体塑造，同时也关注这种塑造过程中发生的偶然性特例。比如英国在18世纪到20世纪初的印度洋战略中构造了覆盖整个印度洋的南非—桑给巴尔—肯尼亚—印度—斯里兰卡—塞舌尔—毛里求斯和澳大利亚航运和信息网络，但是却留下马达加斯加成为法属殖民地。这样的偶然性案例在地缘政治视角中一般只作为英法大国间博弈留下的产物看待，但是在演化经济地理视角下，马达加斯加当地的历史走向却因为这种地缘政治的扰动产生了变化，成为推动其后续发展路径形成的重要势能。在这个过程中，不只是英法等殖民主义时期强国的作用被关注到，更重要的是在一个涉及全球权力分配的整体机制中，马达加斯加作为一个区域性地理单元如何和整体系统发生相互影响也得到了重视。

复杂性理论在本书中最大的理论意义还在于对本书历史特殊性这一认识论的支撑，作为一个在经济地理演化上具有显著特殊性的案例，对于马达加斯加经济地理格局形成的解释肯定需要依赖于对历史的分析，本书认为马达加斯加的经济地理演化生成机制不具备历史解释的一般普适性，不存在可复现的机械决定论因果关系。

2. 演化经济地理中的路径依赖

路径依赖（Path Dependence）是一个常见的概念，但对它的意义也存在不同类型的解读。首先，最常见的对路径依赖概念的解释是一种基于字面意义进行的隐喻式的扩展，认为"路径"是一种过去设定好的轨道，由于惯性的原因很难更改。前文介绍过，国内既有演化经济地理学的一部分文献对于路径依赖的理解就是这么予以解读的，其中"惯性"是最常见的字眼。就这一类解读而言，路径依赖是指人类社会发展中的一些现象，比如技术的变革或制度的演进只要进入某一特定的路径，就可能对这种路径产生依赖。一旦做了某种选择，就好比进入了一条不可逆的单行线，惯性的力量会使这一选择不断延续，无法轻易脱离该轨道。

在政治经济学领域，最被广为接纳的对路径依赖的解读源自经济学研究的贡献，吴敬琏对此做了归纳，他认为路径依赖首先由布莱恩·亚瑟提出，后者从市场中的产品竞争入手，认为在竞争中引入新技术以后往往能产生报酬递增的效应。或者说，因为某种原因而首先出现的技术经常通过率先占据的优势地位，利用扩大生产规模的方法降低成本，扩大市场占有率，带来产品的流行。而这会诱发学习效应，其他竞争者将会引入相同技术生产类似产品，并在总体上使得该类产品在市场上更为流行，进而又引导消费者产生该产品还会进一步流行的预期，从而增加购买，最终把"蛋糕"做大，实现一个自我增强的良性循环。但是，也存在相反的一种情况——某种具有优良品质的技术可能因为进入市场的时机不对，没有引起市场的注意并获得足够的消费者和拥趸，最终陷入被市场持续性忽视的状态，被锁定在这种恶性循环中。简而言之，偶然性事件和微小的初始情况差异会将技术发展导入特定的后续发展路径，并且不同路径在后续的不断迭代发展中会达成完全不同的结果。[1]

在亚瑟之后，真正把路径依赖发扬光大的是制度经济学的代表人物道格拉斯·诺斯（Douglass North），他在对制度变迁的研究中，发现其与市场竞争相似，存在着发展过程中的报酬递增与自我强化机制。这使得制度变迁一旦选择某一条路径，则很可能在该条路径的后续发展中自我强化。这种强化可能是良性循环，使得整体不断优化，呈现良性发展态势；也可能是恶性循环，使得情况不断恶化，并且被锁定在持续的低效和停滞中，往往需要外部介入，依靠外力来实现制度转变。[2]

诺斯运用他的路径依赖框架对英国—西班牙、英属北美—西属拉美进行了对比分析，探讨它们历史发展轨迹为何不同。诺斯认为，就英国和西班牙而言，两个国家在17世纪都遭遇了财政困难，都力图

---

[1] 吴敬琏：《路径依赖与中国改革——对诺斯教授演讲的评论》，《改革》1995年第3期。
[2] 吴敬琏：《路径依赖与中国改革——对诺斯教授演讲的评论》，《改革》1995年第3期。

◈ 成为内陆国家的岛屿

通过与民众对话来度过危机,但是最终却产生了截然不同的后果:前者进行了一系列立法,形成了民法体系并且确立了议会权威,后者则继续维系高度集中的王权,议会仅仅作为一个陪衬存在。最终,英国走上了迅速发展的繁荣道路,而西班牙则陷入了将近300年的慢速发展甚至是停滞。相似地,英属北美和西属拉美在18世纪末几乎同时获得独立,但是从日后的发展效果上看却也因为这种制度分化导致的路径差异而呈现云泥之别。①

所以诺斯认为,要解释英国和西班牙的发展差异,需要从两个国家最初的制度条件差异着手。早在13世纪时,相对清晰的产权制度在英国广大的基层社会已经初步成型,而西班牙则在几个世纪中都由王室控制土地和税收,没有形成有效的土地产权制度。这使得双方在后续历史过程中,即便面临过类似的困局,却在随后的发展上大相径庭。而至于两个殖民地的发展差异,则是因为宗主国制度与文化差异的影响带来的。②

综上,路径依赖的第一个特点是诱发进入路径的事件具有偶然性和特殊性。比如,新地理经济学代表人物,同时也是诺贝尔经济学奖得主保罗·克鲁格曼(Paul R. Krugman),在其《地理与贸易》一书中介绍过一个非常有趣的例子:

> 1895年,一个居住在佐治亚州多尔顿小城的名叫凯瑟琳·埃文斯的小姑娘做了一条床单,然后把它当作结婚礼物送给别人。这条床单在当时实属稀有,因为它是采用植毛工艺制成的。植毛工艺或者植绒工艺在18世纪和19世纪早期就已经被普遍采用,而在埃文斯生活的年代,这种工艺就已经被废弃不用了。这件结婚礼物的直接结果就是多尔顿市在二战以后崛起成为美国首屈一

① Douglass C. North, *Understanding the Process of Economic Change*, Princeton University Press, 2005, pp. 112–115.
② 吴敬琏:《路径依赖与中国改革——对诺斯教授演讲的评论》,《改革》1995年第3期。

指的地毯制造业中心。美国前 20 家地毯制造商中有 6 家落户于多尔顿市，其余 14 家地毯制造商，除一家以外，也都落户于多尔顿市附近。多尔顿市及其邻近地区的地毯制造业为 1.9 万个工人提供了就业岗位。[①]

克鲁格曼用这个例子来说明美国产业聚集于特定区域的成因如何受偶然因素影响——一个小姑娘对于复古工艺的运用无意间迎合了当地社群的审美需求，并因此诱发了产业生成和聚集的现象。并且这个故事还不是特例，纽约州特洛伊市的衣领和袖口制造业、纽约州格洛弗斯维尔和约翰斯敦这两个邻近城镇的皮革手套制造业、新泽西州帕特森市的丝织品制造业、罗得岛州普罗维登斯市的珠宝制造业以及芝加哥市的农机制造业等都符合这一规律。[②] 无独有偶，亚瑟（Brian Arthur）也注意到了这种偶然事件和细小差异会把技术演化引入某一特定路径的现象，在讨论厂商的区位决策时他指出，某个区位碰巧在早期比其他区位吸引了更多的厂商，它就有可能吸引更多的厂商。这表明，产业活动的空间集聚同样受到路径依赖效应的制约：考虑到存在报酬递增的情况，当经济活动进入一个随机的路径时，除非发生剧烈的阻碍性扰动，否则这一随机选择很有可能持续下去，经济活动将锁定在该路径上运行。[③] 毫无疑问，上述研究都是路径发展对初始参数极度敏感并且产生可观后续效应的生动案例，此外，其实诺斯发现的英国和西班牙土地产权区别导致最终发展差异也体现了演化经济地理中路径依赖的上述特征。

除了诱发路径依赖初始条件的偶然性以外，演化经济地理中路径依赖的另外一个特征是反馈性循环，正是通过这个机制，路径生成时

[①] 保罗·克鲁格曼：《地理与贸易》，中国人民大学出版社 2017 年版，第 41—42 页。
[②] 保罗·克鲁格曼：《地理与贸易》，中国人民大学出版社 2017 年版，第 75 页。
[③] 刘安国、杨开忠、谢燮：《新经济地理学与传统经济地理学之比较研究》，《地球科学进展》2005 年第 10 期。

◇❖◇ 成为内陆国家的岛屿

初始条件差异在后来的历史演变中不断和其他因素互相影响，形成具有累积效应的循环作用，最终将差异放大的同时也使得不同地区的发展呈现出不一样的路径。这个循环机制是路径依赖的一个关键，而要理解循环需要先梳理反馈的意思，反馈是一个系统内要素间互相依存又互相影响的过程。在这个过程中，首先一个初始原因带来了某一要素状态的改变并产生后续影响，这种影响对其他要素产生作用，带来了其他要素的状态改变并生成新的影响，新的影响反馈到另外的要素之上，诱发下一阶段反应。这个过程依次发生，直至影响的效果又回到初始要素，成为一个反馈（feedback）的循环过程或者反馈圈。

控制论的创始人诺伯特·维纳（Nobert Wiener）用舵手的例子对这种反馈机制进行了简单的说明：当航船偏离了航道时，舵手会做出反应，把船舵向偏离方向相反的方向进行校正，这种校正有可能会过度，从而使航船向另一个方向偏离航道，这时舵手又要进行相反的校正。这个过程持续进行，从而保障航船大致沿着航道前行，并且一个好的舵手应该可以使得船只围绕航道产生偏向的震荡最为缓和。骑自行车也是一个典型的例子，初学者往往在学车时左右摇晃，熟练后便能对自行车重心的微小偏移予以觉察和迅速调校，行车过程也就平稳流畅。[①] 以上两个例子可以说是反馈机制中最简单的案例。可以说，反馈是"自调节"（self-regulating）系统中最重要的组成机制，是一种非线性的工作模式。它广泛存在于自然界生态系统和生物体的生命维持中，是有机体适应不断变化的生存环境并进行自我调节的重要机制。

此外，值得注意的一点是，根据反馈是减小初始效应从而维持系统稳定，还是扩大初始效应从而降低系统的稳定，可以把反馈分为"负反馈"和"正反馈"两种类型。如果系统在一个连续不断的过程

---

① Fritojof Capra, *The Web of Life: A New Scientific Understanding of Living System*, Anchor Books, 1996, p. 57.

中不断自我调节，从而维持在一个稳定的状态下运转，这样的反馈模式是负反馈。反之，如果系统在受到扰动后诱发一个脱离稳定状态的趋势，并且如果继续受到相同扰动其脱离稳定状态的程度还会不断扩大，这时的反馈机制就是一个正反馈。

在社会生活和社会科学研究中也有很多类似反馈机制的例子。其中最有名的当数亚当·斯密提出的"看不见的手"。这里的市场自调节规律就是一种典型的负反馈模型，通过价格的变动来调节供求的平衡。与之相反，社会贫富差距加大的两极分化过程和类似"马太效应"的产生，就是社会系统中正反馈机制在发生作用。在改革开放过程中，"摸着石头过河"哲学以及渐进式改革的做法，也都体现了对反馈机制的运用。只不过这里的运用更为复杂：对于有益的正反馈予以放大，对于有害的正反馈则通过制度、文化等手段抑制，甚至形成良性负反馈，最终使得系统如同航线保持正确的航船一样稳定行驶。而且要特别说明的一点是，类似骑车和航船的例子属于参数较少、简单的反馈系统，而如果把情境迁移到人类社会发展的过程，就会发现反馈模式的出现是历史性和偶然性的，想要对其进行控制也存在极大难度，这也是为什么激进的休克式制度转轨经常造成社会失序甚至是社会危机。

也有学者将反馈作用下的循环演化模式视作一种因果关系的积累效应，比如经济地理学家缪尔达尔（Karl Gunnar Myrdal）认为在动态的社会过程中，社会经济各因素之间存在着循环累积的因果作用机制。换言之，当某一社会经济的因素发生变动时，另外一些社会经济因素会受其影响发生变化，而后续发生的变化反过来又会增强早先因素的变化，并导致社会发展沿着最初产生的变化趋势发展，从而产生累积性的循环发展效应。缪尔达尔先用美国社会中黑人的境遇对这个现象进行了说明，认为黑人受到的歧视导致他们可以获得的社会资源减少，使得他们的受教育水平、就业率、生存环境等因此恶化，而这种恶化带来犯罪率提升、社会地位降低等问题，从而再次加剧歧视。

◇ 成为内陆国家的岛屿

后来缪尔达尔进一步扩展了它的累积因果原理，比如他在研究南亚的欠发达状态时指出，这个地区之所以长期陷于欠发达的农业生产中，也是因为累积因果效应在产生影响：规模极度有限的农村市场制约了家庭式生产中的人均产值，而后者又持续阻碍着农村地区的生产力发展。[1] 通过对比可见，缪尔达尔这样的累积因果论证其实就是反馈循环的另一种表述形式。

在以戴蒙德为代表的地理决定论和以阿西莫格鲁为代表的制度决定论中，当讨论一个国家或地区为什么会产生发展差异时其实两种学说都没有完全排斥对手的观点。前者经常承认文化和制度的作用，而后者也认为某些情况下地理环境会决定一个地区采取怎样的制度。其实换一种角度看，两种理论是各自取了反馈圈中的一个部分为起点进行推导，然后强调自己起点的重要性和先导性。或许通过反馈机制来把握路径演化的思维能提供新思路，将地理、制度以及其他因素对立统一起来。在某种意义上，这也类似一个辩证扬弃的过程。

比如戴蒙德认为新月沃地区域的人类社会从渔猎组织形态向农耕组织形态变化的历史就是一个典型的正反馈循环自催化过程。在提供稳定粮食作物产量的自然环境和人口增长之间产生了正反馈循环，农耕使得粮食增产带来人口增加，而人口增加后又寻求激励粮食的进一步增产，最终推动了整个社会组织形态从渔猎转向农耕。[2] 戴蒙德进一步将这个讨论延伸到了集约化粮食生产与人口增长造成的更杂度的社会（制度）之间的关系，他认为二者是通过自催化而相互促进的——人口增长带来社会更复杂，复杂化程度高的社会又促进粮食的集约化生产，反过来导致人口的进一步增长。虽然戴蒙德认为这类似

---

[1] 杨虎涛、徐慧敏：《演化经济学的循环累积因果理论——凡勃伦、缪尔达尔和卡尔多》，《福建论坛》（人文社会科学版）2014 年第 4 期。

[2] Jared Diamond, *Guns, germs, and steel: the fates of human societies*, W. W. Norton & Company, 1999, pp. 110–112.

第一章 理论、方法与创新性

一个鸡与蛋孰先孰后的问题，区分先后没有意义，但是他随即讨论了粮食生产相对于渔猎而言给人类社会带来的不同。首先是粮食的季节性生产使得农闲时节可以有富余劳动力进行公共工程建设和对外发动战争；其次是粮食供给大于人口需求后使得社会分工和分层成为可能；再有就是粮食生产需要辅以定居的生活模式，这就使得更高水平的手工业、商业成为可能，并带动技术的发展。① 换言之，从戴蒙德的观点看，有合适发展农业的自然条件是启动自催化正反馈的先决条件，这也帮助理解为什么后人认为他的地理学说是还原论的地理决定论。

在阿西莫格鲁和罗宾逊那里，"反馈圈"也是一个使用很多的概念，他们的《国家为什么会失败》中有两个章节分别名为"良性循环"和"恶性循环"，都是以反馈的模式来分析好的制度和坏的制度如何生成不同的反馈圈，并使善者愈善，贫者愈贫。② 阿西莫格鲁等人认为，在汲取型制度的国家中，资源会被用来强化不合理的制度，使得统治阶层获得更多资源并进一步强化当前制度，掠夺更多资源。③ 就汲取型制度和地理环境互动形成的反馈而言，资源诅咒就是最典型的例子。

但是阿西莫格鲁和罗宾逊关于反馈循环模式的理解有一个显著的问题，他们误解了正反馈和负反馈的含义。在他们的书里，正反馈代表的是让民众获益的反馈，而负反馈代表的是让民众受损的反馈，但在上文解释反馈机制时可以看到正负反馈中的正（positive）、负（negative）不是一种价值判断上的好坏，而是反馈最终的走向是使系统维持稳定还是偏离稳定。

综合上述讨论，演化经济地理学中的路径依赖是反馈机制主导下

---

① Jared Diamond, *Guns, germs, and steel: the fates of human societies*, W. W. Norton & Company, 1999, pp. 285 – 286.
② Daron Acemoglu, James A. Robinson, *Why Nations Fail: The Origins of Power*, Prosperity and Poverty, Profile Books, 2012, pp. 302 – 367.
③ Daron Acemoglu, James A. Robinson, *Why Nations Fail: The Origins of Power*, Prosperity and Poverty, Profile Books, 2012, pp. 81 – 82.

的、多因素相互循环影响的历史发展继承性和延续性。它的形成对于初始条件很敏感，并且形成的路径是偶然的。在路径依赖的发展中，反馈的循环积累演化是重要的系统运行机制。当然了，演化经济地理视角中这种路径依赖的生成和发展中，地理因素是必须作为主要因素考虑的，这是它区别于演化经济学和制度政治经济学说最显著的地方。但是演化经济地理学不强调地理条件的先导性和单一决定性，它坚持长时段历史观下对地理与政治、文化、国际关系等其他因素互动的综合考量。

就本书而言，演化经济地理学中对路径依赖的理解将会对理解马达加斯加独特经济地理格局生成和维系的机制提供帮助。在后续的实证研究部分可以看到，马达加斯加内陆统御沿海这一经济地理格局当前的维系就是通过一系列反馈机制在起作用，而这些反馈机制又都和地理空间存在紧密的内在关联。

3. 演化经济地理学中的演化概念

从理论名称就可以看出，演化毫无疑问是演化经济地理学的核心概念，而演化本身与达尔文的学说有着密切的联系。众所周知，达尔文学说的核心内容是物竞天择、适者生存，他发现当生存环境发生改变时，只有某些具备特定特征的生物群体能够通过考验存续下来，并且这种特征将会通过遗传而保留。相反，那些不具备这一特征的种群将会被淘汰。

不过，达尔文理论中一个被实验证实了的错误在于他认为种群内出现的渐进的、细微的连续性变异才是自然选择的机制。换言之，这是一种渐进式演变的思路。然而薛定谔通过介绍基因的特性展示出带来演化的不是这种平滑延续的渐进式变化，而是概率在万分之一的、如同量子跃迁一般的跳跃式突变。[1]

---

[1] 埃尔温·薛定谔：《生命是什么》，罗来欧、罗辽复译，湖南科学技术出版社2003年版，第31—32页。

了解了上述薛定谔的修正，接下来需要讨论的是——基因的突变是随机的，而自然对突变的选择则是以适应自然为标准的，但是如果自然环境本身不具备意识，那么自然选择应该也就不具有倾向性和目的性。这如何解释生命发展史中具有的一定脉络和方向？这个脉络总结起来大致是生命在尝试扩大适应范围，增加生存余地，产生更有利于生存、发展的资源与效率的利用组合。在某种程度上，正是这个透露出明显进步色彩的脉络与达尔文学说的解释力结合，造就了后者某种目的性的色彩，使得演化呈现出一种进步阶梯的形象。

因为这种进步不只是环境单向选择造就的。在对达尔文理论的解读中，一种错误的观点是单独强调环境的选择性，而忽视了两个重要因素，一是突变的不可预测，二是生命体对环境改造的可能。越是复杂的生命体越不会只被动接受自然环境，相反，他们会努力改善生存环境，以期使得自身和环境达成最有利于自我发展的统一。简单来说，生物的进化通过与环境的互动，适应并改造环境，并总体朝向高聚能、低能耗的方向发展。

演化经济地理中同样要注意这一点。如果将某一国家或者地区的发展视为一种演化，那么必须考虑到某种突变的可能；也要考虑这种生命群体与其生存环境的相互作用关系。因为突变往往会产生新的演化路径，而生命群体和环境的相互作用关系具有极大的复杂性，两者结合起来使演化体现出混沌系统的特点。这也是为什么演化经济地理强调自己理论体系的主要构成部分之一是新达尔文学说而非达尔文学说。

以此为起点，建立在新达尔文演化思维上的历史观也会很特殊。贝塔朗菲将这种历史观称为系统论的历史观。他通过这一名称要探讨的是历史演化究竟是特殊的还是具有普遍模式的问题。这个问题在引入了演化经济地理的相关理论框架后能得到一个比较完善的回应。从混沌到自组织，复杂性系统的演化是一个难以用简单模型进行还原处理的。相比以自然中可重复规律为基础来研究并建立定律的科学方法，历史学只能采取特殊规律研究法，虽然有时候显得悲观，但历史学因为事件演化中的特殊性存在,严格上说只能是对过去事件的描述。[1] 注意这里不是对科学客观规律的否定,相反,这种说法是对科学规律的尊重。虽然诸如混沌这样的复杂性系统看似是在否定规律和决定性,因为混沌系统对于初值的极度敏感性而导致了对于最终演化结果的难以预测。但其实这不是将决定论推翻,而是认为决定性发生的过程太过复杂因而存在度量的困难性甚至不可能性,它是完全承认决定论的。同理,历史的不可重复性和无规律性是其决定机制和社会系统的复杂性导致的,对于历史特殊性的强调不等于放弃决定论。

除了史学领域,霍奇逊还主张在经济学上也运用生物演化的方法加以补充,因为这种方法相较于正统经济学的古典力学范式有不少优点。比如它强调时间的不可逆性,并且因此强调长时段研究;它既关注量变又关注质变,因为质变往往代表的是整体结构的转变;它既关注均衡,也关注非均衡,还关注系统持续性错误的状态。[2] 因为这些情况往往揭露了自组织的动态机制如何持续性地产生影响,又因为哪些条件的改变而引起了自我调校、崩溃或是重组。

按照同样的逻辑,贝塔朗菲对文化是静态还是动态的讨论也很有启发性。静态文化观是一种典型的机械性思维,认为文化是组成人类社会的一个构件。而动态的演化文化观则把文化当成了参与到人类社会演化进程中来的复杂系统中的一种要素。其实之所以露丝·本尼迪克特(Ruth Benedict)和玛格丽特·米德(Margret Mead)等人类学家会提出类似文化模式的静态文化观,与人类学早期主要针对初民社会进行研究是有关系的。初民社会在20世纪中叶以前具有的较高的封闭性使得它们的整个演化进程处于一个缓慢的过程,它们较少和外界人类社会发生物质、信息的交换,因此不会产生过于明显的涨落和

---

[1] 冯·贝塔朗菲:《一般系统论》,林康义、魏宏森等译,清华大学出版社1987年版,第188页。
[2] 霍奇逊:《演化与制度:论演化经济学和经济学的演化》,任荣华等译,中国人民大学出版社2017年版,第74页。

系统的震荡与失稳，相应地，用于维系和调节系统稳定的文化编码也没有快速演化以适应新环境的需要。①

演化产生的历史特殊性观点不但影响了社会科学的研究，演化生物学家斯蒂芬·杰·古尔德（Stephen Jay Gould）认为在很多自然科学领域也需要运用历史的方法进行。古尔德用恐龙灭绝的例子来说明这一点，他指出没有规律可以说明恐龙灭绝必然发生，而是一些复杂事件在特定时空中的发生导致了恐龙灭绝结果的出现。历史并不违反决定论和科学规律，但是如同混沌系统对初始值的敏感度很高一样，历史因为其复杂性而充满了难以预测的偶然，并因此妨碍重复性的出现。② 不过到目前为止，牛顿式的实证还原主义和历史观还没有为古尔德所说的历史研究方法留下太多的空间。

还有一个例子经常被用来展现自然界的偶然性事件怎样诱发人类社会的巨大变动，那就是明朝末年太阳黑子活跃带来的气候改变及其后续对明晚期历史走向的影响。比如郑景云等人通过对比分析明末气候、农业生产和军费开销等数据，发现当时中国出现的小冰期带来了全国（特别是北方）的气候异常和极端天气增加，与之伴生的低温和自然灾害摧毁了明朝北部边防长期依赖的屯田制度，使得军费开支增加了超过三分之二。此外，气候变化严重扰乱了农业生产，使得粮食减产、饥民增加，从而导致众多农民起义的发生。③ 相似地，罗伯特·B. 马克斯（Robert B. Marks）、尤金·安德森（Eugene N. Anderson）等人也认为气候变化是导致明朝崩溃的重要原因。④

---

① 冯·贝塔朗菲：《一般系统论》，林康义、魏宏森等译，清华大学出版社1987年版，第191页。
② 伊恩·T. 金（Ian T. King）：《社会科学与复杂性：科学基础》，王亚男译，科学出版社2018年版，第15—16页。
③ Jingyun Zheng, et al., How climate change impacted the collapse of the Ming dynasty, Climatic Change, 2014, DOI 10.1007/s10584-014-1244-7.
④ Robert B Marks, *The Origins of the Modern World: A Global and Environmental Narrative from the Fifteenth to the Twenty-First Century*, Rowman & Littlefield Publishers, 2015, p.69; Eugene N. Anderson, *The East Asian World-System: Climate and Dynastic Change*, Springer, 2019, p.18.

成为内陆国家的岛屿

从太阳活动到王朝更迭,这个例子很好地展示了自然界偶然事件与人类社会这种无法预测的耦合产生了怎样难以预期的后果。此外,明亡清兴的这一段历史同样也展现出前文提到过的路径生成机制和复杂系统特征。在路径生成方面,气候变化引起了自然灾害和饥荒并导致农民起义,农民起义增加了明朝政府的财政压力,而这种压力通过赋税转化成负担回到百姓头上,继续加剧他们逃离和反抗的意愿,带来更多起义。这样的正反馈循环最终走向失控,一直到经过当时社会系统的复杂迭代后,终于由清军入关建立新的秩序后才将这一正反馈循环结束。作为曾供职于驿站的明朝底层公务员,李自成的个人命运是对这一宏观历史演化过程非常有趣的浓缩。

从古尔德和明末全球气候变动的例子中可以看到,历史演化中发生的事件和现象具有偶然性,环境和人之间会在相互影响作用中共同演化,这种演化过程不可逆,无法通过牛顿式的还原论来解释,也无法完全通过控制变量实验的思路来进行一种实证上的验证。但这不妨碍历史性的解释也具备科学性,最起码从解释机制来讲是这样的。这里,系统观历史叙事的思路为普遍性物理规律提供了一种补充,在偶然性与决定性、普遍性与特殊性间建立起一种对立统一的关系。古尔德式的历史方法与演化理论、复杂性科学在深层次上是兼容的,并且甚至可以说是在互相印证。比如在前文中提到过,非线性系统对初始条件的敏感会造成演化结果的难以预料,微小的初期差异会随着时间的推移带来系统性的巨大差异,这和历史中无数的因为偶然性事件而发生的重大后续效用是一致的。而我们在历史讨论中经常触及的偶然与必然问题,也能很好地通过复杂系统这种"逻辑性"必然与"经验性"偶然的对立统一得到调和与解释。[①] 达尔文的演化学说的一大优势在于能非常有力地对经验事实予以解释,虽然无法像牛顿力学计

[①] 伊恩·T. 金(Ian T. King):《社会科学与复杂性:科学基础》,王亚男译,科学出版社2018年版,第16页。

算行星轨道那样精确预测进化轨迹，但是它的理论框架却很符合复杂事物的演化规律。它提示我们重视因果关系中一些尚未被充分研究的深刻机制。可以说，它为复杂理论研究开拓了一条独特的道路。[①]

总结起来，演化经济地理学中的演化不是机械、线性的过程，不局限于经典力学的分析框架。演化代表的是演化主体与环境复杂互动后留下的独特演变历史过程。此外，相对于传统经济地理学中的区位学说，演化经济地理对于长时段历史演变的关注使其更好地摆脱研究对象同质化的趋势。就本书而言，演化经济地理学的上述理论特点正好回应了"导言"文献回顾结束时总结出来的针对既有解释需要改进的以下几个方面。

（1）地理因素与其他因素的共同作用的系统性和复杂性关系。

（2）重视全球性、区域性整体态势与地方特性互动的关系。

（3）重视长时段人文地理路径演化与特定时段系统演化机制互构的关系。

因此，从理论的适用性而言，演化经济地理学的理论是非常吻合本书需求的，接下来就将在此基础上介绍本书所采取的研究方法。

二 研究方法

总体上而言，本书是一个结合历时性历史演化路径分析与共时性发展机制分析的质性研究。

在研究的整体思路上，本书并未采用截取中短时间跨度、寻找自变量因变量决定性关系并排除干扰变量的方法。这主要出于以下两方面原因。

一是在上文介绍马达加斯加发展困境时所提到的，作为研究对

[①] Geoffrey M. Hodgson、Thorbjørn Kundsen：《达尔文猜想：社会与经济演化的一般原理》，王焕祥等译，科学出版社2013年版。

象，马达加斯加长期以来呈现出平静而欠发达的滞怠状态，无论国家宏观经济指标还是社会整体走势，都未曾在某一中短期历史时段内展现出带有规律性的波动。此外，马达加斯加由于长期处于欠发达状态，其社会经济数据的收集和统计方面存在严重缺陷，如果采用建立因果变量的思路，难以就某一特定历史中短时间段挖掘到足够支撑一个博士学位论文研究的数据信息。举两个例子来说明这一点，首先是马达加斯加的地方经济数据，马达加斯加6个省份23个行政大区诸如GDP、人均GDP、工业生产总值等最基础的经济数据都缺乏统计和公布，更不必说再下级的诸如市镇和乡村单位的相关信息。其次马达加斯加在诸如票选数据这样的政治活动信息方面也缺乏足够的收集和公开，以地方分权中的市镇选举投票统计为例，笔者为获得2015年市镇投票的详细信息，耗时约两个月多次前往马达加斯加负责组织和监督选举的独立选举委员会，经过书面申请、官方面谈等多项程序后，获得的数据还不如网络非官方信息渠道能够获得的数据详细。

二是马达加斯加在经济地理上展现出长时段结构稳定性。如果说限定中短时段去寻求因果变量联系立足于一种时间上的集中性所带来的干扰因素的减少，那么本书对马达加斯加长时段经济地理特征演化的分析则立足于一种空间表现上的一致性和集中性，并以此为基础去探寻该经济地理结构的生成原因和对国家发展的作用机制。从这个意义上讲，本书的解释是依赖非线性机制的，并且持有的是"历史特殊性"的非还原论观点，这一点在前文论述演化经济地理学理论特点时已经有过详细论述。同时也正是这个原因，本书在标题的选择上出于谨慎考虑，采用的表述是"演化经济地理视角"而非"演化经济地理学"。因为统观既有演化经济地理学的研究，在理论建构层面非常注重对长时段、历史特殊性和系统整体性的强调，但是在实证案例上偏重的依然是中短时段和特定研究对象的因果模式分析，本书不具备完全调和演化经济地理学这种理论建构和实证方法运用之间矛盾的能

第一章　理论、方法与创新性

力，同时也认为二者之间存在根本性的冲突，因此本书强调借助的只是演化经济地理的视角而非其完整研究范式。不过也因为如此，本书获得了更大的讨论空间，将文化和政治因素纳入研究探讨的对象范围中来，这一方面可以更好地融合人文地理学发展中于20世纪下半叶以来出现的"文化转向"和"演化转向"趋势，另一方面也与演化经济地理学理论中强调复杂性和系统整体性的理念相一致。此外，通过政治、文化、经济多维度论述马达加斯加人文地理结构长时段的稳定趋势，也能够使得该研究立足于"空间表现上一致性和集中性"的出发点更能让人信服。

综合以上研究方法层面的整体取向，本书采取演化经济地理视角对马达加斯加经济地理演化和国家发展问题进行的实证研究分为两大部分，第一部分对应第二章的内容，主要从历史的视角讨论马达加斯加发展演化路径的特点及其形成并固化的原因。对应第三章的第二部分立足于现实，主要马达加斯加从历史上演化生成的经济地理结构如何对其今天的国家发展产生影响。

第二章主要采用历史研究的方法，其中在第二节讨论地理大发现时期形成的全球贸易网络中马达加斯加为何处于边缘位置时，主要依据的是阿尔弗雷德·格朗迪迪耶（Alfred Grandidier）和纪尧姆·格朗迪迪耶（Guillaume Grandidier）收集整理的超过3500页的马达加斯加历史资料，这些史料的年代跨度是16世纪初到18世纪初的200多年，由航海日志、旅行见闻、殖民报告等构成。当然，为了避免史料来源的单一，本节也引用了其他历史资料，并参考了当代学者对于这一时代马达加斯加相关问题的研究。在对这些材料的分析中，本书主要汲取两个方面的内容：一是在地理大发现时代全球特别是印度洋贸易网络的宏观运行机制以及马达加斯加在这个网络中所处的位置与扮演的角色；二是在当时与马达加斯加有关的航海活动中，西方航海家、商人如何看待马达加斯加并与当地社会发生接触。第一部分的内容在诸如英国、荷兰、法国东印度公司的相关记载与研究中可以找到当时欧洲市场主要的产品需求、东方相关商品的产地以及连接两者之间的航路，从而勾勒出印度洋商路在当时的面貌，并寻找到其中马达加斯加的地位和功用。第二部分内容则可在当时欧洲海员的航海日志中寻找到丰富的相关素材，从而还原欧洲航海家与马达加斯加当地社会发生接触的早期的行为模式，并展现双方的互动机制。通过对以上两方面材料的分析，能够较好地回答马达加斯加在全球化时代早期如何参与到全球贸易网络之中以及参与的程度如何。

第二章的第三节到第五节分别讨论马达加斯加奴隶贸易时期、殖民时期以及去殖民时期的经济地理演化情况。三节都将采用历史对比研究结合马达加斯加本土特性分析的方法，展现这三个时段马达加斯加不同于撒哈拉以南非洲其余沿海国家不同的经济地理演化路径。

在奴隶贸易史的部分，本书对比了马达加斯加奴隶贸易和大西洋沿岸的非洲奴隶贸易对于经济地理形态的影响差异，后者带来了经济贸易重心从内陆向沿海的转移，而前者却使得马达加斯加形成了位于内陆的本土强权。由于跨大西洋奴隶贸易在非洲史学界具有极其重要的地位，与之相关的著述和资料非常丰富，因此本节关于大西洋奴隶贸易的数据和资料主要参考欧美学者的相关研究。但是，不同于既有跨大西洋奴隶贸易研究主要探讨奴隶本身的流动迁徙过程，本书对于跨大西洋奴隶贸易相关资料的筛选主要考察奴隶贸易如何影响大西洋沿海非洲的经济地理区位演化。因此，诸如贸易线路演变、贸易中心空间变化以及这些现象与地理环境的关联这一类材料受到了本书的格外重视。并且出于这一原因，本书对于跨大西洋奴隶贸易史料的考察其实不仅仅局限于该段历史本身，而是向前延展到古西非诸帝国跨撒哈拉贸易时期，以期更好地反映欧洲人主导的跨大西洋奴隶贸易对非洲地区经济地理演化的影响。对于同时期马达加斯加奴隶贸易和岛内情况的部分在史料方面主要参考的是西方学者的既有研究成果和威廉·埃利斯（William Ellis）等早期历史研究者于19世纪初在马达加斯加对伊默里纳王朝史进行的考察著述。但是在材料选取的重点上也会和既有文献存在明显区别,本书主要侧重于寻求可以论证马达加斯加"内陆统御沿海"如何在奴隶贸易中形成的相关材料。因此,在既有文献中寻求有关地理因素、政治秩序生成机制以及奴隶贸易商业活动如何联结的线索成为本节重点。

讨论殖民时期马达加斯加的经济地理形态演化的部分结合了对比的视角和对马达加斯加特性的分析。本节所摘取的史料主要用于展示以下反差:相比非洲大陆上殖民活动进一步推动经济重心向沿海转移,服务于殖民者整个掠夺殖民地资源的逻辑,法国在马达加斯加则选择延续既有的中央统御沿海路径,并通过殖民建设将这个经济地理演变的路径固化下来。就此,本节主要参考了法国国家图书馆关于马达加斯加殖民的部分档案和书籍、马达加斯加殖民官的书信集、英国麦克米兰公司的《政治家年鉴》(The Statesman's Yearbook)等史料。其中《政治家年鉴》中有连续性较强的英、法殖民地相关人口、物产等数据,通过横向的空间对比和纵向的历史对比可以非常直观地展现非洲不同地区在殖民不同时期宏观发展的变化趋势。马达加斯加殖民官的书信集以法国驻马首任殖民总督约瑟夫·加列尼(Joseph Gallieni)的书信集为代表,它们能很好地展现法国殖民当局对于马达加斯加殖民地整体的发展规划和其中遇到的困难,并且由于一些殖民官有在不同殖民地做行政管理的经历,因此他们也会在书写中展现不同法属殖民地之间的差异,其中与地理条件相关的论述对于展现马达加斯加殖民建设中经济地理布局的特殊性有着非常直观的效果。此外,由于相比伊默里纳王庭,法国殖民当局代表更强大的和现代化的管理体系,所以它留下了较多对于殖民地发展的设想、统计和总结,这些对于相关时段马达加斯加经济地理演化的分析有着良好的助益。本节也借鉴了欧美以及当地学者的相关研究成果,特别是在英法印度洋宏观地缘政治博弈方面,有欧美学者已经将双方的取舍和相关动机做过细致分析,本书借助它们可以很好地论述马达加斯加殖民时期封闭性的延续以及对法国依附的加深。

讨论去殖民时期的部分除了介绍该时段马达加斯加经济地理演化的发展以外，还在于为第二、第三章中搭建一个内在联系，即展现殖民时期马达加斯加的发展如何在殖民后走向停滞甚至倒退，以至于与其他撒哈拉以南非洲国家之间的差距逐渐增大。这一小节的论述主要也依据《政治家年鉴》的相关史料以及让·弗雷米加奇（Jean Frémigacci）等对马达加斯加殖民时期所做的研究成果进行。

在实证研究的第二部分也就是第三章中将采用共时性的视角，从而揭示地方分权、区域一体化以及首都区位选择这三个因素如何在马达加斯加历史上已经形成的"内陆统御沿海"经济地理结构上相互作用，并如何对其当前的国家发展产生影响。

首先就地方分权的一节而言，既有分析马达加斯加地方分权问题的文献都更多从制度主义的视角入手，却忽略了地方分权中"地方"和"中央"同时具有的空间性和隐喻性含义。因此，本书将主要探讨马达加斯加地方分权问题在地理空间上具有的意义。对此，本节将主要依托在马达加斯加实地调研的发现，结合马达加斯加在地方分权实践中于政治、经济层面体现出的数据以及发展趋势进行分析。在实地调研层面，本书过程包含了对于数十位马达加斯加市镇行政长官和高级政府人员的深度访谈，听取他们对于地方分权失败和地方发展受阻的相关感受与见解。此外，实地调研的材料还涉及受地方分权影响不同行业与族群背景受访者的意见，特别是沿海地区民众的相关反馈。它们和同期发生在马达加斯加的地方事务结合，与讨论马达加斯加地方分权问题的文献进行印证。一方面这可以作为论证马达加斯加地方分权失败的补充，另一方面由于本书的侧重点在于地方分权在经济地理层面延伸出的意义，因此有针对性的实地调研材料与既有文献的结合将不同于过往地方分权研究中去地理空间化的特点。

第三章第三节讨论马达加斯加的区域一体化困境，主要展示人文和自然地理因素在当下区域一体化的政治经济演变趋势中如何共同作用,从而阻碍马达加斯加的区域融入。这一部分研究主要采取的是对比研究的思路和方法,利用区域一体化中马达加斯加作为大型岛屿国家的地理特征,与非洲其他国家进行对比。这一部分首先借助世界银行、联合国、世贸组织的数据,通过贸易比例、海运连通度等指标对比展现马达加斯加区域一体化融入的困难,其中专门强调了非洲整体和区域陆路运输系统的发展与整合所可能产生的发展红利,因为马达加斯加作为岛屿国家将和这一过程绝缘。本节还借助马达加斯加与其他非洲沿海国家公路运输机制与时间成本的对比,以及马达加斯加海运所表现的特点,体现马达加斯加虽然是一个岛国却显现出与内陆国家的相似性。在宏观数据和国情状况的对比之上,本书还会通过在实地观察和访谈中发现的马达加斯加内陆性特征,来补充论证马达加斯加区域一体化的融入困难。

第三章的第四节同样会通过对比的方法来讨论马达加斯加的迁都问题。通过对比马达加斯加首都区位的延续性和科特迪瓦、坦桑尼亚、尼日利亚这三个非洲沿海国家向内陆迁都行为的内在逻辑,本节将进一步论证马达加斯加独特的"内陆统御沿海"的地理演化路径既具有深层的政治、文化合理性,又兼具与经济开放和发展的对抗性。在分析科特迪瓦、坦桑尼亚、尼日利亚这三个非洲沿海国家向内陆迁都的逻辑时主要借助的是学界对相关问题的既有研究。对马达加斯加首都区位延续性的分析则建立在对马达加斯加的实地观察和对相关问题当地材料收集的基础上,同时辅之以关于马达加斯加首都历史研究中的部分相关讨论。

值得注意的是,由于第三章采取的是共时性的研究分析方法,所以在本部分的研究中特别注重了三个主题间相互关系的探讨,在探讨它们之间的相互关系时借助的视角当然是演化经济地理的相关理论,三个与地理有紧密关联的主题会围绕马达加斯加的地理演化路径进行系统性的考虑。

三 研究的创新性

(一) 研究对象层面

在本书"导言"部分讨论马达加斯加地理环境特征时介绍过，虽然马达加斯加在自然地理环境和人文地理结构上都有各自显著的特征，但遗憾的是，上述地理特征在既有对于马达加斯加国家发展的研究文献中并未受到重视。所以本书的第一个创新点在于对马达加斯加地理特征的重新审视，这种重新审视不只是重新肯定地理因素的重要性，更在于将其整合到演化经济地理这一新范式中进行理解和分析。这样既可以避免像亚当·斯密一样习惯性地将沿海地区与商业繁荣联系起来，也可以避免如同制度主义或地理决定论者那样将地理因素当作独立模块放在一个线性的因果推理链条之上，导致过分夸大或弱化其影响。

总体而言，通过创新性的处理，整合到演化经济地理框架中的研究对象——马达加斯加地理可以被视为一个高孤立性和低开放性的系统。下面将简单举例说明这一点，更详细的论述会在后续的第二章中进行。

首先，马达加斯加偏远的位置和相对难以进入的天然边界从古代开始便塑造了该地的孤立性。生物学与生态学对于马达加斯加孤立性的讨论较多，但是社会科学中却少有关注马达加斯加孤立性对其社会演变所产生的影响的。举一个最直观的例子：莫桑比克海峡最窄处约为 386 千米，但是这个距离意味着什么呢？作为对比，台湾海峡最窄处是 130 千米，对马海峡是 42 千米，保克海峡为 67 千米，英吉利海峡为 34 千米。在古代军事史上这种距离感的差异体现得非常明显：郑成功、施琅曾出兵台湾，蒙古军队登陆过古代日本，朱罗王朝与潘地亚王朝均统治过斯里兰卡，征服不列颠的诺曼底公爵是在横渡英吉利海峡后才能继续它的战斗。跨海军事行动和经商、探险等航海行为有巨大差别，前者需要一次性投入大量人力、物力，并且行动结果关系重大，因此只有在对目的地有较多了解后才会进行。有鉴于此，莫桑比克海峡两岸从未发生过跨海军事行动从侧面说明了该海峡的宽度对于古代的马达加斯加地区而言是具有较强隔绝作用的，当然同时这也说明在古代莫桑比克海峡两岸的社会缺乏大规模交流，因而缺少军事冲突和征服的动机。

其次，马达加斯加的体量在撒哈拉以南非洲很独特，它是世界第四大岛屿，拥有复杂的地形地貌和生物群落。并且不同于诸如毛里求斯、塞舌尔这样长期无人居住的小岛，马达加斯加在很久以前就开始了人类定居和繁衍的进程。这意味着相比其他小型热带印度洋海岛，15世纪末开始的全球化浪潮将以完全不同的机制作用于马达加斯加。比如在对岛屿的探索速度和利用方式上，无人小岛很快就会被航海家勘察测绘，并且航海者只需要根据自然条件来利用这样的岛屿。而在马达加斯加，限于多种制约，进入并了解其内陆是一个漫长的过程，并且在这个过程中还需要和当地居民交往，进一步增加了互动的复杂性。这是一个孤立性与开放性兼备的体现，一方面马达加斯加因为面积、疾病、地形、地方群体等原因阻碍着外界对它进行了解，另一方面当地与外界的接触因为全球化力量的强大而逐渐增加。

此外，马达加斯加所处的西南印度洋区域环境也很独特，这个区域在西方探险家和殖民者到来前长期呈现出一个相对封闭和自演化的社会特征。马达加斯加在16世纪以前除了受到阿拉伯文明的少量文化影响和接待少数非洲移民以外，并没有和外部世界发生过激烈的冲突或者物质交换。这与印度洋北部岛屿、东亚日本列岛、东南亚马来群岛等地相比差异较大。大航海时代全球海运贸易蓬勃发展后，印度洋成为全球最繁忙的海运路线之一，在这个过程中马达加斯加与外界的交流在增加，同时也因为其孤立性而不受重视，因此依然呈现出低开放性的特征。甚至直到今日，马达加斯加依然处于与外界的低物质交换的状态，没有发展出复杂完备的经济体系，整个物质积累和财富

◈ 成为内陆国家的岛屿

增长的过程相对缓慢。

综上,演化经济地理视角之下的马达加斯加地理系统成为一个具有显著新奇性的案例,它不再只是地图上一个醒目的存在,而是一个长期以来与外界发生缓慢交换的高孤立性、低开放性系统。上一节介绍过,演化经济地理学认为"新奇"是其关注的重点,作为一个大型热带岛屿,马达加斯加独特的地理条件和经济地理演化过程无疑也是一种"新奇"。并且这里需要强调的是:新奇是一种特异性,它不一定代表领先和优化。因此,作为考察对象,本书为马达加斯加从地理维度寻求到一种新的研究起点。此外,本书通过引入地理研究领域新的视角,将使得马达加斯加地理的独特性及其对于该国发展的意义得以彰显。这一方面对于地理因素与国家发展之间关系的理解是一个创新,同时也对于马达加斯加的欠发达谜题提供了一种新的解释路径。

尤其值得强调的是,这样创新式处理研究对象的方法具备较大的可行性。因为首先,作为一个具有天然边界的地理单元,对马达加斯加长时段历史演化进行描述具有更高的可控性。比如在非洲大陆区域出现的殖民者人为划定国界及其遗留影响这一类问题在马达加斯加不需要考虑。尽管它和外界一直在发生物质和信息交换,但是最终的社会经济形态演变却是在一个给定的自然空间内进行,这就使得马达加斯加作为一个地理、政治、经济、文化、历史的概念能够集中在同一个空间下进行讨论。这免去了根据特殊时代和特殊研究问题不停对马达加斯加地理空间进行界定的不便,使得观察对象更加简洁。其次,作为世界上经济最为欠发达的地区,马达加斯加到目前为止呈现的经济地理景观相比欧美、中国乃至非洲其他很多地区都要更加简单和清晰,比如它的交通网络布局、人口分布、工业分布等要素之间存在着显著的内在逻辑。这使得将其作为研究对象时能够比较容易获得其经济地理的整体模态,并分析它和本国历史演化存在的联系。

以上是对于马达加斯加这个研究对象整体而言具有的创新点,此外，本书中探讨一些子议题的角度和方式也存在创新点。比如第二章第三节讨论奴隶贸易时会就马达加斯加奴隶贸易与非洲大西洋沿岸奴隶贸易进行历史的对比，在此过程中思考奴隶贸易对于两个地区在经济地理格局演化上会产生怎样不同的影响。特别是对于马达加斯加来说，由于这里的奴隶贸易规模体量小，持续时间也较短，因此长期以来不是奴隶贸易研究的重点关注对象。但是在本书演化经济地理的视角下，马达加斯加独特的奴隶贸易历史与其中央统御沿海人文地理格局之间的重要关系得以显现，这是本书在子议题上具有创新性的例子之一。另外，比如第三章第二节讨论地方分权时，本书发现了地方分权中"中央"与"地方"概念具有的空间和人文双重维度，并且指出马达加斯加是一个少有的政治经济文化中心与地理空间中心重合的沿海国家，这样的创新性理解对于解读地方分权在不同国家会产生的后续影响有着特别的意义。

（二）研究范式层面

本书采用的是演化经济地理的视角，而演化经济地理作为地理学最新产生的学科分支，其自身就具有很大的前沿性和创新性。演化经济地理学从20世纪末21世纪初开始崭露头角，在1998—2008年的十余年间，全球平均每年只有40余篇相关学术文章发表，从2009—2017年，这个数字上升到约160篇，[1] 可以说，演化经济地理是一个正在开始快速获得学界关注并展现出较强发展前景的研究分支。不过总体而言，演化经济地理还处在早期发展阶段，目前有影响力的相关学术专著的数量也非常有限，在中文专著方面，除了上文中引用过的译著《演化经济地理学手册》和贺灿飞的专著《演化经济地理研究》以外，国内仅翻译出版了米罗斯拉夫·约万诺维奇（Miroslav Jovanov-

---

[1] Shengjun Zhu, Wenwan Jin, and Canfei He, "On Evolutionary Economic Geography: A Literature Review Using Bibliometric Analysis", *European Planning Studies*, Vol. 27, No. 4, 2019, p. 641.

ic）撰写的《演化经济地理学：生产区位与欧盟》。① 在英语专著方面，除去已经被翻译成中文的《演化经济地理学手册》和《演化经济地理学：生产区位与欧盟》，戴尔特·科格勒（Dieter Kogler）等集结近些年演化经济地理学的理论和实证研究发展，编著了 Evolutionary Economic Geography：Theoretic and Empirical Progress，② 贺灿飞和朱晟君则专门针对中国的情况撰写了 Evolutionary Economic Geography in China，③ 约万诺维奇和杜桑·希德杨斯基（Dusan Sidjanski）于 2020 年出版了 Evolutionary Spatial Economics：Understanding Economic Geography and Location Over Time。④ 以上就是目前国际国内学界探讨演化经济地理的主要著作，它们正在尝试构建一个完整丰富的学科分支体系，但很显然，无论在理论建构还是实证研究抑或二者的结合方面，演化经济地理学还有需要进一步填补和充实的空间。

结合演化经济地理既有发展的特点，本书主要瞄准了该学科中目前存在的以下两个有待拓展的领域。

1. 既有演化经济地理研究缺乏关注国家的整体发展特别是长时段发展

演化经济地理学目前为止在实证研究方面取得的主要成果集中在企业集群、制度与技术的协同演化、网络演化等方面，很少以国家整体的发展特别是长时段发展演化为对象进行研究。比如在科格勒探讨近些年演化经济地理学实证研究进展的编著中，有研究美国、挪威城市科技和知识创新的，有研究美国和丹麦产业集群的，还有研究意大利大学毕业生跨区域就业匹配问题的。⑤ 在贺灿飞与朱晟君关于中国

---

① 米罗斯拉夫·约万诺维奇：《演化经济地理学：生产区位与欧盟》，安虎森等译，经济科学出版社 2011 年版。
② Dieter Kogler, ed., *Evolutionary Economic Geography：Theoretic and Empirical Progress*, Routledge, 2016.
③ Canfei He, Shengjun Zhu, *Evolutionary Economic Geography in China*, Springer, 2019.
④ Miroslav N. Jovanovic, Dusan Sidjanski, *Evolutionary Spatial Economics：Understanding Economic Geography and Location Over Time*, Edward Elgar Publication, 2020.
⑤ Dieter Kogler, ed., *Evolutionary Economic Geography：Theoretic and Empirical Progress*, Routledge, 2016, pp. 48 – 195.

演化经济地理现象的专著中主要讨论的是 21 世纪初中国工业生产空间的演化动力机制与结构，以及该空间内企业缘何生成、集群以及失败，同时讨论了制度环境与经济空间演化之间的关系。①

演化经济地理学目前实证研究的上述特点可以理解，因为工业水平发展到一定阶段后产生的空间变化往往是显著而集中的，便于观察和研究，而且这些地区的数据往往比较丰富。并且之所以演化经济地理学者乐于选择高科技产业进行研究，除了它们的空间特点外，还因为这些案例中能更好地体现单个知识载体之间如何互动从而演化成为具有显著地理分布特点的结构性整体。相较而言，如果将国家的长时段经济地理演化现象进行研究，一方面容易失去焦点，另一方面也会因为时空跨度太大而导致研究失去可行性。然而上一节讨论过，演化经济地理视角的重要特点是长时段的历史观照和对于复杂系统的多因素综合分析，如果研究对象集中在晚近发生的经济景观变动，那么必然会忽略这背后更深层次的历史脉络和更复杂的演化动力机制。当然，这种忽视也存在研究可行性的考虑，任何一个出现大规模、现代化经济活动的国家，要从长时段、多维度全面对其进行考察都是工程浩大甚至难以完成的任务，并且如何从中提炼出精练而具有说服力的解释框架也非常困难。

可以说，马达加斯加经济地理的发展演化提供了一个理想的案例，由于是岛屿国家，在考察马达加斯加经济地理格局的变化时不用过多考虑人类活动对其国家边界的塑造，这与大陆国家存在明显差异，后者在历史上因为不同人类群体冲突产生边界改变的情况频繁，因此在谈及国家经济地理演化时还需要考虑这一变量。此外，由于长期以来的边缘化和欠发达状况，马达加斯加的经济地理演化呈现出速度慢、历史分段明显以及地理格局清晰的特点，这使得从宏观和长时

---

① Canfei He, Shengjun Zhu, *Evolutionary Economic Geography in China*, Springer, 2019, pp. 25 – 321.

段上把握其演化有较高的可行性。

2. 既有演化经济地理研究缺乏对非洲的关注

目前演化经济地理实证研究的主要考察对象是企业集群、企业创新、工业化、产业转移等，这些研究对象往往是发达国家和一部分具有较高发展水平的发展中国家具有的显著现象，它们能为演化经济地理研究者提供丰富的研究素材。相较而言，欠发达国家在演化经济地理学知识生产中的贡献相对较少，而其中非洲地区尤为明显。这一点从演化经济地理学术产出的地域分布上可以获得部分佐证，根据作者所在机构的来源地分布，目前非洲国家和地区的演化经济地理学论文发表数量是全球最少的，其中大部分非洲国家尚未有任何演化经济地理相关研究的学术论文。[1] 因此，作为目前全球经济复杂度最低的地区，非洲整体上还处在演化经济地理的视域之外。

对于非洲这样欠发达区域缺乏关注从表面上看只是研究对象的选择问题，但其实更深层次上它也体现着目前演化经济地理的研究旨趣。既有演化经济地理研究的重心在于代表高水平生产力的工业、科技、知识的创新与集群是怎样生成和发展的。换言之，它们重视最先进生产要素分布组合的特点。相反地，到目前为止，演化经济地理学并没有对边缘地区如何沦为欠发达状态予以足够关注。

从大航海时代引领的全球化开始，全球各地的自然资源、人力、资本就开始加速形成一个整体的网络，随后历史发展进程中无论发达地区还是欠发达地区，它们各自的发展状态以及经济地理结构都既具有自身特殊性，又紧密地与其他地区相互关联，这也是演化经济地理强调的系统观和整体观的体现。因此，如果持续对非洲这样的地区缺乏关注和研究，会使得演化经济地理学说错失很多独特而宝贵的案例，也会造成对于发达地区演化机制的讨论和理解不够充

---

[1] Shengjun Zhu, Wenwan Jin and Canfei He, "On Evolutionary Economic Geography: A Literature Review Using Bibliometric Analysis", *European Planning Studies*, Vol. 27, No. 4, 2019, p. 643.

分。就此而言，本书针对马达加斯加的讨论是在尝试进一步丰富演化经济地理实证探索的可能性，从而使其理论体系能够得到更好的支持。

（三）理论对话层面

本书的另一创新点在于将演化经济地理视作一种丰富发展研究（Development Studies）理论体系的尝试进行讨论，并借此与既有的发展理论进行对话。其实在第一章回顾既有发展理论对于马达加斯加问题的适用性时，已经指出了它们在面对马达加斯加发展困境时依然存在的解释力不足，以及它们对地理因素这一重要维度的忽视。当然，这并非完全否定既有发展理论对于马达加斯加问题的解释，而是在前人的基础上新增"地理演化"这一解释机制，并将其与既有理论的有效部分尽可能结合起来。比如在接下来的实证讨论中，会看到殖民时代马达加斯加对宗主国法国的依附对该国后续的发展产生了重要的影响，这无疑与依附理论存在相通的观照。但是依附理论中没能看到的是法国在马达加斯加的殖民活动如何从经济地理的结构及其演化路径上对马达加斯加产生巨大塑造效应，因此难以很好地解释在去殖民后马达加斯加为何迟迟无法融入世界经济体系之中。同样地，后续章节中通过整体论视角与长时段方法对马达加斯加欠发达问题与边缘性地位的分析与世界体系理论有很大的共鸣，但是世界体系理论在处理马达加斯加的案例时会以经济活动"中心—边缘"的模式将马达加斯加和其他非洲地区一并放置到资本流动的边缘类别中，缺乏对于马达加斯加自身边缘特性形成机制和维系机制的解释，也缺乏对于非经济因素在塑造马达加斯加边缘性方面的关注。

承接上述思考，本书在理论层面的另一个创新尝试是在长期以来占据主流的"东西方发展差异对比"之外引入新的宏观性对比思路——欠发达国家的横向对比。在发展讨论中，学界长期以来的主流关注依然停留在西方和东方的发展演化对比。举个例子，李约瑟

◆ 成为内陆国家的岛屿

(Joseph Needham)在研究中国科技史时曾经提出过一个著名的问题——尽管中国曾在科技发展上产生过很多成果,中国的科技水平在很长一段时间领先于西方,但为什么在中国没有发生工业与科技革命,从而最终被西方超越?李约瑟的疑问推动了很多学者去对比中国与西方在历史发展上产生差异的原因,这其中包括以彭慕兰为代表的历史学加州学派,他们在对中西历史演化差异的探讨中推出了"大分流"(the Great Divergence)的概念。

所谓大分流,是指在18世纪到19世纪间,世界各国,特别是西方国家和非西方国家之间在财富、发展和增长方面出现的巨大差异。这其中英国和中国的比较又是核心中的核心,为什么是英国率先开始了工业化进程并走上了资本扩张的道路,为什么中国没有出现与英国相同的发展轨迹?① 为了回答这一系列问题,彭慕兰对比了明清中国与同时期英国的情况。他指出,在19世纪以前,中国在发展方式上和英国等西欧国家很相似,并且在劳动力、土地、资本等生产要素的总量上都领先于英国。之所以在后来产生大分流,在彭慕兰看来主要有两个原因。第一,煤矿地理位置区别造成的开采便利程度差异。作为驱动工业革命发生的能量之源,英国的煤炭大都集中于各大产业中心附近,并且很多属于露天煤层,便于开采利用。相反地,尽管中国也存在煤炭资源,但当时发现的煤矿大都集中在中国北方而非经济最为发达的江南地区,这就极大地提高了开采和运输成本,限制了煤炭作为能源的使用,特别是限制了煤炭和冶铁业相互作用从而出现一个新的生产模式和生产水平的机会。② 第二,西方国家通过地理大发现获得了新的殖民地。新殖民地中欧洲人不但获得贵金属从而促进了商业发展和国际贸易,更重要的是在获得殖民地后西欧得到了更多的发

---

① 皮尔·弗里斯:《国家、经济与大分流——17世纪80年代到19世纪50年代的英国和中国》,郭金兴译,中信出版集团2018年版,第14页。
② 彭慕兰:《大分流:欧洲、中国及现代世界经济的发展》,史建云译,江苏人民出版社2003年版,第58—62、197页。

展空间、资源和市场，因此得以从马尔萨斯陷阱中摆脱出来。而中国因为没有这种历史机遇，只能在内卷化的道路上越走越远，无法形成进一步的扩张式发展。[1]

之所以这里援引"大分流"的研究，是因为它作为学术上讨论东西方发展分野的重要分支，是一个和本书所采用的演化经济地理视角很好的对话案例。首先，无论是殖民活动还是煤炭资源的位置都在强调地理因素对于发展路径的影响。其次，在东西方对比中引入是否进行对外殖民的讨论，这一点注意到了区域发展差别不只源于内部因素的差异，一个区域是否以及如何与外部环境发生联系对于其发展所具有的影响得到了重视。在这种相似性的基础上可以看到，长期以来用于对比中西方发展差异的思考同样可以在其他欠发达地区获得呼应。长期以来，在东西方对比的范畴以外的区域经常被类似"第三世界""欠发达国家"一类的标签涵盖，本书寄希望于通过演化经济地理学对马达加斯加的讨论，彰显后者在历史之流中所演化出的特性及其与其他非洲欠发达地区的分别。在这个基础上，期待推动后续对于全球化历史中形成一种自觉，即在对发展对比的讨论中考虑一种整体联动中存在地区差异的张力，既肯定人口密集、物质成果积累较多的地理区域，也考虑到沦为边缘但是并不因此降低其特殊性的另一部分地区。

（四）社会科学与自然科学的概念交流层面

本书的另一个创新点是对社会科学研究与自然科学相互汲取概念和方法进程中的进一步延续与尝试。演化经济地理所研究的对象是人类社会和地理环境的互动，所以在学科归属和范式运用上，它依然接近社会科学体系。但是，在前文对其核心概念的梳理中可以发现它大

---

[1] 彭慕兰：《大分流：欧洲、中国及现代世界经济的发展》，史建云译，江苏人民出版社2003年版，第247—278页。

量借用了自然科学中的概念,比如新达尔文学说、系统理论、自组织、复杂性科学等,这些概念和模型都是首先在自然科学中创生的。就此而言,应用演化经济地理视角来研究马达加斯加发展问题同样是在尝试引入自然科学中的新工具来分析社会现象。

社会思考与自然思考在概念上的体系性交流可以追溯到古希腊时期,"形而上学"(Metaphysics)与"物理学"(Physics)的联系至今显而易见。近现代社会科学从自然科学中借用概念是从启蒙运动时期开始兴起的,随着以牛顿为代表的一批科学家在自然科学研究领域取得突破性进展,科学精神也开始深刻渗透到关注人类社会现象和规律的学者之中,激励他们采取和自然科学相同的范式去研究人类社会。在这个潮流下,查尔斯·孟德斯鸠(Charles Montesquieu)在其《论法的精神》一书中提出,社会应该被当作一个"物体"来处理,它的特征和运行机制可以通过系统的观察来获得。[1] 托马斯·霍布斯(Thomas Hobbes)在《利维坦》中数次提到了要使用几何学的方法研究政治和社会现象,并把人的话语、情感、道德等视作一种实体,要研究其发生的顺序(consequence),如同研究自然界中的星辰、动植物、物体运动规律一样。[2] 被认为深刻影响了亚当·斯密和大卫·休谟的弗朗西斯·哈奇森(Francis Hutcheson)在其《美与美德观念溯源》一书中写道:牛顿发现的重力规律是蕴含着自然知识之美的伟大原则;它同样适用于我们对于权力的理解,而正是从这权力中支配人类关系的道德义务可以被推导出来。[3] 法国空想社会主义的代表性人物查尔斯·傅里叶(Charles Fourier)也直接将牛顿的万有引力定律以及莱布尼茨的数学发现作为自己研究社会现象的直接比对物。在他的

---

[1] George Ritzer, Barry Smart, eds., *Handbook of Social Theory*, SAGE Publications, 2001, p. 30.

[2] Thomas Hobbes, *Leviathan, or the Matter, Form, & Power of a Common-wealth Ecclesiastical and Civil*, Green Dragon in St. Pauls Church-yard, 1651, pp. 52–53.

[3] Francis Hutcheson, An Inquiry into the Original of Our Ideas of Beauty and Virtue, http://oll.libertyfund.org/title/2462, 47.

第一章 理论、方法与创新性

代表作《四种运动的理论》中，傅里叶指出世界上存在的四种运动形式分别是社会运动、动物运动、生物有机体运动以及物质运动。[1] 他认为支配社会运动的社会吸引力（l'attraction passionnée）是等价于支配物质运动的牛顿、莱布尼茨式引力的，并且从这种等价性中可以找到物质世界和精神世界运动规律的统一性。[2]

相似地，奥古斯特·孔德（Auguste Comte）希望对人类社会的研究也能采取和物理中力学一致的研究方法，提出了社会静力学和社会动力学的概念，前者主要研究社会结构和秩序，后者研究社会转变和发展。并且，以他和赫伯特·斯宾塞（Herbert Spencer）为代表的一批社会学家开创了用经验观察来归纳产生解释人类社会运行规律并对其进行检验的实证主义哲学。[3] 此外，孔德和斯宾塞还从生物学中借用概念，将社会视为一个有机体。孔德认为可以采取生物研究中解剖器官、组织的类似做法，将社会视作有机体，并进一步分解为城市、社区、阶级、家庭这样一些单元。在社会有机体中，家庭如同细胞，阶级和种族是社会的组织，而社区和城市是构成社会的器官。斯宾塞将世界分为由化学、物理组成的无机部分，由生物和心理组成的有机部分，还有人类社会这样的超有机部分，认为有机部分和超有机部分存在内部特征和运行机制的一致性。[4]

当然，除了牛顿、莱布尼茨、拉普拉斯等关于力和运动的学说体系以及孔德等借用的生物机体概念，以达尔文学说为代表的进化论也为社会科学的创新和发展提供了丰富的概念和理论工具。卡尔·马克思（Karl Marx）在给弗雷德里希·恩格斯（Friedrich Engels）的信中就写道：《物种起源》这本自然领域的著作为我们的观点提供了一个基础。[5]

---

[1] Charles Fourier, *Théorie des quatre mouvements*, partie 1, Les presses du réel, 1998, p. 116.
[2] Charles Fourier, *Théorie des quatre mouvements*, partie 1, Les presses du réel, 1998, p. 128.
[3] Charles Fourier, *Théorie des quatre mouvements*, partie 1, Les presses du réel, 1998, p. 31.
[4] 张小军：《社会场论》，团结出版社1991年版，第62页。
[5] Karl Marx and Friedrich Engels, *Selected Correspondence 1846–1895*, New York: International Publishers, 1975, p. 126.

◆ 成为内陆国家的岛屿

尽管马克思的学说并没有大规模将达尔文的生物进化体系套用到自己对历史发展动力的解释中,但他还是给予了达尔文学说足够的关注。在他的《资本论》中有两个脚注提到了达尔文,并对生物演化中器官的功能演化和社会变革中人类科技能力的变化做了类比。[1] 特别值得一提的是,在社会科学中甚至出现了社会达尔文主义这样直接以达尔文命名的思想流派。这一流派不是一个有清晰理论脉络和学说边界的思想体系,它是将达尔文理论中的"物竞天择、适者生存"转接到了对于社会发展演化的解释中,并且对一种线性的、西方中心主义的发展理论的形成起到了推动作用。这一思潮在历史上甚至还走过极端,为种族主义、纳粹主义等思想提供了某种所谓科学的依据。

综上,从自然科学中引入概念与方法进行社会科学的研究是从后者诞生起就一直在发生的现象。只不过以前进入社会科学体系的大都是17—19世纪的自然科学理念,而在演化经济地理学这样的研究中涉及更多的是20世纪以来新出现的自然科学概念。

但需要强调的是,社会科学毕竟与自然科学在研究对象、研究条件、研究伦理、研究方法等方面都存在巨大鸿沟,因此就概念借用而言,在对本书谨慎地自称创新时,还必须对社会科学向自然科学借用新工具与概念的可操作性与合理性进行反思,而不是认为前人先贤这么做过就能使其具有不可辩驳的合理性。

首先,在关于是否应该向社会科学输入最新自然科学概念和方法的问题上,整体应该保持乐观态度,沈小峰就此在其《谈社会科学研究运用自然科学方法的几个问题》一文中给予了深入的探讨。他认为从自然科学中向社会科学中引入诸如复杂性理论这一类理论体系和研究方法是可行的,并在研究逻辑层面给出了下列两点主要原因。

一是对可预测性问题的调和。曾经流行的一种判断是,牛顿-拉

---

[1] Gerald Runkle, "Marxism and Charles Darwin", *The Journal of Politics*, Vol. 23, No. 1, 1961, pp. 108–126.

普拉斯开创的机械决定论能够给予自然现象精确的描述和预测，只要知晓了事物运动的初始状况，根据普遍的运动方程就能对特定时间点事物的状态进行精确预测。后来随着自然科学中热力学、统计物理学、量子力学、混沌理论等学科研究分支的发展，人类开始意识到自然界中很大一部分现象不是机械决定论的。其中混沌理论、耗散理论和协同学展现出哪怕在远离平衡态的开放系统宏观状态发生显著变化时，也很难确切预测随后出现的新宏观态。因为受到诸如迭代关系这样非线性方程的支配，系统演化的走向受临界点附近随机涨落的特点决定，可能存在多重解或分支解。它们很好地展现出了必然性和偶然性、确定性和随机性的统一。这些自然科学中取得的新成就使得自然界面貌复杂的复杂性被更深刻地展现出来，因而也更接近于我们对于人类社会复杂性的感受，并从而解决了原先我们认为的自然现象一定可以精确预测而人类社会现象很难精确预测这一矛盾。[1]

二是可重复性问题的调和。自然科学所抱有的一个信念是采用科学方法进行研究的现象以及从中获得的规律是可以重复或者重现的，只要满足给定的条件，就应该产出相应的结果。一个客观的科学规律不应该对时间和空间有特定要求，牛顿的力学方程无论在他那个时代还是我们这个时代，无论在地球还是火星，所能解释的现象都应该是不变的。并且由此还可以推导出判断科学的一个重要标准——可证伪性。相反地，很多人都认为社会过程是不可重复，比如贝塔朗菲认为历史不存在一个发展的普遍模式。人类社会的历史进程不但不可重复，也无法通过科学实验那样控制事件发生的条件来予以检验，这也成了长期以来人们讨论社会科学和自然科学之间区别的时候经常提及的一点。但是随着对自然界理解的加深，今天人类意识到很多自然现象也是不可重复的，无论宇宙大爆炸、太阳系的形成、小行星撞击地

---

[1] 沈小峰：《混沌初开：自组织理论的哲学探索》，北京师范大学出版社2008年版，第311—312页。

球或后续生物演化、板块漂移的方式，等等，这些自然界中的事件都是无法复现和通过实验来掌握的。尽管它们当中有很多在目前也都还是一些假说，但正是这种情况迫使人类不断猜想、不断验证，通过新的发现，通过不断淘汰旧有假说，从而持续追寻接近一个客观的真理。① 这种对自然过程认识的新进展为论证人类历史发展的特殊性提供了很好的支撑，因而也使得演化经济地理视角中对于演化路径特殊性的解释更有说服力。

上述两点可以说极大程度地调和了自然科学可证伪性与社会科学阐释性之间过去非常紧张的关系，使得双方在方法论与认识论层面达成了某种深层次的契合。不过要注意的是，演化经济地理所代表的复杂性科学的思维并不是推翻了自然科学中的决定论这一属性，而是对它的一个重要补充。就像混沌系统的例子一样，在自然界和人类社会中，偶然性和必然性是对立统一的，混沌系统虽然无法给予精确预测，但是这种不可预测性是因为混沌系统对各个要素的敏感性太强，因而人类没有能力穷极和把控一个混沌系统中所有因素如何相互作用的方式。但是它并没有推翻决定论，它只是认为这个如何产生因果联系的过程由于其复杂性和对初值的极度敏感而难以被完全了解和掌握，因此产生的结果也就难以预测。

关于地理学研究，大卫·哈维在其 1969 年出版的《地理学的解释》一书中就隐约感觉到了复杂性科学中系统理论有可能给地理学研究带来的转变。他认为当时行为科学与生命科学的互相影响就如何应对复杂性提出了一些关于研究方法应用上的特殊问题。但是哈维也意识到，如果没有某种概念和技术上的突破，那么这些关于复杂性的问题看起来会很难驾驭。所以他指出需要通过了解控制论、信息论以及运筹学等理论来掌握研究系统问题的必要手段。作为地理学家，哈维

---

① 沈小峰：《混沌初开：自组织理论的哲学探索》，北京师范大学出版社 2008 年版，第 312—313 页。

第一章 理论、方法与创新性

也对这种新方法在地理学研究中展现的潜质感到乐观。他指出，地理学中的大多数问题都具有多变的性质，而对于具有复杂结构的系统采取新方法进行分析的思路自然而然也为讨论地理问题提供了一种非常有吸引力的框架。[1]

但令人颇感遗憾的是，尽管哈维认识到了地理问题可能是复杂系统的问题，但是在方法论上，他采取的依然是静态机械的一种地理系统观。对此，本书的中文版译者也指出，哈维对历史和社会因素的作用没有给予足够的重视。这些因素在地理学中所占的地位远胜于其他自然科学。[2] 可以说，这种批评恰好是对于哈维地理方法论中对"历史演化"的重视不够而做出的。正是因此，哈维认为只有研究封闭系统才能获得可信的结论，即便在面对开放系统时，也需要对开放系统的模型进行操作后使它成为一个近似封闭系统。[3] 我们知道，在研究地理问题的时候，生活于某地理环境中的人群必然和外界产生往来，特别在大航海时代到来以后，这种往来前所未有地频繁，虽然采取一种封闭化处理的方法便于进行因果逻辑的假设和检验，但是它忽略掉的地理系统与外界的联系以及这种联系对系统内造成的影响必然使得这种方法所获得的结论其可信度降低。

地理学以外，目前其他领域也已经有很多学者在这个方向上进行过有益的尝试，并且他们当中有很大一部分是从自然科学研究领域开始将关注点投向社会科学领域的。比如一般系统论的创始人贝塔朗菲认为社会科学应该使用一般系统科学的方法。因为社会科学的研究本质上是对小到家庭、大到国家和国际关系的人类团体的研究，可以对它们用系统的概念和方法来进行理论表述的尝试。此外，由于系统论

---

[1] 大卫·哈维：《地理学中的解释》，高泳源、刘立华、蔡运龙译，商务印书馆1996年版，第539页。
[2] 大卫·哈维：《地理学中的解释》，高泳源、刘立华、蔡运龙译，商务印书馆1996年版，第viii页。
[3] 大卫·哈维：《地理学中的解释》，高泳源、刘立华、蔡运龙译，商务印书馆1996年版，第536—537页。

具有的研究动态过程的特征（比如耗散系统就是典型），人类历史的问题也已经显露出运用系统思想来理解的可能性。贝塔朗菲指出，其实社会科学已经开始越来越多地采用系统论提供的一些方法和概念，比如一般系统、反馈、信息等。但同时贝塔朗菲还强调，自然科学是在研究时空中的物质实体，无论原子、分子、生命、生态系统，一切都是物质性的实物。而社会科学与之相比，在物质实体以外，还要研究人类自己创造的文化世界，而文化世界的本质是符号。人被符号包围，从语言开始，一直到深刻影响人类关系的道德、宗教、法律、艺术等，人类社会的方方面面都为符号所支配。①

当然，贝塔朗菲的这个观点有待进一步深入探讨，因为首先，自然中有诸如引力、波这样的存在，但是它们是不是一种物质实体依然存在争论。此外，贝塔朗菲没有明确说明文化这种符号实体系统和物质实体的联系与区别。众所周知，文化很多时候是需要物质实体来呈现的，无论是文字、音乐、美术、法律等，都需要一些具体的物质来对它们进行承载和表征，但是这些用于承载和表征文化的物质如何再与人发生反应，实现被理解、阐释、再表达、协调群体行动等过程则是一个结合了虚与实的复杂机制。可能贝塔朗菲也是意识到了这种复杂性而没有说明文化这种人类社会所独有的符号实体到底是怎样的。不过，贝塔朗菲提醒了我们人类社会作为系统相较于其他自然系统所具备的符号性特征，这对于思考自然科学概念和方法如何更好地向社会科学研究提供帮助是很有洞见的。

除了贝塔朗菲及其系统论观点，还有比如卡普拉通过对整个20世纪自然科学新进展的介绍来论证科学思维与客观世界都不一定是还原论和机械论的，而更多情况下是一种整体论和有机论的。尼科利斯和普利高津指出了人类行为高度的适应性与可塑性特征与自然界中远

---

① 冯·贝塔朗菲：《一般系统论》，林康义、魏宏森等译，清华大学出版社1987年版，第186—188页。

离平衡状态下的非线性动力特征存在高度的一致性，因此，将自组织式的演化考虑在内的动力学模型应该是描述社会系统时值得考虑的模型。大卫·吕埃勒（David Ruelle）论述了混沌理论对于经济研究所具有的意义。埃里奇·扬齐（Erich Jantsch）描述了演化生物学与社会学存在的概念和隐喻框架的平行，他指出生物系统和社会系统都存在自组织与自调节，以及个体与环境的交流和共生关系。[①]

综上，目前对复杂性科学以及与它可能产生关联的各个领域，一套概念系统和知识框架已经开始生成。如果说牛顿时代支撑整个科学研究的系统是有序、和谐、平衡的话，那么随着自然科学的新进展，现在人们对世界的认识开始发生更深刻的变化。一种非平衡、偶然性、复杂性、难预测性的观念开始涌现，对于混乱与秩序的、平衡与失衡的一系列辩证性认识冲击着牛顿式隐喻系统以及它长期以来对社会科学思维方式的支配地位。虽然还无法完全断定自然科学与社会科学之间是否存在同源关系，但是更深层次进行融合的工作是有意义和有必要的。因此，本书采取演化经济地理的视角，是在沿着社会科学整体范式演化发展的趋势前进，不失为一种探索和创新。

[①] 伊恩·T. 金（Ian T. King）：《社会科学与复杂性：科学基础》，王亚男译，科学出版社2018年版，第16页。

第二章

马达加斯加独特的经济地理格局是如何形成的

一 概述

在进行过文献回顾和理论反思后，本章将进入实证研究部分，借助演化经济地理的视角探讨马达加斯加内陆统御沿海的独特经济地理演化路径是如何形成的。

本章将会进行长时段史的历时性分析，从大航海时代初期、奴隶贸易时期、殖民时期和去殖民时期四个阶段来审视马达加斯加独特经济地理演化路径的形成和发展机制。其中大航海阶段讨论的主要是15世纪末到18世纪中叶全球贸易网络中马达加斯加的参与模式及其特点，在本时段中可以看到，虽然印度洋是当时欧洲主导的全球贸易中最重要的航运通道，但是因为自然和人文原因，其间不同地区在贸易活动中的参与度是存在极大差别的。马达加斯加虽然看似地理位置显著，但是它在大航海早期扮演的只是航路补给站的角色，并未深度卷入当时主要商品和资本的流动中来，因而沿海地区也没有因为外来影响而发生重大变化。

接下来讨论的奴隶贸易时期主要涵盖18世纪中叶到19世纪中叶约一个世纪的时间，马达加斯加奴隶贸易属于印度洋奴隶贸易的一部分，整体规模小，并且相比大西洋奴隶贸易持续时间短。小体量的奴隶贸易本来对于沿海转运和贸易需求的刺激程度就小，加之马达加斯加当时岛上具有独特的内部局势,二者结合后促成了内陆统御沿海演化路径的涌现,这个路径在该历史阶段最具体的表征就是梅里纳人建立的伊默里纳王朝的崛起和称霸。

本章介绍的第三个历史演化阶段是19世纪末至20世纪初的殖民时期,在这一时段中,法国殖民当局本有可能通过殖民建设规划改变马达加斯加的发展布局,但是以约瑟夫·加列尼为代表的殖民政府结合自身殖民理解和马达加斯加时局形势做出了独特的决策,延续了后者自奴隶贸易时期开始形成的演化路径,并通过大规模的公共工程和殖民管理安排使得这个路径得到加强并最终固化下来。

本章讨论的第四个演化阶段是1960年到1980年左右马达加斯加的去殖民化时期。在这一时段中,无论早期亲法的菲尔伯特·齐拉纳纳(Philibert Tsiranana)政权还是后来更加激进的拉齐拉卡(Didier Ratsiraka)政权,都为存在发展沿海的理由和动机,但是又都在强大的结构性阻力面前最终维系了殖民时期形成的演化路径。两位总统在理念上存在差异,在结果上却极为相似,这样的历史进程很好地体现了马达加斯加经济地理格局在殖民中与法国产生的依附是一种有机的结构性过程,也揭示了它能对马达加斯加去殖民化的国家发展尝试造成怎样巨大的阻力。

在前文对演化经济地理学的介绍中可见,演化概念是具有长时间尺度、非线性和特殊性的历史过程,因此,为了更好地展现马达加斯加历史上的经济地理格局是如何生成、演变的,本章节尤其注意以下两点。

首先,马达加斯加今日经济地理重内陆而轻沿海的形态是一个漫长历史演化的结果,每一个具有清晰分野的历史阶段都继承了上一阶段历史对它产生的影响,也同时在影响着后续历史的发展,这种长时段历史演化中马达加斯加人类活动在空间上的体现是一个难以割裂开来理解的延续性过程。从五百多年前欧洲主导的航海探索时代开始,马达加斯加地方特性就开始展现,它的地理位置、物产、人口分布、生产活动分布都与外来影响产生系统性互动,生成新的地方特性,并以此为基础与后续外来影响发生新一轮迭代,不断累积直至今日。在演化经济地理的视角中，其实这就是演化路径的生成与依赖，本章会通过四个阶段来揭示这一点，展现马达加斯加的发展演化是如何承前启后的。

其次，马达加斯加的经济地理演化具有非线性特征，在其历史演化过程中一些地方特殊性因素甚至是偶然性因素与外界环境耦合之后带来的扰动会极大程度决定整个系统的后续发展。比如在马达加斯加的奴隶贸易时期，早先规模很小，并且在奴隶—火器贸易中不占优势的梅里纳王国，凭借独特的文化体系、领导人才能与马达加斯加所处南部印度洋小规模奴隶贸易的系统特征耦合后产生的作用，在当时的地方竞争性环境中产生了巨大的凝聚效应，为梅里纳王国的崛起与扩张奠定了基础。同样地，在殖民时代初期，当非洲大陆殖民地纷纷选择沿海作为首府时，马达加斯加首任殖民长官加列尼所代表的法国殖民当局，其政策思路与马达加斯加彼时所处的宏观国际、国内背景耦合，最终左右了后续马达加斯加殖民建设的规划安排，导致当地中央统御沿海的格局的涌现。总体而言，本章内容和结构可通过图 2－1 来进行归纳。

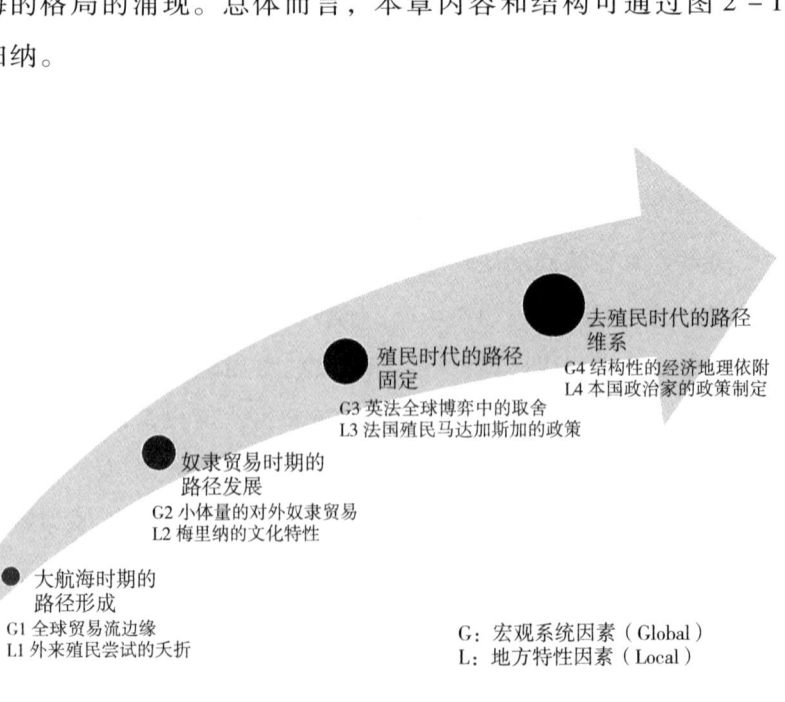

去殖民时代的路径维系
G4 结构性的经济地理依附
L4 本国政治家的政策制定

殖民时代的路径固定
G3 英法全球博弈中的取舍
L3 法国殖民马达加斯加的政策

奴隶贸易时期的路径发展
G2 小体量的对外奴隶贸易
L2 梅里纳的文化特性

大航海时期的路径形成
G1 全球贸易流边缘
L1 外来殖民尝试的夭折

G：宏观系统因素（Global）
L：地方特性因素（Local）

第二章 马达加斯加独特的经济地理格局是如何形成的

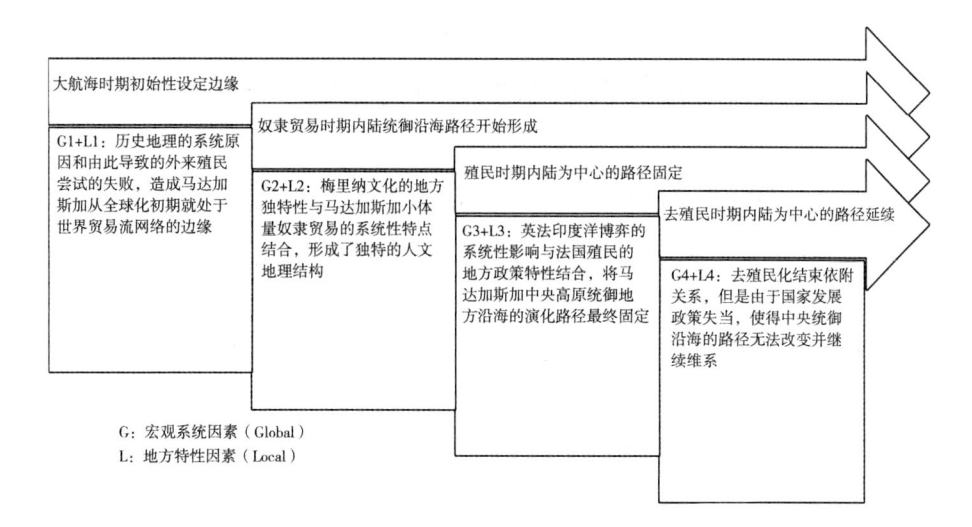

```
大航海时期初始性设定边缘
  │
  ▼
G1+L1：历史地理的系统原因和由此导致的外来殖民尝试的失败，造成马达加斯加从全球化初期就处于世界贸易流网络的边缘
         │
         ▼
    奴隶贸易时期内陆统御沿海路径开始形成
         │
         ▼
    G2+L2：梅里纳文化的地方独特性与马达加斯加小体量奴隶贸易的系统性特点结合，形成了独特的人文地理结构
              │
              ▼
         殖民时期内陆为中心的路径固定
              │
              ▼
         G3+L3：英法印度洋博弈的系统性影响与法国殖民的地方政策特性结合，将马达加斯加中央高原统御地方沿海的演化路径最终固定
                    │
                    ▼
              去殖民时期内陆为中心的路径延续
                    │
                    ▼
              G4+L4：去殖民化结束依附关系，但是由于国家发展政策失当，使得中央统御沿海的路径无法改变并继续维系
```

G：宏观系统因素（Global）
L：地方特性因素（Local）

图 2-1　马达加斯加经济地理的历史演化机制

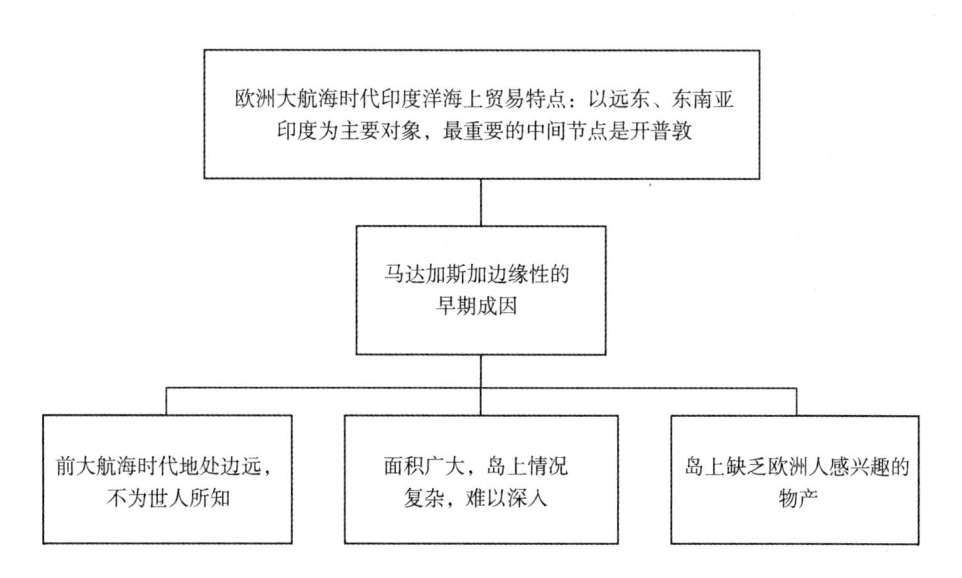

```
              欧洲大航海时代印度洋海上贸易特点：以远东、东南亚
                  印度为主要对象，最重要的中间节点是开普敦
                                │
                                ▼
                        马达加斯加边缘性的
                           早期成因
              ┌─────────────────┼─────────────────┐
              ▼                 ▼                 ▼
      前大航海时代地处边远，   面积广大，岛上情况    岛上缺乏欧洲人感兴趣的
         不为世人所知         复杂，难以深入              物产
```

图 2-2　印度洋贸易特点与早期边缘化

◆◇ 成为内陆国家的岛屿

二 地理大发现时代中的马达加斯加

(一) 印度洋贸易网络的形成及其特点

长久以来，人们已经习惯于将马达加斯加放置在"非洲国家"或"撒哈拉以南非洲"的范畴内进行讨论，却经常在不经意间忽视了该国与其他非洲国家的一个显著区别——马达加斯加是非洲唯一的大型岛屿国家，并且拥有所有非洲国家中最长的海岸线。除了这一特征外，马达加斯加岛内的地理环境也值得介绍。根据马达加斯加的地形图可以看到，整个马达加斯加岛拥有一个整体隆起多山的地表，呈现出中间高、沿海低的总体特点。在马达加斯加的广大中部地区是海拔1000—1500米的高原和山地，马达加斯加的西部沿海地势下降比较平缓，有面积较为广阔的沿海平原。相对应地，马达加斯加的东部沿海平地则相对狭窄，中部高原在离海岸很近的距离才忽然下降，从山地陡然变为沿海平地和丘陵（见图2-3）。

此外，由于马达加斯加东岸属于东南信风迎风坡，所以在这种陡然上升的地形影响下，印度洋的水汽加速冷却形成大量降雨。整个马达加斯加东部沿海基本都属于热带雨林气候，河网纵横植被丰富，但又因为地形陡峻而使得水流湍急。相较东部而言，中部高原是旱、雨两季区分明显的季风性热带高原气候，每年11月到次年4月为雨季，而5月到10月为旱季。这种气候加上中部高原相对平缓的地形，使这里聚集了马达加斯加最主要的粮食生产活动，其中水稻种植是最主要的形式。马达加斯加的西部特别是西北部受到的来自东部的信风已经比较弱小，但是受厄加勒斯暖流的影响，这里依然有较为丰沛的降水，因此需要大量降雨的种植业，包括水稻种植依然能够开展。相反，马达加斯加的南部地区由于受副热带高压作用，年均降水量小于600毫米，属于半干旱型气候。该区域的农业也主要以畜牧业为主。

第二章　马达加斯加独特的经济地理格局是如何形成的

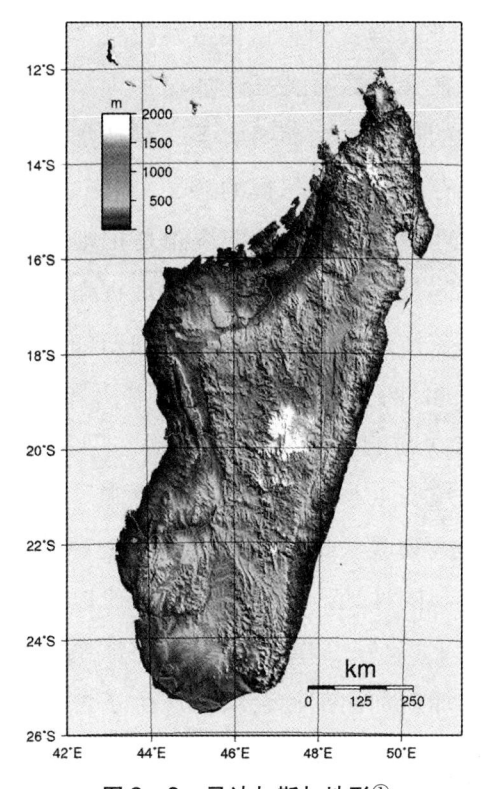

图 2-3　马达加斯加地形①

另外值得一提的是，虽然马达加斯加总体降雨丰沛，并且因为地势落差的存在而形成了数量众多的河流，但受地形影响，这些河流都从中部高原流向沿海。这就使得马达加斯加河流的总长度都很有限。同时由于地势落差大，可通航河段的长度很短，并且多半集中在沿海平坦地区，在人口密集和经济活动最为频繁的中部高原则缺少河运条件，特别是缺少能够沟通内陆地区前往沿海地区的河运水道。

以上是马达加斯加最为显著的地理环境特点，它们的相关信息即便不算为广大世人所熟知，也很容易查找和了解。但是长久以来，马达加斯加自然地理环境的特点在马达加斯加社会研究的领域中并未受

---

① Madagascar Topography, https://ja.wikipedia.org/wiki/%E3%83%95%E3%82%A1%E3%82%A4%E3%83%AB:Madagascar_Topography.png, 2019-08-12.

◆ 成为内陆国家的岛屿

到重视：除了在讨论其语言和文化独特性时会考虑它的岛屿性和封闭性以外，地理环境在大多数有关马达加斯加人文社科领域的探讨中只发挥一个空间背景的作用。然而事实上，马达加斯加的自然地理特点在其社会的演变中存在着不可忽视的意义。

在演化经济地理中，一个重要的视角是把地理演化现象看作复杂系统的演化过程。同理，采取演化经济地理视角看待马达加斯加的发展时同样需要采取整体的系统观，把马达加斯加放置在全球性经济地理网络的演化中。此外，作为复杂系统，除了构成系统的实体要素外，它们之间如何联结起来并构成一个动态网络结构这一点尤其重要，因为系统是系统要素与要素间关系的总和。只有在把握了复杂系统中要素的联系方式和联系特点后，才有可能对局部进行一种描述性而非还原论的分析。同样地，分析大航海时代以降马达加斯加的经济地理演化过程需要重视马达加斯加与外部整体系统的关系，也要注意这样的关系对马达加斯加内部社会结构产生了怎样的影响，因为后者从某种意义上讲也是一个边界明显的系统。因此，要理解马达加斯加这样的经济地理系统如何在世界体系中演化时，从一开始就应该从宏观系统的视角出发，将全球范围的系统性和当地的系统性结合起来分析。

在对地理大发现时代全球贸易网络的分析中可以发现，当时各个地区对于全球贸易网络的参与程度是不同的，在网络中所进行的物质、信息交换的方式和强度、频度也是不同的，其中有些地区是网络的核心节点，另一些是次要节点，还有一些则是边缘节点。如果以此为依据进行排序，会产生沃勒斯坦式的核心、半边缘、边缘地区。马达加斯加就处在这个网络中的边缘节点上，它在当时全球贸易的网络运转中只和其他组成网络的地区进行少量而不规律的物质、信息交换。那么，为什么马达加斯加在全球贸易网络形成的初期就已经被边缘化了呢？

当下，谈及标志地理大发现时代的开端时，哥伦布前往美洲是最常被提及的事件。但其实在这之前，迪亚士绕过好望角以及达伽马开拓印度洋航路的意义也非常重大。哥伦布和迪亚士、达伽马航行的路线均以欧洲为起点，分别朝东、西两个方向进行航海探索，西向跨过大西洋勾连美洲大陆，而东向则是沿大西洋南下，横跨印度洋后进入西太平洋海域，并借此串联起非洲、西亚、南亚、东南亚和东亚区域。① 相比起来，东向航路比西向航路总体航程更长，连接的地域也更多更广。两条航路的主要区别可以通过表2-1简要展现。

表2-1　　　　　　　　大航海时代东、西向航路的对比

西向（大西洋、美洲方向）	东向（印度洋、亚非方向）
北美：自然条件恶劣，少数原住民。 拉美：印加、阿兹特克、玛雅因为疾病、武器等原因迅速消亡。 对于美洲的探索开发从误解开始，认为这里是印度和东亚。 早期以开采贵金属为主要目的，后发展种植业。 奴隶贸易的人口接收地	非洲大陆内部的难于深入。 进入印度洋和西太平洋后迅速与阿拉伯、印度、东南亚、东亚各文化圈接触，面临更复杂的贸易条件，但也拥有更多商机。 有较为明确的航行目标和认识，对于部分地区有过经验性的认识。 早期以高利润的商品贸易行业为主，后发展种植业。 奴隶贸易的人口来源地

地理大发现时代到来前，印度洋的贸易航路以伊斯兰贸易网络和海上丝绸之路为主要组成部分。当时从中国、日本到东南亚、印度半岛、阿拉伯海沿岸，甚至南下东非沿岸海域，都已经被纳入这一北印度洋海上贸易圈之中，相关很多地区的水手都懂得利用该海域的季风进行航行和贸易。《天方夜谭》中出现的航海家辛巴达（Sinbad）的传说也是对当时该区域繁荣的航海活动的侧面佐证。根据某些史学家的观点，北印度洋沿岸在地理大发现前的很长一段时间都是当时世界贸易的核心区域。虽然当时的贸易体系存在多个核心贸易圈，但其中

---

① 贡德·弗兰克：《白银资本：重视经济全球化中的东方》，刘北成译，四川人民出版社2017年版，第117页。

成为内陆国家的岛屿

的大多数都与印度洋区域直接相关。①

在迪亚士绕过好望角进入印度洋之后的四百年中,印度洋—好望角—大西洋通道成为东西方海上贸易的主干道。中国的茶叶和瓷器、印度的棉布、日本的漆器、东南亚的香料等货物通过这条线路抵达欧洲。相应地,为了换回亚洲的珍贵商品,欧洲各个国家的特许公司携带着大量白银前往目的地。这些白银中大部分不是产自欧洲本土,而是来源于新发现的美洲大陆,②特别是在马尼拉大帆船通过黑潮洋流将墨西哥与西太平洋沿岸联结起来之后,白银作为支付手段从美洲前往亚洲的通路被打开,真正环球性的贸易流动宣告形成。

欧洲国家对于东方世界的航海探索动机,一部分是在寻找宗教传说中有基督徒贤君统治的圣地,但更多是出于追求这个地方无与伦比的独特产物。最早开始的是以胡椒、豆蔻等为主的香料,之后棉布、咖啡、茶叶、瓷器、丝绸等商品都成为需求极高和利润巨大的商品。当然还有对贵金属的追求,对象牙的掠夺以及对既作为商品又作为劳动力的奴隶的贩卖。根据大致的时间顺序,这里简要介绍一下这些商品在当时对于欧洲社会的作用和在贸易中的相应地位,这对于解释印度洋地区的航路特征和理解马达加斯加为何处于贸易网络边缘会很有帮助。

欧洲对东方物产需求的第一大门类是香料,以胡椒为例,这种香料中最具代表性的商品是欧洲中世纪以来重要的烹调伴侣。它之所以流行并不是因为传统观念中很多人认为的它具有掩盖腐肉气味的功用,而在于它的香气和黑死病后欧洲宗教救赎的需求相连,当时很多欧洲人把盛产香料的东方想象成香味馥郁的伊甸园。在这个包含感官愉悦与宗教想象的综合建构完成后,以胡椒为代表的香料成为欧洲富

---

① 马立博:《现代世界的起源:全球的、环境的述说,15—21世纪》(第3版),夏继果译,商务印书馆2017年版。

② 乔吉奥·列略:《棉的全球史》,刘媺译,上海人民出版社2018年版,第87页。

第二章 马达加斯加独特的经济地理格局是如何形成的

裕阶级的佐餐必备品,进而成为区隔社会地位的重要物品。[1] 胡椒贸易从一开始就带来了暴利,根据皮尔逊(M. N. Pearson)的估算,早期葡萄牙商人的东方航路上,胡椒生意可以带来260%的盈利。而到了19世纪,美国马萨诸塞的胡椒经商者在他们前往苏门答腊的某次航行中,曾获得过单笔高达700%的净利润。16世纪初葡萄牙的香料贸易利润相当于同时期该国黄金和其他贵金属贸易总额的两倍。到1622年,欧洲人的年胡椒消费量达到700万磅,这个数字在一百年后的1722年超过了900万磅。尽管在17世纪初期,荷兰与英国已经取代了葡萄牙在胡椒贸易中的地位,但二者在航运线路上依然依赖于葡萄牙航海家早先开辟的航道,也就是通过绕行非洲南端好望角的航线来进行胡椒贸易。[2]

除胡椒外,丁香和肉豆蔻也是产自印尼群岛的重要经济作物。除葡萄牙外,荷兰东印度公司通过垄断摩鹿加群岛上这两种作物的生产获得了巨大经济利益,这种垄断在法国人使用走私手段将丁香种植到印度洋和加勒比海地区后才被打破。西班牙同样希望染指这一回报丰厚的贸易活动,它通过《萨拉戈萨条约》获得了今天巴布亚新几内亚的部分地区,并且在利用季风和洋流开辟北太平洋航路后占领菲律宾,促成了上文提到的美洲贵金属与亚洲商品贸易路线的形成(见图2-4)。由此可见,香料贸易在大航海时代开始后的很长一段时间内极大地提升了东南亚特别是马来群岛的地位,使其成为欧洲在东方争夺最为激烈的地区之一。

在香料之后,于全球海运贸易网中占据重要地位的产品是棉布。作为从亚洲流入欧洲和非洲的大宗商品,印度的棉布输出历史非常悠久,据考古学家研究,印度在公元前1500年至公元前1200年就已经

---

[1] 玛乔丽·谢弗:《胡椒的全球史:财富、冒险与殖民》,顾淑馨译,上海三联书店2019年版,第35—36页。

[2] 玛乔丽·谢弗:《胡椒的全球史:财富、冒险与殖民》,顾淑馨译,上海三联书店2019年版,第39页。

◈ 成为内陆国家的岛屿

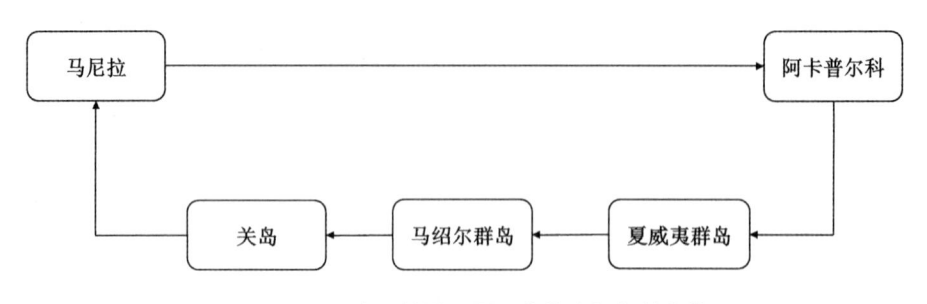

图2-4 西班牙的墨西哥—菲律宾帆船航线①

出现了棉花纺织,并且一直到19世纪,印度人都是世界上第一流的棉纺品生产者。② 考古证据显示,从12世纪开始就有数量可观的印度棉布制品销往印度洋以外的区域,并且这种销售不单纯面对高端奢侈品市场,而是满足各个社会阶层、各种经济地位的不同消费者的需求。③

但是在葡萄牙开通东方航道伊始,棉布并未立刻成为主要商品,它的地位远远排在香料之后,在16世纪早期葡萄牙运往欧洲的商品中,棉布的占比不超过1%。并且由于当时还不存在全球性通用货币,葡萄牙商人还需要印度棉布作为在印度洋区域交换香料的媒介使用,这进一步降低了出口到欧洲的棉制品数量。④ 不过这也再次说明,早在欧洲商船到达之前,印度的棉布制品在印度洋区域就已经广受欢迎,以至于可以充当类似货币的一般等价物使用。到17世纪以后,随着香料贸易的地位被英国和荷兰取代,葡萄牙才开始往国内贩运更多的印度布匹。再后来,英、法等国的东印度公司纷纷加入布匹贸易的行列,获得各项专营权,并且把销售市场扩大到了东亚和西非地区

---

① Arturo Giraldez, *The Age of Trade: The Manila Galleons and the Dawn of the Global Economy*, Rowman & Littlefield, 2015, p. 33.
② 斯文·贝克特:《棉花帝国:一部资本主义全球史》,徐轶杰、杨燕译,民主与建设出版社2019年版,第56页。
③ 乔吉奥·列略:《棉的全球史》,刘媺译,上海人民出版社2018年版,第8页。
④ 乔吉奥·列略:《棉的全球史》,刘媺译,上海人民出版社2018年版,第88页。

（见图 2-5）。① 在这个过程中，棉布参与到了大西洋的奴隶贸易中，并且由于其市场需求量极大，后来的美洲殖民地也有很大一部分进行棉花生产。不过即便有新大陆的竞争，在很长一段时间内棉布贸易始终是印度洋航路上重要的一个组成部分。也因此，印度在印度洋海运网络中的地位得到极大增强，并且围绕棉花种植、棉布纺织、加工而形成的区域性产业聚集也促进了今天印度和孟加拉国相关地区的发展。

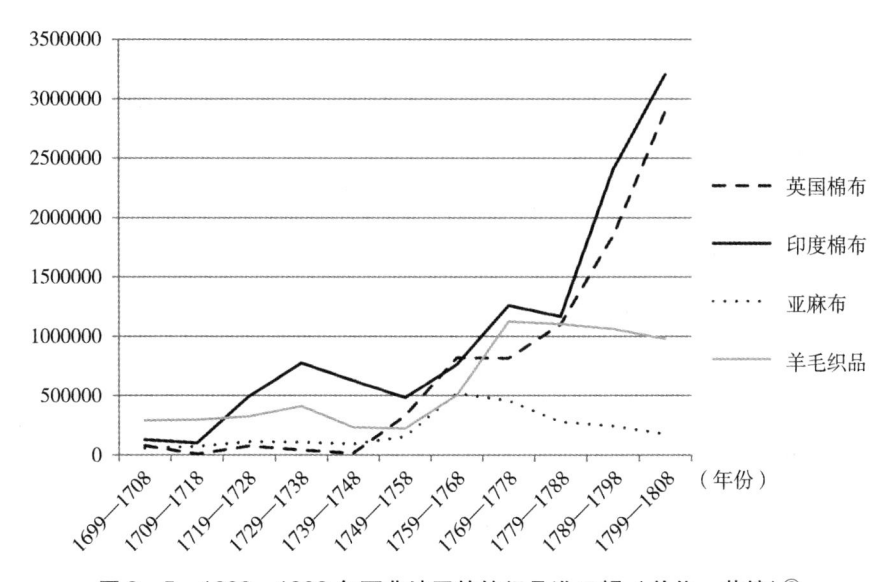

图 2-5 1699—1808 年西非地区的纺织品进口额（单位：英镑）②

比香料和棉布更晚被欧洲人卷入印度洋贸易的重要商品还有茶叶，这种长期在欧洲作为异域稀有药材和奢侈品的植物，其消费需求从 18 世纪 30 年代开始飞速提高。据估算，1734 年的时候，英国人每周平均每人消费 7 便士购买茶叶和糖，而到了 18 世纪末期，英国的

---

① 乔吉奥·列略：《棉的全球史》，刘媺译，上海人民出版社 2018 年版，第 90—91 页。
② Kazuo Kobayashi, *Indian Cotton Textiles in West Africa: African Agency, Consumer Demand and the Making of the Global Economy, 1750-1850*, Palgrave Macmillan, 2019.

◈◈ 成为内陆国家的岛屿

茶叶年进口量已经超过了2000万磅。① 茶叶贸易首先加深了欧洲与中国的联系,为更快将新鲜茶叶运回欧洲,19世纪初诞生了飞剪帆船,使中国东南沿海前往西欧的时间从6个月缩短为3个月。此外,欧洲特别是英国对茶叶的喜爱还促成了印度阿萨姆、大吉岭以及斯里兰卡部分地区作为新的茶叶种植基地出现,这也进一步强化了印度地区在前殖民和殖民时期的贸易地位。不仅如此,不计一切顾虑追逐利润的资本还在印度和中国间进行鸦片贸易,这也使得相关地区和航路在资本扩张中扮演了更重要的角色。

伴随茶叶成为当时全球贸易网络中重要商品的还有蔗糖。随着社会经济发展,蔗糖在欧洲从达官显贵彰显身份的美食和医馆内珍贵的药材走向市井,逐渐演变为普通民众的日常调味品,蔗糖的消费也相应飙升。根据研究估计,从1700年到1800年的100年间,英国民众的年人均蔗糖消费量从4磅上升到18磅。② 甘蔗原产于印度,后逐渐传播至中东和环地中海的南欧北非一带。随着西欧航海活动的开展,甘蔗生产的重心向加纳利群岛以及南美和加勒比海地区转移,之后在南印度洋的马斯克林群岛上也出现了可观的蔗糖生产。1740年,当英国和法国对于马达加斯加的了解还停留在该岛沿海很有限的区域时,在加勒比地区,英属加勒比殖民地的蔗糖年产量已经达到了约3.5万吨,而法国仅仅在多米尼加一地,同年的蔗糖产量超过了4万吨。③ 与之相比,马斯克林群岛最大的甘蔗种植中心毛里求斯的蔗糖出口一直到19世纪20年代晚期才达到3万吨。④

除去上述商品,大航海时期还有诸如陶瓷、漆器、丝绸、咖啡等

---

① 艾伦·麦克法兰(Alan Macfarlane)、艾丽斯·麦克法兰(Iris Macfarlane):《绿色黄金:茶叶帝国》,扈喜林译,社会科学文献出版社2016年版,第52—53页。
② Sidney Mintz, *Sweetness and Power*, *The Place of Sugar in Modern History*, Penguin Books, 1985, p. 67.
③ Trevor Burnard and John Garrigus, *The Plantation Machine: Atlantic Capitalism in French Saint-Domingue and British Jamaica*, University of Pennsylvania Press, 2016, p. 36.
④ Deryck Scarr, *Slaving and Slavery in the Indian Ocean*, Macmillan Press, 1998, p. 68.

第二章 马达加斯加独特的经济地理格局是如何形成的

物产在印度洋航路上流动,这里不再一一介绍。但通过已有的例子已经可以形成一个结论——无论是欧洲人到来之前还是之后,印度洋海上贸易网络中都没有马达加斯加存在的位置。这一点从荷兰东印度公司的主要贸易线路与贸易站点便得见一斑(见图2-6)。在代表"海上马车夫"的荷兰东印度公司的海外贸易中,东亚、马来群岛、印度、开普敦等地区无疑是最重要的节点,而马达加斯加虽然看上去处在开普敦前往南亚和东南亚的必经之道上,却依然被忽视,荷兰人甚至宁愿选择当时还是无人岛的毛里求斯进行建设。那么,大航海时期马达加斯加在全球海运贸易网络中处于怎样的地位呢?为什么处于印度洋航道必经之路上的马达加斯加在大航海时代会被边缘化呢?接下来将对此进行讨论。

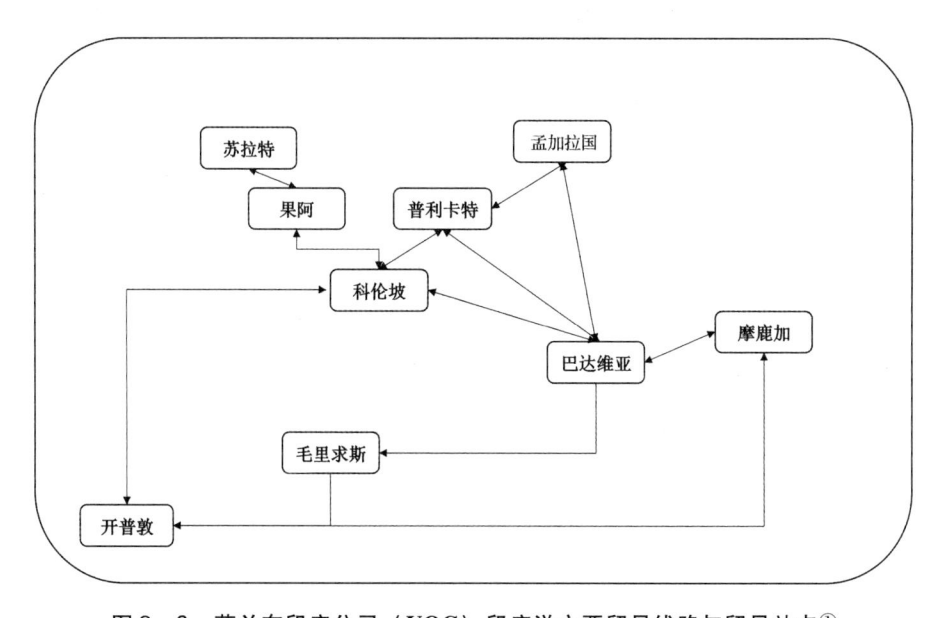

图2-6 荷兰东印度公司(VOC)印度洋主要贸易线路与贸易站点①

---

① Kerry Ward, *Networks of Empire: Forced Migration in the Dutch East India Company*, Cambridge University Press, 2009, p. xvi.

141

(二) 马达加斯加边缘化的原因

简言之,大航海时期马达加斯加主要是提供淡水、食物等生存补给的航行停靠站,在一段时间还是海盗休养的避难港。之所以马达加斯加只停留在这种功能性定位而没有更深入参与到全球贸易交换中,主要有以下几方面的原因,这其中大部分是一种系统性和结构性的原因,但也有一部分是偶然性和特殊性的,并且它们都和地理特点有着密切的关联。

1. 历史上欧洲人对马达加斯加缺乏了解,因此也就缺乏对该地的想象以及进一步探索和征服的欲望

欧洲人对马达加斯加的发现是航海活动开始后才出现的偶然事件,尽管马可·波罗(Marco Polo)的回忆中提及过马达加斯加,但很容易从他的描述里发现其实他把索马里海岸的摩加迪沙(Maqdishû)和马达加斯加混淆了,马可·波罗很可能不知道真实的、作为岛屿的马达加斯加的存在。[1] 真正首先发现马达加斯加的欧洲人是绕过好望角北上的葡萄牙航海家们,15世纪末16世纪初,出于对海洋的恐惧和对地球知之甚少,探险船只的航海往往沿非洲大陆海岸进行。据一些文献记载,迭戈·迪亚士(Diego Diaz)在1500年的一次航行中遭遇风暴偏离航向,之后偶然邂逅了马达加斯加岛,并将其命名为圣洛朗岛(Saint Laurent)。除此之外,也有文献认为是劳伦斯·阿尔梅达(Lawrence Almeida)于1506年首先发现马达加斯加的。[2] 不过毫无疑问的是,在16世纪以前,除了马可·波罗捕风捉影的描述以外,马达加斯加在西方人的地理认知中非常边缘甚至毫不存在。它既不像非洲大陆那样已经部分得到过欧洲人经验性的认知,也

---

[1] Alfred Grandidier, L'origine du nom de Madagascar, Comptes rendus des séances de l'Académie des Inscriptions et Belles Lettres, 35e année, No. 1, 1891, pp. 9–10.

[2] James Sibree, *Madagascar and Its People*, *Notes of a Four Years' Residence*, William Clowes and Sons, 1870, p. 10.

第二章　马达加斯加独特的经济地理格局是如何形成的

不像印度和中国那样虽然遥远，但是长期以来通过游记、传说以及商品输入始终激发着欧洲人对它们的憧憬和想象。这一点在著名的地图"昆斯特曼恩二号"（Kunstmann Ⅱ）可以得到印证，这幅据说成图于1502—1506年的地图上描绘了当时对美洲最新的发现，同时现在看来也以相当高的精度绘出了地中海区域欧洲、非洲大陆地区以及西亚、中东地区（见图2-7）。但是，在这张当时非常著名的地图上并不存在马达加斯加的位置，可见在16世纪刚开始的时候马达加斯加对于大多数欧洲人而言还是一个未知的岛屿。

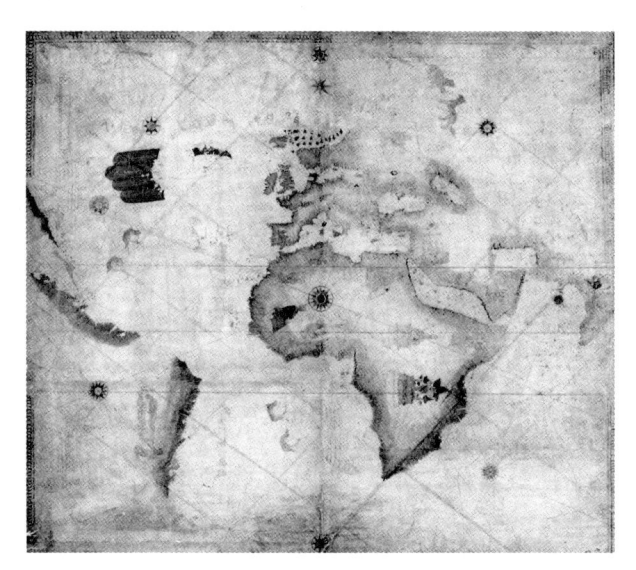

图2-7　昆斯特曼恩二号地图（Kunstmann Ⅱ）[①]

由于缺乏事先的认知与想象，相比欧洲探险家深入开拓的很多地区，早期对马达加斯加探索的尝试没有明确目的性。哥伦布、达伽马等人的早期探索是为了寻找香料以及马可·波罗传说中富饶的东方帝国，后来在美洲发现黄金、白银后，马上确定了此处新的探险目标，并因此发现了诸如波托西这样的矿产。对马来群岛的探索很快发现了

---

① World Digital Library, Portolan Chart, https://www.wdl.org/en/item/18177/, 2019-12-3.

◈ 成为内陆国家的岛屿

丁香的原产地,香料群岛就因此得名。对中国、日本、印度的出行更是有明确的商品交易对象,丝绸之路与海上丝绸之路早已经让丝绸、茶叶和瓷器享誉欧洲。对于东非海岸和西非海岸的很多地方也一样,从象牙到黄金,总是有这些稀缺性资源在源源不断向欧洲探险家发出诱惑。加纳沿岸最早的葡萄牙堡垒叫埃尔米纳(El Mina),葡萄牙语意思就是矿产;加纳沿海后来被称为黄金海岸,"科特迪瓦"的本义即象牙海岸,这些命名方法都体现出欧洲早期殖民探险活动极强的目的性。相比起来,马达加斯加最初是根据发现它的日期而被命名为圣洛朗岛的,后来改为马达加斯加也并不是因为这里出现了珍贵的物产。

其实在葡萄牙人绕过好望角进入印度洋前,马达加斯加不仅对于欧洲是未知的,它对于阿拉伯和中国的航海者也处在一个非常偏远陌生的地方。在阿拉伯人主导的北印度洋贸易圈里,马达加斯加处于最南端的边缘位置,莫桑比克海峡及其南部海域的水道即便对于17世纪初的航行条件而言依然十分危险,[1] 阿拉伯文化和贸易对马达加斯加的影响都非常有限。反过来,后者也没有向阿拉伯世界输出过引人注目的物产,并借由阿拉伯与欧洲的贸易获得欧洲人的认知。同样地,据中国史籍所载,郑和下西洋抵达非洲的主要路线是从苏门答腊前往印度和斯里兰卡,再经过马尔代夫后到达索马里。随后郑和船队在非洲的探索也是从索马里沿肯尼亚、坦桑尼亚南下,最远抵达过今天莫桑比克的索法拉一带。[2] 以郑和船队的规模,在前往东非沿岸时依然需要沿印度洋北部的传统航路进行,这也从侧面反映了马达加斯加并不处在当时中国航海知识所熟悉的框架之内。

---

[1] A. Grandidier, ed., Purchas, his Pilgrimes, t. 1, 1625, Voyage of Dounton to the East Indies, Collection des Ouvrage Anciens concernant Madagascar, Tome1, Ouvrages ou Extraits d'Ouvrages Portugais, Hollandais, Anglais, Français, Allemands, Italiens, Espagnols et Latins relatifs à Madagascar (1500 à 1613), Paris, Comité de Madagascar, pp. 430 – 432.

[2] 李新烽:《郑和与非洲》,中国社会科学出版社2012年版,第54—55、70页。

第二章 马达加斯加独特的经济地理格局是如何形成的

值得注意的是，马达加斯加在大航海初期不为欧洲人所了解的境遇再次揭示了历史发展演化的特殊性，同时也体现着复杂系统不同时段历史状态对其中某一要素后续发展所产生的影响。本文虽然以大航海的开端为论述起点，但这里可以看到更早以前马达加斯加受历史地理因素而缺少与外界的交流的情况切实影响着它后续在全球系统演化中的定位。

2. 大航海时期的欧洲航海家未能在马达加斯加寻找到高价值的贸易商品，因此也缺乏强烈的探索和贸易动机

根据最早的航海日志记载，马达加斯加有众多的牛群以及面积广大的稻田，因而能够为路过的航海船只提供充足的大米和牛肉。[①] 其中大米尤其重要，因为它便于携带和保存，是当时航海条件下理想的一种主食储备。在对马达加斯加物产最早的观察中，航海者发现除了大米以外岛上还有各种野生动物、不知名的丁香，有当地人不知道如何利用的蜂蜜，有各种各样的柠檬、橘子以及丰富的淡水资源。甘蔗在岛上很常见，但是不像在意大利和西班牙那样用于制糖。岛上有很多的檀香木。但当时欧洲人主要用檀香木缓解发烧症状。据说岛上还有丰富的铁矿和银矿，但马达加斯加人更看重本岛不出产的锡矿。也正是这个原因，当时荷兰商人用一把锡制餐匙能换回一头当地的峰牛。[②] 总之，马达加斯加虽然物产很丰富，但其中大多数是鱼类、禽肉、家畜、大米、蔬果等食物，它们对于船员航行是必需的给养补充，但不具备远程贸易的商业价值。

在 19 世纪以前，上文介绍过的香料、棉布、茶叶、陶瓷、丝绸

[①] A. Grandidier, ed., Purchas, his Pilgrimes, t. 1, 1625, Voyage of Dounton to the East Indies, Collection des Ouvrage Anciens concernant Madagascar, Tome1, Ouvrages ou Extraits d'Ouvrages Portugais, Hollandais, Anglais, Français, Allemands, Italiens, Espagnols et Latins relatifs à Madagascar (1500 à 1613), Paris, Comité de Madagascar, p. 61.

[②] A. Grandidier, ed., Purchas, his Pilgrimes, t. 1, 1625, Voyage of Dounton to the East Indies, Collection des Ouvrage Anciens concernant Madagascar, Tome1, Ouvrages ou Extraits d'Ouvrages Portugais, Hollandais, Anglais, Français, Allemands, Italiens, Espagnols et Latins relatifs à Madagascar (1500 à 1613), Paris, Comité de Madagascar, pp. 446 – 458.

◈ 成为内陆国家的岛屿

等主流远洋货物都与马达加斯加没有关联,它们在各自原产地具有长期的生产历史和极大的生产规模,甚至在大航海时代到来前就已经吸引了欧洲人足够的注意。相比起来,作为航行途中被偶然发现的岛屿,马达加斯加在当时并没有能够向欧洲人提供具有远洋交易价值的高利润商品。一些荷兰航海家的观点能很好地印证这一情况:远航贸易的目标在于获得珍贵的货物,包括贵金属、宝石、香料、精油、橡胶、熏香、药用植物等,没有这些货物的地方就不要耽误时间,所以不需要在马达加斯加做过多停留。[1]

造成这种境地的原因从直观上看源于人文社会因素——马达加斯加的本土社会没有发展出成熟的手工业和产出高附加值作物的农业。但更深层次上,马达加斯加的边缘性深受上文提及的马达加斯加地理特性的影响:首先,作为一个孤悬印度洋南部的岛屿,由于与其他人口密集区域和文明圈层距离遥远,马达加斯加很长时间以来在人口、商品和文化的对外交流互动上显得极其缺乏。在这样的情况下,马达加斯加很小的人群体量和封闭的社会文化在全球化开始前很难自我演化出强大的生产力,提供在全球贸易中具有竞争力的产品。其次,由于缺乏对外交流,马达加斯加的人口规模和社会复杂程度较低,这使得岛屿上对本土资源的开发利用也就进展缓慢,今天马达加斯加被疯狂开采宝石矿、金矿等矿产,而这些矿产在大航海时期依然埋藏于地下不为人知,因而也无法吸引外来物资和人员将其与全球商贸网络连接起来。

这一点在 18 世纪下半叶四个主要海洋贸易大国——英国、法国、西班牙、荷兰的航海热区分布上也可以得到印证。[2] 该热区分布是根据这一时期相关国家航海日志所涉地点和海域的大数据统计的,它虽然

---

[1] A. Grandidier, ed., Purchas, his Pilgrimes, t.1, 1625, Voyage of Dounton to the East Indies, Collection des Ouvrage Anciens concernant Madagascar, Tome1, Ouvrages ou Extraits d'Ouvrages Portugais, Hollandais, Anglais, Français, Allemands, Italiens, Espagnols et Latins relatifs à Madagascar (1500 à 1613), Paris, Comité de Madagascar, p. 450.

[2] Jean-Paul Rodrigue, Claude Comtois, Brian Slack, *The Geography of Transport Systems Third edition*, Routledge, 2013, p. 97.

第二章　马达加斯加独特的经济地理格局是如何形成的

不完备，但是能很好地反映当时全球海洋航行的整体空间分布。通过统计可以看到，当时航海贸易最繁忙的道路是跨大西洋贸易通道，印度洋贸易主要由英国和荷兰参与，并且核心区域都在东南亚和南亚地区，南非开普敦在南半球航路中属于航行热点。值得一提的是，由于缺乏葡萄牙船只的相关资料，这一统计中没能体现葡萄牙的航海热区。不过即便如此，从已有四个航海大国的航迹分布已然可见，马达加斯加在彼时基本是作为一个看客在见证全球航海贸易的发展和兴盛。

3. 马达加斯加广阔的面积、复杂的地貌与植被、观念封闭的当地居民都阻碍了外界对它的了解，从而延缓了它与外部进行物质信息交换的进程

马达加斯加的面积远远大于其他南印度洋热带岛屿，并且地形复杂、植被茂密，加之沿海地区原住民对于外界持谨慎封闭的态度，这使得欧洲外来者早期想要深入探索该岛变得十分困难，更不用说在当地建立殖民地并进行可盈利的生产活动。

首先在地理环境方面，当时欧洲大多数地理学家都认为马达加斯加是世界上最大的岛屿，其周长被估算约为婆罗洲或者苏门答腊岛的2倍。[1] 此外，如果一片陆地有河流入海，并且从入海口回溯上游的河道有通航能力的话，往往能够在更早的年代就对内陆有所了解。这一规律对于马达加斯加而言也以相反的方式得到印证。马达加斯加因为有山地纵贯整个中部地区，所以虽然河流众多，但是它们大都落差大，与印度洋的平均分水岭距离只有约100千米，[2] 往往只在沿海有少数航段可以通航。特别在东部地区，这里是降水充沛的迎风坡，但是因为地形急剧上升，在进入陆地数十千米以后就不再具备通航条件。如果从马达加斯加东海岸特别是塔马塔夫（Tamatave）一带登陆西进内地的话，很快就会遇到悬崖，难以深入岛内。并且也由于这个原因，塔马塔夫周围的河流只有在到了靠近海边10—30千米的地方

---

[1] Jean-Paul Rodrigue, Claude Comtois, Brian Slack, *The Geography of Transport Systems Third edition*, Routledge, 2013, p.432.

[2] World Bank, *Hydro Atlas of Madagascar*, Sheer, 2017, A5.

◇❖ 成为内陆国家的岛屿

才具备行船条件。同样,马达加斯加西部的河流也因为有陆续的花岗岩阶梯以及受到季节性水位差异过大的影响,使得通航里程非常有限,难以到达中部高原腹地。受制于这样的自然地理条件,一直到了19世纪末法国殖民初期,在描述马达加斯加港口的一系列文献中依然有不少都提到,如果塔马塔夫想要增加作用的话,就必须改善其与首都的交通联系。①

由于东部最大港口塔马塔夫距离首都塔那那利佛的直线距离也有约200千米,这就意味着早期冒险家不可能从东海岸寻找到进入内陆腹地的河道。西部地区虽然有几条河流能以较为平缓的方式进入马达加斯加的内陆地区,但是因为这里是背风坡,河流流量受季节性降雨改变很大,每年通航时段非常有限。加之从西部沿河进入马达加斯加的内陆虽然名曰内陆,但是由于岛屿体量庞大,这个内陆部分是中部高原的西部和北部地区;这里人口稀少、物产贫瘠,距离真正中部高原偏东和偏南的核心区域依然相去甚远。综上,早期对马达加斯加的探索和殖民尝试停留在沿海地区是一种受到当地地理环境深刻影响的必然选择。

在地理大发现早期,受航海技术和资金限制,欧洲对外进行商贸活动的船队规模较小,能够在中途锚地进行深入垦殖和扩张的能力也就非常有限,在面对马达加斯加这样一个情况复杂的大型岛屿时不啻于面对着一片小型的大陆。1600年左右,也就是欧洲人发现马达加斯加近一百年后,越来越多的航海日志留下了关于马达加斯加沿岸的记录,不过这些记录绝大多数记载的都是航船在马达加斯加沿岸停泊补给的情况,很少有进入腹地的见闻记载。换言之,对比一百年前,欧洲人对马达加斯加的认识依旧没有显著提高,16世纪末根据航海经历所记载的马达加斯加情景与16世纪初刚发现它时基本相同。

至于为什么马达加斯加当地居民在大航海时代初期不热心于同欧

---

① Gabriel Gravier, *Madagascar, les Malgaches Origines de la Colonisation Française*, Paris, Charles de la Grave, 1904, pp. 59–60.

第二章 马达加斯加独特的经济地理格局是如何形成的

洲商人进行贸易往来，根据已有的记载，主要原因是马达加斯加当地人的观念比较封闭和谨慎。比如当时有航海日志写道：当地人很少和海外交易，也不愿意离开自己的岛屿。他们的航海技术落后，仅仅满足于使用独木小舟进行近海航行，岛上也不存在什么发达的工商业，外来者出于安全起见不敢深入内陆。① 还有航海记录写道：葡萄牙人很少和马达加斯加人进行贸易，因为前者认为后者没有什么可观的财富，因此这个地方一直到现在依然显得非常陌生。② 也有记载指出，葡萄牙航海者虽然与当地人有小规模贸易，交换一些马达加斯加出产的金、银、铜、琥珀、蜜蜡等商品，但由于当地居民本身不太友善，所以交易规模一直非常小。并且当地也缺少具有较大社会组织规模的权威，因而也没有人主持大体量的贸易活动。据记载，当时欧洲航海家在马达加斯加见到的地方性部族都很小，它们的领主每个人大约仅拥有 25 名随从。③

综上，在 19 世纪以前的很长一段时间，对马达加斯加的探索活动和建立殖民地的尝试都停留在沿海。无论早期的葡萄牙、荷兰还是后来的法国，他们在马达加斯加建立定居点的尝试自始至终限制在沿海地区。这一点和非洲大陆在整体上很相似，撒哈拉以南大部分内陆地区是在奴隶贸易结束以后才被欧洲人深入勘察探索，并以此为基础做好全面殖民入侵的准备。

不过尽管如此，如果考察更细化的具体区域，可以发现在非洲大陆的部分区域，对于内陆的探索和了解要远远早于马达加斯加，原因

---

① A. Grandidier, Collection des Ouvrage Anciens concernant Madagascar, Tome1, Ouvrages ou Extraits d'Ouvrages Portugais, Hollandais, Anglais, Français, Allemands, Italiens, Espagnols et Latins relatifs à Madagascar (1500 à 1613), Paris, Comité de Madagascar, p. 442.

② A. Grandidier, Collection des Ouvrage Anciens concernant Madagascar, Tome1, Ouvrages ou Extraits d'Ouvrages Portugais, Hollandais, Anglais, Français, Allemands, Italiens, Espagnols et Latins relatifs à Madagascar (1500 à 1613), Paris, Comité de Madagascar, p. 145.

③ A. Grandidier, Collection des Ouvrage Anciens concernant Madagascar, Tome1, Ouvrages ou Extraits d'Ouvrages Portugais, Hollandais, Anglais, Français, Allemands, Italiens, Espagnols et Latins relatifs à Madagascar (1500 à 1613), Paris, Comité de Madagascar, p. 440.

◈ 成为内陆国家的岛屿

主要是上文提到过的河流通航因素。以马达加斯加对岸的莫桑比克为例（见图2-8），葡萄牙探险家安托尼奥·费尔南德斯（Antonio Fernandes）1512年就从索法拉（Sofala）沿布齐河（Buzi River）进入今天的津巴布韦地区，并与当地盛产黄金的穆塔帕王国（the Kingdom of Mutapa）取得联系，还在沿途建立了两个商站以便进行长期贸易。而此时距离马达加斯加被葡萄牙人发现也才刚过去十年左右。并且相比马达加斯加内陆君主拉达玛一世在19世纪初开始信仰基督教，葡萄牙人在1560年就已经将穆塔帕的君主转变为天主教徒。[1] 这种对于内陆探索程度的差异在地图信息的丰富性上也得以很好的体现。相似地，在非洲大陆西岸，葡萄牙于1482年发现刚果河后没有等太久就对其腹地进行过探索，并发现了刚果王国。英国在1618—1620年沿冈比亚河上溯，探索了300多英里的内陆沿岸地区。[2]

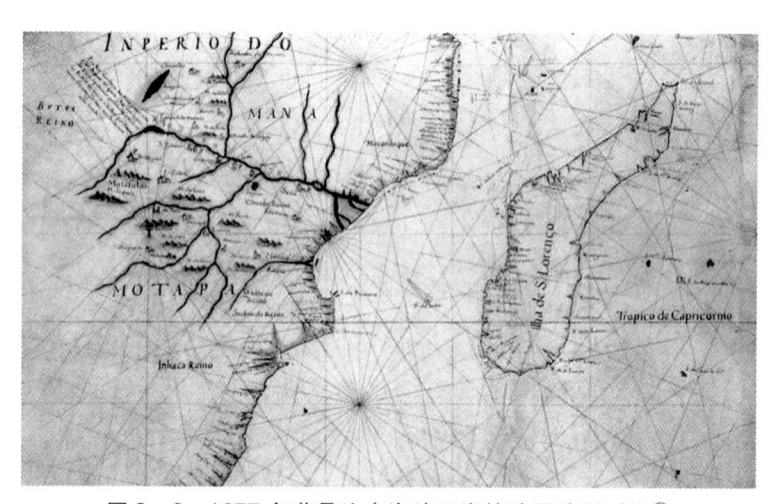

图2-8 1677年莫桑比克海峡两岸的地图绘制对比[3]

---

[1] Peter Whitfield, New found lands: maps in the history of exploration, Routledge, 1998, p.166.

[2] Peter Whitfield, New found lands: maps in the history of exploration, Routledge, 1998, pp.166-167.

[3] Peter Whitfield, New found lands: maps in the history of exploration, Routledge, 1998, p.166.

第二章　马达加斯加独特的经济地理格局是如何形成的

难以进入性和不存在高附加值产品这两点结合起来，使得马达加斯加对于欧洲探险家来说缺乏具有可靠收益回报的商业腹地（Hinterland）。这一点与非洲大陆一些地区有明显差异。以东非海岸为例，除了上述莫桑比克和津巴布韦的案例外，坦桑尼亚同时期的商贸活动也可以体现这一点。在斯瓦希里海岸，巴加莫约（Bagamoyo）、潘加尼（Pangani）和坦噶（Tanga）等港口从17世纪就开始逐渐扩大，成为当时东非商队的主要商品集散地，它们将东非内陆的象牙、奴隶、木材等货品运送至此，再将它们转运往桑给巴尔和其他海外市场。并且这些东非的沿海城市也承担起地方性商品如铜、铁、盐、食物等的集散作用，成为东非当地贸易网络的核心节点。[1] 19世纪桑给巴尔最著名的商人和奴隶贩子迪普·提普（Tippu Tip）就是对东非腹地规模及其商业意义的最好诠释。他曾经多次深入非洲内陆，向桑给巴尔贩运象牙和奴隶，据说他的商队规模达到700人。在鼎盛时期，他一度将东刚果地区纳入自己的领地，并且在桑给巴尔拥有1万名奴隶和7个种植园。[2] 从东非腹地源源不断向沿海输送的商品和奴隶还促进了东非沿海贸易活动的繁荣，截至19世纪，东非沿岸很多沿海城市的规模都得到了迅速增长，当时桑给巴尔岛的人口超过5万，基尔瓦也接近5万，巴加莫约和蒙巴萨分别超过了2万和1.5万。[3] 与之相比，马达加斯加最大的海港城市塔马塔夫一直到1900年左右的殖民时代初期人口也只有大约9000人，而且其中还有3000左右是欧洲人。[4]

这种商业腹地和沿海之间互动并且促成沿海发展的动力机制在非洲大陆还通过区域竞争与合作展现出来。在当时的非洲大陆地区，受

---

[1] 拉尔夫·A. 奥斯丁：《非洲经济史：内部发展与外部依赖》，赵亮宇、檀森译，上海社会科学院出版社2019年版，第112页。

[2] Sheriff Abdul, *Slaves, Spices & Ivory in Zanzibar: Integration of an East African Commercial Empire into the World Economy*, Ohio University Press, 1987, p. 54.

[3] Sheriff Abdul, *Slaves, Spices & Ivory in Zanzibar: Integration of an East African Commercial Empire into the World Economy*, Ohio University Press, p. 126.

[4] M. Loisy, *Madagascar, étude économique*, Paris, Augustin Challamel, 1914, p. 32.

◇❖ 成为内陆国家的岛屿

  限于落后的交通运输条件和复杂的自然环境状况，很难有一个整体的支配性贸易权力控制下的贸易网络，当地的贸易在这个时代往往通过不同贸易主体的接力来完成。由于商品来源地的分散，会存在产生多条货运路径的情况。[1] 尽管有强大的贸易商可能通过经济、武力等手段整合地方上复杂的商队体系，但是他们的竞争者通过选择不同出海口，总是可以寻求到新的贸易通道。[2] 但是这一点在马达加斯加是不一样的，奴隶贸易结束后，伊默里纳人成了可以支配对外贸易和大多数岛内贸易的族群，其内陆与沿海的交往以及通过沿海港口和国外的联系逐渐演化出一种固定的模式，也就是只依靠塔马塔夫作为主要对外贸易港口，而其他沿海地区被彻底忽视。也就是说，在沿海的活跃度上，缺乏广阔商业腹地使得马达加斯加的沿海长期以来缺失活力。

  由上可见，马达加斯加在大航海早期的地理独特性不但阻碍了外来输入，也阻碍了本土输出，并且沿海地区作为这个输入输出所发生的过渡性空间也就出现了发展的滞后。综上，通过对地理大发现早期印度洋海运贸易网络特点的分析，可以发现马达加斯加没有深入整合到这个系统中，从而与外界发生大规模物质、信息交换。无论葡萄牙在印度洋区域的贸易网络，荷兰与马来群岛的香料贸易，英国与印度和远东地区的贸易，法国早期的印度洋贸易，都没有将马达加斯加视作一个需要特殊经营和攻略的区域，马达加斯加也因此在大航海时代的初期就沦落到边缘的位置，而这对其经济地理空间结构演化的最显著影响就是沿海地区的不活跃和发展迟滞。

  并且通过分析可以看到，造成马达加斯加边缘化的深层次原因是全球贸易系统生成发展过程与马达加斯加地理特点的互动。后者偏远的位置、广袤的面积、复杂的地形、受早期历史地理影响生成的封闭

---

[1] M. Reda Bhacker, *Trade and Empire in Muscat and Zanzibar: Roots of British domination*, Routledge, 2003, p. 124.

[2] 拉尔夫·A. 奥斯丁：《非洲经济史：内部发展与外部依赖》，赵亮宇、檀森译，上海社会科学院出版社2019年版，第157页。

第二章 马达加斯加独特的经济地理格局是如何形成的

社会观念等因素与大航海时代的海运体系整合后，形成了一种区域尺度上的结构性机制，将马达加斯加维持在宏观整体系统的边缘位置。

如果说上文中介绍的是马达加斯加在大航海时代早期如何被边缘化的结构性因素，那么接下来将介绍一些偶然性事件，它们本来有小概率改变马达加斯加的经济地理演化过程，但是在面对过于强大的结构性阻碍时还是失败了。这其中最重要的一类偶然性事件是欧洲国家早期对马达加斯加进行殖民尝试均以失败告终，虽然在上述介绍过的强大结构性原因下这种失败看似必然，但不要忘记欧洲探险家同一时期却在世界其他很多地方成功开辟和发展起殖民地。接下来会先介绍早期欧洲殖民尝试在马达加斯加失败的概况，然后将它与开普敦进行简要对比，以展现偶然性事件与整体系统的结构性在大航海时代早期是如何与马达加斯加发生互动的。

葡萄牙是最早发现马达加斯加的欧洲国家，也最早尝试在这里定居和殖民。1528年，大约70名葡萄牙人在马达加斯加建立了定居点，这是记载中欧洲人第一次尝试在马达加斯加定居。[①] 此后一直到17世纪中期，其他欧洲国家才产生了征服马达加斯加的想法。1637年，英王查理一世的侄子鲁伯特亲王（The Prince Rupert）提出想要占领马达加斯加，但是他的设想很快被自己的母亲伊丽莎白·斯图亚特（Elizabeth Stuart）否决，后者认为自己儿子在这件事上如同堂吉诃德一样不切实际，原因是如果征服马达加斯加有好处的话，1500年左右就已经发现这个岛屿的葡萄牙人早就应该动手了。[②]

[①] A. Grandidier, ed., Purchas, his Pilgrimes, t. 1, 1625, Voyage of Dounton to the East Indies, Collection des Ouvrage Anciens concernant Madagascar, Tome1, Ouvrages ou Extraits d'Ouvrages Portugais, Hollandais, Anglais, Français, Allemands, Italiens, Espagnols et Latins relatifs à Madagascar (1500 à 1613), Paris, Comité de Madagascar, 1903, p. 61.

[②] A. Grandidier, ed., German Correspondance, 6 april 1637, et Calendar of State papers, Domestic séries, Vol. CCCLII, n° 41, p. 559. Archives des Colonies, Collection des Ouvrage Anciens concernant Madagascar, Tome 2, Ouvrages ou Extraits d'Ouvrages Portugais, Hollandais, Anglais, Français, Allemands, Italiens, Espagnols et Latins relatifs à Madagascar (1640 à 1716), Paris, Comité de Madagascar, p. 146.

◆◆ 成为内陆国家的岛屿

  随后在 1642 年，英国进一步将殖民马达加斯加的设想具体化，此时距离英国船只第一次造访马达加斯加岛已经过去了 35 年。当时英国殖民马达加斯加的计划中主要有两个没有验证过可行性的目标：一是在当地建立种植园；二是和当地人开展贸易。① 这其中第一个目标可谓内容丰富，它提出了如下观点：马达加斯加是世界最大岛，那里物产丰富如伊甸园一般。岛上存在的资源有淡水、铁、盐、谷物、蜂蜜、酒、油以及温和气候下广大尚未被开垦的土地。马达加斯加岛很适合进行种植芦荟和甘蔗，适合桑蚕养殖，并且这里还具有大好的棉花种植前景。对于当时在印度饱受阿拉伯人敲诈勒索的英国商人而言，马达加斯加未来出产的棉花能够部分取代印度的产量。② 至于和当地人进行贸易的第二目标，该份殖民计划认为马达加斯加当地人虽然懒散、不事耕作，但是英国人可以和他们相处融洽并开展商业活动。以畜牧产品为例，计划估计每天当地人都可以提供 200 头左右的各式牲畜与英国人进行交易。③ 此外，报告还强调了马达加斯加的地理位置，作为处于英国前往印度航线总路程约三分之二处的海岛，马达加斯加的位置重要，可以成为英国东方航线中的补给站，并且这个补给站和英国之间的航路相对比较安全。④ 随后英国人将自己的计划付诸了实践，但很快在 1649 年就因为热带疾病和马达加斯加当地人的敌意而放弃，此后一直到 19 世纪中叶以前，英国都没有再认真考

---

 ① A. Grandidier, ed., Collection des Ouvrage Anciens concernant Madagascar, Tome 3, Ouvrages ou Extraits d'Ouvrages Portugais, Hollandais, Anglais, Français, Allemands, Italiens, Espagnols et Latins relatifs à Madagascar (1500 à 1613), Paris, Comité de Madagascar, p. 43.

 ② A. Grandidier, ed., Collection des Ouvrage Anciens concernant Madagascar, Tome 3, Ouvrages ou Extraits d'Ouvrages Portugais, Hollandais, Anglais, Français, Allemands, Italiens, Espagnols et Latins relatifs à Madagascar (1500 à 1613), Paris, Comité de Madagascar, pp. 60 – 62.

 ③ A. Grandidier, ed., Collection des Ouvrage Anciens concernant Madagascar, Tome 3, Ouvrages ou Extraits d'Ouvrages Portugais, Hollandais, Anglais, Français, Allemands, Italiens, Espagnols et Latins relatifs à Madagascar (1500 à 1613), Paris, Comité de Madagascar, 54, 58, p. 62.

 ④ A. Grandidier, ed., Collection des Ouvrage Anciens concernant Madagascar, Tome 3, Ouvrages ou Extraits d'Ouvrages Portugais, Hollandais, Anglais, Français, Allemands, Italiens, Espagnols et Latins relatifs à Madagascar (1500 à 1613), Paris, Comité de Madagascar, pp. 62 – 63.

第二章 马达加斯加独特的经济地理格局是如何形成的

虑过殖民马达加斯加。

除英国以外，还有一些欧洲国家进行过殖民马达加斯加的努力。比如瑞典国王于 1723 年曾经派出一支由三艘舰船组成的舰队尝试占领并殖民马达加斯加，但这次航行还没有到达直布罗陀就因为船上军官产生分歧而返航了。① 就在瑞典远征夭折的同年 12 月，俄国彼得大帝任命一位海军副元帅率领两艘战舰远征印度洋，并且携带有他写给马达加斯加国王的两封信。在信中，彼得大帝希望他想象中的马达加斯加国王能够接纳他的使者，并且允许他们在马达加斯加自由行走。同时，彼得大帝还希望邀请马达加斯加国王访问俄国，并将马达加斯加置于俄国的庇护之下。不过最终彼得大帝的远征也没有成功，他的两艘战舰由于准备不充分，在刚刚出发不久就遭遇风暴，于是只能返回塔林休整，随后彼得大帝取消了整个行动计划。② 这里有意思的地方在于马达加斯加国王是彼得大帝想象出来的一位伟大人物，而当时并没有真正一位这样的国王存在。据说其实是当时从大西洋逃亡在马达加斯加的海盗希望能够得到一个欧洲强国的庇护，于是假借马达加斯加国王的名义通过中间人向彼得大帝表达了希望臣服于俄国的意思。③

作为日后马达加斯加的宗主国，法国也不甘人后。最早把目光投向马达加斯加的法国高层是红衣主教黎世留，当时他为一直以来聚焦

---

① A. Grandidier, ed., Archives des Colonies, Collection des Ouvrage Anciens concernant Madagascar, Tome 5, Ouvrages ou Extraits d'Ouvrages Portugais, Hollandais, Anglais, Français, Allemands, Italiens, Espagnols et Latins relatifs à Madagascar (1718 à 1800), Paris, Comité de Madagascar, p. 146.

② A. Grandidier, ed., Archives des Colonies, Collection des Ouvrage Anciens concernant Madagascar, Tome 5, Ouvrages ou Extraits d'Ouvrages Portugais, Hollandais, Anglais, Français, Allemands, Italiens, Espagnols et Latins relatifs à Madagascar (1718 à 1800), Paris, Comité de Madagascar, pp. 146 – 154.

③ A. Grandidier, ed., Archives des Colonies, Collection des Ouvrage Anciens concernant Madagascar, Tome 5, Ouvrages ou Extraits d'Ouvrages Portugais, Hollandais, Anglais, Français, Allemands, Italiens, Espagnols et Latins relatifs à Madagascar (1718 à 1800), Paris, Comité de Madagascar, pp. 150 – 154.

◇◈ 成为内陆国家的岛屿

于欧陆争霸的法国提出了新的战略构想——走向海洋并与英国竞争。黎世留认为英国在全球范围众多的海上据点已经威胁到法国的渔业和贸易安全，法国必须积极发展海上力量，在海外与英国抢夺制海权。[①] 于是在他生命的最后一年（1642年），黎世留批准了法国"东方公司"（Société de l'Orient）占领马达加斯加及其附属岛屿的计划，目的是在马达加斯加建立殖民地并进行贸易。[②]

对比上文可以看出，法国和英国在同一年产生了占据马达加斯加的打算，并且最终目标也都基本相同。不过在实际行动上法国更早进行了实践，于黎世留去世的同一年就在马达加斯加东南部一个三面环海背后靠山的半岛上建立起一个小型定居点，并命名为多凡堡（Fort Dauphin）。寻找到落脚点以后，法国开始尝试扩大这个根据地，并且在著名的长官埃蒂安·德·弗拉古（Etienne de Flacourt）的带领下与当地人建立起很好的关系。据说约有300个村庄认可弗拉古的权威并宣告效忠法国国王。[③] 弗拉古甚至还开始参与到马达加斯加岛内各个群体间的战争中，他当时就认为法国不应该只把注意力集中在马达加斯加沿海地区，还应该深入内陆。因此，他还联合中部高原南部生活的贝奇里奥（Betsileo）人共同对抗伊默里纳王朝建立者的主体族群梅里纳（Merina）人，并首次对马达加斯加内陆情况进行了较为细致的记述。[④] 然而好景不长，弗拉古的继任者没有它的杰出才能，随着法国殖民者与当地人关系恶化，后者对多凡堡发起攻击，法国人在坚守了一段时间后于1674年放弃多凡堡，法国早期对马达加斯加的殖民尝试也就此宣告失败。

这里有一个值得思考的问题是，同样作为前往印度洋和东方的食

[①] Gabriel Gravier, Madagascar, les Malgaches Origines de la Colonisation Française, Paris, Charles de la Grave, 1904, p. 129.
[②] Madagascar, Histoire et Géographie Élémentaires, Ch. Poussièlgue, Paris, 1901, p. 11.
[③] Madagascar, Histoire et Géographie Élémentaires, Ch. Poussièlgue, Paris, 1901, p. 12.
[④] Madagascar, Histoire et Géographie Élémentaires, Ch. Poussièlgue, Paris, 1901, p. 12.

第二章 马达加斯加独特的经济地理格局是如何形成的

物和淡水补给站,为何开普敦后续的发展和马达加斯加相比完全走入了不同的路径?

尽管1487年迪亚士就发现了好望角,但在随后的200多年时间里,开普敦承担的主要功能也是航海补给站,这里分隔大西洋和印度洋,处于欧洲整个东方航路上最重要的节点。好望角周围的原住民以及后来的欧洲人在很长时间内依靠当地的物产为往来船队提供粮食、肉类等供应。法国从1642年开始在马达加斯加东南建立殖民据点,荷兰于1652年开始在开普敦尝试定居开拓。换言之,欧洲国家对马达加斯加的殖民尝试不比他们对开普敦进行得晚,但为何两者在随后的发展轨迹截然不同?上文已经分析过马达加斯加自身的原因,这里再介绍一下开普敦的独特性。

开普敦以及整个南非南部拥有理想的地理环境和气候特征。南非沿海特别是西南部开普敦沿海一带有着数十千米到一百千米不等的沿海平原,非常适合居住和发展农业。比如荷兰东印度公司1652年正式委任赞·范·里贝克(Jan van Riebeeck)领导建立开普敦殖民地;仅仅7年后的1659年,第一个葡萄种植园就在这里出现。[1] 对比上文中欧洲殖民者在马达加斯加沿海的挣扎,这种农业发展适宜性的差异非常明显。在欧洲人到来前,开普敦地区已经有相当数量的科伊桑人定居,他们是最早与欧洲航海家从事商品往来贸易的南非本土居民。良好的自然环境和可靠的农业回报促使欧洲人加速移民至此,开普敦地区从18世纪末就开始接纳大规模欧洲人前来定居。此外,良好的自然环境还促成欧洲移民向南非内陆的快速垦殖和扩张,荷兰人在1760年已经深入奥兰治河一带定居,[2] 而19世纪下半叶英法等国才逐渐依靠传教士渗透马达加斯加内陆。

---

[1] Gwyn Campbell and Nathalie Guibert, ed., *Wine, Society, and Globalization. Multidisciplinary Perspectives on the Wine Industry*, Palgrave Macmillan, 2007, p. 222.

[2] W. E. B. DuBois, *Africa, Its Geography, People and Products and Africa-Its Place in Modern History*, Oxford University Press, 2007, p. 47.

◈ 成为内陆国家的岛屿

除了利于生存和开展农业活动的自然环境,开普敦还拥有独一无二的地理位置和战略地位——它是无法取代的交通要道,这种重要性类似于今天的苏伊士运河和新加坡。首先,在大航海初期,出于对新航路的陌生以及自身有限的航行技术,航海家们在前往印度洋时需要沿非洲海岸前行。这就使得好望角具有极其重要的意义,首先因为沿非洲海岸航行,所以开普敦地区处在沟通大西洋和印度洋海域真正意义上的必经之路。相比起来,马达加斯加在地图上看似处在印度洋航路的必经之道,但其实无论绕路毛里求斯还是莫桑比克都可以在避开马达加斯加的同时继续航行。其次,开普敦海岸对于早期航海者无论在物理空间上还是认知空间上都代表一个巨大的转折和跨越,好望角名称"Cape of Good Hope"本身就是这一点的体现。此外,开普敦海域因为洋流和盛行西风的缘故海况复杂恶劣,对于早期欧洲航船来说是非常危险的水域,迪亚士第一次抵达此处时曾将此地命名为风暴角,这就意味着开普敦的港湾对于航海家来说具有避险和补给的重要功能。

更有意思的是,随着欧洲各国航海活动的规模扩大和对远东航线沿途气象水文信息的了解加深,各国都在努力提高运输效率。1610年,荷兰东印度公司航海家亨德里克·布劳尔(Hendrik Brouwer)开拓出一条通往东南亚的新航路,这条航路在抵达开普敦前和早先相同,经过开普敦后却不北上而是南下,让航船进入南纬40度左右的咆哮西风带(Roaring Forties),借助该纬度的盛行西风一路向东,在快要到达澳大利亚西海岸时再掉头向北,直接前往巴达维亚(见图2-9)。这条航路后来以布劳尔的名字命名,它可以最大限度避免季风的影响,从而将荷兰和马来群岛间的通航时间缩短为原来的一半。[1]在布劳尔航路之后,随着高速飞剪帆船的发明,航海家们又开辟了飞

---

[1] Thomas Suarez, *Early mapping of the Pacific: the epic story of seafarers, adventurers and cartographers who mapped the earth's greatest ocean*, Periplus Editions, 2004, p.84.

第二章　马达加斯加独特的经济地理格局是如何形成的

剪帆船航路（Clipper route），其路线沿袭了布劳尔航路的创意，但在目的地上除了东南亚外还去往澳大利亚和新西兰，并且船只从这两个地方返航时是通过太平洋的西风带，经过南美合恩角后沿大西洋北上返回欧洲。[①] 上文提到过，飞剪帆船进一步缩短了远东地区与欧洲的航行时间，这意味着船只在途中停靠次数更少，尽管如此，开普敦依然是航道上重要的中继站点。

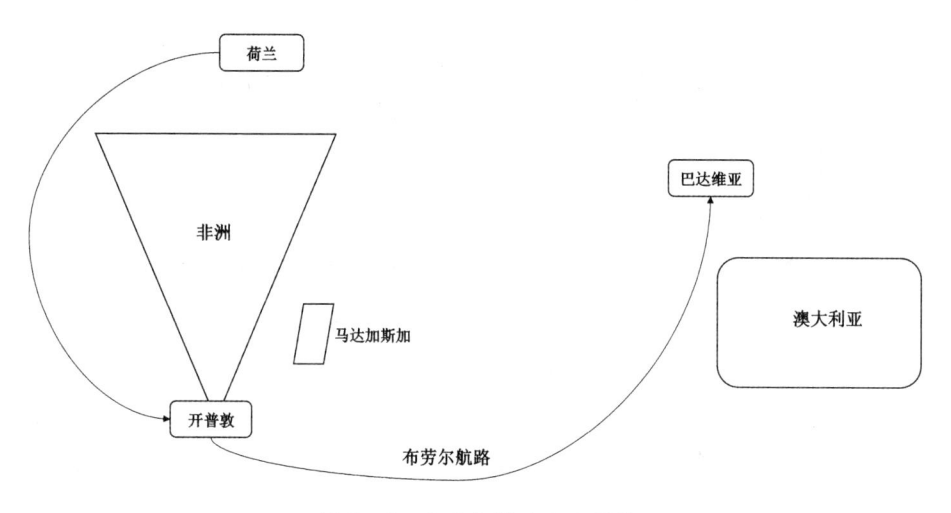

图 2-9　布劳尔航路示意图[②]

从上述两个新航路的例子不难看出，航海知识积累和航海技术进步与南印度洋的海况相结合，产生了新的运输路线，然而这些路线却在不经意间加强了开普敦的地位，同时继续降低了马达加斯加在全球航海贸易中的作用。到汽船主导的新时期，这种趋势更加明显，蒸汽轮机阶段，船只的载重增大，补给站需求较低，对气候依赖小，热带海域航行的季节性趋于消失，只需要考虑规避极端天气和海况。19

[①] William Edmundson, *A History of the British Presence in Chile: From Bloody Mary to Charles Darwin and the Decline of British Influence*, Palgrave Macmillan, 2009, p. 40.

[②] The Brouwer Route, https://en.wikipedia.org/wiki/File: The-Brouwer-Route..jpg, 2020-10-10.

世纪开始，钢铁汽轮逐渐取代了木质帆船，远洋航行和贸易的方式和规模也因此发生了巨大改变。特别是在19世纪中叶之后，随着螺旋桨推进的航海汽船成为海运主流，风帆动力航船逐渐退出历史舞台，到19世纪70年代，已经很少见到远洋航行的帆船了。① 相比纯粹的风帆动力帆船，蒸汽轮机船的整体平均航速提高了15英里/小时，并且排水量和载荷也大为提升，对于中途停靠补给的需求急剧下降。② 在19世纪初以前风帆航行为主流的时期，马达加斯加在印度洋航路中作为补给站存在还有比较大的必要性，因此还能维系与欧洲船只较多的接触。但在高性能和大容量的新型帆船以及随后的蒸汽船出现后，越来越多的欧洲东方航线开始不需要停靠马达加斯加进行补给，也就使得马达加斯加的地位更加边缘。③

开普敦的迅速发展客观上也受到诸多欧洲国家相互博弈的推动，无论荷兰、英国、法国，对开普敦的征服和控制都需要投入大量物资和人力，这也加速了当地的建设进程。根据对于英国海军战史的研究，仅仅1793—1817年的25年时间里就有超过120艘英国战船驶往开普敦执行任务。④ 拿破仑战争期间，特别是埃及被法国占领的时段，为了维系其海上运输，英国常年在开普敦驻扎有超过4000人的军队。⑤ 1806年开普敦的欧洲居民数量已经有大约27000人，⑥ 而马达加斯加最大的港口城市在100年后的欧洲定居者也仅为3000人左右。

由于南非的移民和开发进程快，它的矿产资源也得以更早发掘。

---

① 莱弗里：《征服海洋：探险、战争、贸易的4000年航海史》，邓峰译，中信出版集团2017年版，第191页。
② Crosbie Smith, *Coal, Steam and Ships Engineering, Enterprise and Empire on the Nineteenth-Century Seas*, Cambridge University Press, 2018, p.269.
③ Jane Hooper, *Feeding Globalization Madagascar and the Provisioning Trade, 1600–1800*, Ohio University Press, 2017, p.15.
④ Rif Winfield, *British warships in the age of sail, 1793–1817*, Seaforth Publishing, 2005.
⑤ 郑家馨：《南非通史：插图珍藏版》，上海社会科学院出版社2018年版，第53页。
⑥ Charles H. Feinstein, *An Economic History of South Africa Conquest*, discrimination and development, Cambridge University Press, 2007, p.2.

在19世纪中后期，随着蒸汽船取代帆船，南非丰富的煤炭资源使其成为海运燃煤补给站。此外，同一时期南非发现的金矿和钻石矿直接引发了19世纪末开始的移民大潮。如果说在19世纪中叶以前开普敦代表的南非还仅仅因为农业与地理位置而被重视的话，那么从那以后，矿产又为南非在全球贸易中的地位添加了极重的砝码。[①] 它不仅仅代表高价值产品的产出，而是同时推动了德班和后来理查兹贝这两个大型港口的建设。自此以后，南非的东北和西南方向都具有了大型海运枢纽，并且德班后来演变成南非最大的港口，其先发优势使得莫桑比克和马达加斯加的港口难以望其项背，并在历史进程中被拉大差距。

综上，开普敦以及整个南非区域重要性的提高同马达加斯加的边缘化一样，是地理位置、气候地形、人口、矿产资源等因素与欧洲国家海外战略共同作用的结果，它是地理环境与全球政治经济体系联动的产物。在这个过程中，开普敦具有的地理结构性优势使其得以在大航海开端就占据先机，并因为新航线开辟、航运技术升级、矿产更早被发现等一系列偶然事件产生迭代效应，不断抢占历史演化中的发展先机。相较而言，马达加斯加的宏观结构性地理因素使其在与外来影响的互动中保持封闭并逐渐沦为边缘。

三　奴隶贸易时期的马达加斯加

（一）奴隶贸易与结构性经济地理演化

非洲近代的奴隶贸易活动持续时间长、波及地域广，在世界范围内都以各种形式留下过印记。作为非洲最大岛国，马达加斯加也曾被奴隶贸易浪潮席卷，成为黑人奴隶的输出地之一。

---

① Charles H. Feinstein, *An Economic History of South Africa Conquest*, discrimination and development, Cambridge University Press, 2007, p. 3

◇❖ 成为内陆国家的岛屿

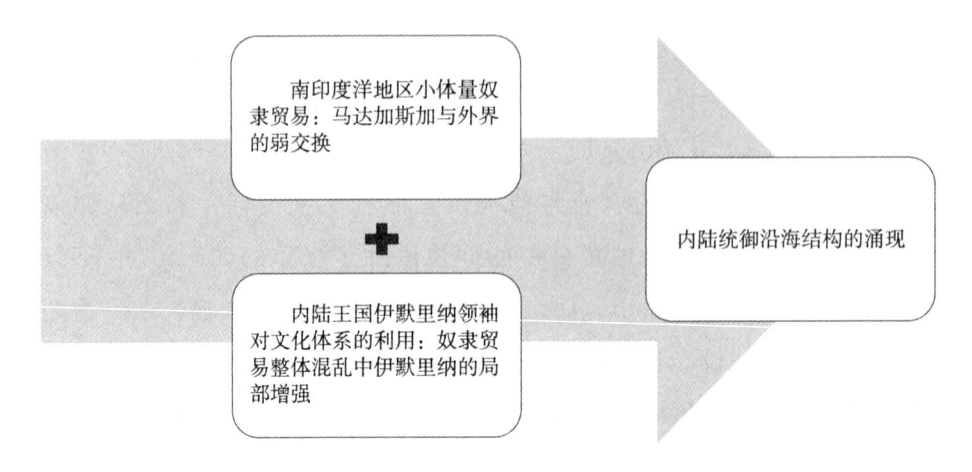

图2-10 奴隶贸易与经济地理结构涌现

既有针对马达加斯加奴隶贸易进行的研究大多被放置在印度洋和东非区域的奴隶贸易中进行讨论。菲利普·波雅尔（Philippe Beaujard）主要考察了16世纪以前马达加斯加西部和北部与斯瓦希里海岸和阿拉伯地区的贸易联系，以及葡萄牙人早期与马达加斯加建立贸易关系的尝试，认为奴隶在欧洲人到来前已经是马达加斯加对外贸易中一个值得注意的部分。[1] 理查德·艾伦（Richard B. Allen）对马达加斯加与毛里求斯和留尼旺的奴隶贸易进行了梳理，认为学界长期以来重视非洲大陆而忽视了马斯克林群岛的奴隶贸易问题。[2] 他重点介绍了毛里求斯的奴隶和契约劳工，从侧面展现了英国占领毛里求斯前马达加斯加奴隶对于当地发展的贡献。[3] 让·米歇尔·费里奥（J.-M. Filliot）对马斯克林地区18世纪的奴隶贸易进行了比较全面的挖掘，为该时段的一些基本问题——诸如奴隶贸易量、奴隶来源地构成、去向

---

[1] Philippe Beaujard, *The Worlds of the Indian Ocean: A Global History*, Vol II, *From the Seventh Century to the Fifteenth Century*, Cambridge University Press, 2019.

[2] Richard B. Allen, "The Mascarene Slave-Trade and Labour Migration in the Indian Ocean during the Eighteenth and Nineteenth Centuries", Gwyn Campbell, ed., *The Structure of Slavery in Indian Ocean Africa and Asia*, Frank Cass Publisher, 2003.

[3] Richard B. Allen, *Slaves, Freedmen, and Indentured Laborers in Colonial Mauritius*, Cambridge University Press, 1999.

第二章　马达加斯加独特的经济地理格局是如何形成的

等提供了较为丰富的数据。① 德里克·斯卡尔（Deryck Scarr）② 和爱德华·阿尔佩斯（Edward A. Alpers）③ 都从18世纪初英国在印度洋尝试废奴的角度，触及伊默里纳王朝对奴隶制度的依存关系问题。此外，还有大卫·格雷伯（David Graeber）用民族志的方法，探讨了奴隶贸易时期产生的社会阶序对于中部高原贝塔福人（Betafo）心态与历史认知的影响。④ 温蒂·威尔森-法尔（Wendy Wilson-Fall）追溯个体记忆，还原了少数通过跨大西洋贸易网络去往美国的马达加斯加奴隶的生活。⑤ 国内学界目前还未有文献研究马达加斯加的奴隶贸易。

1. 马达加斯加的小规模奴隶贸易

对于非洲奴隶贸易的研究，按照地域可以划分为大西洋区域和东非印度洋区域两个部分，其中大西洋沿岸的奴隶贸易受到的重视程度更高。虽然东非印度洋区域的奴隶贸易有着更为久远的历史，但这其中有很长时段涉及的是斯瓦希里海岸与阿拉伯世界的奴隶贸易往来，与欧洲国家相关的东非奴隶贸易在体量上比之大西洋沿岸要小很多。作为东非区域中的一个部分，马达加斯加也被卷入过奴隶贸易中，但是受到的关注就更少。

从既有历史研究的统计中可以看到，如果不考虑欧洲国家大规模介入印度洋地区奴隶贸易前阿拉伯商人在该地的贩奴活动，那么在1500—1850年的三个半世纪里，大约有57万到73万的奴隶在这个东非印度洋地区被交易和贩运。这个贩奴网络包含了从东南部非洲、马达加斯加、马斯克林群岛到波斯湾、南亚、东南亚的一系

---

① Filliot Jean-Michel, *La traite des esclaves vers les Mascareignes au XVIIIe siècle*, ORSTOM, 1974.
② Deryck Scarr, *Slaving and Slavery in the Indian Ocean*, Macmillan Press, 1998.
③ Edward A. Alpers, "On Becoming a British Lake: Piracy, Slaving, and British Imperialism in the Indian Ocean during the First Half of the Nineteenth Century", Robert Harms, Bernard K. Freamon, and David W. Blight, eds., *Indian Ocean Slavery in the Age of Abolition*, Yale University Press, 2013.
④ David Graeber, *Lost people: magic and the legacy of slavery in Madagascar*, Indiana University Press, 2007.
⑤ Wendy Wilson-Fall, *Memories of Madagascar and Slavery in the Black Atlantic*, Ohio University Press, 2015.

◆❀ 成为内陆国家的岛屿

列区域。① 与东非印度洋区域相比，目前学界对于跨大西洋奴隶贸易的研究在综合分析各种数据后，认为有超过1100万非洲黑人登船离开非洲（见图2-11），其中有1000万人左右到达了大西洋对岸的目的地，约150万人在旅途中丧命。② 这其中约有40%的奴隶被运往巴西，还有40%运往加勒比群岛，剩下的则被输送到包括美国在内的其他美洲地区。③ 此外，在登船前的迁移途中也有数量巨大的奴隶人口减员。

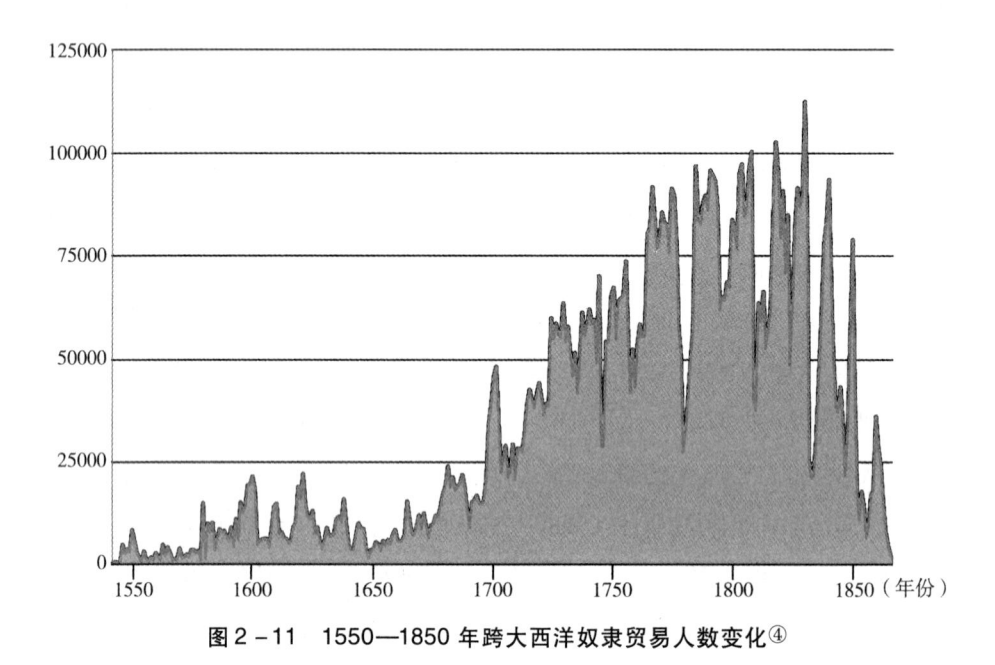

图2-11 1550—1850年跨大西洋奴隶贸易人数变化④

马达加斯加的奴隶贸易开始于欧洲中世纪晚期，由伊斯兰世界主

---

① Richard B. Allen, "Ending the history of silence: reconstructing European Slave trading in the Indian Ocean", *Revista Tempo*, Vol. 23, No. 2, Artigo 6, 2017, pp. 298-313.
② 徐济明：《大西洋奴隶贸易与西非奴隶制》，《西亚非洲》1994年第4期。
③ 丽莎·A. 琳赛：《海上囚徒：奴隶贸易四百年》，中国人民大学出版社2014年版，第6页。
④ Slave Voyages, "Trans-Atlantic Slave Trade-Database", https://www.slavevoyages.org/voyage/database#timeline, 2020-03-12.

导的印度洋贸易网络曾经将马达加斯加轻度纳入其中,马达加斯加北部和西部沿海与东非的桑给巴尔、马林迪、摩加迪沙等地都有过贸易往来,有证据显示阿拉伯商人用印度出产的布料前来马达加斯加交换奴隶、大米等商品。①

在欧洲人于16世纪初发现马达加斯加后,马达加斯加岛西海岸是最早受到欧洲贩奴影响的地区。② 因为首先到来的葡萄牙更关注西海岸,这里有作为重要航道的莫桑比克海峡,并且海峡对面有葡萄牙的殖民地和黄金贸易。葡萄牙人一开始很希望将马达加斯加转化为奴隶供应地,但在发现马达加斯加内陆难以深入并且沿海民众又不热衷于外来贸易之后就放弃了马达加斯加,将重心放在了非洲大陆。与之相比,随后进入印度洋的荷兰和法国更关注马达加斯加东海岸地区。③ 首先是因为荷兰开发毛里求斯岛,试图将其打造成前往东亚和东南亚途中的补给站点。④ 马达加斯加东海岸海岸线过于平直,优质港湾稀少不适于航船停靠,但因其与毛里求斯距离更近而成为向毛里求斯供应大米和牛肉的基地。18世纪中叶起,法国殖民者开始于毛里求斯和留尼旺种植甘蔗,并因此带来了奴隶需求的提高,19世纪初随着法国失去加勒比海上的圣多米尼加,南印度洋对于法国在蔗糖生产上的地位更加显著,从马达加斯加向马斯克林群岛输送奴隶的活动也达到高峰。⑤

从印度洋奴隶贸易的整体上看,法国是印度洋地区贩卖奴隶人口

---

① Filliot Jean-Michel, *La traite des esclaves vers les Mascareignes au 18e siècle*, ORSTOM, Thèse. 3e cycle, Paris, 1970, pp. 141 – 142.

② Filliot Jean-Michel, *La traite des esclaves vers les Mascareignes au 18e siècle*, ORSTOM, Thèse. 3e cycle, Paris, 1970, p. 149.

③ Filliot Jean-Michel, *La traite des esclaves vers les Mascareignes au 18e siècle*, ORSTOM, Thèse. 3e cycle, Paris, 1970, pp. 144 – 146.

④ Richard B. Allen, *Slaves, Freedmen, and Indentured Laborers in Colonial Mauritius*, Cambridge University Press, 2003, p. 9.

⑤ Richard B. Allen, *Slaves, Freedmen, and Indentured Laborers in Colonial Mauritius*, Cambridge University Press, 2003, p. 12.

最多的欧洲国家（见表2-2），但即便如此，法国在印度洋地区贩卖黑奴的总数与其在大西洋地区的贩奴总数相比要少很多（见表2-3），而马达加斯加在法国印度洋奴隶贸易中的比重又更小。

表2-2　　　欧洲国家在印度洋地区奴隶贸易中的贩奴数量统计[1]

国家	贩奴人数（人）
英国	10525—12539
葡萄牙	41875—83750
荷兰	43965—66465
法国	334936—384040

表2-3　　　　法属北美及加勒比地区奴隶进口人数统计[2]

殖民地	引进奴隶人口数（人）
圣多米尼加	864300
马提尼克	365800
瓜德鲁普	290800
路易斯安那	28300
法属圭亚那	51000
其他	79300
总计	1679500

据估计，在1729—1820年这接近一个世纪的马达加斯加奴隶贸易过程中，从马达加斯加被贩运出海的奴隶总人数约6.7万人（见表2-4）。1800年前后的高峰时期，每年有2000人左右的马达加斯加奴隶经由东部港口塔马塔夫出口。[3] 由此可见，相比跨大西洋奴隶贸

---

[1] Abdul Sheriff, Vijayalakshmi Teelock, et al., *Transition from Slavery in Zanzibar and Mauritius: A Comparative History*, Council for the Development of Social Science Research in Africa, 2016, p. 26.
[2] Philip D. Curtin, *The Atlantic Slave Trade, A Census*, The University of Wisconsin Press, p. 84.
[3] Philip D. Curtin, *The Atlantic Slave Trade, A Census*, The University of Wisconsin Press, p. 204.

易，马达加斯加的奴隶贸易规模是很小的。此外，考虑到 19 世纪初马达加斯加的人口约为 150 万人①，可以粗略计算出该地作为奴隶被贩卖的人口比例相比西非其实也是低很多的。因为，据估算，1800 年非洲总人口约为 7000 万人②，这还是包括东非、北非、印度洋岛屿在内的数据。如果只考虑与跨大西洋奴隶贸易关系较深的西非和中部非洲沿海及腹地的话，那么可以推测在与其关系最紧密的西部和中部非洲地区，大西洋奴隶贸易将当地人口转化为奴隶的比例要远远高于马达加斯加。

表 2-4　　　　　18—19 世纪马达加斯加奴隶出口数量估计③

年份	年平均奴隶输出人数（人）
1729—1768	0
1769—1793	1189
1794—1801	530
1802—1810	1032
1811—1820	2414
总计	66861

就马达加斯加岛内的奴隶供给区域来看，伊默里纳势力范围内的中部高原是马达加斯加提供奴隶数量最多的地区。④ 据估计，伊默里纳王国在贩奴高峰时期每年从马达加斯加岛内贩卖出海的奴隶数量在 1500—1800 人。⑤ 上文介绍过马达加斯加在奴隶贸易高峰时期每年出

---

① Cohn McEvedy and Pichard Jones, *Atlas of World Population History*, Penguin Books, 1979, p. 265.

② Cohn McEvedy and Pichard Jones, *Atlas of World Population History*, Penguin Books, 1979, p. 206.

③ Pier M. Larson, *History and Memory in the Age of Enslavement: Becoming Merina in Highland Madagascar* (1770 – 1822), James Currey, 2000, p. 134.

④ Filliot Jean-Michel, *La traite des esclaves vers les Mascareignes au 18e siècle*, ORSTOM, Thèse. 3e cycle, Paris, 1970, p. 204.

⑤ Gwyn Campbell, "The Structure of Trade in Madagascar, 1750 – 1810", *The International Journal of African Historical Studies*, Vol. 26, No. 1, 1993, p. 139; Hubert Deschamps, *Histoire de Madagascar*, Berger Levrault, 1961, p. 126.

口奴隶的数量约为 2000 人（见表 2-4），从这个数据可以看出伊默里纳对于当时马达加斯加奴隶贸易的支配达到何种程度。一开始，伊默里纳向沿海的欧洲人输送奴隶时还需要经过一两次中介，这些中介大多是生活在中部高原与东部沿海之间的族群。其后随着伊默里纳建立者梅里纳族群（Merina）[①] 的崛起和扩张，他们垄断了奴隶贸易，直接和欧洲人进行交易。到 18 世纪末，塔那那利佛成了马达加斯加当时最重要的奴隶市场。同时，由于梅里纳人崛起，塔马塔夫港因为与塔那那利佛的距离最近而获得了贸易地位的提高，取代了原来西部和北部奴隶贸易港口成为马达加斯加最重要的奴隶输出港。[②]

在简要介绍了马达加斯加近代奴隶贸易的情况并将之与非洲大西洋地区对比后，可以发现马达加斯加奴隶贸易最直观的两个特点：一是奴隶贸易的体量小；二是奴隶贸易中形成的政治、经济中心处于内陆中部高原地区。

2. 奴隶贸易与中央统御沿海结构的涌现

在人们的通常印象中，岛屿和沿海国家往往具备优良的海运条件，因此能比内陆国家有更好的对外贸易往来和经济发展。前文提到过，亚当·斯密在其《国富论》中就曾指出沿海地区的经济往往能够比内陆地区发展得更好，因为沿海地区直接与海洋贸易线路连接，这意味着商品能更好地流通和进入市场。[③] 杨永春等也认为，由于撒哈拉以南非洲的欧洲外来者最早来自海洋，因此非洲的沿海地区自然而然成为最先被欧洲人探索和开发的区域，这也是非洲近现代城市发展的普遍规律。因此，无论是欧洲非洲之间航道的开辟与改变还是非洲沿海区域与欧洲发达地区的区位关系，都会影响到非洲城市的发展情况。并且，由于经济作物和矿物产出都需要依赖港口进出，所以相应

[①] 即生活在伊默里纳土地上的人。

[②] Gwyn Campbell, "The Structure of Trade in Madagascar, 1750 – 1810", *The International Journal of African Historical Studies*, Vol. 26, No. 1, 1993, p. 206.

[③] 亚当·斯密：《国富论》，华夏出版社 2005 年版，第 17—18 页。

第二章　马达加斯加独特的经济地理格局是如何形成的

的殖民企业和管理部门也都会在港口城市出现。① 也就是说，港口是联系非洲广大内陆腹地与世界其他地域的重要通道和端口，其获得优先发展是一种经济逻辑的普遍性。就此，甄峰等在总结西非港口城市历史发展规律时也指出：在欧洲人超过 300 年的奴隶贸易和随后一个多世纪的殖民活动中，西非海港是作为掠夺财富的基地和货物转运站而兴起的。② 换言之，奴隶贸易活动带来的经济重心向沿海转移催生了一大批西非海港的兴起，而地方政权也会相应地将政治军事活动重点向沿海地区倾斜。

按照这样的逻辑，奴隶贸易时期的马达加斯加也应该见证沿海区域城市的迅速崛起和政治、经济中心向沿海的转移，形成沿海主导发展的经济地理格局。然而事实上马达加斯加从奴隶贸易时代起呈现出来的国家发展路径完全与这一常识相反，它的首都塔那那利佛及其所处中部高原地区在整个国家中处于中心的位置并在奴隶贸易中随着伊默里纳王朝的壮大而兴盛，相反，沿海地区则长期处于边缘地位，社会和经济发展程度都非常有限。1828 年奴隶贸易刚刚结束不久，据估计在当时马达加斯加的 200 万总人口中有 75 万居住在伊默里纳地区，其中塔那那利佛市区有 7.5 万人，而奴隶贸易中马达加斯加最重要的港口塔马塔夫还是一个小村子。③ 除此之外，当时的中部高原地区还集中了马达加斯加最多的教堂和集市，此外，由法国冒险家让·拉波尔德（Jean Laborde）于 19 世纪初主持修建的马达加斯加第一个工业区也出现在塔那那利佛周边。总而言之，相对于非洲大陆，马达加斯加构成了一个反例，它的存在表明奴隶贸易活动不是在所有地方都造成政治、经济地理重心向沿海转移。

---

① 杨永春编：《非洲城市的发展与空间结构》，东南大学出版社 2016 年版，第 26 页。
② 甄峰等编：《非洲港口经济与城市发展》，南京大学出版社 2014 年版，第 37 页。
③ Hubert Deschamps, "Tradition and change in Madagascar, 1790 – 1870", in John E. Flint, ed., *The Cambridge History of Africa*, Vol V: c.1790 – c.1870, Cambridge University Press, 2004, p. 415.

◈ 成为内陆国家的岛屿

接下来，将通过简要对比马达加斯加和跨大西洋奴隶贸易地区的情况，讨论奴隶贸易怎样影响一个地区的区位经济地理格局，并借此回答为什么马达加斯加的奴隶贸易并没有促进其沿海地区的优先发展。

首先，奴隶贸易的体量差别是非洲大陆与马达加斯加在奴隶贸易过程中形成不同经济地理格局的主要原因，而造成两个地区奴隶贸易中体量巨大区别的原因则主要是两个地区不同的地理因素。

前文对于马达加斯加奴隶贸易与跨大西洋奴隶贸易在体量上的差别已经有过介绍，首先在总量上，跨大西洋奴隶贸易登船的黑奴数量超过1100万，而马达加斯加的奴隶输出则是不到7万。如果考虑登船人数背后牵涉到的战争、商品交换、社会人际往来等因素，那么非洲大陆相关地区与马达加斯加之间在受奴隶贸易影响的程度上差异可能会更大。

其次，在单个奴隶贸易港口的贩奴数量上，非洲大西洋沿岸出现了奴隶人流巨大的城市。比如玛利亚娜·甘蒂朵（Mariana Candido）在其研究中指出，仅非洲第三大奴隶贸易港口本格拉（Benguela）一地在跨大西洋奴隶贸易期间就见证了超过70万黑奴登船离去。[1] 相比而言，马达加斯加奴隶年输出量在高峰时期也不超过2000人，这是一个非常有限的贸易额。按照当时贩奴船的运输装载量，这个贸易额意味着每年只会有五艘到十艘贩奴船前来马达加斯加海岸贩奴，也就是说，平均每月不足一艘，就算它们全部都选择停靠在同一个港口，对刺激这个港口发展的功效也会十分弱小。此外，马达加斯加远离大西洋区域，奴隶出口的市场主要是马斯克林群岛，但无论毛里求斯还是留尼旺，其市场容量和需求都非常有限，并且在奴隶供给上马达加斯加还面临着东非其他地区的竞争。

---

[1] Mariana Candido, *An African Slaving Port and the Atlantic World: Benguela and its Hinterland*, Cambridge University Press, 2013, p. 5.

第二章 马达加斯加独特的经济地理格局是如何形成的

反观跨大西洋奴隶贸易,当时美洲殖民活动中巨大的劳动力缺口带来极强的用工需求,这种需求促成了人类历史上最大规模的强制性移民。但这里需要先回答两个问题:美洲原住民为何不能成为劳动力?非洲为什么在一开始不能成为殖民地?

关于第一个问题,很大程度上需要在地理层面寻找答案——南美巨大的劳动力缺口是因为长期以来它与世隔绝的地理位置和稀疏的人口分布使得该地居民在传染病的演化的抵抗力上远远落后于世界其他地区,欧洲侵略者在进入美洲后不久就通过携带而来的天花病毒给美洲原住民带来了毁灭性打击。贾雷德·戴蒙德(Jared Diamond)等学者就此进行过大量论述,指出天花病毒造成了美洲本地居民的大量死亡,比如密西西比河流域的原住民在首次接触欧洲人不久以后,有大约95%死于天花病毒。[1] 1517年因为非洲奴隶携带的天花病毒造成美洲印第安人约三分之一的人口灭绝;1524—1527年印加帝国600万居民中约20万人死亡。[2] 同时,病毒还杀死了印加帝国和阿兹特克帝国的统治者以及很多王室重要成员,使得帝国统治体系趋于瓦解崩溃。[3]

关于第二个问题,同样是地理因素上的——非洲一直要到19世纪下半叶才开始大规模的殖民活动主要也是因为地理环境导致的疾病问题。虽然欧洲人在16世纪初甚至15世纪末就开始尝试于非洲建立殖民站点定居,但在诸如抗生素等现代医学的革命性成果诞生以前的很长一段时间内,他们的活动都被限制在沿海少数地区,难以大规模深入内陆。非洲大陆上的各种疾病诸如热病、痢疾、霍乱、疟疾、肝炎等在奴隶贸易时期都是欧洲人的致命威胁,甚至到了19世纪初,

---

[1] Jared Diamond, *Guns, Germs, and Steel: the Fates of Human Societies*, W. W. Norton & Company, 1997, p.78.

[2] S. L. Kotar and J. E. Gessler, *Smallpox: a History*, McFarland & Company, Inc., 2013, pp.24-25.

[3] Jared Diamond, *Guns, Germs, and Steel: the Fates of Human Societies*, W. W. Norton & Company, 1997, p.77.

◈ 成为内陆国家的岛屿

这些疾病每年都还会在当地造成约三分之一白人定居者的死亡。①

简言之,美洲具有的植物、矿产、土地等丰富资源带来了巨大的开发前景和用工需求,而当地大规模的原住民死亡造成有待填补的劳动力真空;同时,非洲因为恶劣的生存环境难以直接大规模开发,此地的人口作为资源需要寻求新的使用地点和输出市场。这些因素综合起来构成了欧洲殖民者大规模奴隶贸易的主要动机。

在贩奴动机存在的同时,欧洲航海技术从16世纪到19世纪的突飞猛进为跨大西洋奴隶贸易带来了运输能力上的可能性,这也是跨大西洋奴隶贸易能够达到千万级人口体量的直接保障。据研究,哥伦布跨越大西洋时驾驶的圣玛利亚号帆船载货量仅为165吨,而奴隶贸易结束前英国帆船的载货量已经超过1000吨。船速方面,古罗马舰船的船速最快不超过每秒2.5米,而19世纪中期广泛运用于茶叶贸易的飞剪式运输快船速度可以达到每秒9米。根据瓦科拉夫·斯米尔(Vaclav Smil)援引的数据,"海上马车夫"荷兰在其航海鼎盛时期,由风帆为其发展所提供的能量相当于该国所有风车能量的总和。尽管这种估算非常模糊,但风帆航行技术革新为提升欧洲海上运输能力所做出的贡献毫无疑问是巨大的。② 有赖于此,到奴隶贸易中后期,每船奴隶的装载量普遍可以超过400人,数据记载中最大的单船奴隶输送量甚至达到了1700人。③

欧洲航运输送能力提升对于理解非洲经济重心向沿海的迁移是至关重要的,从1000年前的加纳帝国一直到地理大发现初期的桑海帝国,西部非洲的主要城市在很长一段时间内都集中在内陆尼日尔河流域,特别是尼日尔河的中游地区。这种城市分布是受黄金产地位置与

---

① James Johnson, *The Influence of Tropical Climates on European Constitutions*, Thomas & George Underwood, 1821, p.338.
② Vaclav Smil, *Energy and Civilization: A History*, The MIT Press, 2017, pp.195-197.
③ Slave Voyages, "Trans-Atlantic Slave Trade-Database", https://www.slavevoyages.org/voyage/database, 2020-06-01.

第二章 马达加斯加独特的经济地理格局是如何形成的

跨撒哈拉贸易的需求共同决定的，但是黄金在跨撒哈拉贸易中的重要地位往往掩盖了其他商品的存在，奴隶就是其中之一。跨撒哈拉奴隶贸易与阿拉伯帝国的兴起相关，综合既有研究的数据看，从公元7世纪到16世纪的将近1000年内有300万—500万的黑奴通过撒哈拉贸易网络从撒哈拉以南运往北非。[①] 这将近1000年中的最后两个世纪是撒哈拉奴隶贸易高峰，但每年的奴隶输出也只有5000—10000人。[②] 与之相比，跨大西洋奴隶贸易从18世纪初到19世纪中期约150年的高峰时段，平均每年的贩奴数量都在50000人以上，即跨撒哈拉奴隶贸易年均数量的约10倍。[③] 从运输媒介上讲，西非地区跨撒哈拉贸易线路的衰落和海运奴隶贸易的兴盛，是新型帆船作为更高效能运输工具取代低效能驼队的一种展现。

随着跨大西洋奴隶贸易逐渐兴盛，西非经济重心也由此开始从尼日尔河中游转向大西洋沿岸地区。跨大西洋奴隶贸易带来的阿坎族（Akan People）贸易线路分叉是可以生动诠释这种经济活动重心转移机制的一个例子。15世纪开始因为黄金生产和贸易崛起的阿坎族人最初主要向北部贩运自己的商品，他们要么把黄金为主体的商品往北贩售至廷巴克图，要么向东北与豪萨人寻求贸易机会，但无论怎样，最终这些商品会通过跨撒哈拉贸易网络去往中东和北非。随着欧洲人的到来和奴隶贸易的兴起，阿坎族的贸易线路开始向南部分叉，通往沿海欧洲人建立的贸易城堡据点[④]——这是明显的新的优势贸易战胜旧有弱势贸易从而改变运输和城市区位的情况。与此同时，阿坎族人的贸易主体商品也开始从黄金向奴隶转变，并最终借助奴隶贸易形成了阿散蒂王国。

---

① John Wright, *The Trans-Saharan Slave Trade*, Routledge, 2007, p.39.
② John Wright, *The Trans-Saharan Slave Trade*, Routledge, 2007, p.39.
③ Slave Voyages, "Trans-Atlantic Slave Trade-Database", https://www.slavevoyages.org/voyage/database, 2020-06-01.
④ Basil Davidson, A History of West Africa: 1000-1800, Longman, 1985, p.93.

◆ 成为内陆国家的岛屿

其实，撒哈拉奴隶贸易网络的存在本身就说明：奴隶贸易作为一种人口贩运的经济活动，并不必然导致其出口地政治、经济的中心向沿海转移。导致政治、经济的中心向沿海转移的奴隶贸易，是一种特殊地理环境和特殊历史时段下的奴隶贸易。所以"跨大西洋"这个前缀显得尤其重要，它的内涵包括了对美洲的地理大发现，印第安原住人口的大规模死亡，殖民地新兴种植园经济的兴起及其背后欧洲生活方式的转变；它们又和包括欧洲航海技术革新、非洲的疾病、人口储备以及贩奴文化等因素共同发挥作用，形成了跨大西洋奴隶贸易，也带来了相关地区经济地理格局的巨大改变。

正是受这种具有历史、地理特殊性的奴隶贸易的影响，非洲大西洋沿岸在这一时期形成了很多沿海城市和据点。16—17世纪起，先是葡萄牙和荷兰建立了埃尔米纳、卢安达、维德角、戈雷岛、开普敦等要塞和港口，然后法国、英国接踵而至，与葡萄牙、荷兰进行争夺，又建立了诸如圣路易、拉各斯这样的要塞据点。[1] 据统计，奴隶贸易期间仅仅在黄金海岸沿线就有超过40个欧洲贸易堡垒兴起，[2] 它们数量多、规模大，并在日后持续主导地区政治经济活动，[3] 这是巨大数量人口和商品在某一区域出现长期海陆转运需求时会展现出的规律。相应地，正是因为自己特殊的地理位置，马达加斯加奴隶贸易体量小，形成的港口规模也小，海岸地区对政治经济活动的吸附力也就小，也就难以促成原有经济地理格局的改变。地理位置无法假设，但如果马达加斯加位于热带大西洋中，相信它的经济地理格局在奴隶贸易中很可能会出现不同的演化方式。

地理因素对于马达加斯加和跨大西洋奴隶贸易的影响还从二者地

---

[1] 凯瑟琳·科克里-维德罗维什：《非洲简史》，民主与建设出版社2018年版，第165—166页。

[2] John Kwadwo Osei-Tutu and Victoria Ellen Smith, "Introduction: Interpreting West Africa's Forts and Castles", John Kwadwo Osei-Tutu Victoria Ellen Smith, ed., *Shadows of Empire in West Africa: New Perspectives on European Fortifications*, Palgrave Macmillan, 2018, p. 3.

[3] Bill Freund, *The African City: A History*, Cambridge University Press, 2007, p. 51.

第二章 马达加斯加独特的经济地理格局是如何形成的

形的差别上体现出来。非洲大陆受奴隶贸易最大的地区中,有很多从沿海到内陆的地势抬升比较平缓。比如在西非,除了富塔贾隆(Fouta Djallon)、几内亚高原、乔斯高地等少数地区外,其余地区大多是平原低地。[1] 在今天的贝宁,即昔日的达荷美王国,北方来自奥约国的骑兵甚至可以一直行军到达沿海地带。[2] 除了地势平缓,非洲大陆还有众多深入内陆的河流水道,它们使得相应区域的腹地可通达性大大提升。前文提到过,葡萄牙人从莫桑比克开始的探索于1512年就已经深入今天的津巴布韦地区。相似地,在非洲大陆西岸,葡萄牙于1482年发现刚果河后不久就对其腹地进行过探索,并发现了刚果王国。英国在1618—1620年沿冈比亚河上溯,探索了冈比亚河300多英里的内陆沿岸,[3] 这种河运的重要性甚至在今天冈比亚的国土特征上依然保留着显著的影响。对于欧洲人来说,虽然因为疾病原因,地理可通达性无法立刻转化为殖民地建设的便利条件,但是对于当地人来说,这种地理可通达性降低了商品物流的难度,使得奴隶和其他货物能更容易在内陆和沿海间运输,并因此提升奴隶贸易的体量。

与欧洲大陆相比较,马达加斯加因为地形和植被原因特别难以深入内陆。在上一节中讨论马达加斯加地理环境对于大航海早期探险家深入内陆时产生的阻碍时已经介绍过,马达加斯加山地居多并且一直延伸到离海岸很近的地区,没有可以通航深入内陆的河流。特别是在奴隶贸易活动最为频繁的东部地区,这里虽然是迎风坡,降水充沛河流众多,但是因为地形急剧上升,往往在进入陆地数十千米以后就不再具备通航条件。如果从东海岸最重要的奴隶贸易港口塔马塔夫一带沿陆路西进的话,很快就会因为遇到悬崖陡坡和茂密的植被而难以通

---

[1] CILSS, *Landscapes of West Africa-A Window on a Changing World*, U. S. Geological Survey E-ROS, 2016, pp. 4 – 5.

[2] Jeremy Black, ed., *War in the Early Modern World*, Taylor & Francis e-Library, 2005, p. 131.

[3] Peter Whitfield, New Found lands: Maps in the History of Exploration, Routledge, 1998, pp. 166 – 167.

◈ 成为内陆国家的岛屿

行。糟糕的交通运输条件使得贸易物流难以在马达加斯加沿海和内陆之间输送,据史料统计,一直到19世纪末,塔那那利佛与塔马塔夫之间的年平均货运量也只有500—600吨,[①] 这样的运输条件必然会对马达加斯加奴隶贸易的出口产生阻碍,因而也会延缓沿海贸易地区的发展。

综上,马达加斯加奴隶贸易体量小的特点存在地理主导的结构性因素,无论是岛屿本身的高封闭性还是岛屿在全球中的空间位置,都在与当时外来奴隶贸易的影响发生互动,最终形成了马达加斯加奴隶贸易的整体小规模特点。当然,再次强调的是,这种结构性因素中有一部分显然是承接自上一历史阶段遗留的条件而生成的,具有经济地理演化的连续性。

(二) 地方文化与奴隶贸易的耦合

1. 在贸易中积聚财富和能力的内陆政权

这里有必要再次强调马达加斯加的地理特征,马达加斯加岛离非洲大陆最近的莫桑比克海岸有300多千米的海洋相隔,并且莫桑比克海峡因为复杂的洋流使得航海活动在很长一段历史时期内都相当危险。这首先就给马达加斯加岛带来了极大封闭性,使得它和外界交流的可能性大大降低。其次,马达加斯加有着超过58万平方千米的巨大面积,并且岛屿上多山地和高原,整个岛屿中部从北到南1000多千米都几乎被山地贯穿。因此,马达加斯加被山脊、河流、密林等切割成各个离散的次区域。加之岛屿大部分地区每年都有为期数月的雨季,其间还可能出现台风侵袭,所以每到雨季马达加斯加就会因为洪水和泥石流等原因导致岛上各区域间的交通更加不畅。因此,在欧洲殖民者进入马达加斯加以前,这个岛屿长期以来都处在地广人稀并且不同族群间交流程度较低的状态。

[①] Georges Foucart, *De Tamatave à Tananarive*, Imprimerie L. Danel, 1890, pp. 44–46.

第二章 马达加斯加独特的经济地理格局是如何形成的

这种相互隔绝的破碎性使得不同人群结合自身生存环境和自然资源条件，发展出了不同的生产模式，也产出了有区域差异的产品。随着岛屿内部各个群体间交流的逐渐加强，互通有无的商业网络开始建立起来。在这个网络中，梅里纳人因为其生活的中部高原处于商业通道的十字路口位置，并且与岛上各个方向都有道路连接，因而占据了当时马达加斯加岛内贸易的核心区域。此外，梅里纳人还因为生产最受岛内贸易欢迎的棉布和铁器而闻名。地理位置和出产关键性商品这两个因素综合起来，使得伊默里纳区域从17世纪中期开始逐渐成为马达加斯加岛内贸易的枢纽。[1]

除了地理位置上是岛屿中心以外，伊默里纳地区的地形也是一个重要原因。相对于马达加斯加中部山地的其他区域，伊默里纳的地势比较平缓，与周边区域的海拔落差也不明显。这种得天独厚的地形优势不但赋予了它更好的物流通达性，也与丰沛的季节性降水共同为该地带来了巨大的农业潜力和人口含蓄能力。后来到马达加斯加取得独立时，塔那那利佛地区用马达加斯加十分之一的土地养活了全国接近四分之一的人口。[2]

但需要强调的是，尽管伊默里纳地区从17世纪中期开始成为马达加斯加岛内交易网络的中心，但这个区域在18世纪末以前并未比沿海地区有更高的发展程度。[3] 既有研究显示：在18世纪初期，伊默里纳依然是一个方圆仅数十千米的小国，[4] 甚至到了18世纪中期，它的势力依然只停留在塔那那利佛周围非常有限的范围内，而在19世纪以后，伊默里纳王国逐渐占据或控制了马达加斯加约三分之二的土

---

[1] Gwyn Campbell, "The Structure of Trade in Madagascar, 1750–1810", *The International Journal of African Historical Studies*, Vol. 26, No. 1, 1993, p. 125.

[2] G. 巴斯蒂昂：《马达加斯加：地理及经济研究》，商务印书馆1978年版，第202—204页。

[3] Hubert Deschamps, *Migrations Intérieures Passées et Présentes à Madagascar*, Berger Levrault, 1959, p. 90.

[4] Hubert Deschamps, *Migrations Intérieures Passées et Présentes à Madagascar*, Berger Levrault, 1959, p. 118.

◇◈ 成为内陆国家的岛屿

地。相反，当时在西部沿海地区，萨卡拉瓦（Sakalava）王国长期和东非斯瓦希里海岸以及中东伊斯兰世界有贸易往来，它在伊默里纳王朝崛起前曾一度占据过马达加斯加近三分之一的土地。① 相似地，在马达加斯加东部沿海受欧洲海盗活动影响密集的地区，当地族群很早就与海盗进行交易、通婚并通过与海盗的贸易武装自身。18世纪初期，一个英国海盗与当地女子所生的后代拉齐米拉奥（Ratsimilaho）统一了整个马达加斯加东部沿海，建立起贝琪米拉扎卡（Betsimirazaka）联邦②，成为当时马达加斯加东部势力最强大的政权。

这两个例子除了揭示伊默里纳王国崛起过程中所面临的竞争以外，还展现了与外界的贸易往来对马达加斯加各区域发展可能产生的影响。接下来，在伊默里纳王朝如何崛起的原因上，充分利用对外贸易同样也将成为非常重要的原因。

18世纪中期开始，马斯克林群岛种植园迅速发展，蔗糖和咖啡等经济作物种植需要大批劳动力以及他们的生活补给，此时马达加斯加作为一个人力资源与食物补给资源蕴含地的意义就体现出来了。特别在人力资源方面，奴隶是解决用工需求的高效途径。在这其中伊默里纳地区的梅里纳人正好是马达加斯加奴隶贸易中出口奴隶数量最多的族群，③ 因而在奴隶贸易时期伊默里纳也就成为从该项贸易中获得物质回报最为丰厚的王国。

前文介绍过，伊默里纳王国在贩奴高峰时期每年从马达加斯加岛内贩卖出海的奴隶数量在1500—1800人，占到马达加斯加当时年度奴隶出口量的绝大多数。除了在岛内的战争中获得战俘来补充奴隶商

---

① Hubert Deschamps, *Migrations Intérieures Passées et Présentes à Madagascar*, Berger Levrault, 1959, p. 18.
② Betsimirazaka 的字面意思就是"不会被分裂的人们"。
③ 这一点在很多文献当中都得到印证：见 Filliot Jean-Michel, *La traite des esclaves vers les Mascareignes au 18e siècle*, ORSTOM, Thèse. 3e cycle, Paris, 1970, p. 158; Hubert Deschamps, *Histoire de Madagascar*, Berger Levrault, 1961, p. 126; Gwyn Campbell, *An Economic History of Imperial Madagascar, 1750 – 1895: The Rise and Fall of an Island Empire*, Cambridge University Press, 2005, p. 143。

第二章 马达加斯加独特的经济地理格局是如何形成的

品储备外,伊默里纳王国还从马达加斯加西海岸的族群甚至阿拉伯商人那里购入奴隶,再把奴隶转卖给东部沿海的法国人,紧接着,伊默里纳人又用出售奴隶换回的银圆继续前往西部沿海进行采购。① 换言之,伊默里纳王国既是岛内奴隶输出的头号供应商,又是跨国区域性奴隶贸易的中间商。这样的双重身份让伊默里纳的商业地位遥遥领先于岛内其他王国,并且在财富积累上也取得了巨大优势。

但要强调的是,伊默里纳获得奴隶贸易的优势地位并非源于简单的商业天赋,伊默里纳的文化特性在此处起到了重要作用。前文提到过,中部高原在奴隶贸易初期并存着很多小型政权,伊默里纳在其中甚至不算强大。在夺取奴隶贸易主导权并带领伊默里纳崛起的过程中,梅里纳人的领袖通过其优异才能和对局势敏锐的判断,将奴隶贸易与伊默里纳独特的文化体系进行了耦合,产生出强大的族群身份区隔与制造能力,并以此作为收拢民心、资源并打击竞争对手的机制,接下来会对此做具体介绍。

众所周知,在奴隶贸易中,非洲地方政权出售奴隶换回的商品里非常重要的一项是火器,它可以帮助当地政权更好地武装自身,在防御自己臣民不被掠走的同时还能通过对其他群体发动战争来获得俘虏,在将之当作奴隶贩售后进一步扩充自身的实力。既有研究显示,无论是在非洲大陆还是马达加斯加的奴隶贸易中,奴隶换火枪模式都是一种受到买卖双方认可的重要商业模式。由于火枪作为一种划时代的热兵器,代表了彼时欧洲武器科技和非洲武器科技的一种代际差异,奴隶换火枪模式能够让参与其中的非洲当地族群极大地增强武装实力,劫掠更多奴隶,进入"奴隶贩卖—购买火枪进行武力扩张—获取更多奴隶"的循环中来。因此,奴隶贸易开始以后火枪迅速成为非洲本土势力热烈追逐的商品,欧洲国家同时还向非洲出口了庞大数额

---

① Gwyn Campbell, *An Economic History of Imperial Madagascar, 1750–1895: The Rise and Fall of an Island Empire*, Cambridge University Press, 2005, p.138.

的火枪以及配套的燧石、火药等物资。18世纪奴隶贸易高峰时期，单是英国伯明翰的兵工厂每年就会向非洲地区输送超过10万支火枪。[1] 当时从塞内加尔向南一直到安哥拉，非洲大西洋海岸的众多族群都和欧洲人进行火枪交易，并且交易量远远大于奴隶贸易开始之前的时期。[2] 18世纪初，达荷美国王在给英王乔治一世的信中甚至表达了要用火枪代替所有王国内旧式武器的意愿，达荷美人也确实在当时的战斗中借助火枪成功击退了来自北方的奥约骑兵的进攻。[3]

同样地，马达加斯加岛对于火枪的进口量随着奴隶贸易的开展也日趋上涨，18世纪60年代，平均每年仅从法国就有3000支火枪被运抵马达加斯加东海岸，[4] 1769年马达加斯加火枪进口的总量达到约10000支。[5] 作为岛内头号奴隶贸易商，伊默里纳王国自然非常清楚火器的重要意义，传说中16世纪末开始，早期伊默里纳国王就已经开始借助火器进行战斗。18世纪后期伊默里纳王朝最重要的开创者安德里亚南普伊奈梅里纳（Andrianampoinimerina）在奴隶贸易中将火器回报视为出售奴隶优先考虑的交易方式，借助自身在马达加斯加奴隶贸易中的垄断地位获取了大量火器。安德里亚南普伊奈梅里纳的继任者拉达玛一世（Radama I）也大力通过贩奴来收购军火武装自己的部队，甚至1817年在和英国商谈本国废除奴隶制度的条件时，它要求得到的回报里最主要的物品都是每年100支燧发枪、10000支火绳枪、10000磅的火药以及其余若干军事物资。[6]

---

[1] Basil Davidson, A History of West Africa: 1000-1800, Longman, 1985, p. 213.

[2] Richard J. Reid, *Warfare in African History*, Cambridge University Press, 2012, p. 89.

[3] John K. Thornton, *Warfare in Atlantic Africa: 1500-1800*, UCL Press, 1999, p. 82.

[4] Gerald M. Berg, "The Sacred Musket. Tactics, Technology, and Power in Eighteenth-Century Madagascar", *Comparative Studies in Society and History*, Vol. 27, No. 2, 1985, p. 269.

[5] Filliot Jean-Michel, La traite des esclaves vers les Mascareignes au 18e siècle, ORSTOM, Thèse. 3e cycle, Paris, p. 206.

[6] Thompson Alvin, "The Role of Firearms and the Development of Military Techniques in Merina Warfare, c. 1785-1828", *Revue française d'histoire d'outre-mer*, tome 61, n°224, 3e trimestre 1974, pp. 418-424.

第二章 马达加斯加独特的经济地理格局是如何形成的

表面上看,这个奴隶换火枪的发展逻辑似乎没有缺陷,但它难以回答的一个问题是:奴隶换火枪贸易中,伊默里纳面临着马达加斯加沿海其他族群和王国的竞争;并且作为一个内陆王国,伊默里纳人在与欧洲人的火枪贸易中不具备地理区位优势,那它为何却能够后来居上击败沿海族群,取得奴隶贸易的主动权?同样地,在西非地区,和欧洲人展开奴隶—火枪交易的族群也不在少数,但为什么其中一些发展壮大了而另外一些却没有?比如定都库玛西的阿散蒂王国在早期也是一个内陆政权,但最后却成功击败了沿海的芳蒂部族,这种发展轨迹和伊默里纳存在相似之处,是不能简单用火枪提升战斗能力来解释的。

对此,理查德·J. 雷德认为:用"奴隶—火枪"循环来解释奴隶贸易时期非洲地方政权的政治、军事扩张是对问题的过度简单化。本地人群间对身份和资源的竞争是至关重要的,并且他们会把外来力量和斗争机制与本土竞争机制协调起来。[1] 换言之,一个群体在奴隶贸易时期获得火枪的数量与其在之后的政治军事发展以及领土扩张方面并不是简单的线性相关。

以马达加斯加为例,根据既有研究,奴隶贸易时期从欧洲运往马达加斯加的火枪大多在其东部沿海地区就被购买和消耗掉了,只有少数一部分会以很高的价格流入内陆伊默里纳地区。[2] 马达加斯加东部沿海受外来奴隶商人和海盗影响深远,所以无论是在拉齐米拉奥统一贝奇米扎拉卡联盟时期,还是他死后联盟内部族之间互相攻战时期,都大量使用火枪作战。也就是说,就接触和使用先进火器的顺序而言,马达加斯加有其他族群领先于伊默里纳王国的梅里纳人,如果火枪所带来的武力升级是决定性的,那么有更大概率出现的情况是沿海族群向内陆扩张并征服内陆族群。

---

[1] Richard J. Reid, *Warfare in African History*, Cambridge University Press, 2012, p. 89.
[2] Gerald M. Berg, "The Sacred Musket. Tactics, Technology, and Power in Eighteenth-Century Madagascar", *Comparative Studies in Society and History*, Vol. 27, No. 2, 1985, pp. 269–271.

◇◆ 成为内陆国家的岛屿

一个值得注意的数据是,马达加斯加当地人之间的火枪战斗伤亡率仅为2%,而欧洲在同时期的火器战争伤亡率高达35%—50%。[①] 从这个数字的差别可以看出,非洲奴隶贸易时期本土族群对火枪的使用方式和杀伤力与其在欧洲相比有很大不同。这主要有以下两点原因:首先,非洲在奴隶贸易时期进口的火枪大多数是欧洲已经被逐渐淘汰的火绳枪而不是燧发枪,因为前者相比后者价格低,维护成本也低。但是,火绳枪的操作复杂,报废率高,危险性大,并且容易受天气影响——战斗前、战斗中的降雨可能对火枪手的战斗力产生毁灭性打击。[②] 其次,奴隶贸易要求获得的奴隶身体健康完整,因此,以获得奴隶为目的的战斗需要很好地在火器杀伤力与威慑力间进行平衡,以期在对方损失最小的情况下获得胜利。

所以,在非洲的火枪要发挥其效用,受到的制约因素非常多。其中包括:一个族群是否有足够发达的手工业来维修甚至仿制火枪;军队领袖在战法上是否能扬长避短,最好地发挥火枪优势;战斗时偶然的天气因素是否有利;等等。因此,火枪的大规模引入虽然在整体上显著提升了非洲当地人群的军事能力,但一个族群短期内拥有它的数量不能决定该群体的长期军事胜利和政治发展。此外,奴隶贸易以获得对方完好身体为主要目标的商业模式,也决定了与之相关的冲突和竞争中对于武器的使用方式会体现出自己独特的地方。因此,要理解为什么是伊默里纳王国在奴隶—火枪贸易中获得最后胜利,需要从一些其他的地方性因素予以考虑,而这其中伊默里纳独特的文化体系发挥了重要作用,接下来将对此进行分析。

2. 本土文化机制与奴隶贸易特点的耦合

毫无疑问,奴隶贸易给马达加斯加带来了巨大冲击和危害。首先,战争、高利贷控制、诱拐和劫掠是当时获得奴隶的主要方式,无

[①] Gerald M. Berg, "The Sacred Musket. Tactics, Technology, and Power in Eighteenth-Century Madagascar", *Comparative Studies in Society and History*, Vol. 27, No. 2, 1985, p. 276.

[②] Jeremy Black, ed., *War in the early modern world*, Taylor & Francis e-Library, 2005, p. 243.

第二章 马达加斯加独特的经济地理格局是如何形成的

论其中哪一种,都是在以暴力或者欺骗的手段攫取人口。[1] 这样的奴隶贸易会带来人口流失,加之青壮年和儿童是主要的贩奴目标,就更进一步加剧了劳动力的短缺,给受到奴隶贸易影响的地区在生活和生产上都带来沉重打击。

除了人口损失外,奴隶贸易还摧毁了人际关系,导致社会信任急剧下降,人们正常生活的安全保障也岌岌可危,不能独自旅行和夜不出户在当时的马达加斯加是普遍共识。为了获得奴隶,马达加斯加岛上在当时有很多骗局来捕捉和贩卖人口。比如有老妪在自家门口邀请经过的旅人进屋喝水,一旦后者进屋,她预先埋伏好的同伙就会将其捕获然后当作奴隶贩卖。还有人在地上做陷阱,之后在陷阱放上珍贵的物品比如食盐来引诱他人踏入圈套。[2] 当时因为东部海岸的港口塔马塔夫是最重要的奴隶出口港,"我会送你去塔马塔夫"在中部高原的人群之间甚至成了一句最恶毒的诅咒。[3] 在伊默里纳中部高原和塔马塔夫沿海之间商路上一个可以看见印度洋的山头也被称为"哭泣之地",被铁链拴住的奴隶在这里第一次看到海洋,也是最后一次回望自己的故土。[4] 很讽刺的是,标榜自己代表文明开化的欧洲人最早来到马达加斯加沿海时,挖空心思希望当地人能向他们出售人口并由他们贩卖到海外时,当地人因为人口贩卖在直觉上不符合自己的道德标准而拒绝了,欧洲白人是在用尽各种手段以后才使得当地人参与到奴隶贸易中来。[5]

然而引人深思的是,尽管奴隶贸易对于当地社会在整体上而言是极具破坏力的商业行为,这种破坏性能力却促成了某些领袖和政权实

---

[1] William Ellis, *History of Madagascar Vol. 2*, Fisher Son & Co., 1838, p. 150.
[2] Pier M. Larson, *History and Memory in the Age of Enslavement: Becoming Merina in Highland Madagascar (1770–1822)*, James Currey, 2000, pp. 105–106.
[3] Pier M. Larson, *History and Memory in the Age of Enslavement: Becoming Merina in Highland Madagascar (1770–1822)*, James Currey, 2000, p. 101.
[4] William Ellis, *History of Madagascar Vol. 2*, Fisher Son & Co., 1838, p. 152.
[5] William Ellis, *History of Madagascar Vol. 2*, Fisher Son & Co., 1838, p. 145.

力的壮大，无法再信任日常社会关系的民众通过依附地方领袖来获得人身安全和生活生产的保障。这种依附不只是经济上的依附，更是文化认同上的依附，理解这一点对于理解伊默里纳王国的壮大过程是至关重要的。拉尔森就指出，安德里亚南普伊奈梅里纳和拉达玛一世能在马达加斯加获得前所未有的强大王权与二人在奴隶贸易中使用的文化性身份策略密不可分。① 换言之，奴隶贸易中地方政权崛起的过程不仅仅是将奴隶转化为财富和武力，然后通过武力扩大奴隶贸易额，之后再进一步集聚财富和武力的物质循环累积过程。不可否认，这种物质能力的积累是至关重要的，但实现它的手段却远比其复杂。

相比火枪的积累，想要理解伊默里纳国王获得奴隶交易主动权的机制，更重要的是掌握其中文化因素的关键作用。在马达加斯加，伊默里纳对于文化要素最好的运用体现在它的阿希纳（Hasina）体系上。阿希纳源于马达加斯加本土信仰，简单而言，它的意思是"祖先庇佑的神圣之流"。② 它的神性发源于先灵，在世间通过一种身份等级关系按照从高到低和从中心向外沿的方向流动。阿希纳在世间的最高中心是国王，其次是贵族，再往下是自由民。在阿希纳的阶序性流动中，政治权力是阿希纳流动体系中的位置反映，政治权力越高，说明在阿希纳的流动体系中有更加重要的位置。国王的地位是祖先对世间具有最高政治权力的领袖赋予的神性以及对这种神性地位的认可。③相应地，由于国王在阿希纳流动中占据最高位置，他的身体以及他的物品上所保有的阿希纳也是最高层次的，而臣民所具有的阿希纳则是低层次的。在这个基础上，国王可以通过言语、视线、护符等形式赐予臣民高层次的阿希纳；而臣民必须通过进贡财富、收入等来向国王

---

① William Ellis, *History of Madagascar Vol. 2*, Fisher Son & Co., 1838, p. 121.
② Zöe Crossland, *Ancestral Encounters in Highland Madagascar: Material Signs and Traces of the Dead*, Cambridge University Press, 2014, p. 102.
③ Zöe Crossland, *Ancestral Encounters in Highland Madagascar: Material Signs and Traces of the Dead*, Cambridge University Press, 2014, p. 102.

第二章 马达加斯加独特的经济地理格局是如何形成的

上交他们的一部分低层次阿希纳。当低层次的阿希纳在国王身上被积聚起来以后，国王这种整体财富的增加又被视为祖先灵魂对他庇护与祝福的进一步体现，臣民也因此感受到自己为国王贡献阿希纳所获得的荣光；社会就在这种阶序性流动中联结起来，形成一个高度秩序化和共生性的整体。

维系阿希纳体系的关键在于高阶阿希纳和低阶阿希纳的交换，国王的高阶阿希纳往往以祝福的形式，依靠符号等象征性媒介下达，而低阶阿希纳则往往以实物和财富形式向上转移。比如19世纪初英国传教士这样描述过低阶阿希纳的上贡：在所有重要的公共场合，无论是节庆、割礼、国王远征归来等，所有臣民都要向国王敬献阿希纳，尽管这些场合中个体进贡的阿希纳往往不多，但它们汇总在一起后的数量则很可观。除此之外，包括外国人在内的所有人到访王国都城时，必须向国王敬献阿希纳，以表示对王权的认可。[1] 除了上述节庆性和偶然性的进贡，阿希纳还通过十一税这样的税收形式呈现；此外，所有在公共市场销售的物品中，利润的五分之一都要上缴，每一个奴隶价值的五分之一也需要作为阿希纳敬献给国王。[2] 作为回报，国王的高阶阿希纳会通过象征性手段降临在国土的每一个村庄甚至每一个臣民身上。比如在伊默里纳统治的村庄中，会在广场或者专门的场所来供奉国王赐予的、承载有高阶阿希纳的护符（见图2-12）。[3] 甚至在马达加斯加当时的一项规定是：如果犯人能够被国王的目光注视到，那么他就可以立刻脱罪，摆脱犯人身份。[4]

可以说，这种阿希纳的交换方式把整个社会联系成了一个阶序性整体，并且为物质性财富的不平等分配找到了神性的解释。不过值得

---

[1] William Ellis, *History of Madagascar Vol. 1*, Fisher Son & Co., 1838, p. 358.
[2] William Ellis, *History of Madagascar Vol. 1*, Fisher Son & Co., 1838, p. 358.
[3] Stephen Ellis, *l'Insurrection des Menalamba: Une Révolte à Madagascar (1895–1898)*, ASC-Karthala-Ed, Ambozontany, 1998, 30.
[4] William Ellis, *History of Madagascar Vol. 2*, Fisher Son & Co., 1838, p. 376.

◈ 成为内陆国家的岛屿

图 2-12 伊默里纳时期承载国王阿希纳的护符（Sampy）①

注意的是——在奴隶贸易到来之前的马达加斯加，高阶阿希纳基本上是纯精神性的，低阶阿希纳是纯实物性的。但是奴隶贸易中，伊默里纳国王安德里亚南普伊奈梅里纳做出了创新，在高阶阿希纳中加入了实物。更重要的是，相比自己的竞争者，安德里亚南普伊奈梅里纳把奴隶和火枪也纳入可以被上贡的低阶实物阿希纳范畴中来。这在今天看来似乎是个自然而然的过程，但对于彼时传统力量强大的当地社会来说，在既有文化体系中加入新事物是需要勇气和创意的。特别对于奴隶这样的"物品"而言，前文中介绍过，贩卖人口在更早期的马达加斯加是与当地人直觉中的善相违背的，而在伊默里纳王朝时期这样的"物品"可以进入阿希纳体系，这说明存在一种历史性的社会价值转变与建构。

在把新贸易商品和地方文化运作机制结合以后，伊默里纳国王用 3 个西班牙银圆就可以购买一个奴隶，而同样的奴隶在马达加斯加东

---

① William Ellis, *History of Madagascar Vol. 2*, Fisher Son & Co., 1838, p. 477.

第二章　马达加斯加独特的经济地理格局是如何形成的

部沿海的价值可以达到 60 西班牙银圆或者两支火枪，这个差价部分就是作为国王高阶阿希纳赐予卖家的祝福。[①] 此外，伊默里纳国王要求他的盟友和手下必须从自己的指定供应商手中购买武器，否则不予以下降高阶阿希纳的祝福。据估计，在安德里亚南普伊奈梅里纳统治时期，他有约三分之二的奴隶以远低于当时市场价的价格购买。[②]

在上述国王对奴隶和火器的不等价买卖中，还有特别重要的一点是作为交易媒介的西班牙银圆的作用。在马达加斯加刚被欧洲航海家发现的时候，后者发现当地居民对银这种金属是不在乎的，他们更偏爱锡器。[③] 但是随着奴隶贸易的深化，银圆开始成为岛上的通用货币，也成为被伊默里纳国王认可的阿希纳。[④] 银圆作为类似货币的交换媒介，具有容易分割、储藏和计数等诸多优点，它促进了商品的流通，自然而然也会促进在这个流通网络中占据优势地位的国王积聚财富的过程。这也充分体现了外来交易机制如何和本土文化融合，使得阿希纳货币化，从而成为地方创建和维系新政治秩序的手段。

在以上商品流通领域外，伊默里纳国王还把对阿希纳的使用扩展到了军事层面。比如国王会向伊默里纳士兵派发护符，并承诺他们如果英勇作战就能获得更多荣誉和更高阶的阿希纳；相反，如果他们怯懦的话，他们的家小就会沦为奴隶。此外，战斗获胜的话，战俘以外的战利品中有三分之二归属国王，战俘中的三分之二也要按照上文介绍过的每个奴隶 3 银圆的特殊价格出售给国王。[⑤]

[①] Gerald M. Berg, "The Sacred Musket. Tactics, Technology, and Power in Eighteenth-Century Madagascar", *Comparative Studies in Society and History*, Vol. 27, No. 2, 1985, p. 273.

[②] Gerald M. Berg, "The Sacred Musket. Tactics, Technology, and Power in Eighteenth-Century Madagascar", *Comparative Studies in Society and History*, Vol. 27, No. 2, 1985, p. 273.

[③] A. Grandidier, ed., *Collection des Ouvrage Anciens concernant Madagascar*, Tome1, *Ouvrages ou Extraits d'Ouvrages Portugais, Hollandais, Anglais, Français, Allemands, Italiens, Espagnols et Latins relatifs à Madagascar* (1500 à 1613), Comité de Madagascar, 1903, p. 459.

[④] Zöe Crossland, *Ancestral Encounters in Highland Madagascar: Material Signs and Traces of the Dead*, Cambridge University Press, 2014, p. 104.

[⑤] Gerald M. Berg, "The Sacred Musket. Tactics, Technology, and Power in Eighteenth-Century Madagascar", *Comparative Studies in Society and History*, Vol. 27, No. 2, 1985, p. 277.

◈❖◈ 成为内陆国家的岛屿

不过要注意,阿希纳文化体系里,在不对等交换中体现的阶序性只是它一个方面的特点,阿希纳体系还有很重要的一个特点在于其存在的前提是社会整体在等级秩序下的和谐统一。换句话说,社会下级阶层出于相信和维护源于祖先和神灵意志的整个群体的善,可以心甘情愿接受今天我们看似不平等的交换形式。相对应地,为了维护这种整体和谐,伊默里纳的上层阶级也要考虑到整个群体的利益。作为伊默里纳上层的国王和贵族,很多时候会在行动中体现出这种思维方式,比如1785年秋收时节,一场梅里纳族群的内部战争进行过程中突然有蝗灾袭来,交战双方约一万六千名士兵此时停止了敌对行动转而共同去驱赶蝗虫。在被问及为什么这样做时,其中一方的领袖说道:蝗灾关乎整体的利益,而战斗只涉及一个小群体的输赢。[1] 除了这个让人印象深刻的故事以外,能体现阿希纳体系整体性观念的还有一个方面:一旦有原先的外族向伊默里纳表示臣服,他们会很快被涵化进入伊默里纳的阿希纳体系中,获得通过上贡阿希纳来换取国王庇护的可能性,从而减少因为战败而沦为奴隶的危险。这一点如拉尔森所述:马达加斯加在19世纪开始前进行的是一个打散既有结构同时重建新结构的过程。[2] 伊默里纳王朝在扩张征服时不仅仅注重领土面积的扩大,不刻意强调敌我分别,而是借助阿希纳体系和自身的强大不断对新归附臣服的民众灌输伊默里纳王庭的"中央位置"和他们相对于中央的从属地位。这种"中央—地方从属"的位置关系既是地理上的也是心理上的,是一种新的世界观和文化模式。[3]

此外,阿希纳体系的一些属性透露出它作为一种文化机制却深受地理环境影响的特点。作为一种具有阶序性的流动能量,阿希纳需要

---

[1] Gerald M. Berg, "The Sacred Musket. Tactics, Technology, and Power in Eighteenth-Century Madagascar", *Comparative Studies in Society and History*, Vol. 27, No. 2, 1985, p. 278.

[2] Pier M. Larson, *History and Memory in the Age of Enslavement: Becoming Merina in Highland Madagascar* (1770–1822), James Currey, 2000, pp. 156–157.

[3] Pier M. Larson, *History and Memory in the Age of Enslavement: Becoming Merina in Highland Madagascar* (1770–1822), James Currey, 2000, p. 170.

第二章 马达加斯加独特的经济地理格局是如何形成的

一种空间表征为其建构提供一种经验性的素材和依托,伊默里纳王国所在塔那那利佛地区的地形就具备这样的条件。让-皮埃尔·瑞森(Jean-Pierre Raison)对此进行了很好的归纳:首先,这里的山被认为是接近太阳的地方,是上天与人间的中介;其次,在山上往往可以找到泉水,顺势而下的水流为阿希纳的阶序性流动提供了贴切的隐喻来源;最后,山顶上可以拥有良好的方位感,并且视野清晰,曾经梅里纳人认为塔那那利佛圣山视野所及内是光明之地,而再往外就是林木遮蔽之下的未知领域。[1] 19世纪末20世纪初在马达加斯加中部高原地区传教的牧师拉阿尔斯·维格(Lars Vig)也介绍了当地人对于高度的崇拜:很多神圣的墓地都在山顶;当有人觉得自己的力量不如过去时,会到山顶呈递祭品;在基督教传播以后,当地也有牧师向信徒传道时还坚信山顶比平原离神更近。[2] 伊维特·希拉(Yvette Sylla)同样指出过山与水都可以通过被赋予神圣性而具备阿希纳的载体作用。[3] 高度差体现的阶序性不只体现在山地和平原的海拔差异上,在伊默里纳国王的寝殿,国王在接待妻子和臣属时都会在一个高床上进行,以体现身份等级上的卓越(见图2-13)。

由于所有人类都出生在一个特定的地理空间里,所以在人类初民社会中,依据自己的生存环境进行宇宙观的构建是普遍存在的情况,这种构建自然而然也会受到人群所处环境的影响。随着人类社会组织的扩大化和复杂化,出于更强的政治需求,对于宇宙观的运用也可能产生延展和创新,阿希纳在伊默里纳从地方性文化体系转变为奴隶贸易中身份涵化机制就是这样一个典型的例子。毫无疑问,从上文对阿希纳的阐释中可以看到阿希纳鲜明的地理特性,它孕育于中部高原,

---

[1] Jean-Pierre Raison, Pour une géographie du hasina (Imerina, Madagascar), https://horizon.documentation.ird.fr/exl-doc/pleins_textes/divers4/010017390.pdf, 2020-11-20.
[2] Lars Vig, Les Conceptions Religieuse des Anciens Malgaches, Paris: Karthala, 2001, 117.
[3] Madagascar Fenêtre: Aperçus sur la Culture Malgache Volume 2, Antananarivo: CITE, 2006, p. 100.

◈◈ 成为内陆国家的岛屿

图2-13 伊默里纳国王寝殿结构的还原①

这里山丘与周边平原的强烈地形反差经过阿希纳的中介作用，形成了地理层面在社会等级秩序维持和运转上的投射。

综上，阿希纳体系的运作机制对于理解伊默里纳王国整体的崛起有重要的启示意义。结合前文关于阿希纳的介绍能够发现——伊默里纳的文化特点在于社会等级秩序与社会整体和谐的统一，国王和贵族非常清楚自身权势与社会整体良好的相互依存关系，他们一边利用奴隶贸易和火枪、布匹贸易这样与外界的能量交换积极出击作战和征服，加强自己作为新秩序核心所具有的能力；一边又在开疆拓土的过程中建立非平等但是稳定的社会总体安全与繁荣。可以说，这样一种模式在奴隶贸易那个特定的时代背景下有着极强的感召力和组织优势，一方面它能够不断扩张、谋求权力的扩大和维持；另一方面对于自己的族人，它又能给予整体上的保护。可以说，伊默里纳王国正是依靠这样一种机制，迅速在混乱的时代中寻找到建立自身政权秩序的方式。并且由于这种秩序能最大化保障其认同者的安全，所以有越来越多的其他部族愿意参与到其中来。同时，伊默里纳依靠文化与贸易

---

① 笔者摄于2018年7月5日。

第二章 马达加斯加独特的经济地理格局是如何形成的

结合的扩张特点，也能较好地从岛屿内部角度来解释马达加斯加奴隶贸易为什么在体量小的同时还能推动当地政权的迅速发展。可以说，强大的文化体系在这其中功不可没——它利用了社会动荡和道德沦丧带来的危机感，强调外族归化、顺从、认同则可以免除沦为奴隶的命运，迅速吸纳了大批寻求安全感的外族成为自己的族人。同时，将新群体吸纳进入自己的文化体系以后，在这个体系中位于最高地位的伊默里纳统治阶层可以持续借助不平等的阿希纳交换，把自己的文化身份优势转化为物质优势，再进一步通过物质财富来展示自身文化的优越性，加速吸附过程。

作为一个内陆霸权，马达加斯加伊默里纳王朝的崛起标志着它经济地理形态上"中央统御沿海"的路径开始涌现形成。从演化经济地理的理论来看，这是一种自组织机制中的秩序生成过程。

在自然界中存在的自组织机制在经过普利高津等科学家的研究后已经为世人所熟知，无论贝尔纳流、别洛索夫-扎鲍廷斯基（Belousov-Zhabotinsky）化学反应还是哈肯的激光生成都是经典例子，这里不做过多介绍。除此之外，不少学者也开始尝试将人类社会的运行和维持当作自组织现象来研究。在持这一类范式的学者眼中，对于社会的理解需要很好地调节方法论的整体主义和方法论的个人主义。首先，由于社会由个人组成，个人的认知、动机、心态等因素是社会事实的一个部分；其次，由于个人间的互动演化出复杂而多样的整体性特征，比如制度、文化、政权等，它们同样也是社会事实的另一个方面。换言之，整体与个体是互构的，个体在行动中不断维持塑造整体，整体同时也在制约和引导个体。以吉登斯的结构化理论为例，它的核心就在于认为人类的社会行为是一种个体对整体持之以恒的循环、递归性（recursive）再创造。[1]

---

[1] Spyros G. Tzafestas, *Energy, Information, Feedback, Adaptation, and Self-organization The Fundamental Elements of Life and Society*, Springer, 2018, p.644.

◈ 成为内陆国家的岛屿

凯斯·索耶（Keith Sawyer）将这种社会构成与运作的辩证关系通过更细致的一种层次体系展现出来。索耶认为，首先，个体具有个人的记忆、性格、认知特性以及意图等要素，这是构成社会基底的第一层要素。在这之上存在人与人之间相对随机的互动，包括对话、符号交流、合作、协商等，这是第二层次的社会存在。在这之上有相对稳定的第三和第四层结构，它们包括一些行为习惯、集体记忆、角色分配等。在所有这四层互动上还有最稳定的社会存在模式，包括书籍、文件、交通网、城市、建筑等。索耶将这些层次共同称为"涌现范式"（Emergence Paradigm），这里的涌现其实表达的就是从底层个体到偶然互动再到稳定结构呈现这样一种社会复杂的自组织和自生成的过程。[1] 除去上述例子，以皮埃尔·布尔迪厄、安东尼·吉登斯等人为代表的实践理论倡导者也持有类似的观点，在此不一一赘述。

对于理解马达加斯加中央统御沿海的演化路径而言，最有启发性的人类自组织机制是城市的形成过程。人类在迁徙、生产、交易等过程中，对自然环境进行选择、利用、改造，同时也自发分工，形成规模更大、组织更加复杂的群体。这些活动相互交织，在一个动态的推进中形成了城市。同时，为了维持城市的存在，这个城市每天还要输入并消耗大量的食品、燃料以及其他物质和能量，只有这样才能维系整个城市系统的运转甚至进一步发展。在普里戈金等人看来，城市这样的自组织模式是典型的耗散系统，它不断寻求逃离热力学平衡态来实现熵增的最小化，而实现这一切的条件就是不断和外部环境进行物质、信息等一系列能量交换来维持自身运转。具体来说，是不断摄入低熵态的能量，排出高熵态能量，使得整体的熵增为负。[2] 艾伦（Allen）和桑格里耶（Sanglier）进一步具象化展现了城市作为耗散系统

---

[1] R. Keith Sawyer, *Social Emergence Societies as Complex Systems*, Cambridge University Press, 2005, p. 211.

[2] Riccardo M. Pulselli and Enzo Tiezzi, *City out of Chaos Urban Self-organization and Sustainability*, WIT Press, 2009, pp. 20–21.

第二章　马达加斯加独特的经济地理格局是如何形成的

的演化过程（见图2-14）。在艾伦和桑格里耶的案例中，一个区域内原来相对均匀地分布着一些小型居民点，但是随着一些偶然因素的产生，比如公共资源增加或者产业集群出现，一些地方形成了趋于集群的正反馈效应，开始形成城市。相反，另一些地方因为污染或者拥堵等其他因素而阻碍了人群的聚集，使得城市化进程停滞或从未出现。在这个过程中，出现城市发展的地区产生了某种吸附力和承载力，不断从外界引入移民、物资，并在时间的流逝中不断壮大。①

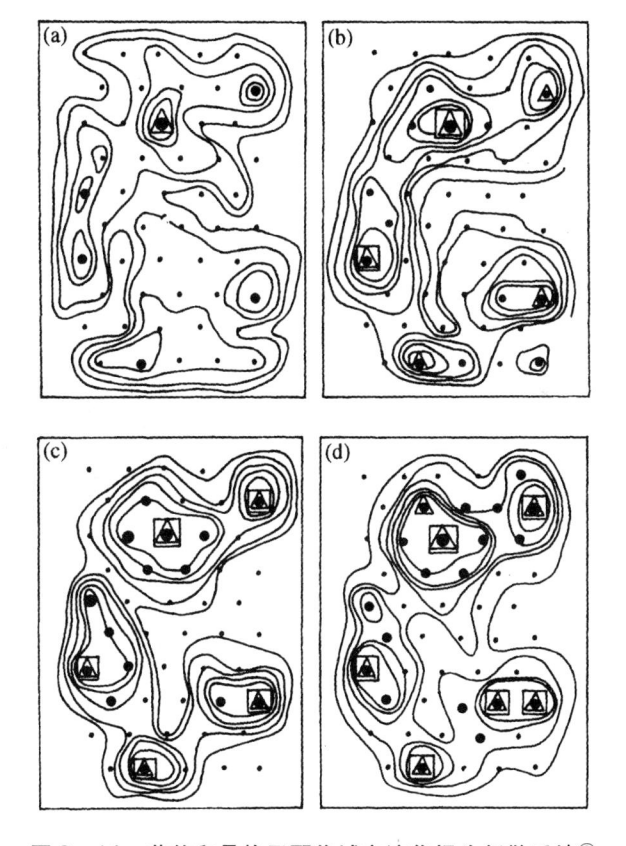

图2-14　艾伦和桑格里耶将城市演化视为耗散系统②

---

① Juval Portugali, *Self-Organization and the City*, Springer 2000, p. 53.
② Juval Portugali, *Self-Organization and the City*, Springer 2000, p. 53.

◇❖ 成为内陆国家的岛屿

不难看出，伊默里纳王国的崛起过程有着上述城市化进程中非常相似的机制，马达加斯加在大航海时代初期处于边缘化和相对封闭的状态，奴隶贸易促成马达加斯加与外界的物质和能量交换，人口、武器、货币、信息等要素都在岛上流动。这个时候，中部高原最初并存着的很多小政权在物质和能量流中就开始发生变化，伊默里纳王国的领袖此时借助其文化体系，迅速将外来的能量进行秩序化整合，产生了强大的权力体系，并且形成一个正向反馈机制，依靠持续的奴隶贸易来不断增强这样的反馈，最终实现扩张和达成霸权。这里要注意的是，之所以说伊默里纳王朝崛起是一个自组织过程，是因为一开始它的领袖作为一个小政权的君主，完全难以预计自己采取的措施会将脚下的王国引向何方。国王根据自身直觉与片面信息所做的决策与梅里纳文化体系的耦合和自催化效应也是前者做决策时难以预先估计到的。很多情况下，只有权力扩张到一定规模并且形成较为清晰的机制时，掌权者才会意识到这是某种可以掌控的规律。

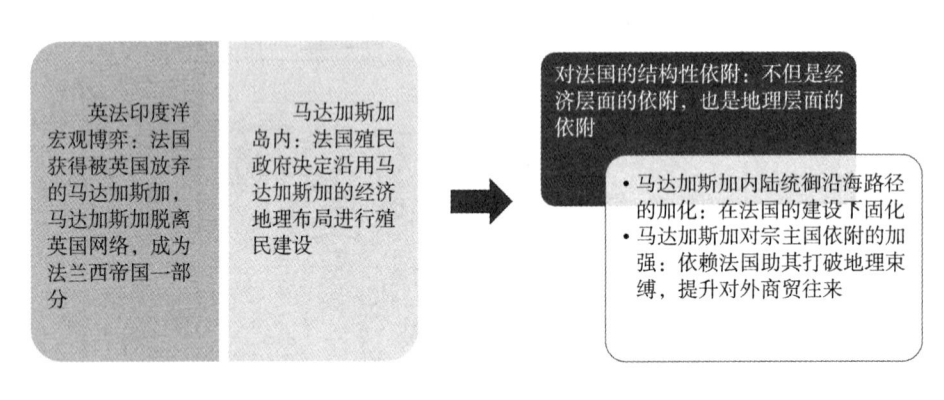

图 2-15 殖民活动与经济地理演化

四　殖民时期的马达加斯加

（一）地缘博弈中的依附形成

英法在马达加斯加东部沿海的竞争首先在马达加斯加本土体现出

第二章 马达加斯加独特的经济地理格局是如何形成的

来。18世纪初,马达加斯加东部沿海在拉齐米拉奥(Ratsimilaho)的武力和政治权威下结成了贝奇米扎拉卡(Betsimisaraka)联盟,这个联盟后来也被建构为马达加斯加东部最大族群。拉齐米拉奥是英国海盗汤姆(Tom)与一位当地公主的后代。相反地,在拉齐米拉奥统一东部沿海过程中击败的一个重要敌人贝武勒(Bevoule),其后代中一个叫作让·勒内(Jean René)的混血儿却和法国人联系紧密,并且借助先人贝武勒的历史遗产取代了拉齐米拉奥的后人,成为马达加斯加东部沿海的统治者。[1] 不仅如此,让·勒内重新统一马达加斯加东部以后还和来自高原的梅里纳国王拉达玛一世(Radama I)歃血为盟,并依靠自己优异的法语为法国奴隶贩子和商人效力。

这种个体性的案例看上去只是一种偶然的碰撞,毕竟海盗以及混血后代是否直接代表英、法两大帝国在南印度洋的战略意图还有待论证。但它确实是当时英、法两国在印度洋区域存在感提升的表现,也是英法在印度卡纳蒂克战争的一种延伸。在让·勒内这样的地方联系人帮助下,法国重新开始在马达加斯加建立存在感,不过依然只停留在沿海地区。1750年,马达加斯加东北部岛屿圣玛丽岛的首领贝蒂(Bety)向法国让出圣玛丽,以此为出发点,到1767年为止法国陆续又在马达加斯加东部沿海建立起一些据点。[2]

作为反制,19世纪初在毛里求斯被割让给英国以后,英国驻毛里求斯总督汤森·法夸尔(Townsend Farquhar)进行了一系列外交活动,借助伊默里纳国王拉达玛一世扩张领土的决心引诱他联合英国对抗法国。因为当时法国控制的主要区域在马达加斯加东部沿海,而东部海岸是马达加斯加向毛里求斯出口奴隶和补给品的必经之地。拉达玛一世听从了英国人的建议,对法国据点进行了一系列攻击。[3] 1829

---

[1] Pier M. Larson, "Fragments of an Indian Ocean Life: Aristide Corroller Between Islands and Empires", *Journal of Social History*, Vol. 45, No. 2, The Indian Ocean (Winter 2011), p. 372.

[2] *Madagascar, Histoire et Géographie Élémentaires*, Ch. Poussièlgue, Paris, 1901, pp. 12-13.

[3] *Madagascar, Histoire et Géographie Élémentaires*, Ch. Poussièlgue, Paris, 1901, p. 21.

◇❖ 成为内陆国家的岛屿

年,为报复拉达玛一世,法国舰船炮轰东部海港塔马塔夫。[1] 1830年,查理十世出兵占领阿尔及尔的同时还有过派兵远征马达加斯加的计划,但后因1830年革命流产了。[2] 1840—1841年,借助马达加斯加岛西部沿海萨卡拉武(Sakalava)族群与中部高原伊默里纳王国的矛盾,法国获得了马达加斯加西北部离岛诺西贝(Nosy Be)的控制权。差不多同一时期,法国冒险家和外交官约瑟夫·弗朗索瓦·兰伯特(Joseph-François Lambert)在毛里求斯建立了贸易站点,之后他来到马达加斯加,受伊默里纳亲法君主拉达玛二世(Radama Ⅱ)的委托与拿破仑三世进行沟通,寻求法国对伊默里纳的保护。作为交换,拉达玛二世与兰伯特签署了秘密协定,将马达加斯加十年内一切矿产、森林和荒地的开采权都出让给兰伯特牵头在巴黎成立的马达加斯加公司。

1862年,法国工程师和冒险家让·拉波尔德(Jean Laborde)被法国政府任命为法国驻马达加斯加首任领事。同年9月,拉波尔德代表法国与马达加斯加签署贸易协定。随后法国人为拉达玛二世举行了加冕仪式,仪式上的王冠、王袍等物件都从法国海运而来。拉达玛二世与法国过于激进的合作招来了伊默里纳贵族阶层的反对,加冕国王的第二年(1863年)他就被刺杀了。拉达玛二世的反对者们认为前者的做法太过反叛,近乎全面否认了传统社会秩序与价值,[3] 于是在掌权后,他们也立刻废除了先前与法国签署的协议,因此法国官方对马达加斯加的行动在实质上依然没有进入内陆。这里一个比较特殊的例子是工程师让·拉波尔德,他因为海难来到马达加斯加,由于特殊的机缘展现出才能之后被伊默里纳王室留用。在拉纳瓦鲁娜一世

---

[1] *Madagascar, Histoire et Géographie Élémentaires*, Ch. Poussièlgue, Paris, 1901, p. 23.
[2] Gwyn Campbell, *An Economic History of Imperial Madagascar, 1750 – 1895: The Rise and Fall of an Island Empire*, Cambridge University Press, 2005, pp. 329 – 330.
[3] J. F. Ade Ajayi, ed., *General history of Africa*, Ⅵ: *Africa in the nineteenth century until the 1880s*, UNESCO, 1989, p. 433.

第二章 马达加斯加独特的经济地理格局是如何形成的

(Ranavalona I) 女王因为宗教原因采取极其严酷排外政策的时代,拉波尔德因为特殊的才能被继续委以重任。拉纳瓦鲁娜一世在离塔那那利佛约60公里处的曼塔苏(Mantasoa)为他提供了大面积的土地和很多劳工,让他修建兵工厂。他不但完成了这一项任务,更在当地建立起钢铁厂、玻璃厂、砖厂等生产单元,为马达加斯加带来了一个完整而有一定规模的工业体系,可以说以一己之力给中部高原的伊默里纳带来了工业现代化的启蒙。

在刺杀亲法的拉达玛二世以后,新的伊默里纳贵族统治团体更偏向优先发展与英国和美国的关系。他们在代表马达加斯加新政权与英美分别签署新的合作协议两年之后,才与法国签署了对等的新协议,并且这个协议还经常被马达加斯加方面违背,造成了很多纠纷,最终导致了1883年开始的第一次法国和伊默里纳王朝之间的战争。[1] 1885年柏林会议结束,在欧洲列强确认马达加斯加归属后,法国政府开始着手全面殖民行动,并于1895年3月1日在马达加斯加西北部海港马仁加登陆并进军塔那那利佛。同年9月30日,马达加斯加女王宣布投降,1896年,马达加斯加正式成为法国殖民地。

以上是殖民以前英国与法国近代在马达加斯加相互对抗的简要脉络,但是对于理解英法对于马达加斯加的争夺不能只停留于双方在马达加斯加的冲突,还要在更广的视角下从双方在印度洋的整体战略和博弈来理解。

从黎世留辅政开始,法国就开始与英国竞争印度洋控制权。毛里求斯和塞舌尔都曾经被法国占据并且作为基地袭击印度洋上的英国船只。在18世纪末19世纪初,有约200艘法国私掠船活跃在印度洋上,依托塞舌尔和马斯克林群岛为基地袭击英国商船。其中最著名的船长罗伯特·瑟尔库夫(Robert Surcouf)一个人就劫掠了超过40艘英国船只。法国私掠船的活动使得印度洋,特别是锡兰与东南部非洲

---

[1] *Madagascar*, *Histoire et Géographie Élémentaires*, Ch. Poussièlgue, Paris, 1901, p. 31.

◇◆ 成为内陆国家的岛屿

之间水域在当时对于英国船只十分危险。① 但是英国皇家海军很快夺回了海洋优势，这一点在英法为数众多的海战中得到体现，以1793—1814年英法战舰的交战记录为例，双方在这一阶段的76场海战中法国仅仅取得了其中6场战斗的胜利。②

整体而言，英国和法国对马达加斯加的争夺深刻体现了当时大国地缘政治思维对于殖民地的深远影响。从确保通往印度的商路安全到苏伊士运河开通，双方对马达加斯加的争夺和取舍需要放置在两个帝国全球性争霸的背景中进行考虑。

在19世纪中期以前，西方人对马达加斯加内陆知之甚少。在地缘政治层面，当时法国对马达加斯加的定位首先是海洋导向的。认为马达加斯加北部的海港迭戈-苏亚雷斯会成为法国远东航线的重要节点，与达卡、利伯维尔等西非港口一并成为法国重要的远航枢纽，并且在战争时期还可以切断英国前往印度、中国香港以及澳大利亚的贸易航线。同样，马达加斯加的这个战略位置及其潜在威胁被认为是英国常年以来希望将法国赶出马达加斯加的原因。③

就南部印度洋而言，英国紧随葡萄牙与荷兰进入这一区域。一直到苏伊士运河建成以前，南印度洋始终在大英帝国贸易网络中起到至关重要的作用，联结远东以及印度、中东的航线代表着占据着英国对外贸易往来的很大一部分。从17世纪初开始，英国军舰就开始在印度洋上攻击西班牙船只，18世纪英法七年战争以及19世纪初的拿破仑战争胜利后，英国在印度洋取得了对法国的全面压制。到19世纪下半叶，特别是美国独立后，大英帝国对其远东利益乃至整个海洋秩序的维持是围绕印度洋进行的。从阿拉伯的咖啡到阿萨姆的红茶，从

---

① Jean-Michel Filliot, *Histoire de Seychelles*, République Française, Ministère des Relations Extérieures, Coopération et Développement, 1982, pp. 82–85.
② Mark Lardas, *British Frigate vs French Frigate: 1793–1814*, Osprey Publishing, 2013, p. 72.
③ *Madagascar, Histoire et Géographie Élémentaires*, Ch. Poussièlgue, Paris, 1901, pp. 45–46.

第二章　马达加斯加独特的经济地理格局是如何形成的

比哈尔的鸦片到孟加拉的棉布和黄麻，从缅甸的大米到锡兰的橡胶，从中国的丝绸到桑给巴尔的丁香，从美索不达米亚的椰枣到菲律宾的烟草，再到毛里求斯的蔗糖；以上产品在一个相当长的时期都是大英帝国印度洋贸易网上的常规商品，在运输路线上也必须取道南印度洋与开普敦。19世纪末，随着冷冻运输技术的发明，从澳大利亚经印度洋前往英国的牛肉和水果运输也开始加入到英帝国南印度洋贸易航路中来。[1]

1810年，英国占领留尼旺和毛里求斯，1811年占领塞舌尔和马达加斯加东部沿海的塔马塔夫。1814年的巴黎和约签署后，英国获得了毛里求斯与塞舌尔的统治权，并将留尼旺归还给法国。如果说英国归还留尼旺是因为这个岛屿虽然与毛里求斯地理位置接近、面积相似，但是不具备毛里求斯拥有的优良港口的话[2]，之后在1890年与法国的协定中放弃马达加斯加的行为就显得比较让人难以理解。毕竟毛里求斯当时依赖马达加斯加提供粮食、肉类以及劳动力的供应，[3] 并且有着庞大的地理体量和看似广阔的发展前景。那么，英国何以在当时放弃了对于毛里求斯如此重要的马达加斯加呢？

根据既有研究的观点，英国将马达加斯加让与法国主要有以下原因。

首先，英国1882年出兵埃及并控制苏伊士运河让法国感到愤怒。为了安抚法国，使其默许英国占领埃及，英国主动将马达加斯加让与法国。[4] 此外，英国的印度洋地缘战略中桑给巴尔的地位高于马达加斯加。因为除了以丁香为代表的种植园收益外，桑给巴尔牵涉到对整个坦噶尼喀沿海及其内陆的控制，并且是英国在肯尼亚以及上尼罗河

---

[1] Ashley Jackson, "Britain in the Indian Ocean Region", *Journal of the Indian Ocean Region*, Vol. 7, No. 2, December 2011, p. 157.
[2] Ashley Jackson, *War and Empire in Mauritius and the Indian Ocean*, Palgrave, 2001, p. 21.
[3] 在1790年左右，马达加斯加每年向毛里求斯提供的肉牛就已经超过3000头。见 Deryck Scarr, *Slaving and Slavery in the Indian Ocean*, Macmillan Press, 1998, p. 34。
[4] Sethia Tara, "British Coioniai Poiicy and the Decision to Abandon Madagascar to the French, 1882 – 1883", *UCLA Historical Journal*, No. 2, 1981, p. 74.

◈ 成为内陆国家的岛屿

地区进行争夺的重要依靠。[1]

其次,要理解英国放弃马达加斯加的选择,一个无法回避的事件就是1869年苏伊士运河的通航。随着苏伊士运河的启用,从伦敦到孟买的距离由绕行开普敦的11000英里缩减到6300英里。[2] 运河通航后第一年就有合计吨位43万吨的486艘船只从中通过,到1955年,也就是运河被埃及收归国有的前一年,苏伊士运河的年通过船只数达到14666艘,总吨位1亿1500万吨。[3]

这条也许是世界上最重要的运河极大地影响了西南印度洋的地缘重要性:随着很多原先必须绕过好望角的航线因为运河开通而被取消,西南印度洋上的毛里求斯、马达加斯加等地在航运线路上的地位也被大大削弱。以毛里求斯为例,苏伊士运河对其航运业的冲击一直到20世纪50年代才恢复过来。[4]

在20世纪初英国的海上战略制定者看来,苏伊士运河通航后英帝国海上霸权的五大节点分别是多佛、直布罗陀、苏伊士、开普敦和新加坡。而像马耳他、百慕大、圣赫勒拿以及毛里求斯这样原先的核心地点则降级为"有着重要防御作用的帝国堡垒"。[5] 可以看出,在这种地缘战略层级降级的背景下,比毛里求斯更不受重视的马达加斯加受到抛弃也就是可以理解的了。尽管英国早在伊默里纳王朝第二任君主拉达玛一世在位时期就通过当时英国驻毛里求斯总督法夸尔拉拢马达加斯加和英国的关系,同时排挤法国在马达加斯加的影响,伦敦传教会也不遗余力在马达加斯加中部高原扩大英国教会的存在感,但

---

[1] Phares M. Mutibwa, "Britain's 'Abandonment' of Madagascar: The Anglo-French Convention of August 1890", *Transafrican Journal of History*, Vol. 3, No. 1/2, 1973, pp. 98 – 100.

[2] Mia Carter and Barbara Harlow, eds., *Archives of Empire*, Volume1: *From East Indian Company to the Suez Canal*, Duke University Press Durham and London, 2003, p. 570.

[3] Joseph A. Obieta, *The International Status of the Suez Canal*, Martinus Nijhotf, The Hague, 1970, p. 2.

[4] T. 兰丁:《毛里求斯地理》,南京大学地理系非洲地理组译,江苏人民出版社1978年版,第1页。

[5] Ashley Jackson, *War and Empire in Mauritius and the Indian Ocean*, Palgrave, 2001, p. 21.

所有这些先前的攻略随着苏伊士运河开通以及 19 世纪末瓜分非洲的帝国协商的进行都宣告作废。从 20 世纪初英国全球海底电缆线路的铺设情况，可以很清晰地看出当时马达加斯加如何被英国剥离出了自己的帝国体系（见图 2-16）。

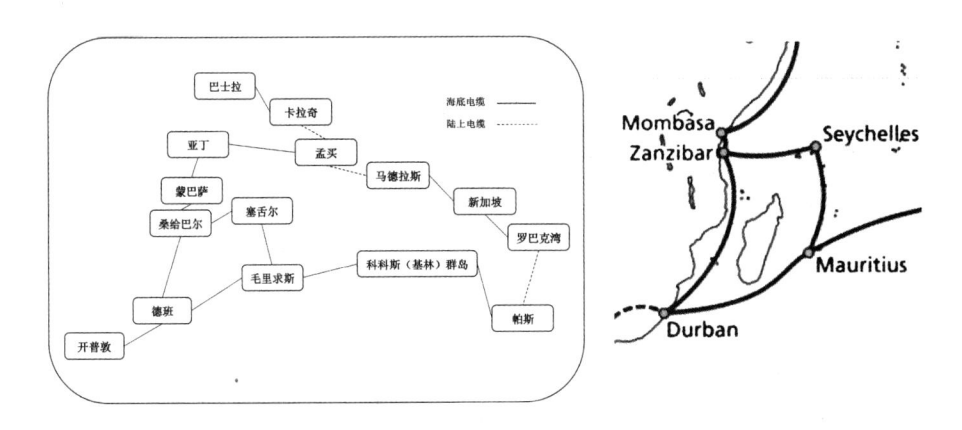

图 2-16 1920 年的大英帝国印度洋区域海底电缆线路分布①

倚仗自身强大的海军实力，英国将印度洋变成了自己的内湖。对于环印度洋的英属殖民地来说，这意味着它们通过交通、通信、贸易等被整合进不列颠帝国网络以及日后的英联邦体系中来了。与之相反，在同一个过程中马达加斯加则成了印度洋上的孤岛。而由于法国的非洲殖民地主要集中在北非和西非，所以从殖民管理的层面而言它们也很难和马达加斯加形成区域性关联与整合。

当然，即便距离遥远，法国依然将马达加斯加视为海外版图上非常重要的一环。以南印度洋的海军基地分布为例，英国在这个区域有桑给巴尔、塞舌尔、毛里求斯、迭戈加西亚以及开普敦可以进行停靠补给。② 而法国一旦失去马达加斯加，那么离开吉布提从亚丁湾南下

---

① Ronald Hyam, *Understanding the British Empire*, Cambridge University Press, 2012, p. 20.
② Steven Gray, *Steam Power and Sea Power: Coal, the Royal Navy, and the British Empire, c. 1870–1914*, Palgrave Macmillan, 2018, p. xvi.

◈ 成为内陆国家的岛屿

印度洋的法国舰船需要绕过好望角一直北上到达蓬利伯维尔后才能停靠,反之亦然。[1] 换言之,马达加斯加是法国在南印度洋甚至整个印度洋最重要的战略支点。这一点在日俄战争中都有体现,1905年沙俄波罗的海舰队绕过好望角紧急驰援远东战区时,由于舰船过大和当时英日同盟的关系,不仅无法使用苏伊士运河,在南印度洋也只能选择马达加斯加的诺西贝岛进行停靠补给。

综上可见,英、法两国在印度洋博弈后形成的整体权力结构也使得马达加斯加延续了大航海时代早期以来形成的边缘化状态,它被英国主导的印度洋体系抛弃,又远离法国本土,这意味着法国对马达加斯加的殖民将成为马达加斯加下一阶段发展过程中对外界所能依附的唯一渠道。

马达加斯加殖民期间经济和贸易活动的变化情况可以最好地体现这种依赖,首先,马达加斯加按照法国殖民的规划成为重要的农产品生产基地,以下是当时马达加斯加主要农产品出口增长的情况。

1912年的香草产量是1903年的10倍,同期棉豆(Pois du Cap)产量也接近增产10倍。[2] 咖啡出口量从1903年的1400千克飙升到1913年的约365000千克(增加约260倍),[3] 可可豆1912年的出口量也比1903年增加20000千克,并且在欧洲市场很受欢迎,[4] 牛皮出口从1903年到1913年也增长了近8倍,达到8000吨。[5]

接下来从外贸占比看出,随着马达加斯加成为法国殖民地,它的主要贸易对象国变成了法国。以殖民统治开始前1885年的数据为例,当时从法国的进出口总额价值分别约为35万法郎和40万法郎,而与其他国家的进出口额分别是380万法郎和310万法郎;到1912年,

---

[1] Steven Gray, *Steam Power and Sea Power: Coal, the Royal Navy, and the British Empire, c. 1870 – 1914*, Palgrave Macmillan, 2018, p. 40.
[2] M. Loisy, *Madagascar, étude économique*, Augustin Challamel, 1914, pp. 83 – 84.
[3] M. Loisy, *Madagascar, étude économique*, Augustin Challamel, 1914, p. 94.
[4] M. Loisy, *Madagascar, étude économique*, Augustin Challamel, 1914, p. 96.
[5] M. Loisy, *Madagascar, étude économique*, Augustin Challamel, 1914, pp. 133 – 138.

第二章 马达加斯加独特的经济地理格局是如何形成的

从法国进出口额分别达到4400万法郎和4100万法郎，而对其他国家的进出口额则分别是420万法郎和1600万法郎。[①] 到了殖民结束前的1958年，马达加斯加的进出口贸易额分别是265.7亿和203亿非洲法郎（francs C. F. A），其中法国在马达加斯加进出口额中的占比分别达到71.7%和58.7%。这还仅仅是法国本土的份额，如果加上当时法国海外省与海外殖民地对马达加斯加的出口和进口，这两个数字还要分别上升到77%和71%。[②]

上述数据体现着殖民时期马达加斯加对宗主国法国的依赖极度加深，也反映了马达加斯加当时的发展规划几乎完全按照法国的需要来进行布局和设计。那么，法国在马达加斯加的殖民统治如何延续并固化了马达加斯加中央统御沿海的路径呢？接下来，将对此进行分析。

（二）殖民建设中的路径依赖

法国驻马达加斯加首任总督约瑟夫·加列尼（Joseph Gallieni）所代表的法国殖民理念及实践是分析法国为何在殖民时期优先发展马达加斯加内陆的关键。

加列尼毕业于著名的圣西尔军校，参加过普法战争，后投入到法国的殖民事业中。他先作为上尉在上尼日尔河地区活动，为法国在当地谋取了很多利益。短暂前往法属马提尼克后，加列尼又在法属苏丹担任最高指挥官。后来加列尼被调往越南，成为当地一个法国军团的上校总指挥。随后他来到马达加斯加，在这里担任总督共计九年。第一次世界大战期间，加列尼在第一次马恩河战役中有突出表现，被尊称为"巴黎的救星"。[③] 可以说，加列尼在整个法国海外殖民高级官员群体中都属于非常有成就和声望的，而马达加斯加是他丰富殖民地外派

[①] M. Loisy, *Madagascar, étude économique*, Augustin Challamel, 1914, pp. 280 – 281.

[②] S. H. Steinberg, *The Statesman's Year-Book: Statistical and Historical Annual of the States of the World for the Year 1959*, Palgrave Macmillan, 1021.

[③] P. B. Gheusi, *Gallieni: 1849 – 1916*, Bibliothèque Charpentier, 1922, pp. 18 – 210.

◆◆ 成为内陆国家的岛屿

经历中的最后一段,在上任前他已经是声誉和才能兼具的殖民管理者,也受到法国殖民当局的期待。1895年当他刚刚登船准备启程赴任时,法国《费加罗报》就专门发表评论赞颂他的过往经历,并表达对于接下来他在马达加斯加任职的期冀。评论说:"加列尼正是那种我们需要的殖民官,相信他能很快平息马达加斯加局势并且组织好当地的管理。其他殖民地正在从他的榜样和经验中学习,那是它们需要的。"①

因此,整体上而言,尽管在法国国内议会中受到过质疑,加列尼在马达加斯加施政的九年还是能够最大限度按照自己的意志来塑造该地的殖民发展进程。他也确实这么做了,并且在20世纪初的法国舆论和学界看来,加列尼将马达加斯加建设成一个法国海外殖民地的优秀范本,他的殖民地政策也成为法国其他海外殖民地应该学习和借鉴的。②

加列尼于1896年9月30日抵达马达加斯加,当时距离法国军队进入塔那那利佛仅仅过去一年时间,他面对的是一个面积达到法国和比利时总和之巨的岛屿,而手下的士兵仅仅12000人。并且因为法国刚刚占领马达加斯加,很多当地群体还对新来的统治者充满怀疑甚至仇恨,暴乱时有发生。加列尼迅速采取措施,在发现无法依靠原有伊默里纳君主实现和平化统治以后,他迅速采取强硬的军事手段,从塔那那利佛出击,用约两年时间完成了对马达加斯加全境的征服。同时他还处决了一批不愿合作的伊默里纳贵族,将梅里纳王国的最后一位统治者女王拉纳瓦鲁娜三世(Ranavalona Ⅲ)流放至留尼旺。③ 值得一提的是,加列尼对马达加斯加的平叛和征服也和当年的伊默里纳国王一样是从塔那那利佛作为起点,遵循从中部高原向沿海地区的顺序

---

① Jean Hess, Figaro du 7 août, Bulletin du Comité de Madagascar 2e Année – N° 8 – Août 1896, p. 20.
② Stephen H. Roberts, *History of French Colonial Policy:1870 – 1925 Vol. II*, PS King & Son, Ltd, 1929, p. 390.
③ Stephen H. Roberts, *History of French Colonial Policy:1870 – 1925 Vol. II*, PS King & Son, Ltd, 1929, pp. 56 – 58.

第二章 马达加斯加独特的经济地理格局是如何形成的

完成的。①

作为一个信奉斯宾塞理论的殖民总督,加列尼认为对马达加斯加的治理需要遵循两个原则:一是行政组织需要与马达加斯加当地的自然条件、人文特征以及整个殖民发展的理念结合起来;二是跟随马达加斯加的发展进程,殖民行政组织和治理政策也需要进行调整。② 加列尼在其秉政马达加斯加的近十年中一直坚持这一原则,比如尽管信奉共和主义,但在刚刚占领马达加斯加后他选择先借助伊默里纳王室的影响力来安抚人心。在逐渐得知王室已经失去民意以后才彻底取缔君主制。此外,他一边采取"族群政策"(politique des races),削弱梅里纳人特别是梅里纳权贵阶层的统治力,一边又充分意识到梅里纳人中广大自由民(hova)所具备的优秀品质。认为只要梅里纳自由民能够十倍速地增加,并且向海边和殖民交通沿线定居,那么马达加斯加一定会成为理想的殖民地。就此,加列尼还采取了特别的语言政策,将梅里纳方言定为除法语以外的官方语言,并以此语言为媒介创办了官方报纸。③

按照直接统治的逻辑,法国在马达加斯加应该依据自身理念来对马达加斯加安排发展和改造计划。比如在选择殖民地首府这一点上,有很多当时的法国高级军官认为应该先选择东部海港塔马塔夫作为马达加斯加殖民地的首府,即使今后还需要搬迁至中部高原的话,也应该搬迁到靠近南方的菲亚纳兰楚阿(Fianarantsoa)。然而,加列尼否定了这项建议,坚持将首府定在曾经伊默里纳王朝的首都塔那那利佛。在加列尼看来,对于马达加斯加的开发不只是经济上的产出,更重要的一点还在于使得马达加斯加也能复现出法兰西的文明和荣光。作为曾经的首都,尽管地处边远,但是塔那那利佛在马达加斯加已经

---

① Gabriel Gravier, *Madagascar, les Malgaches, Origines de la Colonisation Française*, Paris, Charles de la Grave, 1904, p.551.
② Hubert Deschamps, *Histoire de Madagascar*, Berger Levrault, 1961, p.246.
③ Hubert Deschamps, *Histoire de Madagascar*, Berger Levrault, 1961, p.247.

◈ 成为内陆国家的岛屿

拥有特殊的文化和心理意义,必须依托这一点来规划马达加斯加的前景,以期实现真正的"天下归心"。①

综上,就殖民统治的模式而言,整体上学界认为英国在非洲采取的是间接统治的模式,法国则采取直接统治,但这不排除有少量案例需要更细致的讨论。马达加斯加就是这样一个独特的例子,尤其是加列尼治下的马达加斯加体现出强烈的间接统治色彩。② 但是其实无论直接治理还是间接治理都是一种简单化的标签,只能在整体上对殖民特点进行一种粗枝大叶的概括。其实综观加列尼在马达加斯加主持殖民工作的九年,可以发现他的理念和政策充满一种微妙的对立,其中有些部分可以被归为间接统治模式,也有一部分能被认为是直接统治模式。在这里归纳了四组他的施政理念,从中可以体现这种微妙对立性。

(1)反对同化(Assimilation)——推广法国文明(Mission Civilisatrice)。加列尼反对给予马达加斯当地人法国公民身份的同化策略,认为联合(Association)是更好的选择。换言之,马达加斯加岛上的本地人有自己的风俗信仰和社会组织,应该按照当地传统模式管理。只有出于文明化的目的才需要改革传统,并且要按渐进的方式进行。③ 这是很典型的间接管理思维,但另一方面加列尼又相信要通过先进的科学文化输出,在当地弘扬法兰西文明。在这样的思路下,他认为马达加斯加只有像伊默里纳自由民霍瓦(Hova)这样的族群才能更好地参与到对马达加斯加的建设中来,因为他们聪明勤奋。可以说,强加一个文明的标准并对此进行发展规划甚至人为建构种族区别又具有直接统治的特征。

---

① Ambe J. Njoh, *Planning Power: Town planning and social control in colonial Africa*, UCL Press, 2007, p. 119.
② Stephen H. Roberts, *History of French Colonial Policy: 1870 – 1925 Vol. II*, PS King & Son, Ltd, 1929, p. 375.
③ Gallieni, *Neuf Ans à Madagascar*, Hachette, 1908, p. 274.

第二章 马达加斯加独特的经济地理格局是如何形成的

（2）油滴方略（Tache d'Huîle）——军事征服。加列尼首先通过迅猛的军事行动平息了岛上所有针对殖民入侵进行的反抗，接下来就开始推行其油滴方略。所谓油滴方略，指的是先选择少数城市和村庄进行示范性殖民管理，然后通过溢出效应把先进的殖民理念、外来文化甚至生活方式辐射到周边地区，就像一滴油在纸上四散晕开一样。这种渐进式的渗透需要与当地社群进行长期往来，借助当地知识和语言来实现自身对当地的影响。这是加列尼在越南任职时的一项创造，通过这种强调地方性渗透管理的模式，加列尼让法国的控制范围在越南成功进入了先前殖民者无法触及的北部地区。[1]虽然油滴方略依然是殖民者主导的管理行为，但它在推动过程中需要大量与周边当地社群交流沟通，获得他们的认可，这在很大程度上会使得殖民政策根据具体情况进行调整，是一种适应性的直接统治，同样带有间接统治的色彩。

（3）族群政治（Politique des Races）——反制梅里纳霸权。族群政治是加列尼的另一项重要制度创新，它建立在"分而治之"的基础上，是一种共和主义色彩浓重的族群自决政策。它的宗旨在于赋予殖民地每个族群平等的权力，让它们平等享有人权发展的机会。以此为依据并结合马达加斯加的地理特点，加列尼将马达加斯加的领土分成了大的行政管辖区（cercle），然后再把它们分成次级辖区（sous-cercle），都由殖民官员管理，当地权威需要服从和隶属于殖民辖区的管理。[2]在殖民政策的设计者看来，族群自治不是一种分权下放，而是为殖民地的各个族群创造平等的机会来接受殖民者的督导。[3]很明显，族群政治方针有浓厚的间接统治色彩，它也是被用于论证加列尼殖民方式带有间接性的最主要依据。但是与此同时，加列尼又非常注意削

---

[1] P. B. Gheusi, *Gallieni*: *1849 - 1916*, Bibliothèque Charpentier, 1922, p. 54.

[2] Gabriel Gravier, *Madagascar, les Malgaches, Origines de la Colonisation Française*, Paris, Charles de la Grave, 1904, p. 550.

[3] Alice L. Conklin, *A Mission to Civilize*: *The republican idea of empire in France and West Africa, 1895 - 1930*, Stanford University Press, p. 115.

◇❖ 成为内陆国家的岛屿

减过去伊默里纳王国的残余影响。他认为在前殖民时代法国扶植伊默里纳的政策需要被扭转。① 在加列尼看来，梅里纳人都是机会主义者，他们始终抱有复辟旧王朝的企图。必须尽可能削弱梅里纳人，并且扶植其他族群来维持岛上族群间力量的平衡。② 因此，从加列尼的族群政治理念和他对梅里纳人的抑制来看，他奉行的是一个法国主导的岛内族群平衡策略，是对马达加斯加地方权力结构的直接干预。

（4）未来在沿海 —— 现实在内陆。对于马达加斯加发展的地理区位优先性理解同样体现着直接统治和间接统治的微妙对立。一方面，加列尼对塔那那利佛内陆封闭的区位条件充满困扰，他认为马达加斯加经济的未来在沿海，特别是东部塔马塔夫地区。③ 担任马达加斯加总督期间，他保持着与同时代法国研究马达加斯加最有名的学者阿尔弗雷德·格朗迪迪耶（A. Grandidier）的通信，信中他曾经对塔那那利佛所在中部高原的糟糕交通进行抱怨：

> 马达加斯加的山太多了，虽然有人说那些降雨丰沛的山谷利于发展稻作，但是那些山谷却严重阻碍了我们修路、修好路。马达加斯加需要很多路。很遗憾这里从沿海没有可以通航的水道深入内陆地区，所以我们只能用极大的成本来修公路、修铁路。但是没有办法，因为只有这样我们的商品才能畅行，经济才能流通。这和越南太不同了，那里的人口密集区恰好就在沿海！就在船运上货的地方！④

也正因为如此，他才会在上任伊始就强调塔那那利佛与塔马塔夫

---

① Stephen H. Roberts, *History of French Colonial Policy: 1870 - 1925 Vol. II*, PS King & Son, Ltd, 1929, p. 392.
② Michael P. M. Finch, *A Progressive Occupation? The Gallieni-Lyautey Method and Colonial Pacification in Tonkin and Madagascar: 1885 - 1900*, Oxford University Press, pp. 203 - 205.
③ Louis Brunet, *L'Oeuvre de la France à Madagascar: La Conquête, l'Organisation, le Général Galliéni*, Augustin Challamel Editeur, 1903, p. 527.
④ Gallieni, *Lettre de Madagascar: 1896 - 1905*, Société d'Edition Géographique, Maritime et Coloniale, 1928, pp. 91 - 92.

第二章　马达加斯加独特的经济地理格局是如何形成的

的铁路是马达加斯加殖民地统治和发展的关键,[①] 会在1900年就建成塔那那利佛通往东部沿海的公路。对于沿海交通建设的重视无疑是法国殖民者为马达加斯加带来的新型区位理念,体现着直接改造马达加斯加经济地理格局的意志。

但是另一方面,连接沿海和内陆的执念又反映出加列尼对于马达加斯加既有经济政治地理结构的重视。虽然优先发展沿海更符合一般性经济逻辑,但是加列尼又无奈地承认:个人或殖民政府的意愿难以转移马达加斯加的"重心"(centre de gravité),这个重心的位置只能由该国的政治、经济和战略情况来决定。[②] 换言之,加列尼在当时承认马达加斯加的中部高原是既有的马达加斯加经济政治中心,并且它的重要性使得加列尼相信,重新创建一个沿海为重的经济地理格局并借此来管理和开发马达加斯加是不现实的。

如果说加列尼按照既有经验和优先发展沿海的一般性经济规律来制定政策,那么殖民时期马达加斯加应该会在沿海有更迅速的发展。但正因为加列尼这种希望兼顾经济前景和既有本土政治经济地理特性的思维使得他做出了继续优先发展内陆的决定。就此,加列尼开始在塔那那利佛大规模修建道路、堤坝、学校、医院,建成了连接塔那那利佛和东部沿海的公路,推动法国国内议会通过了修建马达加斯加铁路的提案,彻底把塔那那利佛代表的中部高原当作马达加斯加殖民地的核心区域建设经营(见图3-17)。他曾经说:既然铁路终点在塔那那利佛,那么这里就是马达加斯加的首都。[③]

上述四点关于加列尼制定殖民政策的微妙矛盾除了体现马达加斯加直接统治和间接统治的复杂性以外,还有助于更好地理解为什么这

[①] Gallieni, *Lettre de Madagascar: 1896–1905*, Société d'Edition Géographique, Maritime et Coloniale, 1928, p. 118.

[②] Louis Brunet, *L'Oeuvre de la France à Madagascar: La Conqûete, l'Organisation, le Général Galliéni*, Augustin Challamel Editeur, 1903, p. 528.

[③] Louis Brunet, *L'Oeuvre de la France à Madagascar: La Conqûete, l'Organisation, le Général Galliéni*, Augustin Challamel Editeur, 1903, p. 528.

◈ 成为内陆国家的岛屿

些政策没有改变自奴隶贸易时期开始在马达加斯加形成的中央—沿海结构。作为一个经验丰富又成绩斐然的殖民官,加列尼的殖民理念和操作充满了因地制宜的实用性和灵活性。在接手马达加斯加这么一个体量庞大又危机四伏的岛屿时,加列尼殖民活动的上述特点决定了他在发展马达加斯加时不会大破大立,而是以循序渐进的方式进行。这样的形式不但延续了岛上原有政治经济地理格局,更有可能凭借殖民政府强大的组织能力、财政能力对该格局加以增强和放大。

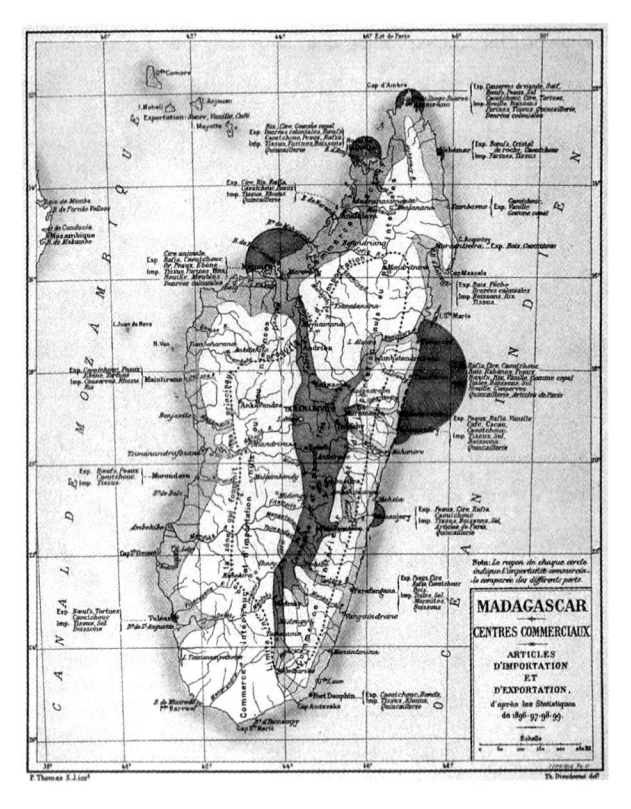

图 2-17　1896—1899 年马达加斯加商业活动热区与港口贸易规模对比①

其实在殖民时代到来之前,伊默里纳王朝因为奴隶贸易结束而走向

---

① Madagascar, *Histoire et Géographie Élémentaires*, Ch. Poussièlgue, Paris, 1901, p. 73.

衰退，马达加斯加经济政治地理格局面临着一次重新组织的契机。当时的伊默里纳首都塔那那利佛是一个"只有一条烂路连接"的城市，① 而其基础设施建设更是还没有开始。可以说，加列尼代表的法国殖民方略在很大程度上左右了马达加斯加日后经济政治地理格局的发展走向。

（三）殖民建设与马达加斯加的路径依赖：岛内政治经济地理结构的强化

殖民时期主要建设绩效与中央统御沿海路径依赖的加强，首先体现在岛内的道路交通网络（见图2-18）。殖民初期，马达加斯加的路上交通主要依托前殖民时代的道路网络。由于地形起伏大，水文、气候、植被等条件复杂，当时的陆地运输主要靠人力肩挑背驮来完成。从塔马塔夫到塔那那利佛这条最主要陆上通道的通行净时长为65—70小时，也就是说，在中途没有意外的情况下，按照每天10小时的强度步行一周左右。由于运输条件落后，据统计在19世纪末时塔那那利佛与塔马塔夫之间的年均货运量只有500—600吨。② 这样的运输方式也大大提高了运输成本，据估算，当时塔马塔夫与塔那那利佛之间的单位运输成本是每吨350—600法郎，约等于法国马赛到塔马塔夫之间运费的10倍。③ 就是在这样与经济逻辑相悖的情况下，加列尼依然把中部高原作为殖民地首都予以重点建设和发展，可以想象这个选择背后有多少人力、物力耗散在了马达加斯加内陆与沿海的连接上。接下来，将借助殖民时代马达加斯加铁路修建的例子来说明这一点。

从1901年到1936年，法国在马达加斯加修建了四条铁路，形成了一个总里程达860公里的铁路网。其中首都塔那那利佛到东部最大港口塔马塔夫的"塔那那利佛－东海岸线路（TCE）"长369千米，将中部稻米产区与TCE线路联系起来的"穆腊芒嘎—阿劳查线路

---

① P. B. Gheusi, *Gallieni: 1849–1916*, Bibliothèque Charpentier, 1922, p. 54.
② Georges Foucart, *De Tamatave à Tananarive*, Imprimerie L. Danel, 1890, pp. 44–46.
③ Georges Foucart, *De Tamatave à Tananarive*, Imprimerie L. Danel, 1890, p. 45.

◈ 成为内陆国家的岛屿

(MLA)"长168千米，连接塔那那利佛与中部高原第二大城市安齐拉贝的"塔那那利佛—安齐拉贝线路（TA）"长158千米，连接中部高原第三大城市菲亚纳兰楚阿与东部沿海的"菲亚纳兰楚阿—东部沿海线（FCE）"长163千米。可以看出，马达加斯加殖民铁路规划的总体趋势是连接中部高原与东部沿海，但与非洲其他地区连接内陆和沿海的铁路不同，马达加斯加铁路网的核心无疑是塔那那利佛。

但是，这个铁路网的修建却产生了以下重要问题。

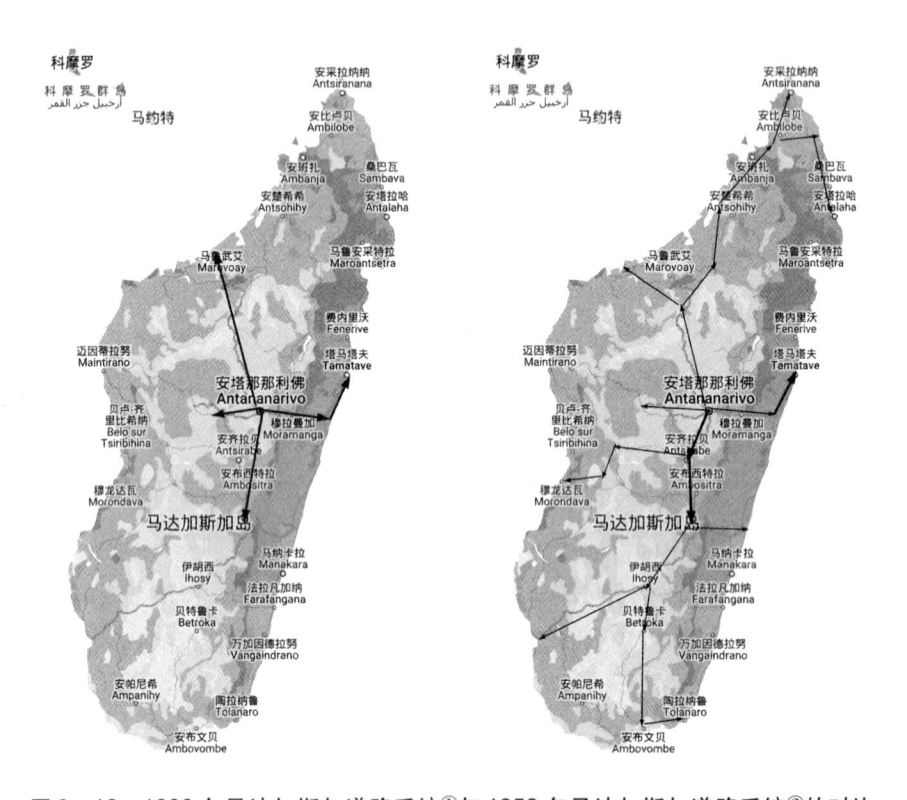

图2-18 1900年马达加斯加道路系统①与1958年马达加斯加道路系统②的对比

（1）严重的预算超标给殖民地马达加斯加带来沉重的财政负担。

---

① Madagascar, *Histoire et Géographie Élémentaires*, Ch. Poussièlgue, Paris, 1901, p. 76.
② William A. Hance, "Transportation in Madagascar", *Geographical Review*, Vol. 48, No. 1, Jan. 1958, p. 46.

第二章 马达加斯加独特的经济地理格局是如何形成的

以连接塔那那利佛与东塔马塔夫的 TCE 线路为例。该线路在 1897 年设计造价为 17.7 万法郎每千米，总造价约 6500 万法郎，但实际造价据估算达到了 28.5 万法郎每千米，即总造价约 1 亿 500 万法郎。[①] 虽然法国本土能够为殖民铁路建设提供一定数量的贷款，但归根结底法国殖民地需要依靠当地的财政收入进行建设，这种巨大的基建工程在很长时间都给马达加斯加当地财政造成了巨大的压力。更重要的是，如果对比马达加斯加铁路网与非洲大陆铁路网，可以发现，非洲大陆上深入内陆的铁路大多数是为了连接矿区或者经济作物产区，将它们连通到沿海港口，并且铁路的起点是港口城市，[②] 而马达加斯加的铁路网络沿线却并没有富集的矿产资源，经济作物产区也较少。[③] 这也直接导致了后续出现的铁路运营低收益率问题。

（2）铁路建成后低下的经济效益，没有能为马达加斯加带来经济起飞的助力。据计算，在铁路建成后，即便考虑到通货膨胀对长期基建投资带来的正面影响，马达加斯加殖民铁路的回报率常年都只在 1% 到 2% 之间浮动，最理想时也没有超过 4%。这种低回报率又使得试图早日盈利的投资者提高运输服务价格，反而进一步加重了殖民地的经济负担。比如在 1934 年，从越南海运到马达加斯加东部沿海的大米售价居然低于从马达加斯加中部高原通过铁路运往东部沿海的大米售价。1958 年殖民结束前通过铁路从东部沿海运往中部高原的水泥运费也高于从法国马赛运往马达加斯加东部沿海的运费。[④] 更糟糕的是，随着大量现金税收都被投入到铁路建设中，很多地区的消费能力进一步受到抑制，因而阻碍了贸易的进一步繁荣。上文介绍过，在

[①] Frémigacci Jean, *Les chemins de fer de Madagascar（1901 – 1936）*, Une modernisation manquée, Afrique & histoire, 2006/2 Vol. 6, pp. 167 – 168.

[②] Andrew Roberts, *The Colonial moment in Africa: essays on the movement of minds and materials, 1900 – 1940*, Cambridge University Press, 1992, p. 82.

[③] Frémigacci Jean, "Les chemins de fer de Madagascar（1901 – 1936）", *Une modernisation manquée*, Afrique & histoire, 2006/2 Vol. 6, p. 165.

[④] Frémigacci Jean, "Les chemins de fer de Madagascar（1901 – 1936）", *Une modernisation manquée*, Afrique & histoire, 2006/2 Vol. 6, p. 184.

◈ 成为内陆国家的岛屿

殖民建设开始前从塔那那利佛到塔马塔夫的货物运费是马赛运往塔马塔夫货物运费的将近 10 倍。新铁路交通网的建设确实提升了运力，降低了运输成本，但这个降低的幅度一定未能达到殖民当局的预期。由此也可以看出，因为在发展的地理布局上与经济逻辑相违背，高投入的基础设施建设并没有带来同等规模的回报。

（3）加剧中央与沿海的失衡。在殖民时期，马达加斯加一个很耐人寻味的现象在于其总体贸易额在迅速发展，而铁路网却没有为出口做出太大贡献。作为一个主要生产热带作物的岛屿，从 1895 年殖民开始到第二次世界大战爆发以前，马达加斯加的进出口总额都有巨大提升，但是其中的出口商品中，有超过一半来自不是铁路沿线的沿海地区。无论咖啡、香草还是丁香，这些当时马达加斯加的主要出口商品都不依赖刚建成的铁路网进行运输。换言之，铁路货运最主要的功能在于进口，在于向中部高原地区运送海外抵达的商品。[①]

以经济作物（plantations industrielles）为例，马达加斯加在法国殖民时期的主要出口商品是经济作物，这在当时马达加斯加的农业生产结构中得以体现。比如殖民后期的 1948 年前后，在岛内的农作物中，水稻的种植面积是 15000 公顷，其他用于粮食的作物种植面积约为 6000 公顷，也就是说，总共有 21000 公顷的土地用于生产粮食类作物。与之相比较，约 46000 公顷土地用于生产经济类作物。在经济作物中，排在前列的分别是咖啡、甘蔗、丁香和香草。[②] 在马达加斯加经济作物生产的地理分布上，附加值最高的经济作物大多分布在沿海地区。以咖啡种植为例，马达加斯加在 1935 年以后成为撒哈拉以南非洲第一咖啡出口大国（见图 2-20），可以在地图上看到，其咖啡生产是沿着该岛的东部沿海分布的（见图 2-19）。但这种分布却

[①] Frémigacci Jean, "Les chemins de fer de Madagascar (1901 – 1936)", *Une modernisation manquée*, *Afrique & histoire*, 2006/2 Vol. 6, pp. 184 – 185.

[②] Hilbert Isnard, "La colonisation agricole à Madagascar", *Revue de géographie alpine*, 1951, Tome 39 N°1, 1951, p. 107.

第二章 马达加斯加独特的经济地理格局是如何形成的

没有带来殖民建设规划中对相关区域基础设施投资等方面的倾斜，并不存在铁路和公路把这些区域连通起来。

图2-19 马达加斯加殖民时期的咖啡种植园分布[1]

这个现象也说明，如果不是因为经济可行性评估存在重大失误的话，马达加斯加殖民铁路建设中政治逻辑的优先性很可能大于经济逻辑。试想，如果马达加斯加当时的中心城市处于沿海，那么这个铁路网的建设很可能以另一种形态存在。最终遗憾的是，这个建立在连接内陆中心与沿海港口设想上的铁路工程不但消耗了大量人力物力，同时还产生了固化和加剧既有中央统御沿海结构的效果。因为随着铁路

---

[1] William Gervase Clarence-Smith and Steven Topik, eds., *The Global Coffee Economy in Africa, Asia, and Latin America, 1500 – 1989*, Cambridge University Press, 2003, p. 86.

◆ 成为内陆国家的岛屿

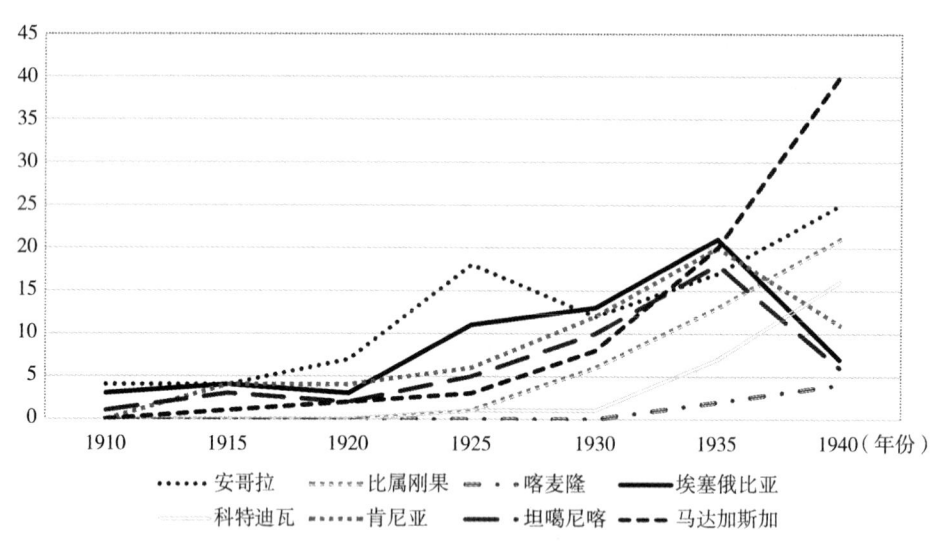

图2-20 1910—1940年非洲咖啡产区出口量变化（单位：千吨）①

完工，塔那那利佛等核心地区的地位得到进一步巩固，加强了城市吸附能力，使得人口、商品等流动进一步向该地集中。同时，这使得沿海城市的功能性更加单一，要么沦为对外贸易中转站，要么成为经济作物临时集散地。交通体系对于经济地理布局的影响是非常显著的，以制造业的空间分布为例，到1962年马达加斯加独立伊始，首都塔那那利佛地区的工业产值占到马达加斯加工业总产值的42%，并且具备最多样化的产品门类。② 如果再加上中部高原南部重镇安齐拉贝和菲亚纳兰楚阿的产值，那么中部高原代表了当时马达加斯加超过60%的工业产值。③

除了交通网络和经济活动围绕以中部高原为核心的逻辑进行，医疗卫生以及公共教育这样的服务系统也在以塔那那利佛为中心展开建设，并继续强化马达加斯加中部高原统御沿海的发展路径。

---

① Andrew Roberts, *The Colonial moment in Africa: essays on the movement of minds and materials, 1900-1940*, Cambridge University Press, 1992, p. 102.
② Andrew Roberts, *The Colonial moment in Africa: essays on the movement of minds and materials, 1900-1940*, Cambridge University Press, 1992, p. 13.
③ TAMALU: *Bilan d'une Expérience d'Industrialisation à Madagascar (1964-1967)*, ORSTOM Tananarive, 1966-1968, p. 14.

第二章 马达加斯加独特的经济地理格局是如何形成的

医疗方面，马达加斯加是法兰西帝国中第一个向当地居民提供卫生医疗服务的殖民地，并且法国向其输送了当时最先进的医疗卫生科研与应用成果。1900年法国就在塔那那利佛建立了巴斯德实验室，并且直接受巴黎的巴斯德实验室总部指导，[①] 这个时间距离法国的巴斯德实验室总部创建也仅过了不到15年。众所周知，巴斯德的一项重要贡献在于他发明了狂犬病疫苗，该项技术也随着巴斯德实验室在塔那那利佛的建立被推广到了马达加斯加——1901年初开始，巴斯德实验室开始为马达加斯加的狂犬病疑似病例提供疫苗注射服务。[②] 值得一提的是，在法国殖民开始之前，马达加斯加岛上的不少地方就已经存在狂犬病，当地文化中也有很多与狗有关的文化禁忌（fady），并且这些禁忌增加了狗的流动性和感染可能。此外，由于殖民者当中有很多饲养犬类，当地民众和殖民者之间因为狗产生了互相怀疑的心态和关于狗的复杂互动。[③] 在这样的背景下，巴斯德实验室的建立在提高塔那那利佛声望这一点上可以说具有非常重要的意义：通过为狂犬病这样早先的不治之症提供有效治疗，塔那那利佛从医疗和文化上都再一次彰显了自己作为全岛核心的地位。除了巴斯德实验室，培养当地医师的塔那那利佛地方医药学院（l'Ecole de Médecine Indigène de Tananarive）也进行了翻新和扩建，配备了当时先进的实验设备，学校的附属医院也建成并开始运作。[④] 一系列例子都显示，殖民地的现代化医疗发展是先在首都中央地区推广起来的。

除了医疗卫生服务以外，马达加斯加的殖民教育在当时也是法国殖民地中开展最好的，当时马达加斯加的学龄儿童中有接近四分之一

[①] Madagascar, *Le pays, la production, la vie sociale*, Agence Économique du Gouvernement Général de Madagascar, 1933, pp. 165–166.

[②] Eric T. Jennings, *Perspectives on French Colonial Madagascar*, Palgrave Macmillan, 2017, p. 62.

[③] Eric T. Jennings, *Perspectives on French Colonial Madagascar*, Palgrave Macmillan, 2017, pp. 63–87.

[④] Madagascar, *Le pays, la production, la vie sociale*, Agence Économique du Gouvernement Général de Madagascar, 1933, p. 66.

能接受教育，并且师生比接近60∶1。不过和医疗一样，当时马达加斯加最好的殖民官方学校都集中在塔那那利佛。① 马达加斯加执政时间最长的前总统迪迪耶·拉齐拉卡幼年时的求学经历就充分反映了这一点——从地方小学到首都塔那那利佛的中学，这是当时马达加斯加地方上学习最优秀的青少年大多会经历的升学轨迹。

还有非常值得一提的是，除了殖民政府官办的医院和学校，马达加斯加的教会也像其他殖民地教会一样承担着很大比例的卫生和公共教育职能，而殖民时期的马达加斯加在教堂的分布上同样体现着中央统御沿海的地理特征（见图2-21）。

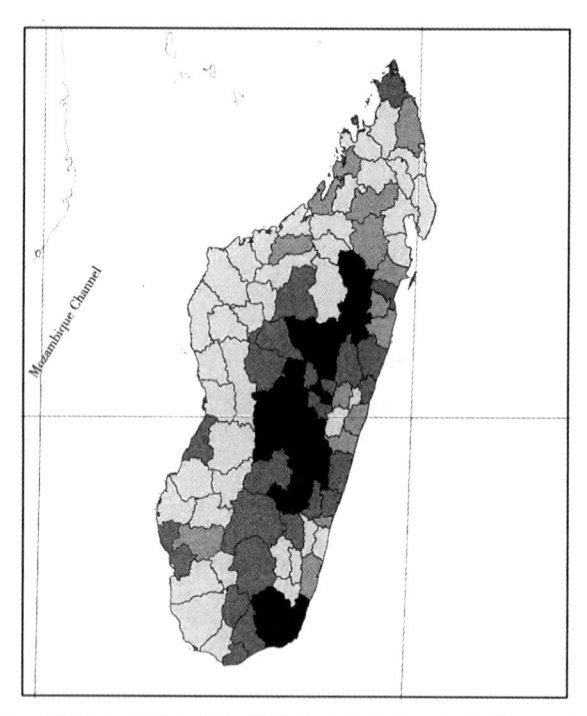

图2-21 1904年马达加斯加教堂的密度分布（颜色越深密度越大）②

---

① Madagascar. Le pays, la production, la vie sociale. Agence Économique du Gouvernement Général de Madagascar, 1933, pp. 174-175.
② Frank-Borge Wietzke, "Long-Term Consequences of Colonial Institutions and Human Capital Investments: Sub-National Evidence from Madagascar", World Development, Vol. 66, 2015, p. 296.

第二章 马达加斯加独特的经济地理格局是如何形成的

此外，殖民统治在文化上也固化了马达加斯加中央统御沿海模式的新路径：首先，在当时的殖民政策中，马达加斯加中央高地的梅里纳人被视作更聪明、勤劳，工业化程度高（industrieux），因而可塑性也更强的群体。甚至还有意见认为梅里纳族群比中国人更有商业天赋，可以和犹太人相提并论。[①] 除了梅里纳人，生活在更南方但同样是中部高原的贝奇里奥人被认为在聪明程度上略逊一筹（肤色上也比梅里纳人更黑一些），但是依然很勤奋。相比起来，更接近黑人的其他族群（大多数是沿海族群）则在总体上懒惰、散漫、过度迷信。[②] 这种种族主义式的族群划分是理解殖民政治经济地理非常重要的一点，因为这决定了殖民统治和发展的基本方略会以他们眼中最具有可塑性的人群的聚居区域为核心，在经济、教育、政治事业的规划上都向这些区域倾斜。这里可以再回顾一下上文所述的加列尼就族群问题进行的论断：他认为如果梅里纳人能够更快增长，那么马达加斯加殖民地也一定能迅速发展。

对于族群按照智能和道德进行的主观区分源自欧洲当时盛行的种族主义思潮，这种自称建立在科学依据上的观点按照人类体貌特征的不同将人类划分为三六九等，是殖民扩张时管理殖民地人群的重要依据。它的创始人之一亚瑟·德·戈比诺（Arthur de Gobineau）就是法国贵族，他认为白色欧洲人特别是雅利安人代表人类进化的顶峰。《乌合之众》的作者古斯塔夫·勒庞（Gustave Le Bon）同样认为在人类等级阶梯上印欧白人是最高等的，其次是中国人、阿拉伯人，再往下是非洲人，最后是一些地方性初民族群（primitive groups）。[③]

已经有很多学者讨论 19 世纪末 20 世纪初欧洲种族主义思潮的来

[①] Jean Baptiste Piolet, *Madagascar et les Hovas: Description, Organisation, Histoire*, Librairie Ch. Delagrave, 1895, p. 37.
[②] M. Loisy, *Madagascar: Etude économique*, Paris, Augustin Challamel, 1914, p. 38.
[③] Dana S. Hale, *Races on Display French Representations of Colonized Peoples 1886–1940*, Indiana University Press, 2008, pp. 46–47.

◈ 成为内陆国家的岛屿

龙去脉和它们在殖民地建构族群时带来的负面效应。但很少有学者注意到种族主义文化对于经济地理分布可能产生的影响。以马达加斯加的情况为例，由于梅里纳人属于东南亚移民的后代，所以它们相比其他撒哈拉以南非洲人种而言肤色更浅，发色发质也更为黑直，加之他们主要从事水稻种植业和商业，被认为具有更好的劳动态度和可塑造性，因此在当时的思想环境中它们被视为马达加斯加更高级的族群。但是，既有研究忽视了梅里纳人出于偶然的历史机缘来到了马达加斯加中部高原地区定居，以及这样的移民迁徙与殖民主义之间互动会有怎样的演化经济地理意义。可以说，这个偶然性也参与了马达加斯加族群的历史分布在日后与欧洲殖民文化发生耦合，并为中央统御沿海的路径形成提供了关于人种学上的依据。

除了殖民建设中的种族主义文化外，殖民活动带来的新物质与信息也在通过文化形式吸引岛内移民向首都地区流动。新的城市风貌、外来时尚、都市消费娱乐等因素都在其中扮演重要角色。①

经过殖民时期以内陆为中心的建设以后，奴隶贸易时期涌现的马达加斯加中央统御沿海的演化路径被固化下来。将这种经济地理格局与撒哈拉以南非洲其他沿海国家进行简要对比可以很明显地看到二者的差异。以城市化为例，撒哈拉以南法属非洲的沿海国家所有最大的城市要么是因为殖民活动兴起的，要么在发展历史上受到了殖民活动的极大推动（见表2-5）；此外，除了法属刚果和马达加斯加以外，其他法属殖民国家和地区在殖民时期内人口增幅最大的城市都是沿海城市。就塔那那利佛和布拉柴维尔而言，前者相比后者在交通运输方面处于劣势：尽管两者都有铁路连接沿海港口，但是布拉柴维尔还能依靠刚果河的水运辐射非洲内陆腹地，而塔那那利佛本身处于岛屿腹地中央。但即便如此，塔那那利佛在法国殖民期间的人口增量依然达到了法属撒哈拉以南非洲地区的第二位，这一点让人印象深刻（见表2-6）。

---

① G. 巴斯蒂昂：《马达加斯加：地理及经济研究》，商务印书馆1978年版，第211页。

第二章　马达加斯加独特的经济地理格局是如何形成的

表2-5　殖民建设对撒哈拉以南非洲沿海国家最大城市发展的影响

城市名（沿海/内陆）	城市发展受殖民影响简述
达喀尔（沿海）	15世纪开始有少量当地人居住，奴隶贸易时期开始成为法国在整个塞内加尔以及马里地区的贸易枢纽①
科纳克里（沿海）	一开始作为法国在几内亚海岸的防御性据点进行修筑，后成为殖民时期在该地的经贸和行政中心②
洛美（沿海）	最早是多哥当地艾维人（Éwé）的村庄，1874年由英国、德国以及非洲当地商人在此建设；1884年德国在多哥地区建立殖民保护国，1897年选择洛美为其首都，并在此进行了大规模的基础设施建设。第一次世界大战以后，洛美被划归法国，法国对其进行了新一轮的建设③
拉各斯（沿海）	18世纪末成为比夫拉湾地区重要的奴隶贸易港口，19世纪殖民时期开始演变成区域性人员、物流、信息集散中心。现在成为撒哈拉以南非洲最大城市④
布拉柴维尔（内陆）	15世纪末开始有少数当地居民点，殖民时期法国依托刚果河水运将其建设成法属刚果的贸易中心，在与黑角（Pointe Noire）的铁路建成后，发展进一步加速⑤
内罗毕（内陆）	因为殖民时期的交通原因兴起，是港口蒙巴萨到维多利亚湖边城市基苏木中途的停靠站⑥
卢安达（沿海）	在16世纪，卢安达是葡萄牙王室赐予保罗·迪亚士（Paulo Dias de Novais）的属地，17世纪开始这里成为安哥拉及中非地区重要的奴隶贸易港口，19世纪初奴隶贸易废除带来该城市人口下降，但19世纪中期后又成为葡萄牙在安哥拉地区农产品出口的中心⑦

① Simon Bekker and Göran Therborn, eds., *Power and Powerlessness: Capital Cities in Africa*, Human Sciences Research Council and CODESRIA, 2010, p. 33.
② Simon Bekker and Göran Therborn, eds., *Power and Powerlessness: Capital Cities in Africa*, Human Sciences Research Council and CODESRIA, 2010, p. 9.
③ Simon Bekker and Göran Therborn, eds., *Power and Powerlessness: Capital Cities in Africa*, Human Sciences Research Council and CODESRIA, 2010, pp. 46, 53.
④ Simon Bekker and Göran Therborn, eds., *Power and Powerlessness: Capital Cities in Africa*, Human Sciences Research Council and CODESRIA, 2010, p. 66.
⑤ Simon Bekker and Göran Therborn, eds., *Power and Powerlessness: Capital Cities in Africa*, Human Sciences Research Council and CODESRIA, 2010, p. 109.
⑥ Simon Bekker and Göran Therborn, eds., *Power and Powerlessness: Capital Cities in Africa*, Human Sciences Research Council and CODESRIA, 2010, pp. 120-121.
⑦ Simon Bekker and Göran Therborn, eds., *Power and Powerlessness: Capital Cities in Africa*, Human Sciences Research Council and CODESRIA, 2010, pp. 142-143.

◈ 成为内陆国家的岛屿

续表

城市名（沿海/内陆）	城市发展受殖民影响简述
马普托（沿海）	1752年由葡萄牙建立第一个定居点，但一直到19世纪中后期南非东北部布尔共和国发现金矿开始才加速发展。马普托成了金矿出口最近的港口，并且在19世纪末连接约翰内斯堡的铁路修通后发展更加迅速①
波多诺伏（沿海）	葡萄牙在西非海岸的奴隶贸易港，法国占领时期的重要贸易中心和殖民行政中心②
杜阿拉（沿海）	早期是奴隶贸易中转站，1884年成为德国保护国后德国在该地修建大量基础设施③
达累斯萨拉姆（沿海）	原为渔村，1894年开始成为德属坦噶尼喀首都，德国在此进行城市规划并推动市政建设
金沙萨（内陆）	金沙萨在殖民前是刚果河上较为重要的贸易站，殖民时期比利时人驱逐原住民后在该地兴建利奥波德维尔，后来城市通往沿海马塔迪的铁路建成后，金沙萨进一步发展壮大，并于1920年正式成为比属刚果的首都④
塔那那利佛（内陆）	早期是伊默里纳王国的都城，1895年法国殖民征服马达加斯加后沿用此地作为其马达加斯加殖民地的首都

表2-6　殖民时期撒哈拉以南法属非洲沿海国家人口涨幅最高的城市⑤

国家	城市（区位）	殖民初期人口	统计年度	殖民末期人口	统计年度	净增人口数量
塞内加尔	达喀尔（沿海）	12000	1900	234500	1960	222500

---

① Simon Bekker and Göran Therborn, eds., *Power and Powerlessness: Capital Cities in Africa*, Human Sciences Research Council and CODESRIA, 2010, pp. 142 – 143.

② Karen Ellicott, ed., *Cities of the World*, Volume 1: Africa, pp. 30 – 31.

③ 维克多·勒维讷:《喀麦隆共和国》，上海人民出版社1975年版，第12—13页。

④ Martin J. Murray and Garth A. Myers, eds., *Cities in contemporary Africa*, Palgrave Macmillan, 2006, pp. 222 – 223.

⑤ 该表中大部分数据援引自 J. Scott Keltie, ed., *the Statesman's Yearbook: 1900*, Macmillan, 1900; J. Scott Keltie, ed., *the Statesman's Yearbook: 1910*, Macmillan, 1910; S. H. Steinberg, ed., J. Scott Keltie, ed., *the Statesman's Yearbook: 1960*, Macmillan, 1960。两个例外：一是科特迪瓦阿比让1912年的数据来自 Robert J., *Mundt Historical Dictionary of Côte d'ivoire*, Scarecrow Press, 1995, XXV；二是刚果共和国布拉柴维尔1910年的数据来自 John Frank Clark, Samuel Decalo, *Historical Dictionary of Republic of the Congo*, Scarecrow Press, 2012, p. 81。

第二章 马达加斯加独特的经济地理格局是如何形成的

续表

国家	城市（区位）	殖民初期人口	统计年度	殖民末期人口	统计年度	净增人口数量
几内亚	科纳克里（沿海）	6238	1910	49200	1960	42962
贝宁	科托努（沿海）	2000	1910	56200	1956	54200
加蓬	利伯维尔（沿海）	3000	1900	21565	1957	18565
科特迪瓦	阿比让（沿海）	1400	1912	127500	1958	126100
刚果共和国	布拉柴维尔（内陆）	4000	1910	99144	1959	95144
吉布提	吉布提（沿海）	11000	1910	31300	1959	20300
马达加斯加	塔那那利佛（内陆）	70000	1900	206324	1959	136324

在人口分布上，伊默里纳王朝时期中部高原的人口密度就已经开始领先于其他地区，而殖民时代晚期这一地区的人口密度进一步提高。这正好说明殖民时代不但没有改变原有的人口密度分布，反而强化了它。相比非洲大陆沿海国家的总体趋势，马达加斯加殖民时期的人口移动机制是反常的。比如西非喀麦隆港口城市杜阿拉，在1947年时该城市的人口大约是5.1万人，到了东西喀麦隆联邦合并前的1967年，这个数字已经增加至20万。[①] 达荷美（今贝宁）沿海城市波多诺伏在1934年时人口约24万，而1960年独立时已经发展到约36万。另一个沿海城市科托努的人口在同一时期也从约7万上涨至16万。[②] 阿比让的人口1920年为5000人，到1960年猛增至28万人。同时期阿克拉的人口增长为3.8万到34万，达喀尔从3.3万增加到38万，拉各斯从7.3万（1910）增加到67万，卢安达从2万（1900）增加到23万。[③]

相较而言，殖民时期马达加斯加人口增速最快的是首都塔那那利佛，1896年殖民开始时这个城市拥有大约4.8万人口，而在独立前夕

[①] 维克多·勒维纳：《喀麦隆联合共和国》，上海人民出版社1975年版，第53页。
[②] 罗贝尔·科纳万：《达荷美史》，上海人民出版社1975年版，第759页。
[③] B. R. Mitchell, *International Historical Statistics-Africa, Asia and Oceania 1750－1993*, 1998, p. 694.

◈ 成为内陆国家的岛屿

的 1958 年这个数字上升至约 17 万人。① 马达加斯加最大海港城市塔马塔夫的人口在殖民初期不到 1 万人,这个数字在 1960 年独立时也只达到不足 4 万人。② 最终当殖民时代快要结束时,马达加斯加中部高原在人口总量和密度上都较沿海地区具有压倒性优势③。

此外,殖民时期在非洲大陆体现出的人口和商品流动总趋势也与马达加斯加相反(见图 2 – 22)。可以看到,在非洲大陆,大量劳工

图 2 – 22 殖民时期非洲大陆的主要人口与商品流动方向④

---

① Hubert Deschamps, *Migrations Intérieures Passées et Présentes à Madagascar*, Berger Levrault, 1959, p. 229.
② S. Steinberg, ed., *The Statesman's Year-Book 1963: The One-Volume ENCYCLOPAEDIA of all nations*, p. 1028.
③ Jean-Pierre Raison, Les Hautes Terres de Madagascar et Leurs Confins Occidentaux, Enracinement et mobilité des sociétés rurales Tome 1, Karthala, 1984, p. 38.
④ Colin Flint and Peter J. Taylor, *Political Geography: World-Economy, Nation-State and Locality*, Seventh edition, Routledge, 2018, p. 105.

224

从内陆开始向沿海城市迁移，非洲殖民地的产品也从这些沿海城市出口去往欧洲殖民宗主国。当然，还有从世界其他地方运抵非洲的商品也在这些沿海城市卸货，并且有一大部分在这里销售。图 2-22 中没有能够表现出马达加斯加的商品、人口流动模式，它们和非洲大陆有相似点也有不同点。相似点是马达加斯加出口的商品也通过岛上的沿海港口城市装船发往欧洲，不同点是马达加斯加的人口流动主要是从岛屿各个方向向处于内陆的中部高原汇集，抵达马达加斯加的进口商品也有很大一部分转运往内地销售。换言之，虽然马达加斯加首任总督的加列尼上任伊始就羡慕过越南以沿海为中心的经济地理分布，之后的半个世纪时间里，马达加斯加重内陆轻沿海的格局不但没有改变，反而不断强化。沿海城市成为功能性的物流转运站，却不是人口最为集中的市场和政治经济活动的中心。

五　去殖民时期的马达加斯加

（一）政治强人探索国家自主发展的尝试

从前文可以看到，经过殖民时期的开发后，法国对马达加斯加内陆统御沿海的路径予以了强化。马达加斯加自 1960 年独立建国以来，其去殖民化的过程也受到其独特内在地理演化机制的影响，反过来也维系了马达加斯加的经济地理演化路径，这一时段马达加斯加经济、内政、外交的一系列活动都参与到了"内陆统御沿海"的进一步塑造和固化中，下面将对其进行介绍和分析。

前文介绍过，殖民时期，法国殖民当局在权衡后延续了优先发展内陆中部高原地区的路径。这一决策首先对当地社会、经济造成一系列影响。社会上，随着行政、文化、卫生、教育等资源向首都地区富集，该地区最早出现了马达加斯加民族主义的萌芽。1913 年，马达加斯加最早的民族主义社团"铁、石、枝"（Vy Vato Sakelika）就诞生

◈◈ 成为内陆国家的岛屿

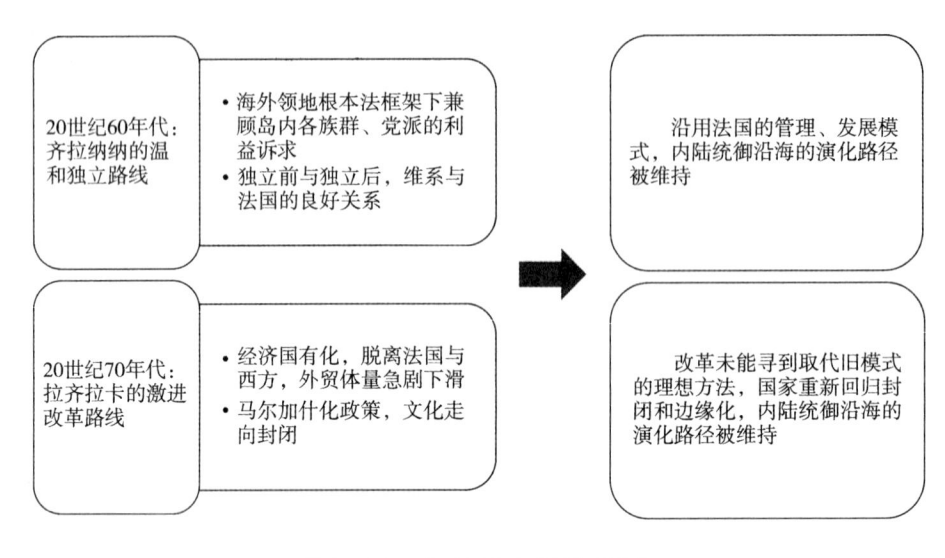

```
┌─────────────┐  ┌──────────────────┐                    ┌──────────────────┐
│ 20世纪60年代：│  │• 海外领地根本法框架下兼│                    │ 沿用法国的管理、发展模│
│ 齐拉纳纳的温 │  │  顾岛内各族群、党派的利│                    │ 式，内陆统御沿海的演化│
│ 和独立路线   │  │  益诉求           │                    │ 路径被维持        │
│             │  │• 独立前与独立后，维系与│  ➡                 │                  │
│             │  │  法国的良好关系     │                    │                  │
└─────────────┘  └──────────────────┘                    └──────────────────┘

┌─────────────┐  ┌──────────────────┐                    ┌──────────────────┐
│ 20世纪70年代：│  │• 经济国有化，脱离法国与│                    │ 改革未能寻到取代旧模式│
│ 拉齐拉卡的激进│  │  西方，外贸体量急剧下滑│                    │ 的理想方法，国家重新回│
│ 改革路线     │  │• 马尔加什化政策，文化走│                    │ 归封闭和边缘化，内陆统│
│             │  │  向封闭           │                    │ 御沿海的演化路径被维持│
└─────────────┘  └──────────────────┘                    └──────────────────┘
```

图 2-23　去殖民与经济地理演化

于塔那那利佛的医学院中。[①] 20世纪初的两次世界大战进一步催化了马达加斯加的民族主义发展，由于法国在战争中遭受巨大损失，并调集起整个殖民帝国的人力、物力资源来维系其存续，这就一方面动摇了法国在殖民地的传奇形象，另一方面也为殖民地在思想和人员储备上都培养起民族主义的行动意识与能力。

很快，马达加斯加历史上最著名的一个民族主义政党——马达加斯加革新民主运动（Le Mouvement Démocratique de la Rénovation Malgache，MDRM）——由两位梅里纳族出身的政治家约瑟夫·拉塞塔（Joseph Raseta）和约瑟夫·拉武安吉（Joseph Ravoahangy）于1946年2月在巴黎成立。该政党最初主要在马达加斯加中部高原地区活动，在整合了一些激进的秘密社团后将活动范围逐渐扩大，特别是延伸到了马达加斯加的东部沿海地区。表面上看，MDRM 的政治诉求是代表所有马达加斯加人，在法兰西联盟（French Union）以及后来的法兰西共同体（French Community）的框架内建立一个独立国家。但是，

[①] Didier Galibert, *les Gens du Pouvoir à Madagascar: Etat Postcolonial, Légitimité et Territoire (1956-2002)*, Karthala, 2011, p. 211.

第二章　马达加斯加独特的经济地理格局是如何形成的

由于马达加斯加具有独特的伊默里纳王朝历史和"中央—沿海对立"的人文地理格局，MDRM 的政治纲领受到了来自法国和沿海地区人群的同时质疑。

由于 MDRM 主要由梅里纳精英领导，法国当局和马达加斯加沿海族群都担心由它主导的民族主义运动最终会演变为伊默里纳王朝重获霸权。这种担心也并非完全没有根据，如果对比法语非洲国家独立时期各国的主要政党名称，会发现鲜有国家如马达加斯加的主要政党一样，在名称中使用"革新"（Rénovation）这样的词汇。注意这里的革新不同于"革命"（Revolution），法语中的"革新"（Rénovation）有强烈的"翻新"的意思，是恢复一件事物良好的旧有状态，而非将其取代。比这更明显的是，二战后 MDRM 两位领导人在巴黎进行政治活动争取马达加斯加的独立时，他们使用的词语是含有王朝复辟意味的 Restauration。[①] 在广大的撒哈拉以南非洲，殖民后期开始的民族国家建构大多数情况下不会寻求一个旧日王朝作为依托，马达加斯加的例子非常特殊。

不能忘记的是，伊默里纳王朝作为一个崛起于内陆高原的政权，在前殖民时期对马达加斯加沿海群体曾经有过侵略和统治。从早期的奴隶贸易开始一直到法国殖民马达加斯加之前，伊默里纳曾利用自己的权力对沿海被征服的群体施行非常不平等的政策，比如强迫后者提供无偿的苦役服务。因此，当沿海地区精英发现马达加斯加很可能复归法国殖民前的状态时，立刻也开始组织自己的政治力量予以对抗。1946 年 6 月，在 MDRM 成立四个月后，沿海群体主导的"马达加斯加不幸者党"（Parti des Déshérités de Madagascar，PADESM）宣告成立。同样地，这个政党名称也可谓非常独特，Déshérité 一词在法语中有两层含义，一是失去财产的穷人，二是被剥夺了继承权的人。其中

[①] Larinihiko Denis Alexandre, *Ecrire l'histoire du mouvement de résistance à la colonisation: un enjeu historiographique à Madagascar*, Afrika Zamani, No. 17, 2009, p. 271.

◇◆ 成为内陆国家的岛屿

第二层含义是一种宣示，指出马达加斯加恢复伊默里纳王朝的话，同样作为岛屿居民的沿海族群会被梅里纳人从宗主国手中剥夺对国家的合法继承权。

在"革新"（Rénovation）与"不幸"（Déshérité）之间，很明显体现出马达加斯加内陆—沿海对立的路径延续，同时又可以看到在民族主义运动发展的新阶段，这种对立以政党对抗的新形式体现出来。在对立产生的初期，MDRM 拥有较为明显的优势，首都和中部高原密集的人口、优良的基础设施以及集中的经济、文化资源都为 MDRM 的发展提供了巨大便利，MDRM 也逐渐以马达加斯加独立事业的代言人自居。

但是，1947 年 3 月爆发的马达加斯加抗法起义改变了这一格局。这一起义爆发在马达加斯加中部和东部，持续时间近两年，在法国殖民当局的残酷镇压下最终失败。在官方宣传与大众媒体的叙事中，这次起义是 MDRM 领导的反法斗争，旨在为马达加斯加争取独立。但其实在既有的历史研究中可以看到，1947 年的反法暴动是殖民时期以来马达加斯加中部和东部社会复杂矛盾的总爆发，其中包括了以下一些主要问题。

首先是农业转型带来的矛盾，马达加斯加东部和中东部非常适合种植热带经济作物，这吸引了很多欧洲殖民者（Colons）前来开发和定居。但是他们种植的作物需要大规模的劳动力予以照料和看护，并且种植方式、生产节律以及用地需求等也都和当地传统的游耕农业（tavy）发生了冲突。

其次是殖民基础设施建设，特别是铁路建设的核心区域集中在 1947 年爆发起义的地区。出于用工需求，法国殖民当局实行了很多强制性劳役措施，这一方面使受影响的当地人群对殖民者积怨加深，另一方面也促进了铁路沿线地方的信息、人员交流，为日后武装暴动提供了组织整合的基础。

最后是当地人口增长、流动与生活方式的巨大变化。随着种植园

第二章 马达加斯加独特的经济地理格局是如何形成的

和基础设施建设的发展,很多马达加斯加当地居民脱离了原有的土地和生活方式,从依附故土的传统农业从事者变为受雇于种植园、殖民公司的雇工,开始受到货币关系和商品物价的支配。这降低了他们的生活稳定性,并且催生了一批无产阶级,据研究,20世纪30年代在马达加斯加就已经开始存在有规模的共产主义团体活动。[1]

以上结构性因素使得1947年的反法起义从一次小规模袭击迅速扩大,影响了马达加斯加约五分之一的国土。起义被镇压后,MDRM被法国殖民当局视为整个事件的幕后操盘手而遭到取缔,其中的很多核心成员也被移送到一个偏远岛屿上进行监禁。与此同时,亲法的沿海人政党PADESM则开始受到法国扶植,各种资源开始向PADESM倾斜,[2] 法国当局也开始着重在PADESM中物色未来马达加斯加的当地管理者与代言人,这其中就包括了最后成为马达加斯加开国总统的菲尔伯特·齐拉纳纳。

从1947年的事件及其后续上同样可以看到经济地理演化的影响,法国建设马达加斯加的经济地理逻辑选择,造成了后续对相关地区的结构性改变,而这种改变诱发的大规模社会运动,又直接终结了政党层面上内陆MDRM与沿海PADESM的对抗,并使得后者成功上位。但接下来亟待回答的问题是,作为沿海群体的代言政党,为何PADESM在获得领导马达加斯加独立运动的主动权后,没有改变既有的"内陆统御沿海"格局?

要回答这个问题,需要厘清马达加斯加去殖民化过程初期演进的特点。

首先,需要了解的是当时领导马达加斯加独立运动的精英的整体思想面貌。可以说,马达加斯加彼时的主要政治家中,大多数因为西

---

[1] Solofo Randrianja, *le Parti Communiste de la Région de Madagascar: 1930–1939*, Foi et Justice, 1990, pp. 7–8.

[2] Virginia Thompson, Richard Adloff, *The Malagasy Republic: Madagascar Today*, Stanford University Press, 1965, pp. 81–83.

方，特别是法国文化的熏陶，了解到了现代化国家的组织方式、运行逻辑以及共和制概念，并且觉醒了民族主义意识。以首任总统齐拉纳纳为例，尽管他本身来自马达加斯加东北的沿海游牧族群，但是后来他接受师范教育成为一名教师，并且前往法国蒙彼利埃学习深造过四年。所以，尽管齐拉纳纳在早期的政治生涯中沿海族群的身份烙印明显，但是随着个人成长，他的追求中开始体现更多的民族主义色彩，倡导一种兼具独立性和包容性的马达加斯加国民身份，也就是说，既要结束与法国的殖民—被殖民关系，但是也不以梅里纳的极端民族主义为主导来推动马达加斯加的独立运动。

可以说，以齐拉纳纳为代表的一批有过留法经历的新兴政治精英，他们在对于马达加斯加战后政治出路的思考上，已经开始超越前殖民时代的较为单一的地方性群体身份逻辑。特别是对于马达加斯加这种拥有天然疆界、语言同质性高的殖民地而言，塑造新身份和新认同完全可以通过一种更为宏大和现代性的方式出现，简单说也就是民族国家的建构。齐拉纳纳在1960年成为马达加斯加首任总统后，一个极具象征意味的举动是将曾经 MDRM 的三位领导人从流放中迎回，并且为他们都保留了一个部长的职务（其中一人未接受）。无疑，齐拉纳纳是一个渐进型的温和中间路线者，并因此在马达加斯加去殖民化的早期获得了最多的支持。当然，与此相应地，他也不会对既有体系予以剧烈改造。

其次，法国《海外领地根本法》（*Loi-cadre Defferre*）的推行与影响。《海外领地根本法》也被称为《德费尔框架法》，于1956年通过并实施。《海外领地根本法》旨在使包括马达加斯加在内的法国非洲殖民地的政治结构自由化，它是二战之后法国面临非洲殖民地的新形势，由国内社会党主导的对殖民地管理方法的改革，被认为是法属非洲殖民地去殖民化进程中的重要一步。它引入了成人普选，废除了旧有的选举双轨制。在中央层面，尽管最高长官（High Commissioner）还是由法国当局指定，但同时成立了由当地议员与法国议员共同组成

第二章　马达加斯加独特的经济地理格局是如何形成的

的内阁式的议会，由七名民选议员和四名至五名指定议员构成。另外，在地方层面，在《海外领地根本法》颁布之后，一位法国籍省长与省工作委员会以及省议会共同履行行政管理和地方发展的职能。

随着《海外领地根本法》的颁布和实施，意味着殖民地的地方民众也被赋予了选举权，全国层面和地方层面的政治联动自然而然通过全民民主的政治形式走上前台。同时，法国又在地方管理的机制中尽可能保留了自身的影响，对殖民地事务予以管控。换言之，此时马达加斯加的政治家想要取得成功的话，一方面要能和本土的各个政治势力达成最大程度的共识与妥协，尽可能获得更多选民的直接或间接支持；另一方面还需要和宗主国有良好的关系。由此可见，即便在马达加斯加这样存在明显政治性族群对立的地方，《海外领地根本法》下的权力获取规则决定了一个政治家希望通过既有制度手段取得成功的话，不能选择过于激进的路线。

最后，马达加斯加政治精英阶层去殖民进程早期对马达加斯加和法国关系的认识，不选择独立（Independence）而是选择自治（Autonomy）。第二次世界大战结束后，实力受到严重削弱的法国面对法属非洲民族主义的觉醒，不得不推出新的制度框架来维系其在该地区的影响力，这其中法兰西联盟以及后来的法兰西共同体是其核心内容。这个时候，在新兴非洲准国家领导人面前呈现出不同的选择可能性。一种是留在法国提出的法兰西联盟框架内，但是获得较高的自治权；另一种则是完全独立，以新国家的身份出现在世界舞台上。以戴高乐为首的法国政府甚至将选择权以公投的形式赋予了各个法属非洲殖民地的人们，让他们自行选择发展道路。

虽然"独立"看上去是一种更富有战斗精神和浪漫主义色彩的选择，但是在彼时的客观条件下，绝大多数殖民地选择留在法国框架内。这不仅存在物质层面的实用性原因——法国殖民时期的建设为马达加斯加这样的国家在独立后建立政府和管理国民留下了较为成熟的物质条件和组织架构；同时也存在文化与文明的认同——尽管战争与

◇◆ 成为内陆国家的岛屿

严苛的殖民统治动摇了法国的形象，但是作为宗主国，后者依然是前者希望学习和模仿的对象。最终，除了几内亚在公投中选择脱离法兰西联盟，其余所有法属非洲殖民地都自愿留下。而几内亚在脱离法兰西联盟后迅速受到法国制裁，短时期内遭遇到非常严重的发展困境。

总结起来，以上几大因素共同产生的结果如下：首先是不可能由激进的单一族群政治势力（无论沿海还是高原）主导整个马达加斯加的发展；其次是法国依然会在实际上引领马达加斯加的经济和文化走向。在这种结构性因素的制约下，齐拉纳纳脱离了 PADESM，创立了更为中性的马达加斯加社会民主党（Parti Social Démocratique，PSD）。从党派命名就可以看出，此时的齐拉纳纳已经弱化甚至消弭了原有的内陆—沿海的政治对立表征，将自己的政治理念表述为一种整合整个马达加斯加不同派别的形式。在对外关系上，齐拉纳纳也选择了与法国紧密站在同一战线。他与戴高乐保持着密切的联系，并且对于共产主义在非洲地区和马达加斯加的发展以及可能产生的后果非常敏感。1964 年，齐拉纳纳甚至亲自向戴高乐汇报了他的相关分析，给后者留下了深刻印象，特别是同年桑给巴尔发生政变后，戴高乐更是将齐拉纳纳视作非洲共产主义运动问题的重要情报来源。并且这一经历也让戴高乐加大了对于马达加斯加的投入，特别是军事援助的力度，以应对可能存在的地方性政治变动。[①]

在经济地理层面上，出于马达加斯加在殖民时代后期以及独立初期的上述内政外交特点，导致了内陆统御沿海的模式作为一种殖民时期所固化的路径依赖会被维持下来，马达加斯加此阶段的经济表现也会延续殖民时期的稳定。因为这一阶段不存在巨大的冲击和断裂，整个马达加斯加社会在精英的渐进式独立进程中温和地完成了权力交接。虽然这其中不乏政党角力的暗流涌动，也有 1947 年的反法起义

---

① Morvan Duhamel, *Entretiens Confidentiels de Georges Albertini*, Editions Amalthée, 2012, pp. 97 - 98.

第二章　马达加斯加独特的经济地理格局是如何形成的

的局部性混乱，但是它们都在上文描述的结构性与个体性因素的共同作用下被消解，延续了殖民时期以来岛屿的整体管理和发展思路。相应地，马达加斯加的经济地理的演化也没有体现出显著改变。

当然，这种经济地理演化的路径依赖也存在明显的负面影响，随着马达加斯加人口的继续增长以及内陆统御沿海结构的维系，社会发展在地理层面不公平的趋势逐渐扩大。最终，1971年在马达加斯加南部爆发了大规模的农民暴动。[①] 同时，受到国际社会上多元意识形态的影响，更多马达加斯加人开始反思和反抗对于法国的长期依附，并以学生和知识分子为首，在塔那那利佛发动了马达加斯加版的五月风暴。以上事件促成了1972年齐拉纳纳下台，在经过为期三年的过渡后，迪迪耶·拉齐拉卡于1975年成为马达加斯加总统。

拉齐拉卡也出身于沿海族群，是马达加斯加东部的贝奇米扎拉卡人，他是马达加斯加历史上在位时间最长的总统，在其秉政的20多年时间里，马达加斯加的经济地理演化同样没有发生显著改变，不过这种演化的延续性在拉齐拉卡时代也有自己的成因和特征。

要理解拉齐拉卡时期马达加斯加经济地理演化的延续性，有必要对拉齐拉卡首先做一个简要介绍。他与齐拉纳纳一样，都完成了从沿海到首都再到法国求学的经历，并且拉齐拉卡的父亲也是旧时PADESM成员。不过相比齐拉纳纳，拉齐拉卡在法国念的是军校，并且是更加激进的民族主义者，同时对二战后新兴社会主义国家的发展有着浓厚的兴趣。拉齐拉卡成为总统后，认为马达加斯加在之前只是实现了名义上的独立，其实依然依附于法国。有鉴于此，为了取得更好的发展，拉齐拉卡认为自己的国家应该破除依赖、自力更生，在摆脱资本主义牢笼的同时实现社会和广大国民的全面、公平发展。

为实现这一愿景，拉齐拉卡掌权后迅速采取了与先前截然不同的

[①] Françoise R. Jourde, *Gérard Roy, Paysans, intellectuels et populisme à Madagascar. De Monja Jaona à Ratsimandrava (1960-1975)*, Karthala, Paris, 2010, pp. 229-252.

政策。他首先将法国资本驱逐出马达加斯加,力争实现主要经济活动的国有化。同时他推动地方分权,从教育建设开始,强调地方与中央的共同发展。此外,他积极推广马尔加什语,将其定位为本国最重要的语言,而将法语仅仅视为一种还有使用价值的工具。在对外关系上,拉齐拉卡在反帝国主义和反资本主义的主旨下推行不结盟立场,并和广大新兴社会主义阵营国家建立良好关系,将朝鲜和越南视为自身的学习对象,迄今为止,塔那那利佛市中心还留有胡志明的塑像。拉齐拉卡还推出了自己的"小红书"(Boky Mena)——《马达加斯加社会主义革命章程》(Charte de la Révolution Socialiste Malagasy),在其中详细表述了他持有的政治立场与治国理念。

从表面上看,拉齐拉卡作为出身于沿海的政治强人,并且有着改变当时马达加斯加状况的强烈意愿,似乎是很有可能为马达加斯加开拓出新的发展路径的,但最终该国的后续走向并未照此设想进行,其经济地理格局自然也未能脱离原有的演化路径。

总体而言,拉齐拉卡未能按照自己的设想改变马达加斯加,主要原因在于他的发展思路严重脱离当时的实际情况,并因此产生了一系列负面的后续效应。

不过在分析拉齐拉卡的政策如何脱离实际之前,首先要肯定的是,他在很多方面对于马达加斯加所面临的困难是有清晰了解的。比如他意识到了马达加斯加广大农民与整个市场和经济活动是严重脱离的;意识到马达加斯加存在严重的区域发展不均衡;国家经济运行和财政收入高度依赖对外贸易;还清楚本国陆路交通运输存在巨大缺陷。[1] 但是,一旦涉及具体如何改善马达加斯加欠发达状况的时候,拉齐拉卡的政策就开始显现出脱离实际的理想主义色彩,并最终因此失败。下面将对其进行简要分析。

---

[1] Didier Ratsiraka, Charte de la Révolution Socialiste Malagasy, Imprimerie d'Ouvrages Educatifs-Tananarive dépôt légal N° 44 – 10 – 75, pp. 48, 106.

第二章　马达加斯加独特的经济地理格局是如何形成的

（1）意识到本国当时的主要财税收入都来自出口，但是却又激进地强调用国内市场来替代国际市场。拉齐拉卡很清楚，受困于殖民经济的遗产，马达加斯加是个高度依赖对外贸易，并且本身产品结构单一的国家。但是就此拉齐拉卡给出的对策是寄望于国内市场的壮大，而将外向型经济视为殖民地经济的特点之一。毫无疑问，拉齐拉卡的这一思路存在显著问题。马达加斯加在当时人口尚不足800万，[1] 市场规模非常有限。并且岛屿巨大的面积、复杂的地形、落后的交通网络、低下的购买力等因素都会延缓国内市场的发展壮大。在这样的国情下期待用经济内循环来取代既有出口为主的模式非常不切实际。它只会让全岛更加封闭，总体的经济活动更加消沉，也会极大地阻碍对外贸易和沿海地区发展。

（2）意识到国家发展不能封闭，但是在对外关系上却有明显的选择倾向。在对外关系的处理上，1980年以前，商贸互补性、制度便利性等对外经贸活动中的重要因素都让位于齐拉纳纳主观的意识形态想象。比如在和法国、美国等西方国家决裂后，拉齐拉卡所靠拢的都是东欧、远东甚至加勒比地区的社会主义阵营国家。完全没有切实考虑如果只与这些国家交往的话，是否能在经济贸易往来上获得持续性收益。这些国家确实为马达加斯加提供过一些援助项目，但是其中除了中国帮助建设的二号国家公路以外，其他项目都没有能够带来持续性的发展效用。

不仅如此，与西方国家交恶以及对外政策的过度意识形态化站队使得马达加斯加增加了国防开支的需求。拉齐拉卡将印度洋视为帝国主义新的争霸焦点，并且把南非也看作假想敌。这显著增加了军费开支，据估计，与苏联的一笔军售订单几乎等于当时马达加斯加整个国家一年的全部财政收入。甚至有当地学者以戏谑的口吻告诉笔者，拉齐拉卡采购的米格-21战机由于耗油量巨大，只要升空训练一次，

---

[1] Government of Madagascar, Recensement 1975: Séries Etudes et Analyse-les Ménages, p. 2.

就能烧掉马达加斯加当时年度军费预算的近一半。

总体而言，可以说拉齐拉卡在其早期的外交政策总体上既增加了本国的封闭性，又提高了内耗，这大大减少了对外经贸往来和外来投资，也因此减少了这些活动给马达加斯加带来的收益，难以有多余的资源来发展马达加斯加的沿海地区。

（3）内部消耗增加与教育战略失当。20 世纪 70 年代末，马达加斯加在与外界沟通减弱、外贸收入减少的同时，国内为了实现拉齐拉卡的发展目标却在不断增加开支。除了军费以外，教育开支也呈现爆炸式增长。因为在拉齐拉卡的革命章程里，推广全民教育是实现消除贫富差距、消除阶级分化的重要举措，并且是地方分权实施过程中首先需要达成的目标。[1] 为了实现这些目标，拉齐拉卡提高了入学率，增加教师编制，新建和扩建各级学校，教育开支在政府年度预算中的份额和军费开支一样都达到了 25%。[2]

但是，拉齐拉卡发展教育的政策中存在两大问题：一是马尔加什化；二是教育目的一定程度上脱离学以致用的理念，而在于培养具有集体主义精神和平等意识的革命建设者。这其中，教育的马尔加什化对马达加斯加后续发展的影响最为明显。

马尔加什化是在教学语言中推广马尔加什语，使其无论在生活中还是学术、科研上都成为马达加斯加人的第一语言。这一点作为去殖民化和塑造统一民族国家的措施本身无可厚非，但是它会和马达加斯加整体的经济环境与对外交流发生相互作用，拉齐拉卡对于这一点的预计不是非常充分。马尔加什化教育直接导致马达加斯加 20 世纪后期出生的一两代人没有能够很好地掌握法语或英语，阻碍了他们对于外界的了解。并且由于在自然科学和科技工程等教学、研究领域也推

---

[1] Didier Ratsiraka, Charte de la Révolution Socialiste Malagasy, Imprimerie d'Ouvrages Educatifs-Tananarive dépôt légal N° 44 – 10 – 75, pp. 82 – 83.

[2] Bonar A. Gow, "Admiral Didier Ratsiraka and the Malagasy Socialist Revolution", *The Journal of Modern African Studies*, Vol. 35, No. 3, Sep. 1997, p. 420.

第二章 马达加斯加独特的经济地理格局是如何形成的

广马尔加什化,使得本土科研活动与外界的交流之间产生了语言屏障,极大地制约了本国人才的成长。不仅如此,马尔加什化教育培养出来的本土毕业生,不但在一个封闭的社会和不景气的经济环境中难以就业,甚至在马达加斯加重新对外开放以后也难以和外来人员交流从而寻找到机会。

其实拉齐拉卡在推广他的马尔加什化教育政策之初保持了某种实用主义的清醒,他指出:法语依然是能够帮助马达加斯加了解外部文明的窗口,并且马达加斯加人日后应该不单掌握法语,还要掌握其他外语。[1] 但是,这种认识仅仅停留在他的设想之中,马达加斯加在当时不具备足够的人才、物质条件来实现整个教育系统和知识体系的语言本土化改造,更不用说持续不断将国家建设需要的外部先进知识进行翻译和本土化。特别在与法国的关系走入僵局后,马达加斯加的教育水平出现了严重下降,无论师资力量还是教育经费都难以为继。笔者在考察塔那那利佛大学时有当地教授告诉笔者:拉齐拉卡时代以前,包括南非在内的东南部非洲国家都有留学生慕名前来学习,但是现在来马达加斯加求学的只剩下科摩罗的学生。

毫无疑问,从总体上看,马尔加什化语言政策的施行及其后果对于马达加斯加社会是一种损耗,它使得人力资源与外界变化的适配性大大降低。即便到了今天,当中资企业需要前往马达加斯加投资和经营时,由于国内招聘的翻译大多数说法语和英语,所以只会说马尔加什语的本地人在中资企业的应聘中竞争力也受到负面影响。

尽管拉齐拉卡在自己的革命纲领中宣称绝不会加入类似法语国家组织这样的语言联合体,但马达加斯加没能够坚持这一点,甚至于2016年作为东道国主办了法语国家峰会。此外,目前马达加斯加人海外移民的目的地中,法国排在第一,遥遥领先于其他国家。而像塞

---

[1] Didier Ratsiraka, Charte de la Révolution Socialiste Malagasy, Imprimerie d'Ouvrages Educatifs-Tananarive dépôt légal N° 44-10-75, p. 85.

◆◆ 成为内陆国家的岛屿

内加尔、科特迪瓦等其他前法国殖民地国家,目前它们国民的海外移民目的地越来越趋于多元化。由上可见,拉齐拉卡的马尔加什化教育理念,不但没有能够使得马达加斯加走向开放,反而因为和整体国家经济发展的相互作用,使得国民接触外界的进程大大减速,也使得国家经济发展格局无论在地理布局层面还是产业结构层面,都难以产生快速的质变。

(4) 扁平化与同质化的空间发展构思。拉齐拉卡是从一开始就注意到了马达加斯加各个地区发展状况存在极大差距这一现象的,但是他的对策并没有能够很好地回应这一问题。以国内道路交通建设为例,当时拉齐拉卡提出的主要道路交通改进方案如下。①

- 形成连接各个区域的一级公路网络。
- 迅速建成连接塔那那利佛与塔马塔夫的公路,以替代该线路已经破旧的铁路运输。
- 在有限的物资条件下尽可能维护国内所有一级和二级公路正常运行。
- 仔细评估和规划道路建设,使其与国内生产活动的需求相结合。

从上述四个方案中可以看出,拉齐拉卡还是将道路交通建设看成一个应该兼顾全岛各个区域的工程,并且延续的依然是以塔那那利佛为核心的思路。尽管第四个方案强调了将公路建设与生产活动的实际情况相结合,这一点比起法国殖民时期有一定进步,但问题是拉齐拉卡此时开始脱离法国,脱离了最大的海外市场,生产需求随之面临降低,也会因此造成基建可使用资金的减少。此外,拉齐拉卡强调连接各个区域的一级公路网,但这种连接是一种以塔那那利佛为中心的放射性连接,而不是一种多节点的并列式连接。也就是说,在不

---

① Didier Ratsiraka, Charte de la Révolution Socialiste Malagasy, Imprimerie d'Ouvrages Educatifs-Tananarive dépôt légal N° 44 – 10 – 75, pp. 106 – 107.

第二章 马达加斯加独特的经济地理格局是如何形成的

同区域间的交通几乎都必须通过塔那那利佛及其周围的中部高原，而沿海区域之间并不能直接公路互通。在后续章节中会展现出这种布局如何给陆上交通造成巨大损耗，并持续性阻碍马达加斯加的经济、社会发展。

综上，拉齐拉卡对马达加斯加的改革措施是有战斗性和革新性的，但是受到视野的局限，他的改革中存在较多理想主义元素，脱离了当时马达加斯加的实际处境和发展阶段，在后续遭遇挫折也是一种必然。因此，马达加斯加的改革从1977年正式大规模展开，到1980年就已经难以维系，开始重新向以法国为代表的西方国家靠拢，并寻求IMF结构性调整的帮助。

同时，拉齐拉卡在政治生涯前期和后期表现出比较大的反差，在初期他展现出坚定的革命者和理想家的形象，后期则成为IMF的"好学生"。在第一次成为总统颁布《马达加斯加社会主义革命章程》的时候，他声称族群身份差异是资本主义掩盖阶级差异的工具，[1] 而政治生涯后期在选战中他又大肆强调自己的贝奇米拉扎卡族身份。[2] 拉齐拉卡身上展现出的这种不一致和善变，可以说是马达加斯加在其任内国家发展演变的缩影：一开始借助去殖民化运动进行激进的改革，产生巨大的凝聚力；但随着改革逐渐远离预期效果，又只能通过否定自身来重新获得支持和认同。换个角度看，拉齐拉卡体现的这一特点，是其个人发展计划与马达加斯加经济地理演化中产生的结构性阻力发生冲突后的妥协。或许在总统生涯刚刚开始的时候，拉齐拉卡确实是一名坚定的理想主义者，但是当他遭遇的对抗是来自马达加斯加持续数百年经济地理演化产生的路径依赖时，如果他不改变态度采取权宜之策，或许不可能长时期执掌政权。

---

[1] Didier Ratsiraka, *Charte de la Révolution Socialiste Malagasy*, Imprimerie d'Ouvrages Educatifs-Tananarive dépôt légal N° 44 - 10 - 75, p. 16.

[2] Jennifer Cole, *Forget Colonialism? Sacrifice and the Art of Memory in Madagascar*, University of California Press, 2001, pp. 236 - 237.

接下来，将对这种路径依赖的严重程度进行简要的介绍。

（二）结构性依附的断裂及其后续效应

简言之，马达加斯加殖民和去殖民时期经济地理的演化效应分别体现为"殖民地—宗主国"依附与被依附关系建立和断裂的过程。这个过程中马达加斯加先是依靠法国获得了一定程度的发展，但是这种发展建立在延续和加强原有经济地理演化特征的基础上。而在取得独立后，特别是迪迪耶·拉齐拉卡1975年执政，随即与法国走向对立后，马达加斯加的依附关系被切断，被殖民固化和加强的"内陆统御沿海"经济地理形态重新发挥效应，马达加斯加也因此回归封闭状态。下面，将对本过程进行梳理分析。

马达加斯加地大物博，在依靠殖民外力整合成一个生产体系以后出现了生产总值的显著提高。特别是马达加斯加先前因为地理、历史原因与全球市场接入度相对较低，纳入法国殖民体系后，依托制度性条件降低交易成本，并且在海外特别是欧洲寻找到了市场，在贸易总量的表现上产生了大幅上涨。在本章介绍过马达加斯加殖民时期外贸出口情况的变化：被定位为主要热带农产品产地后，马达加斯加包括咖啡、可可豆、棉豆、香草在内的几种主要经济作物于殖民时期在产量和出口额上都大幅上涨，并且马达加斯加对外贸易占比中，法国和法属殖民地的比重迅速占据主导地位。

除了对外贸易，法国对马达加斯加的投资也在不断累积和增长。据估算，到第二次世界大战爆发前，法国对马达加斯加公共领域的投资额已经等于其在法属西非与法属赤道非洲总额的25%—50%。[1] 要知道法属西非和法属赤道非洲的面积总和约为720万平方千米，比12个马达加斯加岛的总面积还大，从这个直观的对比就可以看出当时法

---

[1] Michael Twomey, *A Century of Foreign Investment in the Third World*, London: Routledge, 2000, p.78.

第二章 马达加斯加独特的经济地理格局是如何形成的

国对马达加斯加在其非洲殖民版图中的重视程度。以法国当局在马达加斯加建设的铁路工程为例，尽管四条铁道线路的建设最终需要依靠马达加斯加殖民地本身的财政支付，但是在工程启动时宗主国方面为其提供了大规模贷款。1900 年法国为马达加斯加铁路工程提供长期贷款 6000 万法郎，1931 年再次提供贷款 7 亿法郎。[①]

除了铁路以外，殖民当局也加紧进行包括公路在内的其他道路系统建设。在前文章节中介绍过，法国殖民开始前马达加斯加岛内不具备现代意义的道路系统，伊默里纳王朝首都塔那那利佛与最大海港塔马塔夫之间的年货运总量只有 500 吨左右。然而，1956 年马达加斯加独立前夕，岛上汽车可以通行的道路已经达到 31750 千米，其中 26000 千米不受气候变化影响可全年通行。[②] 1900 年加列尼第一次将汽车引入马达加斯加，在塔那那利佛道路上作为文明进步的象征进行展示。[③] 半个世纪后的 1957 年，马达加斯加全岛登记在册的机动车已经接近 35000 辆。

法国对马达加斯加的投入在促进马达加斯加内部经济指标增长上也起到了突出的推动作用，殖民时代刚刚开始，马达加斯加经济流通总量在加列尼任职的前五年就增长了接近 3 倍，从 1896 年的 1900 万法郎到 1901 年的 5200 万法郎；本地财政收入同期从 300 万法郎增加到 2500 万法郎。[④]

伴随着外贸和国内经济增长的还有马达加斯加与法国联系的加深。除了对外贸易中法国所占比例的提高外，马达加斯加相关的国际海运数据也能很好地体现这一点：殖民前的 1887 年，法国前往马达

[①] Frémigacci Jean, *Les chemins de fer de Madagascar（1901 - 1936）*, Une modernisation manquée, Afrique & histoire, 2006/2 Vol. 6, pp. 167, 170.

[②] S. H. Steinberg, ed., *The Statesman's Year-Book: Statistical and Historical Annual of the States of the World for the Year 1960*, London: Macmillan, p. 1024.

[③] Frémigacci Jean, *Etat, Economie et Société Coloniale à Madagascar: Fin XIXè Siècle - 1940*, Paris: Karthala, 2014, p. 379.

[④] P. B. Gheusi, *Gallieni: 1849 - 1916*, Bibliothèque Charpentier, 1922, p. 76.

◇❖ 成为内陆国家的岛屿

加斯加的航船总吨位据估计少于3万吨,① 殖民后第三年的1898年则超过了73万吨,占同年抵马船只总吨位的约85%。② 到了1928年,有总计约320万吨的6100艘国外船只到达马达加斯加,其中约4500艘来自法国。③ 1938年,总吨位430万吨的7300余艘外国船只前来,其中超过6100艘来自法国。④ 综上可见,法国在马达加斯加殖民时期的对外经济关系中占据了压倒性的主导地位。

考虑到双方不平等的地位和马达加斯加以经济作物为主的产业结构特点,马达加斯加与法国在殖民时期形成了"依附理论"所论述的典型依附关系。但是就马达加斯加而言,有两点地方特殊性是依附理论疏于重视的。

首先是建立依附关系前马达加斯加在地缘政治层面的地位。在前文讨论殖民时期时详细介绍过,马达加斯加归属法国在地缘政治层面是英法帝国在印度洋和中东地区长期博弈后形成的结果。法国在印度洋失势是长期历史角力后导致的,不幸的是马达加斯加成了法国在整个南部印度洋和东南非洲唯一规模可观的领地,并从此在商贸、文化、语言等方面都开始和周边区域走向绝缘。换言之,马达加斯加对法国依附提高的过程不是一个简单的双边关系加深过程,与之伴生的还有马达加斯加在其所处区域中孤立性提高的过程。时至今日,马达加斯加与莫桑比克海峡对岸的坦桑尼亚、莫桑比克以及更内陆的马拉维、赞比亚、津巴布韦等国都不存在直飞航线。虽然这只是孤立性的一个方面,但能很大程度上反映出马达加斯加在区域中的孤立境遇有多么严重。

其次是失去依附对马达加斯加在经济地理结构演化上的后续影

---

[1] J. Scott Keltie, *The Statesman's Year-Book: Statistical and Historical Annual of the States of the World for the Year 1890*, London: Macmillan, p. 508.

[2] J. Scott Keltie, *The Statesman's Year-Book: Statistical and Historical Annual of the States of the World for the Year 1900*, London: Macmillan, p. 566.

[3] M. Epstein, *The Statesman's Year-Book: Statistical and Historical Annual of the States of the World for the Year 1930*, London: Macmillan, p. 904.

[4] M. Epstein, *The Statesman's Year-Book: Statistical and Historical Annual of the States of the World for the Year 1940*, London: Macmillan, p. 934.

第二章 马达加斯加独特的经济地理格局是如何形成的

响。在下一章中将看到,独特的经济地理形态导致作为岛国的马达加斯加在独立后却产生了内陆封闭国家的特点,形成了阻碍沟通的"厚国界"(Thick Border)效应。根据前文已知,其实殖民时期法国对马达加斯加的大规模投资建设就采取了"内陆统御沿海"格局,加列尼因地制宜的统治和建设理念延续并固化了伊默里纳王朝时期的演化路径,那为什么法国殖民时期这样的路径没有阻碍马达加斯加的对外沟通呢?就这一点而言,可以说法国的大规模投入在殖民时期为马达加斯加暂时性地打破了"厚国界"的阻碍。这一方面体现在地理空间上:耗费大规模人力、财力、物力修筑的公路和铁路将马达加斯加的内陆地区与法国、欧洲乃至世界市场联系起来,也让当时先进的工业品、外来人员、信息源源不断进入马达加斯加,维系其作为一个整体殖民地的稳定运转。到独立前夕,法国与马达加斯加甚至已经开通了五条国际航空线路,比今天两国间直航的数量还多。

当然,殖民建设中存在当时特有的问题,无论对强制性劳动(travail forcé)的滥用,还是一些殖民公司借公共工程中饱私囊,最终都对马达加斯加地方资源造成了严重的浪费,也对当地民众的正常生产生活造成了巨大冲击。比如在殖民当局修建铁路时,由于大规模无偿征用当地男性劳力,以至于铁路建设沿线很多农民选择夜间做农活甚至逃亡成为无产者;还有一些种植园雇用当地劳工使其逐渐脱离原有土地和生活方式,在新型货币化的劳动关系下,当地民众开始直接面对全国市场和国际经济形势变动的冲击,增加了地方的不安定因素。1947年马达加斯加最大规模的地方性动乱就以受到殖民影响最深的东部沿海为核心区域。[①] 此外,集中于发展中部高原的思路耽误了广大沿海地区的建设,尽管殖民当局在当地高举文明开化的旗帜,但是从建设进程和发展侧重上看,大部分沿海地区是没有从中获得积

[①] Frémigacci Jean, *Etat, Economie et Société Coloniale à Madagascar: Fin XIXè Siècle - 1940*, Paris: Karthala, 2014, pp. 200 - 207.

极影响的。

但是换个角度思考,这些殖民建设中对殖民地社会造成的伤害,以及前文介绍过的宗主国大规模基建投入后低下的收益回报,都可以看作一种人为实践对经济地理系统干预后产生的反馈效应。法国在马达加斯加的殖民建设最终是顺应"内陆统御沿海"的既有演化路径来进行的,将内陆旧王朝首都塔那那利佛的中心性进一步巩固和确立。在下一章中将会看到,沿海国家的首都如果出现在内陆,那么它往往涉及经济中心性与政治、文化中心性在地理空间层面的权衡取舍。殖民初期约瑟夫·加列尼在选择殖民首府时的犹豫和考量其实也体现着这样一种张力:出于对既有政治文化地理结构在维系殖民地稳定重大意义的认可,他一边排除众议沿用塔那那利佛为殖民首府,另一边却不断怀念曾经自己治下的越南所具备的沿海为既有经济地理中心的区位条件。所以,类似那些出于政治文化原因迁都内陆的沿海国家,殖民时期马达加斯加的建设成本和负面效应也可以理解成政治文化地理逻辑对抗经贸区位逻辑过程中所付出的代价。

综上,殖民时期法国通过注入大规模财力、物资、人员,为马达加斯加打破了既有的封闭性和孤立性,并极大地增强了它与宗主国为代表的外部世界的联系。同时,殖民时期建成的基础设施网络和管理体系也促进了马达加斯加国内的物质、人员流通与资源整合。两者结合起来使得马达加斯加在该历史阶段于经济和社会发展层面在整体上有了显著提升。但同时,这一方面加大了马达加斯加对法国的依附,另一方面固化并增强了既有的经济地理演化路径。这两个因素是共生共存的,去殖民时期,特别是拉齐拉卡早期对它们的切割没有考虑到二者的整体性,没有为失去依附的马达加斯加提前找到新的资金来源渠道,这使得去殖民后的马达加斯加重回封闭,并在后续发展中与其他撒哈拉以南非洲的差距逐渐拉大。此外,再次强调的是这里的发展指马达加斯加全岛整体的发展,如果就广大民众当时具体的生活水平和幸福感而言,那需要其他研究去进行单独的考证,本书开篇时明确过将发展概念限定在国家范畴进行。

体现依附关系对于马达加斯加殖民时期发展重要性的另一个关键证据在于马达加斯加独立后的国家发展走势。1960年马达加斯加取得独立，来自沿海的齐拉纳纳成为首任总统，在他1972年下台以前，马达加斯加依然与法国维持了紧密的关系，并且也因此保持了国内经济的稳定运行和对外贸易的总体增长，并且贸易逆差也维持在一个稳定的水平（见表2-7）。同时，在独立后最初的十多年里，马达加斯加和其他撒哈拉以南非洲地区并未出现显著发展差距。

表2-7　　1961—1963、1965—1967年马达加斯加进出口额统计[①]

年份	1961	1962	1963	1965	1966	1967
进口额 （百万CFA法郎）	25530.9	30027.8	31479.7	34156.0	34931.0	35885.0
出口额 （百万CFA法郎）	19137.7	23285.5	20261.5	22632.0	24131.0	25711.0

正因为马达加斯加开国总统在任期内与法国保持着密切的关系，所以也有学者认为这一时期的马达加斯加只是取得了表面上的独立，在政治、经济和文化上依然处于对法国的高度依赖中。比如苏鲁夫·兰吉昂扎（Solofo Randrianja）和史蒂芬·埃利斯（Stephen Ellis）在他们合著的《马达加斯加简史》中，直接把"法国时代"这一章节的时间节点取在了1972年。[②] 相似地，饭田卓等人也认为1972年马达加斯加才真正从旧宗主国的控制下独立出来，并将该时间节点命名

[①] 1961—1963年数据采自S. H. Steinberg, *The Statesman's Year-Book: Statistical and Historical Annual of the States of the World for the Year 1965-1966*, London: Macmillan, p. 1016; 1965—1967年数据采自S. H. Steinberg, *The Statesman's Year-Book: Statistical and Historical Annual of the States of the World for the Year 1969-1970*, London: Macmillan, p. 937。

[②] Solofo Randrianja, Stephen Ellis, *Madagascar: A Short Introduction*, Chicago: The University of Chicago Press, 2009, pp. 155-186.

◇❖ 成为内陆国家的岛屿

为"二次独立"。① 两本专著就此给出的论证也很相似，都指出拉齐拉卡就任马达加斯加总统后采取的革命路线和马尔加什化国策是理解马达加斯加脱离法国并真正取得独立的关键。

拉齐拉卡的一系列激进政策实施后，以法国为代表的国外资本迅速撤离马达加斯加，这意味着双方在殖民时代建立起来的依附关系终结。值得注意的是，这种终结受到地理因素的后续影响并且因此具有难以恢复性。因为首先，马达加斯加的主要出口商品是热带经济作物，在其他热带国家可以找到替代供应商。除了产品可替代外，很多与马达加斯加经济作物有竞争的国家与欧洲市场的地理空间距离还更近，在运输成本和运输时间上都更具优势。比如马达加斯加虽然在20世纪30年代末成为非洲最大的咖啡产地和出口国，但其实长期以来在国际咖啡市场份额上远远落后于巴西，而且在一些年份中巴西一国的咖啡产量已经超过当年全球咖啡的总消费量。② 因此如果从全球的总供需关系上看，马达加斯加要保证其咖啡出口规模的话，非常依赖法国为其提供的技术、政策、市场支持以及二者背后的整个殖民体系运转。比如法国作为宗主国在当时为殖民地的咖啡除了提供补助外，还在税收方面予以减免，1914—1924年，来自殖民地的咖啡比来自其他产地的咖啡平均每千克少征税1.36法郎，这个数字逐渐增加，到1938年已经达到了4.04法郎。③ 当然，这种税收优惠是面向法国所有海外殖民地的，并非马达加斯加独享，但由于巴西当时占据全球咖啡市场的绝对优势，所以税收壁垒还是为马达加斯加的咖啡产品大大降低了竞争难度。此外，法国种植园主与采购商带来了来自法国和欧洲市场对于咖啡口味偏好的信息以及相关品种咖啡豆的种植技术，这

---

① 飯田卓等編：《マダガスカルを知るための》，明石書店2017年版，第253页。
② Frémigacci Jean, *Etat, Economie et Société Coloniale à Madagascar: Fin XIXè Siècle - 1940*, Paris: Karthala, 2014, p. 373.
③ Frémigacci Jean, *Etat, Economie et Société Coloniale à Madagascar: Fin XIXè Siècle - 1940*, Paris: Karthala, 2014, p. 377.

第二章 马达加斯加独特的经济地理格局是如何形成的

使得马达加斯加出产的咖啡能更好地满足法国和欧洲市场需求。

由上可见，一旦失去了殖民时期建立起来的市场渠道和制度优势，资本会迅速按照追求更大利润的经济逻辑发生空间转移，马达加斯加的"厚国界"效应将使其重新融入国际市场的难度进一步加大。并且由于切断了外来资本的进入，马达加斯加的基础设施和生产设备缺乏资金更新维护，很快对生产和交通造成阻碍。这使得日后马达加斯加重新在政策上转向西方以后却比原先更难吸引资本回归，继续在当地投资生产。

拉齐拉卡的政策及其导致的马达加斯加重归封闭很快在国家经济指标上体现出来。1980年和1981年，马达加斯加的贸易逆差分别达到了1034亿和869亿马尔加什法郎（约等于4.9亿和3.2亿美元）；公共债务分别达到6.25亿和10.35亿美元；财政赤字也上升到683亿和503亿马尔加什法郎（约等于3.2亿和1.86亿美元）。[①]

意识到政策失误后，拉齐拉卡先是通过大规模举借外债来应付财政危机，之后又引入国际货币基金组织的结构性调整和新自由主义的治理和发展政策。从此，马达加斯加的多党制和民主制度逐渐确立，地方分权政策也开始实施。同时马达加斯加也尽量扩大对外联系，加入了南部非洲发展共同体，加入美国的《非洲增长与机会法案》（*African Growth and Opportunity Act*），重新加强了与法国和欧盟的联系。

在后续章节中将会看到，在脱离对法国的依附后，马达加斯加独特的经济地理演化运行机制继续发挥其强大影响，以首都区位因素、沿海地区的碎片化和区域一体化融入困难为代表的三个因素开始相互作用，延续着马达加斯加整个经济地理系统的孤立性。并且相比殖民时期，1960年以后的国际社会环境又发生了巨大变化：殖民帝国崩溃，独立后的非洲国家各自在寻求新的发展路径，重新建立依附无论

---

① Ferdinand Deleris, *Ratsiraka: Socialisme et Misère à Madagascar*, Paris: L'Harmattan, 1986, p.66.

◆ 成为内陆国家的岛屿

在马达加斯加外部还是内部，其合法性论证都再难以实现。而且法兰西帝国在经过二战的打击和殖民体系的瓦解后，也难以再具备协调帝国内资源、统筹发展殖民版图内各个区域的能力。这些趋势汇聚起来，让马达加斯加希望通过回归西方来重获结构性发展动力的构想难以真正实现。

要着重强调的是，这里并非为殖民活动进行辩护，而是从演化地理的层面探讨殖民活动和去殖民历程在马达加斯加的国家发展中产生了怎样的影响。综观整个研究可以看到，马达加斯加的经济地理演化过程并非一个决定论的过程，而是在与外界发生联系的同时不断变化的过程，因此作为一个对复杂系统演化过程的非线性解释，本书不对殖民活动的道德层面做过多判定。但有趣的一点是，在笔者的田野调研过程中，有相当大比例的老年受访者在回忆齐拉纳纳执政时期时，都用一种带有遗憾而幸福的语气在讲述那一段时光。

综上，本节对于去殖民时期马达加斯加经济地理演化的分析，还有助于帮助理解本书在一开始时展现过的一个关于马达加斯加发展的独特现象——马达加斯加在1960年独立时以及之后的一段时间内，其发展程度与撒哈拉以南非洲地区的平均水平是基本相当的，但是随着时间的推移，马达加斯加在后续发展中逐渐落后，并且呈现出与非洲整体发展水平差距逐渐拉大的特点。在探讨了齐拉纳纳与拉齐拉卡的发展政策特点，并对比殖民时期与去殖民时期马达加斯加的社会、经济总体变化趋势以后，可以发现从演化经济地理的角度上讲，前期的殖民统治使得马达加斯加在经济地理层面陷入了对法国的结构性依附。这种依附一方面是殖民时期对马达加斯加"内陆统御沿海"格局的高成本维持，另一方面是将维持马达加斯加岛内经济地理格局的殖民过程与法兰西殖民帝国的整体架构结合起来，使其成为一个有机体。所以，在去殖民化进程中，当出现拉齐拉卡这样激进性的改革时，一旦无法找到新的机制与外界发生稳定和大规模的物质、能量交换，则会使得马达加斯加重新回到固有的经济地理演化路径中，并重新陷入殖民前的总体封闭和边缘状态。

当然，之所以马达加斯加与其他非洲国家发展的差距从独立后才开始显现也存在一个统计层面的原因。首先，通过一系列经济、社会指标对一国发展程度予以系统性量化描述是 20 世纪初才开始的工作，而对于殖民早期甚至前殖民时代某一地区发展程度的衡量，很大程度上依赖于间接性材料。特别对于撒哈拉以南非洲而言，在欧洲殖民者实行管理以前，该地区的大多数社会群体没有现代意义上的经济统计系统，甚至因为缺少书写文字而鲜见经济活动种类和规模的记载。更重要的是，撒哈拉以南非洲国家的建构是伴随着独立运动和反殖民斗争展开的，很多地区无论国家疆界的划定、政府的设立还是国民身份的塑造都是在独立时期才被明确提出的。相应地，撒哈拉以南非洲地区以国家为单位的发展指标统计是独立后才系统展开的工作。因此从统计单位的角度而言，对撒哈拉以南非洲国家进行发展指标的对比在前殖民时期乃至殖民时期都是一项极其困难的任务。虽然这一点本身无法论证马达加斯加与非洲其他国家在殖民和前殖民时期的发展区别，但是出于对非洲历史研究中"国家"概念的谨慎，这里还是将该问题列出以供进一步反思。

六　小结

通过对大航海时代、奴隶贸易时期、殖民时期和去殖民时期四个阶段的历时性分析，本章展示了马达加斯加经济地理演化的路径生成与固化机制，四个历史时期对马达加斯加经济地理格局的影响依次承接并展示出演化效果的历史延续性。

大航海早期贸易网络中马达加斯加的边缘地位源于其地理位置、岛屿规模和本土物产等因素的共同作用，并且这种作用的效果在大航海时代到来前就开始显现，马达加斯加在全球贸易中的边缘性地位生成可以追溯到中世纪甚至更久远的时期。此后，通过对比奴隶贸易时

◇◈ 成为内陆国家的岛屿

期大西洋沿岸非洲奴隶贸易与马达加斯加奴隶贸易的特点，可以发现地理因素一方面制约了马达加斯加奴隶贸易的规模，但另一方面也促成了它经济地理形态的独特演化，涌现出"内陆统御沿海"的结构。之后的法国殖民统治出于因地制宜的思路进行管理并规划建设，最终凭借其大规模的投入将马达加斯加的经济地理结构固化下来。而去殖民时期，无论是采取温和路线的齐拉纳纳，还是采取激进改革路线的拉齐拉卡，受限于结构性原因和自身政策特点，都未能改变马达加斯加经济地理演化格局，使其进一步维系的同时还让马达加斯加重回封闭与孤立的状态。

在与演化经济地理的理论呼应上，本章内容主要体现了以下三个方面的特点。

首先是系统的整体性和开放性。相较于古典地理思想、地理决定论、制度主义等学说中对于地理因素的还原论处理方法，本章将马达加斯加的地理因素理解为统一在整体系统性下的三个维度：一是马达加斯加自身作为一个大型岛屿的地理特性，主要表现为孤立和庞大，难以深入内陆。二是全球、印度洋区域这样整体系统中马达加斯加的相对位置和功能定位，主要表现是马达加斯加长久以来的边缘化。三是前两点的结合，即马达加斯加的地方特性与整体系统互动中对马达加斯加经济地理演化产生的作用，体现在马达加斯加持续与外界的物质能量交换以及这种交换在马达加斯加经济地理演化过程中所展现的动力机制，比如奴隶贸易和殖民建设。

其次是自组织带来的宏观尺度结构涌现。这一点最鲜明的例子就是奴隶贸易中马达加斯加"内陆统御沿海"结构的形成，地方文化特性与马达加斯加区域性奴隶贸易的机制相耦合，最终促成了伊默里纳这个中部高原王朝的崛起。奴隶贸易中的马达加斯加岛具备了耗散系统的开放性，而依托于高原地理特征出现的文化体系又如一个阶序性的扩张机制，它巧妙地促成了奴隶贸易能量交换中新政权的形成和发展，在一个总体呈破坏性的历史过程中实现了局部的壮大。

第二章 马达加斯加独特的经济地理格局是如何形成的

最后是具有反馈机制的路径依赖的形成。演化经济地理中的路径依赖不是伽利略、牛顿物理学中的惯性，而是在自反馈形成、系统趋于稳定态后具有的自我调校，从而维持稳态的特征。法国殖民马达加斯加后对后续统治管理的经济地理规划就很好地体现了这一点。由于奴隶贸易中崛起的伊默里纳王朝已经控制了大半个马达加斯加岛屿，这个过程中它已经建立起一个稳定的地方统治秩序，并且该秩序的经济地理表现就是内陆对沿海的支配。法国占领马达加斯加后，尽管对于连通内陆与沿海所需的大规模投资非常苦恼，也格外羡慕越南那样经济地理中心就在沿海的历史演化结果，但是最终还是将对马达加斯加的统治中心放置于内陆。这体现出内陆主导的经济地理结构已经成为马达加斯加的自稳态维持机制，一切希望迅速改变该机制的想法都会在可能需要付出的代价前望而却步；这还体现出当时无论经济、政治、族群还是宗教的相关事务，都是在这样一个特定的空间运行逻辑下才能进行的。

在通过历史分析展现马达加斯加独特经济地理演化路径的形成过程和其中的含义之后，接下来的第三章将要讨论的是，这样一种经济地理演化路径特征在当下会如何影响马达加斯加的国家发展。

第三章

马达加斯加独特的经济地理格局如何影响其当代国家发展

一 概述

从第二章中可以看到，马达加斯加经济地理形态从地理大发现到奴隶贸易再到殖民时期的演化是一个跨度约四百年的长时段过程，演化中作为复杂系统的马达加斯加社会受到结构性与偶然性因素的影响，发展出独特的经济地理形态。

在此基础上，本章要展现的是历史上演化生成的经济地理结构如何在当下影响马达加斯加的发展。为说明这一点，本章将介绍区域一体化（Regional Integration）、地方分权（Decentralization）和迁都（Capital City Relocation）这三种治理实践如何在马达加斯加发生相互作用，从而影响其整体的国家发展。如果说第二章的论述是建立在历时性的长时段演化上，那么本章的分析则侧重共时性下演化经济地理的动力机制。

在理论联系上，本章主要对话演化经济地理理论体系中有关路径依赖的部分，特别是路径依赖中反馈机制的运行特点。在经济地理结构演化的初期，演化路径的生成往往受到偶然性微小事件的影响，然而一旦这种路径迅速发展最终被锁定后，其后续的维持和扩大则很大程度上依赖反馈机制的作用。马达加斯加的经济地理结构演化同样符

第三章 马达加斯加独特的经济地理格局如何影响其当代国家发展

合这一规律,在独立前,演化体现的是中央统御沿海路径涌现、发展和初步固化的过程,在独立后更多体现的是中央统御沿海这一路径自我维系和加深的过程。

之所以选择区域一体化、地方分权和迁都这三个对象进行讨论,原因主要有如下两点。

(1) 这三个主题是三种撒哈拉以南非洲国家在独立后为寻求发展而进行的深入而普遍的实践。其中地方分权是大多数撒哈拉以南非洲国家在欧美新自由主义发展逻辑下采纳的治国方略,在相关非洲国家已经实行了近30年;区域一体化是非洲国家加强区域合作、扩大地方性市场的尝试,目前已经成为推动非洲区域发展的重要制度框架与行动方针;迁都是很多撒哈拉以南非洲国家在独立后都采取过的行动,并且沿海非洲国家的迁都整体上展现出从沿海向内陆的空间特征。这样的普遍性为对比马达加斯加和非洲大陆国家提供了可能性,特别是马达加斯加的特例与非洲大陆的整体趋势显现出明显差异时,这样的对比会更具有说服力。

(2) 这三个主题都与地理空间存在深刻的内在联系。从三个主题的名称就可以看出,地方分权是一个国家内部权力在地理空间中的重新分配;区域一体化涉及不同国家和地区在空间相邻的条件上合作互联;迁都则关系到国家核心城市的空间改变。与地理空间内在的深刻联系使得这三个主题对于解释马达加斯加经济地理格局的演化具有更强的关联性,也可以更好地揭示地理因素在马达加斯加发展困境中如何产生影响。

在马达加斯加形成了内陆统御沿海的经济地理演化路径后,其经济地理呈现出地理空间中心与人文活动中心重合的独特模式。在此基础上,与地理空间相关的发展实践在马达加斯加体现出维系既有路径的反馈效应。

从地方分权开始,因为地理中心与以政治、经济、文化为代表的人文活动中心重合,所以马达加斯加地方分权的整体目的是要统筹沿

成为内陆国家的岛屿

海地区与内陆地区的发展，使前者能够缩小与后者的差距。但是由于地方分权政策长期以来并未取得预想中的发展绩效，马达加斯加沿海地区因此也并未如愿得到快速发展。与此对应的是非洲大陆沿海国家的地方分权，尽管这些国家当中的大多数在地方分权政策实践上也被证明是失败的，但是因为这些国家的人文活动中心，特别是经济中心处于沿海，失败的地方分权只是延续其内陆腹地的欠发达情况。换言之，由于政治经济文化中心处在同样是地理中心的内陆，失败的地方分权在马达加斯加造成了其经济活动中心与外界在空间上更大的隔绝，而非洲大陆上沿海国家因为人文活动中心与地理中心是分离的，地方分权的失败不会对国家发展的主要区域产生阻碍对外交流的效果。

接下来，地方分权失败对沿海发展产生的延迟效应会影响到马达加斯加的区域一体化进程。作为一个热带岛国，马达加斯加给人以拥有海运便捷性的直觉，但经过上一章的分析可以看到，这样的海运优势在历史演化过程中已经丧失，因此现在的马达加斯加不但未能享受到海运带来的便利，反而使得海洋成为其融入区域经济的阻碍。在这样的劣势下，地方分权的失败又维系了原有的经济地理结构，使得整个马达加斯加岛屿的经济、政治活动依然以内陆为核心运行，马达加斯加因此成为一个内陆化的岛屿国家，海洋以及沿海到内陆的区域共同构筑成为一道运输成本极高的地理边界，阻碍马达加斯加的区域一体化融入，也使其难以分享非洲整体经济发展带来的地区经济规模化效应。

同样地，由于地方分权失败和区域一体化融入困难，马达加斯加内陆统御沿海的路径难以被打破，首都塔那那利佛的地位得到不断巩固，人口、生产、贸易等要素都继续向中部高原集中。从经济地理的角度看，当首都还肩负国家唯一的经济中心角色时，马达加斯加这样的首都区位是反经济逻辑的，它增加了国家对外进行商品和人员交流的成本。但同时值得注意的是，从政治和文化层面看，内陆首都区位

第三章 马达加斯加独特的经济地理格局如何影响其当代国家发展

却符合独立后非洲一些沿海国家的整体发展规划思路。换言之，当一些非洲沿海国家出于摆脱殖民历史、平衡族群关系、协调区域发展等考虑从沿海向内陆迁都时，马达加斯加因其经济地理演化的独特性而不需要采取这一行动。当然，就像那些迁都内陆后未获得预期收益的非洲沿海国家一样，塔那那利佛的内陆区位同样因其反经济地理逻辑的属性在持续阻碍马达加斯加的沿海发展。对于那些迁都内陆的其他非洲沿海国家而言，即便迁都失败，它们依然保有沿海地区的经济核心地区，而对于马达加斯加而言，无法迅速建设沿海地区意味着它孤立的现状会延续甚至加深，同时也会通过反馈效应继续阻碍该国地方分权和区域一体化的进程。本章的主要论证思路可以通过图3-1体现。

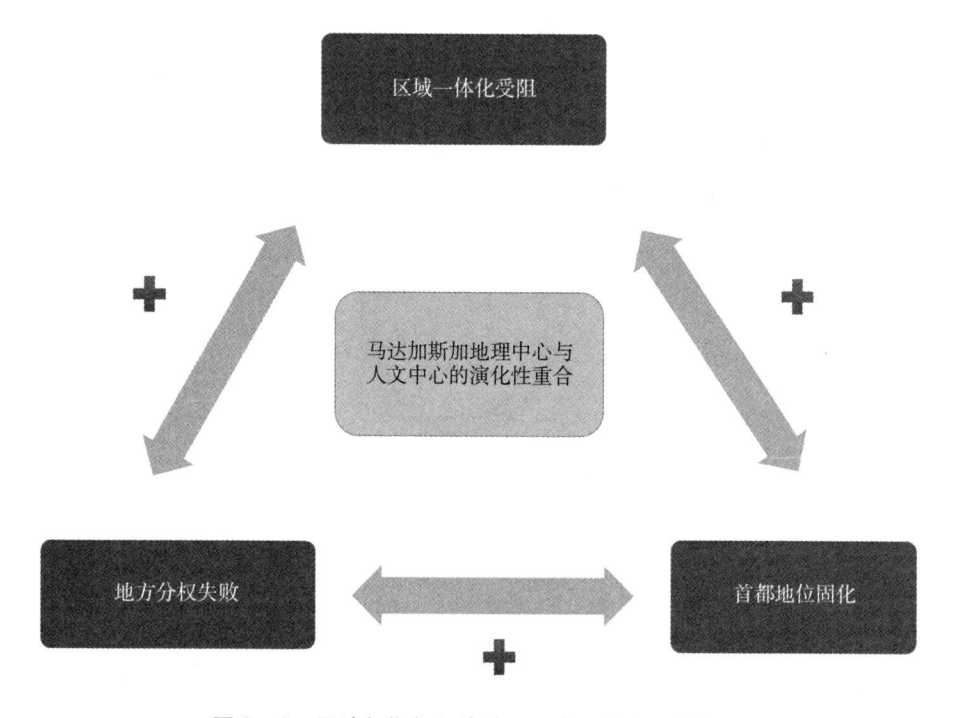

图3-1 马达加斯加经济地理形态下的自反馈模式

二 地理视角下的地方分权失败

(一) 非洲国家地方分权的失败

地方分权（Decentralization）是一个极具现代性的治理概念，从中文翻译的字面上看，地方分权容易和以三权分立为代表的分权学说混淆，不过究其最终目的而言，两者又都是为了实现某种权力的制衡，从而达成更为理想的治理模式。如果三权分立是一种横向的权力分配和制衡体系，那么地方分权就是一种纵向的权力下放结构（见图3-2）。

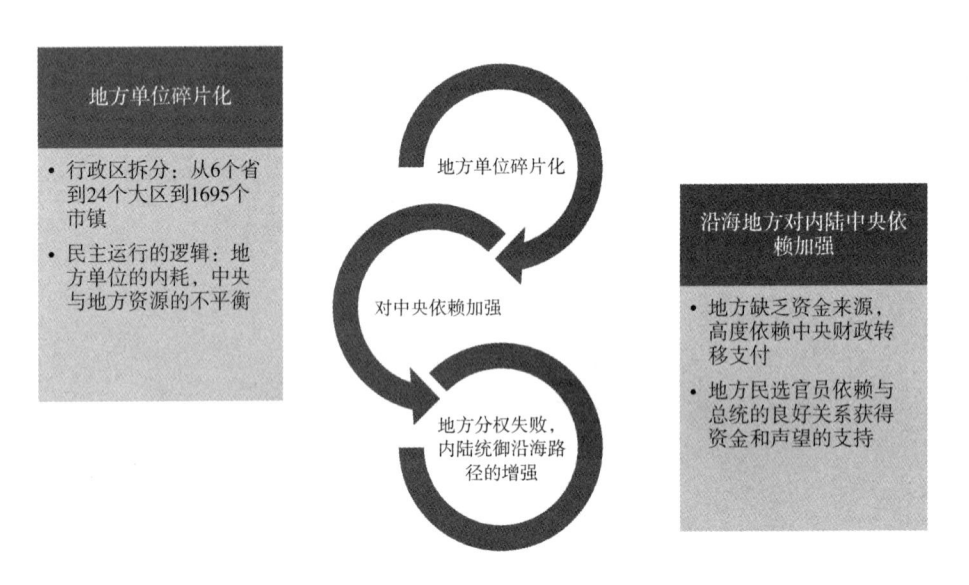

图3-2 地方分权失败强化经济地理格局

根据世界银行（World Bank）的定义，地方分权可以包含一个很广泛的概念体系，但无论如何，地方分权总是涉及中央政府责权向地方政府的转移。[①] 美国国际开发署（USAIDS）的理解也很近似，认为

---

① Esbern Friis-Hansen, Helene Maria Kyed, *Participation, Decentralization and Human Rights: A Review of Approaches for Strengthening Voice and Accountability in Local Governance*, World Bank, 2008.

第三章　马达加斯加独特的经济地理格局如何影响其当代国家发展

地方分权是权力和资源从国家级政府向次国家级政府或者次国家级行政单位的转移。不过美国国际开发署强调道，尽管形式上是自上而下的，地方分权的诉求和推动力很可能是自下而上的，并且地方分权涵盖了很多属性各自非常不同的政治、经济系统。[1] 根据汉斯·杜博瓦（Hans F. W. Dubois）和乔瓦尼·法托雷（Giovanni Fattore）对地方分权理念的阐释来看，根据地方分权是动态还是静态也可以对其进行分类，动态的地方分权将分权视为一种过程，一种治理模式的推广和维持；静态的地方分权把分权当作一种制度结构或者说一种静态的治理体系安排。再有就是按照分权所下放的内容来划分，可以有权力、责任、职能、资源等不同的对地方分权意义的理解。此外，也可以将地方分权按权力接收单位的类别来划分，比如有中央向地方政府、自治机构、公民社会等进行的分权。[2]

尽管存在上述不同类型，各界对地方分权能够达成共识的是地方分权的三个组成维度，它们分别是政治（political）、行政（administrative）和财政（fiscal），其中政治分权主要体现在建立并维系地方政治制度；行政分权体现在地方政府获得在辖区内组织和管理公共事务以及提供公共服务的职权；而财政分权则主要体现在地方政府获得财政自主以及必要的中央转移支付，从而为自身发展提供必要的资金支持。

除了在欧美已经成为主流治理范式以外，地方分权从20世纪后期开始也逐渐成为非洲国家主要采取的治国方案。卡林·克莱布依（Karin Kleinbooi）等人对地方分权在非洲的引入和发展进行了梳理，认为非洲地方分权的发展大致经历了如下几个阶段[3]。

---

[1] *Democratic Decentralization Programming Handbook*, USAID, 2009.
[2] Hans F. W. Dubois & Giovanni Fattore, "Definitions and Typologies in Public Administration Research: The Case of Decentralization", *International Journal of Public Administration*, Vol. 32, No. 8, 2009, pp. 704 – 727.
[3] Karin Kleinbooi, Rick de Satgé with Christopher Tanner, Decentralised Land Governance: Case Studies and Local Voices from Botswana, Madagascar and Mozambique, Institute for Poverty Land, and Agrarian Studies, School of Government, EMS Faculty, University of the Western Cape, 2011, pp. 7 – 9.

◆ 成为内陆国家的岛屿

（1）1945年以前：主要是采取"间接统治"模式的非洲殖民地，宗主国殖民官借助地方领袖和地方社会组织模式来对殖民地进行管控。

（2）1945年到1960年：二战后到独立浪潮开始之前，以英法为代表的殖民国家开始在殖民地推动地方议会的建设，将更多的地方经营纳入殖民管理的科层体系中，并且开始为殖民地的不同地区提供公共服务。

（3）1960年到1970年晚期：独立伊始，不少非洲国家采取集权和一党制的政治制度，并在此框架内缩小地方政府机构的权限，使其从属于中央。

（4）20世纪70年代晚期到80年代晚期：单一的经济结构使得大多数非洲国家无法抵御世界经济危机的冲击，世界银行和国际货币基金组织开始向非洲国家输出结构性调整的政策改革，其中缩小中央政府规模、减少行政方面的财政预算和推行自由化的经济措施都从侧面推动了地方分权的发展。

（5）20世纪90年代：柏林墙倒塌和苏联解体使得资本主义制度在全球范围内的扩张达到顶峰，非洲在这个大历史背景下也出现了多党制的全面兴起和新一波民主化浪潮。在国家治理层面，地方分权取得了前所未有的地位，并且从单纯的行政管理维度拓展到地方性民主选举的政治维度。

（6）21世纪以来：地方分权在非洲国家已成为既成事实并形成了制度惯性。目前对于地方分权的工作主要在于改善和提高地方分权的施政效果，即便地方分权在实践中出现了很多问题，但是地方分权已经成为主流治理范式，尚未出现可以替代地方分权的治理逻辑。

但是，尽管地方分权在撒哈拉以南非洲国家已经推行了近半个世纪，无论从经济增长的绩效还是社会公共服务的提供上讲，撒哈拉以南非洲国家的地方分权总体上都是难言成功的。撒哈拉以南非洲国家地方分权实施过程中存在如下一些普遍性问题。

第三章 马达加斯加独特的经济地理格局如何影响其当代国家发展

第一,地方财政普遍不足,无法实现提供良好公共服务的目标,更无法进行大规模的基础设施建设从而推动本地经济增长。而造成非洲国家地方财政不足的原因主要有两点：从地方本身上来看,由于广大人口的收入非常有限,经济活动也不活跃,这就造成了地方税基很小,自我"造血"能力不足。从国家整体上看,撒哈拉以南非洲国家当中的大多数属于欠发达地区,国家财政收入有限,能够通过财政转移支付下拨到地方的资金也非常短缺。[1]

第二,地方分权造成的地方财政透明度降低会带来一系列的贪腐问题,同时由于地方分权在国家政治体系中被赋予了更高的权重,中央负责地方分权的部门往往会获得更多的利益输送,甚至形成新形式的集权。[2] 斋藤文彦（Saito Fumihiko）在介绍乌干达地方分权时归纳了地方分权中可能产生的主要贪腐表现,其中包括地方庇护主义、裙带关系、挪用公款、地方政策倾斜、财政透明度降低等。[3] 这些行为在对其他非洲国家的地方分权研究中也获得了回应,比如埃塞俄比亚的地方分权中,贪腐和资金用途不透明是显著的问题;[4] 在肯尼亚,贪腐也是导致地方分权无法取得成功的重要因素。[5]

第三,地方分权往往存在政策制定者和基层社群间的信息不对称问题,使得地方分权的举措无法真正回应地方需求,也使得基层社群误解地方分权的内容,从而加剧中央与地方之间、地方与地方之间、不同族群和宗教间的冲突。这种情况广泛出现在撒哈拉以南非洲国家

---

[1] Sylvain H. Boko, *Decentralization and Reform in Africa*, Springer Science + Business, 2002, pp. 111 – 115.

[2] A Nicholas Awortwi, "The Past, Present, and Future of Decentralisation in Africa: Comparative Case Study of Local Government Development Trajectories of Ghana and Uganda", *International Journal of Public Administration*, Vol. 33, 2010, pp. 620 – 634.

[3] F. Saito, *Decentralization and Development Partnerships: Lessons from Uganda*, Springer Japan, 2003, p. 71.

[4] Marito Garcia, Andrew Sunil Rajkumar, *Achieving Better Service Delivery Through Decentralization in Ethiopia*, The International Bank for Reconstruction and Development / The World Bank, 2008, p. 60.

[5] Christopher B. Barrett, Andrew G. Mude, John M. Omiti, eds., *Decentralization and the social economics of development: lessons from Kenya*, CAB International, 2007, pp. 28 – 31.

的地方分权实践中，比如上文提到的乌干达、埃塞俄比亚、肯尼亚都存在地方分权过程中信息不对称的问题。[1]

马达加斯加的地方分权也基本符合非洲整体的情况，1960年取得独立的马达加斯加在独立后不久就开始讨论是否可以采取地方分权的治理模式。20世纪70年代末期迪迪耶·拉齐拉卡（Didier Ratsiraka）推行的政策失败以后，他接受了国际货币基金组织对马达加斯加的结构性调整提案，开始接纳新自由主义模式。从1994年开始，马达加斯加正式实施地方分权，并将其写入宪法。此后一直到今天，地方分权始终是马达加斯加国家治理中最重要的制度形式。

目前，在政治经济学的框架内已经有不少针对马达加斯加地方分权进行的研究。比如纳拉扬·迪塔尔（Narayan Dhital）等学者从马达加斯加森林资源管理的角度、理查德·马库斯（Richard Marcus）和约瑟夫·翁贾拉（Joseph Onjala）从水资源管理的角度对马达加斯加地方分权情况进行了分析。前者发现了地方分权在森林管理中取得的一些成效，主要是可以引入新的环保合作模式从而更有效地减缓当地森林资源的破坏，也发现了诸如相应立法不够完善等阻碍地方分权实际执行效果的问题；[2] 后者在对比了在地方分权中马达加斯加和肯尼亚两个农村地区的水资源配置和利用情况之后，发现了地方分权在改善地方治理境况中的潜力，但也揭示出两个国家都有的地方分权中财权事权不匹配，中央政府推卸责任而不给资源等问题。[3] 此外，拉维

---

[1] F. Saito, *Decentralization and Development Partnerships: Lessons from Uganda*, Springer Japan, 2003, p. 69; Marito Garcia, Andrew Sunil Rajkumar, *Achieving Better Service Delivery Through Decentralization in Ethiopia*, The International Bank for Reconstruction and Development / The World Bank, 2008, p. 60; Christopher B. Barrett, Andrew G. Mude, John M. Omiti, eds., *Decentralization and the social economics of development: lessons from Kenya*, CAB International, 2007, p. 31.

[2] Dhital N., Khasa D. P., "Issues and challenges of forest governance in Madagascar", *Canadian Journal of Development Studies*, Vol. 36, No. 1, pp. 38 – 56.

[3] Marcus R., Onjala J., "Exit the State: Decentralization and the Need for Local Social, Political, and Economic Considerations in Water Resource Allocation in Madagascar and Kenya", *Journal of Human Development*, Vol. 9, No. 1, 2008, pp. 23 – 45.

第三章 马达加斯加独特的经济地理格局如何影响其当代国家发展

罗埃利·塔伊纳（Ravelohery N. Tahina）也采取同样的制度视角，强调了地方分权实施中的监管缺失问题，同时也提到了马达加斯加仅有市镇一级的地方分权是在实际上能够在运行的[1]。

除了上述近似制度主义的分析视角外，另一种比较有代表性的研究马达加斯加地方分权的思路是路径依赖（某些学术观点也将其视作一种历史制度主义），比如2008年弗朗索瓦·威朗库尔（François Villancourt）撰写的马达加斯加地方分权报告就按历史顺序对该问题进行了分析，他认为从前殖民时代到时任总统马克·拉瓦卢马纳纳时期，马达加斯加一直是集权趋势大于分权，并产生了一种集权型路径依赖，并因此造成了后续地方分权实践的困难。[2] 还有理查德·马库斯从庇护主义和世袭主义的角度对当地的政治体制失败的剖析，认为马达加斯加国内政治中的精英庇护主义和世袭政治造成了地方分权政策的失败。[3]

除了上述从制度结构和路径依赖入手的文献，还有从马达加斯加地方性特点对该国地方分权问题进行的讨论。比如米莱伊·拉扎芬扎库图（Mireille Razafindrakoto）等提炼出了马达加斯加国内一些比较有地方特点的阻碍变革与发展的要素，除了马库斯强调过的世袭主义外，还有社会变迁加剧分割和固化的种姓分层，公民社会等国家—民众关系中阶层的缺失和地广人稀带来的民众"原子化"倾向等，这些因素都会直接或间接对地方分权的效用产生负面影响。[4] 此外，艾曼纽埃尔·乔弗兰（Emmanuel Jovelin）等人采用社会表征理论的方法，探寻了马达加斯加基层民众对于国家治理若干问题的看法和他们自己

---

[1] Ravelohery N. Tahina, "Problems and Solutions-Madagascar Evidence", *Journal of Economics and Finance*, Vol. 6, Issue 2., Ver. I, 2015, pp. 1 – 9.

[2] François Villancourt, *Decentralization in Madagascar: a String of Unfinished Races*, International Studies Program, Andrew Young School of Policy Studies, 2008.

[3] Richard R. Marcus, *The Politics of Institutional Failure in Madagascar's Third Republic*, Rowman & Littlefield, 2016.

[4] Mireille Razafindrakoto, François Roubaud, Jean-Michel Wachsberger, *Institutions, gouvernance et croissance de long terme à Madagascar: l'énigme et le paradoxe*, UMR DIAL, 2013.

所阐释和感受到的良治。[1] 除上述文献外，目前为止对马达加斯加地方分权问题比较系统的研究还有艾里佐·拉扎米艾因古（Herizo Randrianmihaingo）和安捷琳·查尔蒂耶（Angeline Chartier），二者都是将地方分权视作西方向马达加斯加进行制度输出的例子，认为地方分权的失败很大程度上是一种外来政策嫁接因为不匹配地方实际情况而导致的。[2]

从对马达加斯加地方分权的研究文献中可以看出，讨论马达加斯加地方分权时，无论在视角、方法还是获得的结论上都基本与整个撒哈拉以南非洲国家地方分权的情况相呼应。这些文献有的着重论证马达加斯加不具备真正意义上的地方分权；有的在说明马达加斯加地方分权实施中的主要弊端在于财政分权没有和政治、行政分权相匹配；有的在展现信息不对称造成的政策制定与地方实际情况间存在的差距。在上文对于撒哈拉以南其他国家地方分权的简介中可见，马达加斯加存在的这几个问题在非洲其他国家的地方分权当中也是普遍的。可以认为，从社会治理的绩效上看，马达加斯加地方分权与撒哈拉以南非洲其他国家存在地方分权的政策实践结果方面存在很强的相似性，都没有取得预想中的施政效果。

但是，既有文献在讨论马达加斯加的地方分权时欠缺一个视角，即对地方分权在地理维度对于马达加斯加国家治理与发展所蕴含的意义和可能产生的影响。地方分权在字面上就具有鲜明的地理空间色彩，但是既有文献在对待它时却将其视作一个扁平化和同质化的政策实践，这无疑忽视了地方分权在不同空间上实施时可能产生的特性。因此，接下来本书将从演化的角度重新思考马达加斯加的地方分权，

---

[1] Emmanuel Jovelin, Lala, *Rarivomamantsoa*, *Opinion Publique et Bonne Gouvernance à Madagascar*, l'Harmattan, 2010.

[2] Lala Herizo Randriamihaingo, "Coopération et décentralisation à Madagascar: Etats, organisations internationales et transnationalité", Science politique. Université de Pau et des Pays de l'Adour, 2011; Angeline Chartier. Transferts et appropriations de modèles de développement dans les pays du Sud: pour une analyse du (dys) fonctionnelment de l'aide: l'exemple de la décentralisation en Haïti et à Madagascar. Géographie, Université Michel de Montaigne-Bordeaux Ⅲ, 2016.

第三章 马达加斯加独特的经济地理格局如何影响其当代国家发展

具体来说,是观察马达加斯加地方分权作为一种政治经济学意义的综合发展规划在与其既有的经济地理格局相遇后产生了怎样的演化效应,这样的效应会对马达加斯加的国家发展起到何种影响。

(二) 马达加斯加地方分权问题的演化特性

在从演化经济地理的视角分析马达加斯加的地方分权之前,先对人文地理学科中既有对地方分权的讨论进行一个简要介绍。

人文地理学对地方分权的讨论存在自己的脉络和特点。首先在经济地理学领域,地方分权往往被当作一种城市化中形成的外溢效应来对待,是生产要素配置中为了降低成本而进行的区位重新规划与选择。比如有学者研究了美国城市化进程中后台办公服务向二、三线城市转移的现象;[1] 还有学者讨论了欧美城市化进程中大型购物中心向郊区迁移体现的城市职能去中心化;[2] 有观点认为这种去中心化是资本主义演化过程中追求利益最大化在地理层面的必然体现。[3] 也就是说,在经济地理学中,地方分权(Decentralization)更接近它"去中心化"的字面意义,它较少涉及政治权力的主观安排和制度化,而是更多在描述经济地理演化中,特别是城市化进程中形成的空间离心力表现。当然,这种去中心化不是一个不可逆过程,以克鲁格曼(Paul R. Krugman)为代表的经济学家指出,去中心化和中心化存在持续对抗并保持着平衡,尽管去中心化有很多好处,但它带来的交通成本提高以及它对规模经济效应的损耗使得去中心化不可能无限度扩散,人类活动的空间性根据不同的历史阶段和国情地情,在聚合与分散间维持着动态的平衡。[4]

---

[1] Paul L. Knox and Sallie A. Marston, *Human Geography*: *Places and Regions in Global Context*, Pearson, 2016, pp. 313, 433, 460.
[2] *Urban Geography*: *A Global Perspective*, Michael Pacione, Routledge, 2009, pp. 240 – 262.
[3] Phil Hubbard, *City*: *Key ideas in geography*, Routledge, 2006, p. 41.
[4] Yuko Aoyama, James T., *Murphy and Susan Hanson*, *Key Concepts in Economic Geography*, SAGE Publications, 2011, p. 98.

◈ 成为内陆国家的岛屿

就经济地理学中涉及地方分权的讨论而言,一个比较显著的问题是地理空间的抽象化和同质化。比如经济地理学中讨论城市化的溢出效应时,城市是作为一个抽象的"中心—边缘"模型存在的,特别在早期韦伯、杜能等人的模型里,这种"中心—边缘"模型以一种简单几何图形(比如同心圆)的外观呈现。虽然后来的建模越来越细致和复杂,但它还是一种高度浓缩的空间抽象。这种做法的优点在于能够比较清晰地展现不同地区城市化的相似性,从而挖掘出一般性规律;其缺点则在于对特殊性的不重视,因此导致与城市演化发展相关的历史和地理空间特性在不同城市间的横向对比研究中存在感并不强。经济地理研究者关注的更多还是当下经济地理结构中不同经济活动要素的分布,以及这些分布形成的直接原因。不过因为经济地理学中作为城市化进程中的去中心化过程的 Decentralization 本身和地方分权关系不是很紧密,这里就不再详细讨论。

地理学中真正按照政治经济学脉络去讨论地方分权的研究主要集中在政治地理学范畴内,政治地理学中的地方分权认同新自由主义政治经济学中的理性个体预设,在此基础上强调地方治理在空间上的"从属性原则"(subsidiary),也就是说,当涉及某一地区的群体行为决策时,应该是本地区内的人群通过民主机制来参与和实现整个决策过程,更高级的地理单位应该处于从属地位。[1] 比如城市应该从属于乡镇,大区或者省份应该从属于城市,而作为最大空间单位的国家在这个序列里处于最末端位置,只应该提供诸如国防一类下级地理单元无法提供的公共服务。"从属性原则"是在理性经济人的假设上诞生的,它认为在政治层面上个体也会遵从理性经济人的行为准则,在政治活动中采取对自身最有利的选择。因此,只要保障个体有选举投票自由,那么他们就能通过选票表达自己的意愿,而这些意愿汇集到一起并按照民主原则进行选择后得出的政策选项就会是整体社会效益最优的。

---

[1] Mark Blacksell, *Political geography*, Routledge, 2006, p. 68.

第三章　马达加斯加独特的经济地理格局如何影响其当代国家发展

在"从属性原则"的基础上，地方分权要求政治上的民主化，地方政府的合法性建立在民选的基础上。同时，这些民选的地方政府需要能在财政和行政事务决策上从中央政府获得足够的资源。接下来，被赋权的地方政府因为贴近其治下的民众，故而能积极响应当地需求，制定最符合当地利益的发展政策，这个基础上再辅以必要的经济手段，就可以实现地方民众的发展，从而继续推动民主与分权的深化，形成一个良性循环。如果发展暂时失败，民主机制能确保地方政府被新的更合适的班子替代，并且地方政府间建立在市场机制上的自由竞争能带来人员、资金的充分流动，实现整体上的良好配置，从而达到公共选择理论中预设的种种最优效应。与此逻辑一致，政治地理的研究者得出了和公共选择理论相同的推断，认为地理学中的地方分权就是一种新自由个体主义的政治理性与经济理性在地理空间中的普遍性运用，并认为这种运用可以实现社会最大化的善治。[①]

但是，通过上一节的介绍可以看到，地方分权的实施无论在非洲大陆还是马达加斯加的实践都难言成功，政治、行政权力与财政权力不匹配、贪腐问题、中央与地方信息不对称等一系列问题都在地方分权的推广中产生，并反过来阻碍地方分权的深化与改善。这不由得让人疑惑，地方分权所代表的新自由主义政治经济运行理念是不是一个具有普适性的治理逻辑？是否能在任何历史阶段、任何文化、任何地理空间中都达到最佳的社会治理收益？

其实长期以来被奉为新自由主义重要代表人物之一的哈耶克对于普世良治逻辑已经有过批判性反思，在《致命的自负》中哈耶克解释了他的扩展自发秩序概念，并阐明了这样一个观点：人类是怎样从一些原始社会的早期小部落，发展出一些占地巨大，并且有复杂个体、群体关系的大型社会的呢？哈耶克认为，不同社会的形成过程类似一

[①] Kevin R. Cox Murray Low Jennifer Robinson, ed., *The SAGE Handbook of Political Geography*, SAGE Publications, 2008, pp. 552–558.

◇◈ 成为内陆国家的岛屿

种演化性机制，无论道德、法律、惯例、货币、产权等规约和制度，很大程度上都是一种自演化的结果，而不是事先具有目的性的追求和设计，是在漫长历史中逐渐沉淀下来的。① 换言之，人类早期在不存在国家时自发出现的贸易、先于理性时代而形成的传统习俗、因为地理环境而产生的权力结构模式等一切具有地方特性的东西，都证明了文明的发展不是经由某个特定理性的主导或者某个强大的政权指导来实现的；相反，某一种特定的理性或国家往往是文明和组成文明的社群长期演化中自发生成的秩序体现。

长期以来，哈耶克的观点被用于批判社会主义制度对社会理想形态及其实现方式的强制性规划，但其实哈耶克思想更深刻的地方在于它同样揭示出建立在个体主义经济理性上的民主规则和相关地方分权制度同样具有特殊性，而并不是在世界上所有地方和人群中演化而来的自发性秩序。以马达加斯加为例，它的社会是建立在一种阶序性和谐的整体主义逻辑上的，民众认可神明与先灵之下一个具有社会等级的秩序，在此基础上期冀处于尘世最高地位的领导人能带领人民繁衍生息和追求幸福。在这样的社会文化基底上，一旦强制推行地方分权这样的新自由主义治理逻辑，那必然是背离地方实际情况的，遭遇到挫折和阻力在所难免。由此可见，被认为代表西方理性精神的新自由主义地方分权很难说是一个放诸四海皆准的普适性良治逻辑。

由上可见，政治地理学追随新自由主义理论对于地方分权的理解在其理论的基本假设上就存在争议，而这个争议使得地方分权理论的普适性原则受到挑战，因此它会推动人们去思考地方分权的地方特性问题，这种地方特性自然也就包括地理上的特殊性。

其实从字面上就可以看出，无论地方分权在英语中"去中心化"的本意，还是它中文翻译地方分权里的"地方"，都体现出这是一个地理空间含义非常明显的语汇。但是在政治经济学和政治地理学对地方分

---

① Hayek, F. A., *The Fatal Conceit: The Errors of Socialism*, Routledge, 1992, p.16.

第三章 马达加斯加独特的经济地理格局如何影响其当代国家发展

权的讨论中,"中央—地方"变成了一组抽象化的概念,而它实在的地理空间特征被回避了。然而,地理空间是容纳人类活动并且和人类活动会产生互动的要素,一个特定的地理空间从首次有人群在这里生活开始,就通过其地理特性影响这一人群的空间观和宇宙观,并由此产生一系列文化编码和表征,从而指导人群的生活。从此,一切在这个空间区域内的人类活动都会和空间特征构成一个互相影响的整体。

在大航海引领的全球化时代到来以前,世界上大多数地区居民的地理观呈现出自我中心性与神话性的特征。但是全球化的到来和科技的发展造成了史无前例的全球移民碰撞和西方文化扩张,这个过程中,很多地方性神话宇宙观和空间表征被冲击、涵化甚至瓦解——随着现代地图和现代交通、通信工具的出现,世界大多数地区的原有空间想象都经过一个祛魅的过程,极大程度地被科学化的物质性空间构图取代。与此同时,殖民浪潮中殖民者在依据新世界的发展逻辑重塑全球地理格局,能源、材料、人口成为强权者进行地理探索和地理控制活动的依据,而就此形成的经贸物流通道与节点也就成为新世界地理版图上的重要位置。

非洲当然也无法逃脱这一规律,在第二章中可以看到:从奴隶贸易时代开始,非洲的人类活动中心就开始受到外来贸易的极大影响,城市与经济政治重心都随即向沿海偏移。进入殖民时代后这一特征更加明显,现今非洲大部分的大型城市在其历史发展上都受到了殖民活动的极大促进。换言之,奴隶贸易时期和殖民时期非洲的地理演化已经开始重塑非洲人类活动的中心,并且形成一种地理区位上的路径依赖延续至今。即便在独立后一些非洲国家出于不同原因希望对抗这种历史惯性,通过迁都的方式使得国家重心向内陆地区倾斜,但这样的努力往往因为无法与既有的经贸运行逻辑抗衡而无法达到预期效果(后文中会有详细讨论)。

上述一切事实说明,在今天谈及非洲国家的"中央"与"地方"时,历史维度带来的影响是无法忽略的。同时又因为历史上的殖民活动在非洲呈现出独特的地理演化进程，所以必须把眼下的地方分权、长时段的历史以及更长时段的历史地理互动逻辑综合起来加以考虑。以马达加斯加为例，长期以来对马达加斯加地方分权的研究忽略了马达加斯加在地方分权上与很多其他沿海国家的显著区别——由于马达加斯加在历史过程中形成了内陆作为中心、沿海作为边缘的特殊政治经济地理格局，所以在讨论马达加斯加地方分权的时候，内陆是它的中心区域，地方是其沿海区域。相反，其他大多数沿海国家的中心区域在沿海，地方则是内陆区域。换言之，对于大多数沿海国家而言，地方分权中的"地方"是政治经济意义上的边缘地区，是抽象化和隐喻性的边缘而不是陆地空间上的边缘。马达加斯加在这里则构成了一个特殊的案例，它的政治、经济的中心与陆地空间的中心是重合的，沿海地区则成为边缘。

综上可见，一方面地方分权的理念和实践方法有可能是在欧洲演化出来的具有特殊文化与历史背景的治理方式；另一方面马达加斯加在经济地理空间的演化和结构上又具有自己的特性。在这样的基础上，二者的相遇也会产生独特的演化发展和空间呈现特点，归纳起来主要有如下两个方面。

1. 维持并强化中央与地方的对立

受到经济地理格局的演化影响，民主机制在人口分布和文化—族群因素的作用下与地方分权产生反应，延续马达加斯加内陆统御沿海的"中央—地方"格局。与此同时，民主制度的选民个体化表达产生了内陆与沿海在政治上的对立增强。

理解这一点需要从当前马达加斯加中部高原的梅里纳人和沿海族群之间切实存在区隔和相互的不信任说起。首先是沿海群体对以梅里纳族群为代表的内陆高原人群的敌意。比如在田野调研中作者发现马达加斯加东北部的圣玛丽岛存在这样的传说和禁忌：来自中部高原的几个梅里纳人曾经不顾当地人的警告，在一个风和日丽的午后于海滨禁忌之地的岩石聚餐，只见须臾间海浪滔天将聚餐者尽数卷走。无独

第三章　马达加斯加独特的经济地理格局如何影响其当代国家发展

有偶,在西南部的穆龙达瓦地区同样存在类似的故事与禁忌:来自中部高原的梅里纳人不顾劝阻,在吃过猪肉后依然下海游泳戏水,最终被吞没消失。在沿海群体中对梅里纳人持有一种隐忍而切实的不满是经常能够被研究者感知的现象。

相应地,中部高原也对包括沿海地区族群在内的其他马达加斯加族群抱有成见。首先是在劳动观念上,中部高原从事农耕的梅里纳、贝奇里奥等族群认为沿海族群目光短浅、乐于享受,不懂得将盈余进行投资产生更多利润。此外,在婚姻问题上,尽管已经有不少梅里纳的年轻人和外省沿海的同龄人产生恋情,但是如果涉及谈婚论嫁,跨族群的婚姻在大多数梅里纳家庭中是不被接受的。虽然随着外来文化和观念的影响,社会在逐渐演化,很多年轻人表示族群属性在他们的婚姻问题中不再占据最重要地位,甚至还有一些中年家长表示自己不反对孩子的自由恋爱。但是同时他们也坦白在涉及真正的婚姻问题时还需要考虑整个大家族的声誉和传统,因此在短期内还是无法安排和接受自己的子女与外族人特别是沿海族群通婚。

中部高原梅里纳人与其他沿海族群之间相互的不信任不只停留在文化习俗领域,它一直蔓延到商业活动与国家公共权力的分配上。比如一位在东部海港塔马塔夫经营药品生意的当地著名药剂师认为,做生意只有在塔马塔夫才行,到了内地简直不存在好的商业氛围。而在中部高原城市安齐拉贝的另一位药剂师认为,安齐拉贝是开展生意最理想的地方,东部沿海湿热蛮荒,没有任何事情可以做。[①] 此外,在马达加斯加的沿海省份,各省最重要的大学的校长通常都由本地人担任,偶尔会出现具有梅里纳族裔的校长提名,但很快就会遭遇当地的猛烈反对。各个市镇的选举中,获胜者绝大多数都出自当地族群,类似由高原族群出身的官员来管理沿海地区是罕见的,并且即便有也难以持久。笔者的一位朋友在拉乔利纳过渡政府时期曾被中央政府委任

---

① 马达加斯加药品销售公司 Niphar 销售员 Haja 在访谈中的转述,2010 年 4 月。

为东部城市穆腊芒嘎（Moramanga）的行政长官，但因为他本身是梅里纳人，很快就因为各方压力而返回塔那那利佛。简言之，在整个马达加斯加社会内部，离真正摒弃族群隔阂还有很长的路要走，以梅里纳为主的高原族群与沿海族群的对立切实存在。

这种中部高原梅里纳人与沿海族群的对立是马达加斯加一个在历史进程中演化而来的现象。在上一章的讨论中介绍过，从18世纪末伊默里纳王国崛起开始，马达加斯加整体上内陆与沿海的二元格局就开始产生。梅里纳人在扩张的过程中难以避免地会与一些沿海族群发生冲突，并在获胜后统治对方。此后在殖民时代，上一章中介绍过法国当局采取了兼顾直接统治与间接统治的殖民地管理理念，在积极推动征服与文明化的同时宣扬梅里纳族群在智能与文化上优于其他族群的理念。但与此同时，殖民政府也扶植沿海群体对抗日益壮大的梅里纳精英团体及其领导的马达加斯加民族主义运动，马达加斯加首任总统的当选及其沿海政党背景就是在这个历史演进脉络下出现的。此后，一直到2002年马达加斯加才迎来了第一个出身于梅里纳族的总统，这也从侧面反映了殖民时代及独立以来这种中央与沿海族群对立的激烈程度。

长期以来的内陆—沿海对立造成了代表马达加斯加精英阶层绝大多数的梅里纳人聚集于内陆地区，占据沿海的其他族群处于相对弱势的地位，并且精英团体弱小、政治力量分散。据估算，作为马达加斯加最大的族群，梅里纳人的数量约占马达加斯加总人口数量的四分之一。[1] 然而在马达加斯加的精英阶层中，梅里纳人所占比例超过60%。[2]

在内陆—沿海对立关系外，第二章介绍过，在历史演化中马达加斯加中部高原地区形成了全国人口密集度最高的地区。根据马达加斯加

---

[1] Ethnic Groups, https：//www.britannica.com/place/Madagascar/Ethnic-groups, 2020-08-15; Philip M. Allen and Maureen Covell, Historical dictionary of Madagascar Second Edition, The Scarecrow Press, 2005, pp.172-173.

[2] Mireille Razafindrakoto, François Roubaud, Jean-Michel Wachsberger, Les Elites à Madagascar: un essai de sociographie1 Synthèse des premiers résultats de l'enquête ELIMAD 2012-2014, Institut de Recherche pour le Développement, 2015, p.2.

第三章 马达加斯加独特的经济地理格局如何影响其当代国家发展

2018年第三次人口普查的结果计算，马达加斯加中部高原地区占全国面积的大约五分之一，但是却分布着全国大约40%的人口，其中仅塔那那利佛到安齐拉贝约150千米长的核心区域集中的人口就占到了全国人口的25%。就省份而言，马达加斯加内陆两省塔那那利佛和菲亚纳兰楚阿的人口密度在2005年时分别达到了99.8人和43.9人每平方千米，而剩余四个沿海省份图阿马西纳、安齐拉纳纳、马仁加、图里亚则分别为36.6人、23人、14.2人和17.3人每平方千米。①

精英团体在梅里纳族群中的高富集度与马达加斯加内陆人口的高密度相结合后，在马达加斯加的总统民主选举制度中展现出显著的选票地域集中性。以最近一次发生在2018年的总统大选为例，本次大选的最终轮（第二轮）投票中，在总计近477万的有效票数中有大约244万张来自内陆中部高原的两个省份，即总票数的51.1%。②考虑到前文介绍过马达加斯加中部高原的人口约占总人口的40%，因此这个数据也体现了中部高原群体在政治活动中的高参与度。

从国家层面的民主制度运行上看，上述马达加斯加人口和族群的地理分布特点毫无疑问对马达加斯加总统大选有着深远影响。以总统选战中很重要的国家发展纲领为例，由于内陆中部高原是选民最集中的地区，马达加斯加的政治家在选战中如果提议将国家发展的优先权赋予沿海，那么他大概率会失去马达加斯加最重要的内陆票仓并最终输掉选举。虽然总统大选与地方分权实施之间不存在直接关系，但是在马达加斯加这样地方分权失效的国家，当地方政府无力进行大规模建设时，由总统掌控的中央政府所能给予的支持就非常关键，这一点在后文中会有进一步介绍。但是，当领导人集中于将有限的资源投入

---

① Bénédicte Gastineau, et al., eds., Madagascar face au défi des Objectifs du millénaire pour le développement, IRD Éditions, 2010, p. 50.
② Haute Cour Constitutionnelle, Résultats définitifs du second tour de l'élection présidentielle du 19 décembre 2018, http://www.hcc.gov.mg/wp-content/Recap/National.pdf, http://www.hcc.gov.mg/wp-content/Recap/Province.pdf, 2020-08-16.

到内陆地区以后，没有获得关照的沿海地区选民对政权的不满情绪会增加，并在后续的选举活动中受到利用。在这样一个不断反馈的过程中，马达加斯加内陆—沿海的对立被维系甚至加强。地方分权实施以来马达加斯加总统大选的得票分布能够体现这一特点，结合2001年、2006年、2013年和2018年的选举数据可以看到，在总统选举这样全民参与的民主机制中，内陆—沿海的分化与对立显著并且呈现整体上增强的趋势。①

在与地方分权直接相关的方面，内陆人口密集和精英群体集中的特点会带来地方分权资源在该区域的富集。因为在马达加斯加的地方分权体系中，除了首都塔那那利佛的核心区域外，其他一切空间都在地方分权的政策涵盖范围内。也就是说，塔那那利佛周边、安齐拉贝，以及塔那那利佛与安齐拉贝之间的人口密集地带，虽然它们都处于中部高原，但同样是适用地方分权政策的地理行政空间。并且在马达加斯加的地方分权政策实施中，最重要的市镇一级单位又依据人口数量分成四个层次，分别是城市Ⅰ、Ⅱ和乡镇Ⅰ、Ⅱ级。② 这就意味着在人口最密集的内陆地区其实也拥有最多的高层次地方分权单位，它们每年接受的国家财政转移支付在总数上也超过沿海地区。因此宏观上说，马达加斯加的国家内部资源即便在地方分权的体系中也倾向于向内陆流动。

这里一个需要一再强调的要点在于地方分权中"地方"的概念，由于新自由主义逻辑下对地理单位进行同质化切割，使得存在空间差异的不同"地方"进入地方分权的制度框架中后被同化，然而在前文中已经多次看到，不同空间在历史演化中获得的禀赋与能力是不同

---

① Madagascar Presidential Election, https：//www.electoralgeography.com/new/en/? s = madagascar&submit = search, 2020 - 06 - 15.
② Ministère de l'Intérieur et de la Décentralisation de Madagascar, LOI N°2014 - 020 du 27 septembre 2014 Relative aux ressources des Collectivités territoriales, p4décentralisées, aux modalités d'élections, ainsi qu'à l'organisation, au fonctionnement et aux attributions de leurs organes.

第三章 马达加斯加独特的经济地理格局如何影响其当代国家发展

的，这使得它们在同一个地方分权的制度框架下依然会产生分化，而很难实现地方分权设计者所预想的最优效果。

还有值得一提的是，在本书开头讨论马达加斯加发展困境的直接原因时，族群因素本身被认为无法很好地解释马达加斯加问题中的特性。这里正好回应这一点：首先再次指出，族群问题是包括马达加斯加在内的众多非洲国家中都存在的普遍性问题，它增加了这些国家政治运行的复杂性，特别是在民主制度的游戏规则下，族群身份经常被工具化和政治化，成为选举过程中的筹码。从这个层面上说，马达加斯加的族群问题相比其他非洲国家确实没有显著区别。包括上文中提到过的通婚、任职、传统禁忌的诸多例子在非洲其他国家也有存在，它们作为一种族群间的不信任关系，并非马达加斯加所具有的国别特性。真正体现马达加斯加族群问题独特性的地方在于民主制度和族群因素相互作用的过程发生在一个特定的经济地理形态上，该国族群和经济地理特性持续相互作用，从而参与固化和增强马达加斯加的中央—沿海结构，使其成为阻碍马达加斯加沿海欠发达地区兴起的重要因素。

2. 地方分权政治的碎片化和对中央依赖的加强

地方分权政策在马达加斯加与当地经济地理特征结合后发生的第二个演化趋势是地方分权政治的碎片化，并因此导致地方单位的政治经济权力降低，进而产生对中央更多的依赖。

首先从全国上看，地方分权的碎片化体现在政党的地方化、工具化和个人化。目前马达加斯加鲜见存在超过20年的政党，即便有也已经是微不足道的边缘势力。组建政党的主要目的成为政治家谋取选票并将选票变现的工具。正因为如此，可以看到在总统大选的第一轮进行时，候选人可以多达40余名，这其中很多人知道自己参选完全不可能获胜，但还是借助选举规则成功获得候选人资格。在第一轮投票结果出炉后，被淘汰的候选人会将自己的得票率作为筹码与进入第二轮的最终候选人进行谈判，从而谋求在新一届政权中自身利益的最大化。虽然总统大选以及政党组建都属于全国层面的行为，但是马达加斯加因为学习法国的总统选举制度，在第一轮大选中获得候选资格的门槛不高，所以许多在地方上拥有群众基础的候选人可以借此将地方政治诉求与个人的政治晋升通过选举规则予以绑定，而这毫无疑问会产生政治权力地方化与碎片化趋势的提升。

与全国范围内政党政治碎片化呼应的是行政单位碎片化。根据现行法律，马达加斯加的地方分权单位由大到小应该是由22个大区（Région）、1695个市镇（Communes）① 和18251个乡村或街道（Fokotany）构成的三级领土单位体系。② 也就是说，如果严格按照地方分权的逻辑进行治理，在大区、市镇以及乡村街道层面都应该实行定期的民主选举，都应该在财政和行政事务上赋予相关单位自决权。然而，在马达加斯加地方分权的实际运行中，只有市镇基本上完全实现了行政长官的民主选举产生，此外，在更低一级的乡村街道单位有一部分的负责人通过民主程序选出，而在地方分权体系中级别最高的大区一级，自从地方分权在马达加斯加于1994年被正式推广以来，从未能在这一个级别上进行财政、政治和行政意义上的分权。从地方分权的三个级别的行政单位的数量可以看出，马达加斯加从大区一级到市镇一级的行政单位产生了数量上的爆炸。就马达加斯加目前2500多万的人口而言，1695个市镇意味着即便平均分布，每个市镇的人口也仅有不足1.5万人。并且根据前文数据所知，马达加斯加的人口分布呈现出内陆中部高原集中、其他地区稀疏的总体特点，因此存在很多人口非常稀少的所谓市镇。与之相呼应，马达加斯加政府依据行政区重要性又将所有的市政划分成五

---

① 这里Commune的含义其实更接近"社群"，这里为符合国内习惯而翻译成市镇。
② Ministre de l'Intérieur et de la Décentralisation, Décret n°2015-592 portant classement des Communes en Communes urbaines ou en Communes rurales, http://www.mefb.gov.mg/dgcf/textes-pdf/decentralisation/DECRETS/Decret_classement_communes_Fokontany_consolide.pdf, 2020-08-16.

个等级，分别是一、二级城市型市镇（commune urbaine），一、二级农村型市镇（commune rurale），以及作为特别行政单位的塔那那利佛市（Commune Urbaine hors catégorie）。这其中一级城市型市镇 8 个，二级城市型市镇 67 个，一级农村型市镇 99 个，二级农村型市镇 1518 个。[1]

虽然马达加斯加政府对市镇进行了分级，但是在地方分权的运作上它们都采取相同的民主原则和小群体优于大群体的从属性原则，因而不同规模的市镇也在法理上具有相同的地位，它们的差别更多只体现在辖区内下属行政单位以及居民数量的多寡。换言之，马达加斯加的地方分权在实施的过程中忽视了不同体量、不同位置国土单位之间的区别，地方分权以一种同质化高的方式在为数众多的基层和小型的国土单位上实现。并且由于大行政地理单位服从小行政地理单位决策的从属性原则存在，小人群诉求与大人群诉求发生矛盾时反而是前者占据法理优势。然而，这样的举措会产生一系列阻碍地方，特别是边远地方发展的问题。

在地方分权单位碎片化之后自然而然会导致民主诉求的碎片化。过小的行政区划和民主机制结合使得很多事务在推动中会遇到数量众多的阻力，民主可以成为对抗外来影响的有效手段。即便这种影响可能是出于整体发展的目的进行的、来自国家层面的意志，也完全可能因为触及地方利益而受到攻击。并且，因为民主的绝对合法性以及新自由主义的从属性原则已经在马达加斯加的长期推行中得到确立，能力有限的中央政府在遭遇民意抗争时通常没有能力也没有勇气去推翻地方性决议，这虽然维系了地方事务自主的原则，但是从长远上看也恶化了投资环境，使得利用外来资金进行建设和发展愈加困难。

---

[1] Ministre de l'Intérieur et de la Décentralisation, Décret n°2015 - 592 portant classement des Communes en Communes urbaines ou en Communes rurales, http：//www. mefb. gov. mg/dgcf/textes - pdf/decentralisation/DECRETS/Decret_ classement_ communes_ Fokontany_ consolide. pdf, 2020 - 08 - 16.

这方面一个典型案例是中国九鑫矿业的投资失败经过。2016年5月，九鑫矿业在取得马达加斯加政府为期40年的开采许可后，开始在马达加斯加首都塔那那利佛以西70千米的小镇索阿玛阿玛尼纳（Soamahamanina）附近的两个采矿点准备开采金矿。不承想，此行为招致了当地社会与媒体舆论的强烈反弹，在当地非政府组织的带领下，矿区周围居民以保护土地和家园为由举行游行示威。事件愈演愈烈，马达加斯加政府出动军警尝试镇压民众运动并确保工程运营，九鑫矿业的当地发言人也通过媒体发声试图澄清状况，但面对沸腾的民意，九鑫矿业最终妥协，所有人员设备于同年末从矿区撤出并永久放弃了该矿点。进入场地之前，九鑫矿业已经获得了中央政府的许可，还与当地部分居民签订了补偿协议，并且在事件发生后马达加斯加矿业部也承诺为当地居民修建学校、医院并接通水电，[1] 但是在地方性民意表达面前，该项目并未获得进一步协商和进行的余地。

其实在21世纪初马克·拉瓦卢马纳纳执政时，因为忌惮于地方分权体系中可能因为地方民主机制阻碍中央决策推广的情况，拉瓦卢马纳纳决定把原来地方分权中最大的单位"省"（6个）拆分成22个大区，[2] 并且迟迟不推动大区选举的常态化。但是他没有预料到的是，将地方分权的单位化整为零后，虽然减少了国家大规模动荡以及走向联邦化的可能性，但这并未降低国家整体发展中统筹规划的难度。即便如此，现在22个大区还有进一步进行拆分的趋势，目前第23个大区瓦图瓦韦（Vatovavy）的正式成立已进入最后阶段，[3] 第24个大区

---

[1] Madagascar: l'or engendre la polémique, https://www.bbc.com/afrique/region-37323620, 2020-10-24.

[2] Philip M. Allen and Maureen Covell, Historical dictionary of Madagascar Second Edition, The Scarecrow Press, 2005, p.77.

[3] L'officialisation de la création de la 23e région très attendue, https://www.madagascar-tribune.com/L-officialisation-de-la-creation-de-la-23e-region-tres-attendue.html, 2020-11-02.

第三章 马达加斯加独特的经济地理格局如何影响其当代国家发展

的成立也正在进行讨论。

马达加斯加地方分权中还有一个碎片化的表现是国家财政资源的分散化。根据世界银行的标准，马达加斯加名列全球最不发达的国家，该国大部分人口依然处于农村地区，工商业发展程度也还很低，吸收到的外国投资也非常有限，这使得马达加斯加大部分地区不可能依赖地方性税收来满足自身财政预算，只能寄希望于中央财政转移支付。但是因为地方分权造成的行政区域碎片化和同质化，中央转移支付在采取平均主义原则的前提下各个市镇、乡村可以获得的财政拨款就极其有限。以首都塔那那利佛近郊一个市镇贝马苏安德鲁（Bemasoandro）为例，该市与塔那那利佛市区仅一河之隔，人口稠密，在马达加斯加已经属于城市化程度较高的地区。但是该市政府的首席秘书向笔者透露，市政府每年能够从中央获得的财政转移支付额度仅为1200万阿里亚里（Ariary），依照当时汇率大致等于4000美元。这样的财政转移拨付体量不但难以进行实质性的发展项目建设，甚至连市政府公务员编制外的合同制雇员的薪水都难以按期发放。[①] 在马仁加市政府采访的过程中，有不少基层和中层市政府职员指出，欠薪是他们经常要面临的困境。同样地，在更加小型的地方分权单位——乡村和街道，这里的行政长官和他们的秘书就更普遍地会面对劳动报酬遭到拖欠的情况。根据采访，马达加斯加乡村一级的行政长官每个月能够从政府领到3万阿里亚里的津贴，大致等于100美元，秘书可以领到1.5万阿里亚里，但是这笔津贴经常遭到拖欠，时长从数月到一年不等。出于生计考虑，已经习惯了无法按时获得工作收入的基层公务员往往选择缩短工作时长外出谋取其他经济来源。而这也进一步导致政府地方公共服务的减少和非官方服务权重的增加，从而削弱地方分权民主制度的有效性和公信力。马达加斯加每四年一次的市镇选举，包括首都塔那那利

[①] 与贝马苏安德鲁第一秘书 Alain 的采访，2017年5月30日。

佛选民的投票参与率都维持在30%左右，① 这个低下的投票率反映出民众对于民主制度的失望，在调研中发现，有超过一半的受访者表示对于选举没有参与的热情，因为无论选谁对于自己的生活状况都不会有实质性的改善。并且，没有参加市政选举投票的人数远远高于未参加过总统选举投票的人数。有一部分受访者表示，一些总统在其任职期间给自己居住的地方修建过基础设施，因为看到了这样的成果，他们愿意下一次再投票给这个候选人。

马达加斯加地方分权政治中的权力碎片化弊端甚至体现在同一个分权单位之内，其中地方分权进行最彻底的市镇一级单位又是这种碎片化倾向展现最鲜明的地方。根据马达加斯加的市镇选举制度，市长选举采取一轮投票、获得票数最多的候选人当选的制度，不考虑投票参与率。与此同时，得票次于优胜者的其他候选人将进入市议会担任市议员，市议员的数量根据市镇的大小从5人到19人不等，② 他们共同组成市议会。根据马达加斯加地方分权的法律法规，市议会是对市长进行横向监督的重要机构，③ 它拥有批准市政府支出预算的权力，还能在认为市长有不当行为时向地方行政法院提出对市长的弹劾。④ 很显然，市议会的产生和运行机制会加剧同一个市镇内部的政治斗争，导致更深层次的分裂，并且使得本已碎片化严重的地方分权更加松散。

为了更好地展现地方分权制度造成的市镇内部的分裂，这里用马仁加的例子进行说明。马仁加是位于马达加斯加西北部最重要的海港

---

① Antananarivo. Résultats officiels des élections municipales 2015, http：//www.madagate.org/madagascar - informations - politiques/a - la - une/5267 - antananarivo - resultats - officiels - des - elections - municipales - 2015.html，2020 - 07 - 20；Élections municipales malgaches de 2019, https：//fr.wikipedia.org/wiki/%C3%89lections_ municipales_ malgaches_ de_ 2019#：~：text = Notes%20et%20r%C3%A9f%C3%A9rences -，D%C3%A9roulement,%C3%A9lu%20dix%20mois%20plus%20t%C3%B4t.，2020 - 07 - 20.

② Élections municipales malgaches de 2019, https：//fr.wikipedia.org/wiki/%C3%89lections_ municipales_ malgaches_ de_ 2019#：~：text = Notes%20et%20r%C3%A9f%C3%A9rences -，D%C3%A9roulement,%C3%A9lu%20dix%20mois%20plus%20t%C3%B4t.，2020 - 07 - 12.

③ World Bank，Madagascar Decentralization，Report No.25793 - MAG，2003，p.13.

④ World Bank，Decentralization in Madagascar，2004，p.19.

第三章　马达加斯加独特的经济地理格局如何影响其当代国家发展

城市，在阿拉伯人控制北印度洋航路的中世纪，这里属于整个印度洋贸易网络可以触及的最南端部分。后来的奴隶贸易时期，马仁加曾经是马达加斯加与非洲大陆进行贸易的主要港口之一。1894年，法国军队正是从马仁加登陆以后一路南下攻克塔那那利佛，将马达加斯加纳入法国殖民版图。殖民时期以及独立后，马仁加也成为马达加斯加最初行政划分中六个大省的省会之一，并且是仅次于塔马塔夫的第二大海港，可以说是非常重要的地方性城市。此外，马达加斯加在地理位置上与非洲大陆相隔很近，城市东北约100千米处还有得天独厚的深水良港纳林达湾（Narinda Bay），可以说具备优秀的区位条件和发展潜力。

马仁加现任市长穆克塔·萨利姆（Mokhtar Salim）在当地拥有不俗的民望，他于2014年首次当选，又于2019年底以超过66%的得票率再次当选。[1] 穆克塔指出，在施政过程中市议会对他的干预非常大，特别是在财政支出方面。尽管穆克塔领导的市政府班子通过促进公私合作模式、减少贪腐等措施扩大了当地财税收入，并且在2016年度实现财政盈余近3亿阿里亚里，但是这也无法改变市议会审批财政支出时的苛刻态度。穆克塔称自己治下的马仁加在非政府组织对马达加斯加的市镇财政透明度评估中排行榜首，并且还因为推动手机纳税获得过世界银行表彰，但即便这样，仅仅在第一个任期他就遭受了市议会发动的弹劾，所幸后者并未成功。在穆克塔看来，地方分权必须得到更彻底的推行，地方发展事务应该由当地政府主导实施，并且地方行政长官与中央政府官员个人关系的好坏不应该成为影响地方分权的因素。[2]

与穆克塔观点相对，马仁加一位市议员则认为地方需要和中央协

---

[1] Résultats Provisoires Communaux, les Derniers Plis Attendu à Mahajanga, https://lexpress.mg/03/12/2019/resultats-provisoires-communaux-les-derniers-plis-attendus-a-mahajanga/, 2020-07-22.

[2] 对穆克塔·萨利姆市长的采访，2017年4月25日。

同一致，在此基础上才能取得更好的发展。这位市议员认为中央和地方如同一个大家庭，中央是家长，地方是子女，只有家和方能万事兴，因此地方官员必须维系好和中央政府的关系。与此同时，该议员展示了一份他自己建立的马仁加2016财年情况表，愤怒地指出2016年马仁加市的财政收入是16亿阿里亚里（约53万美元），但是2017年的财政预算却高达75亿阿里亚里，他认为穆克塔领导的市政府在财政管理方面存在巨大问题。①

这里对比马仁加市长和市议员的言行目的不在于去伪存真，而是展现地方分权中即便在诸如市镇一级的小型地方行政单位都存在激烈的内部斗争。换言之，一种旨在按照地方民主自治设计的制度却加剧了地方分裂，使得本来已经很低的地方政府能力更加低下。并且还有尤为值得注意的一点：穆克塔的第一个任期之所以与中央政府关系不佳，并非完全是由他所秉持的地方分权理念所导致的，政党属性也在其中扮演了重要角色。穆克塔属于拉乔利纳所创立的党派，也是拉乔利纳的坚定支持者，而他的第一个任期却与马达加斯加前总统埃里的任期大致重合。作为拉乔利纳在过渡政府时期的财政部部长，埃里为了去除身上原有的印记从而谋求连任，他一直尝试将地方要员置换成自己的支持者，马仁加和塔马塔夫在同一时期均发生过市议会提交弹劾市长议案的情况，这是中央和地方相互关系的一种体现，并不完全是地方性行为。2019年拉乔利纳当选总统后，马仁加因为在早先的总统大选中为拉乔利纳提供了数量丰厚的选票而受到拉乔利纳的回报，他承诺为当地兴建新的体育馆、自来水工程以及其他一系列发展项目。②

地方分权政治中产生的上述一系列碎片化特点反过来会导致地方

---

① 对马仁加市议员苏鲁夫曼加（Solofomanga）的采访，2017年4月26日。
② Andry Rajoelina à Mahajanga: Développement équitable pour toutes les régions, http://www.midi-madagasikara.mg/politique/2019/05/24/andry-rajoelina-a-mahajanga-developpement-equitable-pour-toutes-les-regions/, 2020-05-31.

第三章　马达加斯加独特的经济地理格局如何影响其当代国家发展

分权的各个单位对中央依赖加深。除了上边马仁加市长与中央政权之间存在的密切关系外，前文中提及的马达加斯加当地民众对于总统大选的热情高过对于市镇选举的热情也是一个典型例子。对于国家选举的参与度高过对于地方选举的参与度，从地方分权的视角上看其实是民主政治地理碎片化造成的，这是一种选民对于地方分权失去希望的表现。换言之，在信息化程度很高的今天，当通过民主制度获取的政治合法性无法有社会经济层面的发展绩效予以支撑时，选民产生的失落情绪会迅速反馈到民主制度之上。市镇以及更低一级的地方分权单位由于缺乏必要的财政条件，难以满足辖区选民对于自我生活条件改变的期待，长此以往，基层行政变得仅仅能够满足诸如办理婚丧嫁娶证件、处理纠纷等基本功能性需求，因此也难以调动选民通过选举改变未来的积极性，投票率随即也会下降。

相反的是，与基层市镇长官不同，马达加斯加的国家元首在手中掌控有更多资源，可以有目的性地开展一系列大型社会、经济、文化发展项目。马达加斯加总统设有专门的"总统工程"（projets présidentiels），此外，还有各类以总统名义发起和开展的基建、扶贫、文教等项目。以现任总统拉乔利纳为例，自从2019年新年上任至今，他以总统的名义已经启动了门类众多的项目，其中包括道路、住房、光伏发电场、自来水井、中小企业孵化器、字典发放等，[1] 此外，针对目前塔那那利佛城区发展空间受限的问题，拉乔利纳还推出了一个备受争议

---

[1] Andry Rajoelina enclenche la vitesse supérieure à Madagascar, https：//www. financialafrik. com/2019/11/18/andry－rajoelina－enclenche－la－vitesse－superieure－a－madagascar/, 2020－07－10; Programme FIHARIANA－Projet AKOHO NAKÀ: "530 Millions d'Ariary de financement, octroyés pour 30 projets sélectionnés", http：//www. presidence. gov. mg/actualites/informations/economie/704－programme－fihariana－projet－akoho－naka－530－millions－d－ariary－de－financement－octroyes－pour－30－projets－selectionnes. html, 2020－07－10; Des solutions pérennes contre la sècheresse dans le Sud, http：//www. presidence. gov. mg/actualites/informations/sociale/732－des－solutions－perennes－contre－la－secheresse－dans－le－sud. html; 2020－0710; Lancement officiel de la distribution des dictionnaires: pour une éducation de qualité à Madagascar, http：//www. presidence. gov. mg/actualites/informations/sociale/744－lancement－officiel－de－la－distribution－des－dictionnaires－pour－une－education－de－qualite－a－madagascar. html, 2020－07－10.

的首都扩建计划——"塔纳太阳城"（Tana-Masoandro）。① 这样一些计划会在受其关联的民众间产生影响，增加总统的政治声望。另外值得注意的是，这些计划中有一部分其实规模不大，但是总统依然尽可能地出席开工或者竣工仪式，并借助媒体进行宣传，尽量扩大事件影响。特别是在一些边远地区，总统的到访本身就构成一个明星事件，此时一个微小的公共工程也会因此被赋予领导人的魅力和印记，并在当地成为长期的政治遗产。在拉乔利纳的重要票仓马仁加，一位受访的学者讲述过这样一件趣闻：在马仁加省的一个偏远村庄，总统夫人亲自参加了一口水井的竣工仪式，陪同官员及安保的车队规模极大，在当地前所未见，这个事件至今依然是当地人的谈资。如果采取我们日常熟悉的标准，这个事件仅仅属于落后国家的笑话而已，但是如果了解马达加斯加地方分权中的基层社区在财政能力上有多么弱小，就会明白这属于马达加斯加政治权力运行逻辑的一部分：在地方分权造成的政治与治理碎片化和缺乏自我发展能力的情况下，总统凭借手中汇集的资源可以提升个人威望与政治资本，从而谋求民主规则下的自身权力的延续和发展。但是在演化地理的视角下，马达加斯加这样的权力运行逻辑对其属于地方的沿海地区发展无疑是弊大于利的。

此外，与马达加斯加的地方分权体系并存的一套地方权力下达体系（Déconcentration）同样加强了地方对于中央的依附。该体系是马达加斯加中央政府为了更好地管理地方事务而设置的一套管理系统，它的人事任命以及工作管理都受中央政府领导，对地方分权单位的工作予以指导和监督。这套权力下达体系与地方分权体系高度纠缠，并且除了对应地方分权体系中的大区、市镇和乡村街道这三个层次都有相应的机构，还设有两个地方分权体系中不存在的额外单位，它们分别是 6 个省（Province）以及行政级别低于大区但是高于市镇的 100

---

① Tanà-Masoandro, The new city of Antananarivo, https：//www. youtube. com/watch？v = fxzM1pm9ZHM&feature = youtu. be，2020 - 07 - 10.

第三章 马达加斯加独特的经济地理格局如何影响其当代国家发展

多个次区（District）。地方权力下达机构在一些关键环节对地方分权机构有非常大的权力，比如次区一级官员负责审核和批准中央对市镇的财政转移支付，并且在财年结束时还要检查该笔费用的使用情况。此外，由于绝大部分地区没有能力向居民提供后者所需的公共服务，地方权力下达体系还承担了地方教育和卫生事业的运营，马达加斯加各地的公立学校和医疗卫生单位一般都归属于这一体系。[1]

综上，地方分权深受马达加斯加政治经济地理形态的影响：作为中央的内陆拥有集中的经济和政治资源，可以通过一系列手段对地方施加影响甚至给予直接控制。地方分权无论在制度的设计还是实际操作中不但使得马达加斯加沿海地区呈现更加碎片化的分裂，并且使得它们始终难以聚集快速发展需要的足够资源。

为了改善上述情况，在以法国为首的欧美国家帮助下，马达加斯加部分地区和市镇开始推广手机征税的数字化地方财政尝试，力争通过这样的方法减少征税官贪腐的可能，提高税收信息的可信度，消除不同党派官员的分歧，同时增加民众对政府的信任，最终带来地方税费的实际征收率提升。还有个别市镇据说也在尝试于互联网上公开自己的年度预算，从而更好地接受监督。针对这些"表现良好"的市镇，有相关机构进行了地方行政清廉程度排名，法国大使馆也适时造势，每年携手透明国际在马达加斯加举办名为"我的市镇预算是多少？"的媒体报道大赛，鼓励当地记者关注、报道地方财政问题，并为优胜者颁发现金奖励。[2]

然而，这种类型的活动真的可以改善马达加斯加地方分权中的既有问题并助力于地方政治经济良性发展吗？

菲亚纳兰楚阿大学的一位刑法学讲师提供了一个颇有启发性的事

---

[1] World Bank, Decentralization in Madagascar, 2004, pp. 14 – 15.
[2] Les gagnants du concours de presse: quel est le budget de ma commune? https://www.transparency.mg/index.php/les – gagnants – du – concours – de – presse – – quel – est – le – budget – de – ma – commune – , 2020 – 08 – 06.

例：在马达加斯加某村庄，一座村民们经常使用的桥梁倒塌了，此时恰逢当地众议员选举的选前拉票，一位候选人根据众议员的职责发表了竞选宣言，承诺如果当选的话会努力在国民议会中传达当地民众诉求，通过推动立法来促进当地发展，为本区选民谋福祉。然而，这样一番非常贴合众议员身份定位的竞选宣言在第二位候选人的言辞前败下阵来，第二位候选人向选民传达的核心意思是：你们看第一位候选人说那么复杂，其实他就是没法承诺帮大家把桥修好。[①]

这个事例展现的是现代国家治理中普通民众在面对复杂的官僚系统和治理规则时因为信息差而产生的理解差异，这种偏差在民主制度下当然又会反作用于整个国家治理体系。在地方分权中诸如公开市镇预算的举措在现阶段不一定会获得预想中的效果，因为仅仅是市镇财税报表的分析和解读对于受教育水平有着很高的要求，甚至需要专业性的训练才能掌握。同样地，马达加斯加复杂的地方分权机制只有专门从事相关研究或者治理的人群才对其有一个比较全面的了解，很多当地大学人文社科的老师和学生如果不是研究相关问题，对于本国的地方分权也只是有概念性的认识。对于基础教育普遍质量低下的马达加斯加广大农村地区，更加无法期待大多数民众对相关问题做出清晰的判断。与此同时，由于每个个体都有自己对于更好生活的理解，他们在面对地方分权的种种措施时会按照自己当时的标准去做出选择和行动，选择一座桥而不是一种整体制度的良好运行就是很有代表性的例子。毫无疑问，这符合理性经济人和公共选择理论的出发点，但是通过上文中对于马达加斯加地方分权的讨论可以发现，并不是所有小桥的问题解决以后就可以获得马达加斯加整体治理的最优解，并非每一个小社区坚守自身的传统利益就能实现社会整体最大化的善治。从根本上说地方分权在马达加斯加的问题源于前文中哈耶克的观点——新自由主义的逻辑起点和它配套的运行制度是具有特殊性的，将其不

[①] 对菲亚纳兰楚阿大学法学院教师法布里斯（Fabrice）的采访，2017年5月17日。

第三章 马达加斯加独特的经济地理格局如何影响其当代国家发展

经变通地引入马达加斯加必然导致一种结构性的失调。从演化地理的角度看,这种失调的人文地理表现就是上文中论述的两个趋势:一是中央内陆与地方沿海的对立加剧,二是地方分权单位的碎片化和因此产生的对中央政府依赖的加深。

在上述两种趋势的共同作用下,马达加斯加的沿海地区发展很显然受到了极大阻碍。在本书中关于这种阻碍最直观的一点体现首先就是寻找马达加斯加沿海地区的相关发展数据极其困难。无论是马达加斯加国家统计局还是世界银行,都只把马达加斯加作为一个整体的单位来测量和制作其发展数据。与之相对的马达加斯加各个地方分权单位,无论上至大区还是下至村镇都难以找到经济社会发展的相关统计数据。这一方面反映出马达加斯加国家治理能力的弱小,另一方面其实也反映出在马达加斯加中部高原主导的经济地理态势下,地方单位的发展因为受到长期抑制而欠缺活力以至于没有进入经济量化评估体系。与之形成鲜明对比的是同一地区的南非、坦桑尼亚等国,获取它们的地区发展数据相对容易很多。

由于诸如人均国内生产总值、工业产值、居民平均收入等一系列数据都不存在,马达加斯加沿海发展的停滞只能通过其他信息的收集来加以体现。首先在国内生产总值的比重上,根据世界银行研究人员的评估,2018年时塔那那利佛在马达加斯加国民生产总值中的贡献超过50%,[1] 由此可推断马达加斯加所有沿海地区对其国民经济的贡献依然非常有限。在贫困率数据上,目前可以查到马达加斯加各省贫困率对比的最近数据源自2005年,在该数据中显示,塔那那利佛地区的整体贫困率大约是58%,而四个沿海省份的贫困率在64%—75%。[2] 基础设施建设方面,马达加斯加沿海只有塔马塔夫、马仁加

---

[1] Antananarivo: A city for whom? https://blogs.worldbank.org/nasikiliza/antananarivo-a-city-for-whom, 2020-11-03.

[2] Bénédicte Gastineau, et al., eds., Madagascar face au défi des Objectifs du millénaire pour le développement, IRD Éditions, 2010, p. 33.

和图里亚三个城市可以全年保持与首都内陆地区的公路交通。① 在自来水供应方面，沿海地区与首都地区也存在显著差距。② 电力供应上，马达加斯加沿海地区的供电稳定性也远不如首都地区，③ 笔者曾偶遇有中国投资者本来打算在东部沿海投资建立木材加工厂，可是在了解当地电力供应难以得到保障后随即取消了原有计划。在道路连通方面，从前殖民时代就成型的塔那那利佛中心辐射布局至今未变，马达加斯加整个陆路运输都围绕着塔那那利佛运行，沿海地区的路上运输发展极度滞后（见图3-3）。在2019年世界银行发布的旨在提升马达加斯加道路连通度的意见中有六个亟待优先改善的道路区块，其中

图3-3 马达加斯加东部沿海5号国道可通行路段一隅④

---

① JICA, The Feasibility Study on Toamasina Port Development in the Republic of Madagascar: the Final Report, 2009, pp. 1 - 5.
② Groupe de Banque Mondiale, Diagnostic systématique de pays: Madagascar, 2015, p. 84.
③ Délestage: Moins fréquent à Tanà mais plus accentué en provinces, http://www.midi-madagasikara.mg/economie/2019/01/12/delestage-moins-frequent-a-tana-mais-plus-accentue-en-provinces/, 2020 - 03 - 28.
④ 笔者摄于2017年6月5日。

第三章　马达加斯加独特的经济地理格局如何影响其当代国家发展

除了首都塔那那利佛的城市交通系统外，其他五个区块全部和沿海有关。①

综上，马达加斯加地方分权的实施在经济地理演化上的特点造成了沿海地区发展的迟缓。在其他非洲国家，地方分权尽管同样遭遇失败，但是由于人文活动的中心与地理空间中心不重合，这样的失败不会阻碍这些国家沿海地区的发展，也不会阻碍沿海与外界的既有交流，整个国家因而会保持一个较高的开放状态，不容易走向封闭。相比起来，马达加斯加作为边缘的沿海地区在地方分权失败后成了阻碍内陆核心经济区域与外界交流的阻碍，使得整个国家维持在封闭状态。长期封闭的马达加斯加在区域融入上将面临更大困难，反过来延续其封闭并强化其内陆统御沿海的经济地理结构，使其形成一个自我维系的反馈模式。在下面的一节中，本书将通过区域一体化的例子来展示这个机制是怎样运行的。

沿海地区发展迟滞

- 地方分权失败，作为地方的沿海地区欠缺发展，厚国界效应增强。
- 作为经济核心的首都在内陆，并且地位不断加强。

区域一体化融入困难

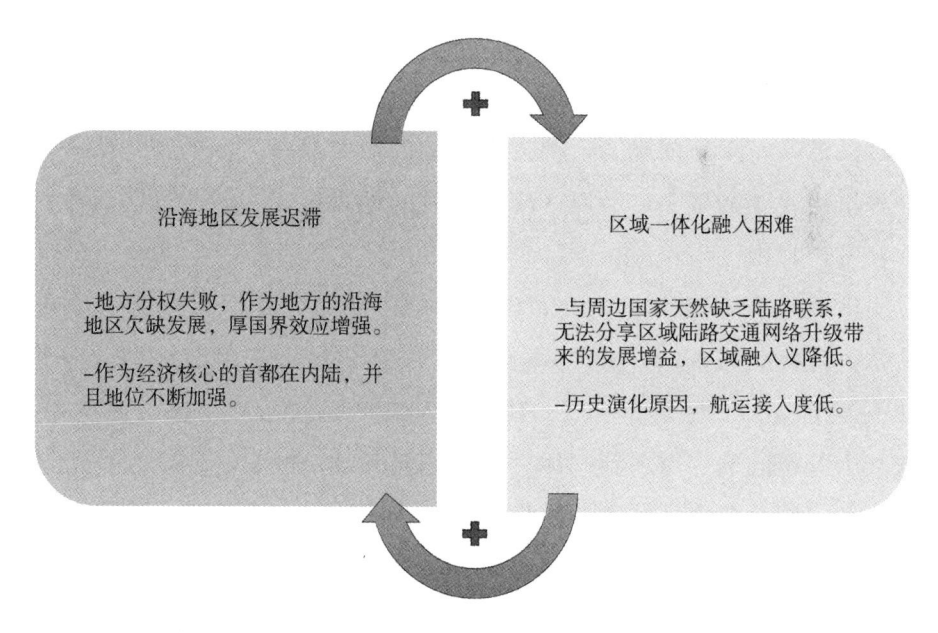

- 与周边国家天然缺乏陆路联系，无法分享区域陆路交通网络升级带来的发展增益，区域融入义降低。
- 历史演化原因，航运接入度低。

图3-4　区域一体化困境强化经济地理格局

---

① World Bank, Madagascar Road Connectivity Project (P166526), 2019, p. 8.

三　区域一体化困境

（一）非洲的区域一体化

上一节展现了地方分权与马达加斯加特殊的经济地理形态怎样发生相互作用，从而导致内陆—沿海对立的加剧和地方政治的碎片化，并介绍了这种变化趋势对于马达加斯加沿海地区发展的阻碍。本节的内容与上一节具有紧密关系，将展现受到抑制的沿海发展的经济地理格局如何阻碍马达加斯加在一个全球化时代中融入区域性和世界性的整体发展之中。为了论证这一点，本节所瞄准的现象是区域一体化（Regional Integration），这同样是一个制度方面受到重视而在地理差异方面受到轻视的话题，马达加斯加的案例将很好地展现拥有海运便利的大型岛国为何发生区域一体化融入的困难，从而帮助理解其国家发展中的困境。

区域一体化是一种将政治、经济运行与地理条件相结合进行考虑的行动逻辑，但目前来看，因为大多数区域内成员之间的空间集中是一种不言自明的事实，所以区域一体化的地理维度在政治经济维度面前经常被轻视。

借用贝拉·巴拉萨（Bela Balassa）早期的分类框架，阿里·M.艾尔-阿格拉（Ali M. El-Agraa）依据一体化程度把区域一体化分为如下五个层次（见表3-1）。其中最基础的是自由贸易区，接下来，依次为关税同盟、市场共同体、经济同盟和政治联盟。

在阿格拉看来，区域一体化哪怕只达到第一个级别自由贸易区的层次，对于相关国家和地区而言就可以获得以下红利[①]。

- 在比较优势规律的作用下实现生产分工和专业化。

---

① Ali M. El-Agraa, *Regional Integration: Experience, Theory and Measurement*, Palgrave Macmillan, 1999, p.35.

第三章　马达加斯加独特的经济地理格局如何影响其当代国家发展

表 3-1　　　　　　　区域一体化的五个层次①

	自由的区域内贸易	共同的贸易政策	自由的经济活动要素流动	共同的货币、税收政策	同一个政府
自由贸易区	是	否	否	否	否
关税同盟	是	是	否	否	否
市场共同体	是	是	是	否	否
经济同盟	是	是	是	是	否
政治联盟	是	是	是	是	是

- 通过扩大的市场来实现规模经济，从而提高产品的生产能力。
- 通过增加自身体量在国际市场上取得更好的议价能力。
- 随着交流加速，区域内竞争会加强，从而提升经济活动的效率，并进一步促进技术提升。

而一旦区域一体化程度超越关税同盟，进入经济同盟的层次，那么相应的成员国还可以额外获得如下优势②。

- 生产要素在成员国国境的自由流动。
- 货币和税收政策的协调性。
- 全员共同认可的经济增长、就业、收入分配目标。

在上述关于区域一体化不同层次的划分中体现出一些特点，首先，区域一体化的程度更多取决于推动一体化的制度性措施的实施程度，无论是共同的税收待遇还是货币政策，都是通过制度性手段来加深区域一体化。其次，从区域一体化可能给相关国家带来的正面效果看到，区域一体化通常被当作一个没有内部差异的同质性空间来对待。这也是一种讨论区域一体化时的普遍语境，比如菲利普·德隆巴尔德（Philippe De Lombaerde）和卢克·范朗根霍夫（Luk Van Langenhove）将区域一体化视为主权国家间形成新形式组织后相

---

① Ali M. El-Agraa, *Regional Integration: Experience, Theory and Measurement*, Palgrave Macmillan, 1999, p. 2.

② Ali M. El-Agraa, *Regional Integration: Experience, Theory and Measurement*, Palgrave Macmillan, 1999, p. 35.

互关系的加强。① 迪兹雷·阿冯（Désiré Avom）和穆罕默德·恩济卡穆（Mouhamed Mbouandi Njikam）则将区域一体化定义为成员国间经济、政治、社会关系的靠拢（Rapprochement）②。

从全球范围来看，目前区域一体化程度最高的地区无疑是西欧，其次是北美和东亚东南亚，接下来是拉美，而撒哈拉以南非洲则是区域一体化程度最低的地区。这一点从上述地区内各国出口总量中区域内出口贸易份额所占比例就可以看出（见图3-5）。

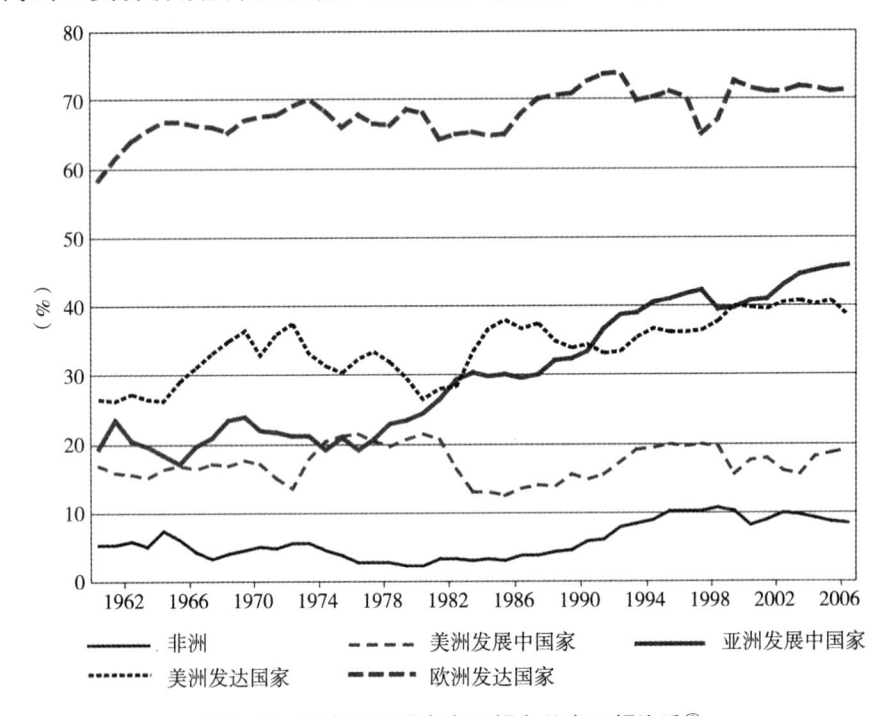

图3-5 各大洲区域内出口额占总出口额比重③

---

① Philippe De Lombaerde and Luk Van Langenhove, "Indicators of regional integration: conceptual and methodological aspects", in Philippe De Lombaerde, ed., *Assessment and Measurement of Regional Integration*, Routledge, 2006, p. 9.

② Désiré Avom and Mouhamed Mbouandi Njikam, "Market Integration in the ECCAS Sub-Region", in Mthuli Ncube, Issa Faye, Audrey Verdier-Chouchane, eds., *Regional Integration and Trade in Africa*, Palgrave Macmillan, 2015, p. 72.

③ UNCTAD, *Economic Development in Africa Report 2009: Strengthening Regional Economic Integration for Africa's Development*, 2009, p. 22.

第三章 马达加斯加独特的经济地理格局如何影响其当代国家发展

值得注意的是，上文中对于区域一体化的理解传达出一种含义：区域一体化成功能带来所有参与国的等效改变。正是出于这个原因，在对区域一体化程度进行衡量时所采用的单位也经常是区域组织，所采纳的指标也是整体性经济、政治与社会文化的整合程度。下边罗德里戈·塔瓦雷斯（Rodrigo Tavares）和麦克·舒尔茨（Michael Schulz）建立的区域一体化衡量标准就很有代表性（见表 3-2）[1]。

表 3-2　　区域一体化衡量标准

一体化的组成部分	各部分的次维度	衡量方法
政治一体化	行政与科层体系	为区域一体化安排的预算与公务人员编制在总预算和总编制中的比例
	司法	司法判决的扩展性和超国家性程度
	政策制定	覆盖范围与延展性
	态度	精英与大众的态度 是否存在针对具体时间和事件的灵活性，是否有议价行为
经济一体化	贸易	区域内贸易在总贸易中的比重
	服务	区域各国跨国联合服务在国民生产总值中的比重
社会一体化	大众	贸易、通信往来
	精英	区域内跨国航空旅客人数 区域成员国留学生在学生总数中的数量 区域内科研合作程度
	认同	精英与大众对于区域整体的认同程度 对于区域内其他国家的畏惧程度
军事	安全筹备	正式的安全协议与协调行动
	安全系统	安全系统的超国家性、覆盖面和延展性

---

[1] Rodrigo Tavares and Michael Schulz, "Measuring the impact of regional organisations on peace building", in Philippe De Lombaerde, ed., Assessment and Measurement of Regional Integration, Routledge, 2006, p. 242.

◇❀◇ 成为内陆国家的岛屿

表3-2作为一种对区域一体化的界定与度量方法，存在的一个问题是讨论主体的不明确性。对于表3-2，一方面可以将单个国家视为考察对象，通过"一国在一个区域内的整合程度"这样的方法来进行解读。另一方面也可以将某一区域组织作为整体来看待，通过评估区域性组织在相关指标上整体性的表现来最终判断这个区域组织的一体化程度。并且相比两种解读思路，第二种解读方法往往更普遍，因为当谈论主体是区域一体化时，一般都把区域整体的情况视为检视的对象。

但它忽略了这样一个事实——尽管二战后区域一体化成为一个显著趋势，区域一体化组织也呈现爆炸式增长，但是区域一体化的各个成员国之间存在地理分布上的先天差异决定了在一体化过程中它们需要面对的地理条件方面的挑战是不尽相同的，在区域一体化中可以获得的回报也是不尽相同的。一个区域一体化组织可以通过协商机制，颁布在纸面上对所有成员国适用的政策条例，但是它无法保证这些条例在施用过程中享有同样的条件和面临同样的环境。因此，在由若干个国家构成的区域组织进行整合之后，有时虽然在区域整体上体现出经济指标的改观，但是在区域内的个体上却存在较大差异。

非洲发展银行（AFDB）和经济合作与发展组织（OECD）使用过的"厚国界"（Thick Border）概念就非常适合用来描述区域一体化中面临较大困难的国家和地区。所谓"厚国界"，是指参与区域一体化的某些国家因为制度原因或者低下的物流效率而导致该国边境对贸易流通和区域整合产生重大阻碍，它们会极大地增加贸易成本，最终影响经济发展。[1] 这其中制度性因素与地理区位关联较小，可以通过推动落实区域一体化政策来予以改善。但低下的物流贸易效率是与一国地理位置、自然环境和区位布局存在直接关系的，通

---

[1] African Economic Outlook 2015: Regional Development and Spatial Inclusion, OECD publishing, 2015, pp. 75-76.

常需要在诸如基础设施系统和国家发展规划上予以结构性改善才能得到显著改变。

（二）马达加斯加的区域一体化困境

在前文中已经知道，马达加斯加在历史上形成了以内陆为经济、政治中心的人文地理形态，这样的形态在当前资本自由流动的全球化趋势面前会增加对外经贸交往的难度，从而抑制国家发展。就区域一体化而言，马达加斯加的经济地理格局构造了显著的"厚国界"：一方面，海洋将其与周围的国家和地区分隔开来，跨越这个阻隔需要港口、航线、市场等多种因素的协调作用。另一方面，马达加斯加集中于内陆的政治经济地理空间演化布局使得外来物资进入时不但要先跨过海洋，还需要再通过沿海到内陆之间的地理边界。这样的双重边界在历史演化过程中对于马达加斯加发展产生了一系列负面影响。首先，因为轻视沿海地区建设，马达加斯加失去了发展港口及航运业的先机，失去了第三世界国家独立浪潮后世界海运贸易网络重构整合的机遇。其次，由于错过借助海运发展自身的机会，整个马达加斯加在走向封闭，并因此缺少外来资金助其实现基础设施的升级，这造成了沿海建设进一步的停滞，沿海—内陆间的运输条件也长期无法获得改善。最后，上述状况与诸如地方分权这样的政策实践耦合，发生进一步独特的经济地理演化，再次固化内陆地区的政治经济地位、阻碍沿海发展，整个过程是一个明显的反馈机制。

接下来，将通过海运和陆运两个方面详细介绍马达加斯加独立以来出现的"厚国界"效应，并借助具体案例来说明它怎样与地方分权所造成的经济地理结构相互反馈，并因此对马达加斯加的国家发展产生负面影响。

首先对独立初期马达加斯加的整体交通状况做一个简介，当时尽管在国家发展计划中有预计49%的预算都投入到交通网的建设中来，但马达加斯加的交通情况所获得的改观却非常有限，其大致状

◈ 成为内陆国家的岛屿

况如下。①

- 公路：公路网以首都塔那那利佛为中心，岛屿人口分散，大面积无人区隔开了城镇和乡村居住区，导致连接居住区的很多公路没有经济收益。地形和气候因素导致公路经常被雨水冲毁。
- 铁路：长度短、运量小，本来旨在联系中部高原与东部沿海的铁路收益率极低。相比更为灵活的公路运输，马达加斯加的铁路没有优势。并且它没有延伸接通区域内其他国家铁路网的可能。
- 内河航运：除了塔马塔夫以南很短的一段庞佳兰运河（Canal Pangalane）水道以外，马达加斯加实际上不存在有效的内河运输。
- 海运：沿岸港口数量多，但是运量极其有限。除了法国少数航运公司的固定航路外，没有重要国际海运线路选择马达加斯加停靠。
- 航空：初步建成连接国内主要城市的航空网络。但是在国际航线方面与非洲大陆脱节，只和马斯克林群岛联系较为紧密。

对比独立初期马达加斯加的整体运输环境发现，当下马达加斯加的交通情况不但没有实质性提升，反而在某些方面有了退步。比如在铁路运输上，由于缺乏资金对殖民时期建成的铁路网进行维修，目前马达加斯加的铁路运输真正得到保留的只有菲亚纳兰楚阿到马纳卡拉（Manakara）效率极低的客运服务。海运方面，随着航空业的发展，马达加斯加与外界的定期海上客运航路已经不复存在。而至于海上货运方面，接下来将详细介绍其特点，从而揭示马达加斯加作为热带大型岛国却失去海运便捷性的情况。

前文介绍过，自从苏伊士运河开通后，南部好望角航线的重要性

---

① G. 巴斯蒂昂：《马达加斯加：地理及经济研究》，商务印书馆1978年版，第122—126页。

第三章　马达加斯加独特的经济地理格局如何影响其当代国家发展

已经大大下降，从当前全球航路密度的分布情况可以看到这个态势[1]，苏伊士与相关的红海、北印度洋航线对开普敦航路的分流作用明显。在这样的大环境中如果南印度洋地区国家希望继续保持与全球海运贸易的紧密联系，就必须拥有独特的吸引力，比如南非的矿产资源、发达的沿海地区和良好的港口建设，坦桑尼亚延伸至赞比亚和大湖地区的整个东非腹地，毛里求斯优秀的金融服务与航运服务产业。和这些国家相比，马达加斯加腹地小，市场有限，沿海地区发展滞后，航运服务业水平低下，因此缺乏创造新海运航线和海运节点的条件。前文已经提到，2012 年毛里求斯路易港年吞吐量为标准集装箱 417467 个，南非德班为 2568124 个，而马达加斯加塔马塔夫港仅为 131580 个。[2]

作为非洲海岸线最长的国家，马达加斯加的港口除了在标准集装箱吞吐量上远不及同区域其他大型港口之外，它的泊位相比非洲的其他主要港口也很少。塔马塔夫港的泊位仅有四个，并且在有油轮停泊时泊位只能使用三个，[3] 远远落后于其他非洲主要港口（见表 3-3）。除此之外，还有特别值得注意的一点是，在取得独立十多年后，马达加斯加的境内海运量在其海运总量中的比重是非洲国家中最高的（见表 3-4），这也能很好地反映马达加斯加经济在后殖民时代走向封闭性和内向性。

表 3-3　　　　　　　非洲部分港口的泊位统计[4]

区域	港口	泊位	区域	港口	泊位
南非	德班	43	东非	蒙巴萨	10
南非	开普敦	40	西非	科纳克里	10
西非	拉各斯	31	西非	蒙罗维亚	10

---

[1] Jean-Paul Rodrigue, Claude Comtois, Brian Slack, *The Geography of Transport Systems Third edition*, Routledge, 2013, p. 97.
[2] Mauritius Ports Authority; Port of Durban; SPAT.
[3] 《世界港口》编委会编著：《世界港口：非洲卷》，上海市航海学会 1994 年版，第 351 页。
[4] 甄峰等编著：《非洲港口经济与城市发展》，南京大学出版社 2014 年版，第 20 页。

续表

区域	港口	泊位	区域	港口	泊位
西非	达喀尔	30	南非	沃尔维斯	8
北非	阿尔及尔	18	西非	弗里敦	7
南非	路易港	16	南非	蒂斯格勒特斯	7
中非	黑角	15	西非	考拉克	6
中非	杜阿拉	14	东非	摩加迪沙	6
西非	科托努	13	北非	班加西	4
东非	吉布提	12	东非	博博拉	3
东非	达累斯萨拉姆	11	西非	普拉亚	3
北非	苏丹港	10	中非	马拉博	2

表3-4 1973—1974年非洲部分国家国内海运在全国海运总量中的比重①

货运成分 国家	海运吞吐总量		
	国际（千吨）	国内（千吨）	国内占比（%）
马达加斯加	1718	760	30.67
南非	26862	3458	11.41
突尼斯	19637	1788	8.35
莫桑比克	15800	1138	6.72
安哥拉	17912	1026	5.42
阿尔及利亚	51146	2843	5.27
坦桑尼亚	3593	83	2.26
利比里亚	26473	130	0.49

不过，尽管苏伊士运河开通造成了南印度洋海运区位优势的下降，但根据联合国贸易和发展会议（UNCTAD）于2019年发布的海上运输年度报告中的观点：虽然一个国家的地理区位是给定的，但该国的海运连接度（Maritime Connectivity）可以通过改善港口能力予以提高。② 在

---

① 甄峰等编著：《非洲港口经济与城市发展》，南京大学出版社2014年版，第21页。
② UNCTAD, *Review of Maritime Transport 2019*, 2020, p. XIV.

第三章 马达加斯加独特的经济地理格局如何影响其当代国家发展

检视构成港口能力的主要维度后发现,马达加斯加希望提高港口能力是存在可能性的,但同时也面临一些结构性困难(表见 3-5)。[1]

表 3-5　　　　　　影响港口能力的主要因素与塔马塔夫港现状

港口能力要素	塔马塔夫港口现状[2]
地形、水文情况	马达加斯加东海岸平直,且盛行东风和东南风,塔马塔夫港所在地潮汐虽然不大,但是水流较为复杂。所幸在塔马塔夫有珊瑚礁和海角共同构成一个避风港,所以这里是东海岸极少的可以建设港口的地点
气候条件	总体良好,但是每年受台风影响较大
港口易进入性	良好
腹地规模	面积广大,人口和市场规模小,有较为丰富的自然资源,但是基建设施落后,腹地接入性不佳
与大型贸易伙伴的距离	与主要贸易伙伴国中国和法国的距离遥远
与主要航道的距离	位于开普敦与东亚、东南亚、南亚、中东航运的必经之道,但因为马达加斯加呈南北狭长走向,如果航线上船只选择停靠塔马塔夫,无论从南侧还是北侧经过马达加斯加都需要绕道
与主要竞争港口的距离	受到附近南非、毛里求斯、坦桑尼亚、肯尼亚的激烈竞争
与支线集散港的距离	距离中等,300—1000 千米
未来可开发空间	塔马塔夫港口周围有可观面积的平地可供利用,可开发空间较大
港口行政管理能力	较弱,员工数量少且老龄化严重
国家政治稳定性	较好

在检视马达加斯加最大港口塔马塔夫的各项指标特点后可以发现该港存在的主要问题如下:首先是位置,虽然看似处在主要贸易航路上,但是由于马达加斯加自奴隶贸易时期起重内陆轻沿海的经济地理

---

[1] 参考的港口能力构成来自 Ek Peng Chew, Loo Hay Lee, Loon Ching Tang, eds., *Advances in Maritime Logistics and Supply Chain Systems*, World Scientific Publishing, p. 35。

[2] 主要参考陈嘉震等编著《世界港口:非洲卷》,上海市航海学会 1994 年版,第 351—355 页;JICA, *The Feasibility Study on Toamasina Port Development in the Republic of Madagascar: Final Report*, 2009。

◇◆ 成为内陆国家的岛屿

演化格局，使得马达加斯加港口错失了成为南印度洋航路节点的机会。开普敦、德班、达累斯萨拉姆、路易港等已经塑造了南印度洋航线的路径依赖，获得了此处海运贸易的先发优势。其次在腹地规模方面，马达加斯加虽然拥有超过58万平方千米的面积和较为丰富的矿产资源，但是它的人口和市场规模小，与非洲大陆相比不具备优势。最后是因为马达加斯加远离主要贸易伙伴，在物流运输周期和成本方面会抑制贸易额的增速，从而对港口发展产生负面作用。如果说一个国家的港口基建、人员技能、管理水平是可以在中短期通过投资和教育培训等予以提高的，那么港口区位和后发劣势则是一个在历史发展中缓慢形成的结构性问题，想要破除这样的结构性缺陷也就需要某种重大的打破路径依赖的事件发生，否则该国有大概率会持续性处在一种边缘位置，延续其低开放性。马达加斯加海运连通度近15年来的变化情况比较好地反映了这一现象（见表3-6）。

表3-6　　部分国家2006—2019年海运连通度得分对比（以2006年度中国为100分基准）①

年度 国家	2006	2007	2008	2009	2010	2011	2012	2013	2014	2015	2016	2017	2018	2019
中国	100.00	110.78	123.13	116.79	121.23	133.02	131.37	129.26	134.80	138.88	141.58	140.08	151.30	151.91
埃及	46.60	44.58	46.53	45.73	46.07	47.50	52.27	53.98	57.24	59.03	58.54	54.04	62.38	66.72
马达加斯加	10.14	8.81	9.53	8.10	7.91	8.77	13.20	13.39	12.56	10.67	10.51	9.31	9.71	9.16
毛里求斯	14.11	17.83	18.20	17.84	19.18	18.22	22.39	24.22	20.62	24.27	26.80	28.68	29.73	28.01
塞内加尔	15.01	17.22	19.53	17.71	14.76	14.17	14.47	13.39	14.53	15.52	16.78	17.18	15.77	16.61
南非	28.33	30.93	32.34	33.49	36.79	37.60	33.63	35.84	38.03	37.49	36.55	37.85	38.00	34.58

此外，需要再次强调的是，南非、坦桑尼亚等国在海运方面所释放出的优势源自其经济地理的历史演化过程，在上一章中讨论过

---

① UNCTAD, https：//unctad.org/en/Pages/Home.aspx, 2020-04-10.

第三章 马达加斯加独特的经济地理格局如何影响其当代国家发展

开普敦、德班的港口如何走向兴盛,讨论过坦桑尼亚的腹地如何与沿海连通。毛里求斯第三产业的发展虽然是后起之秀,但是这与它反思自己小体量热带岛国的战略优势是分不开的,它放弃了原有蔗糖生产为主导的农业国家定位,将海洋作为自己的发展方向,将旅游业、航空航运服务业和金融服务业有机结合,走出了一条适合自己的经济地理演化道路。在这一点上,塞舌尔采取的也是相似的策略,最终两个国家在没有矿产资源的情况下使得自身人均GDP跃居非洲地区前两名。

综上,在海路运输方面,由于历史演化带来的结构性缺陷,马达加斯加未能将自身热带岛屿的地理环境转化为海运优势,最终使其脱嵌于区域和全球的海运贸易网络,也使得海洋成为阻碍其区域一体化融入的天然边界。然而,马达加斯加的困难不仅仅限于海洋,接下来将从陆地交通方面检视马达加斯加的"厚国界",展示其在地理原因上相比非洲大陆国家更独特的发展阻碍效应。

在上一章中已经论述过,受奴隶贸易与殖民活动影响,很多非洲沿海国家的政治、经济活动中心处于沿海,这意味着如果这些国家是通过海运与外界交往,外界输入的物资在结束海运的同时就已经能够在地理空间上到达该国最大的市场、最核心的工业区、最大的劳动力集散地。同样地,当这些核心区域的产品和人员需要通过海路向外界流动时也不需要再跨越额外的陆上地理空间。马达加斯加毫无疑问不具备同样的特征,不仅如此,通过对比可以看出:马达加斯加的最大海港与本国其他主要城市间的里程数和平均行驶用时都远超大多数非洲沿海国家(见表3-7、图3-6)。这意味着本身已经因为政治、经济中心处于内陆而产生区位劣势的马达加斯加,在沿海与内陆的物质交换上还要跨越比其他沿海国家更大的距离。这也意味着在相似的公路物流运输条件下,马达加斯加的运输成本会比大多数非洲沿海国家高。

表3-7 部分非洲国家最大海港与其他主要城市间的公路里程与行驶用时[1]

国家	最大海港	总里程数（千米）	平均里程（千米）	中位数里程（千米）	平均用时（小时）	中位数用时（小时）
塞内加尔	达喀尔	3830	383	456	8.0	8.4
科特迪瓦	阿比让	3316	474	413	6.0	6.0
刚果共和国	黑角	4861	694	548	13.3	9.0
多哥	洛美	2367	338	341	5.1	5.0
贝宁	科托努	2333	333	427	无数据	无数据
肯尼亚	蒙巴萨	6565	938	832	无数据	无数据
坦桑尼亚	达累斯萨拉姆	5239	748	646	13.4	13.0
马达加斯加	塔马塔夫	13750	1146	1028	21.8	21.5

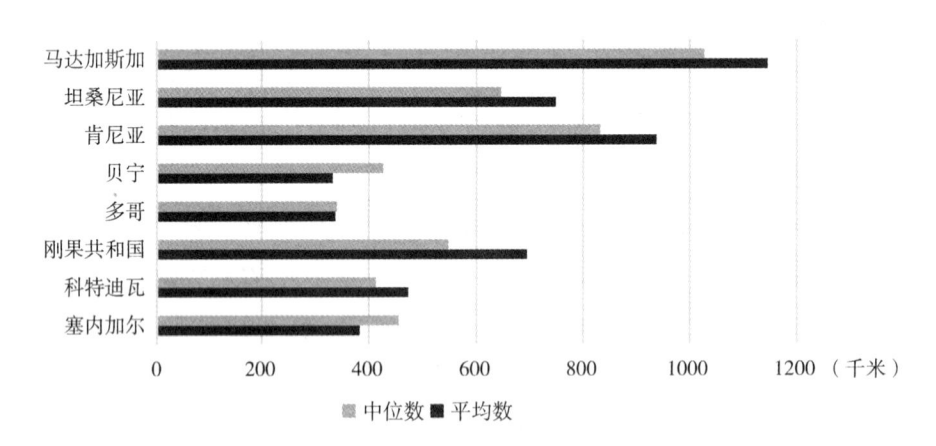

图3-6 部分非洲沿海国家最大港口与本国主要城市间公路里程对比[2]

即便如此，马达加斯加公路运输的问题其实还有很多未在图表中体现出来。表3-7数据中马达加斯加公路行驶的用时统计所参照的标准近似于马达加斯加国内最好的客运公司所能达到的速度。以最大港口塔马塔夫与首都塔那那利佛这一段全马达加斯加最繁忙的公路交通运输为例，运行该段客运的柯蒂斯（Cotisse）客运公司的早班车如果是8点发

---

[1] 根据 the Logistics Cluster 数据制作，https://logcluster.org/countries，2020-05-29。
[2] 根据 the Logistics Cluster 数据制作，https://logcluster.org/countries，2020-05-29。

车，顺利的话会在下午 5 点到 6 点抵达塔那那利佛，即总时长 9—10 小时。因此，即便上述对比中马达加斯加与其他国家的差距已经很大，但其实即便是这个行驶标准，对于马达加斯加的公路货运也没有太大参考意义。根据实地观察和访谈，这主要有以下几个原因。

（1）马达加斯加公路网中的大部分不可能全年正常通车。马达加斯加大部分地区有强烈的季节性降水，特别是东部沿海的迎风坡地区，加之印度洋飓风每年不定期造访，使得多山地的马达加斯加经常发生泥石流和洪涝灾害。一旦遇到这样的情况，脆弱的公路和桥梁会被冲毁或者堵塞，造成相应路段的运输暂停数天甚至数周。还有不少路段因为并非铺有水泥或沥青路面，在雨季除了少数越野吉普以外，其他车辆完全无法通行。

（2）马达加斯加还在使用的汽车当中很大一部分车龄超过 20 年，并且缺乏足够的保养维护，这就造成车辆故障率很高。又由于马达加斯加的公路几乎全部是双向单车道的窄路，且基本不配备应急辅道，这就使得一旦有货车抛锚的话很容易造成大规模拥堵。特别在各条国道上，绝大部分路段远离城市，不具备车辆救险服务，故障往往靠驾驶员自身修理技能排除，在缺乏必要零件或车辆人员修理能力不足的情况下会花费很长时间等待援助。保养不足的车辆还存在极大安全隐患，在马达加斯加进行长途旅行的人已经习惯看到路边翻倒的各式车辆。此外，抛锚的货车还容易成为武装劫匪的目标，降低物流安全到达的确定性。

（3）马达加斯加公路沿线存在严重的犯罪活动。马达加斯加南部存在盗牛的文化习俗（Dahalo），一开始这是一种婚前年轻男子通过偷取相邻社群牲畜从而展示自我勇气与智慧的方式，是存在于特定地域和人群中的，对社会整体的破坏性不大。后来随着社会和经济环境的恶化，盗牛行为开始演变成为武装劫掠，劫掠的目标也从单一的牛群变成了各式财富。今天的马达加斯加，盗牛已经是农村地区武装抢劫的统称，并且这种犯罪行为也已经从岛屿南部扩散到全岛。对于马达加斯加的公路运输而言，盗牛武装的存在是巨大威胁，也会无形中增加运输成本。

下述对塔那那利佛一位青年的访谈可以很好地体现马达加斯加公路运输面临的犯罪困扰。①

问：听说近一段时间南部的武装盗牛团伙活动猖獗，请描述一下你们从菲亚纳兰楚阿返回塔那那利佛的旅程可以吗？

答：我们驾驶的小车下午五六点从菲亚纳兰楚阿出发，打算开夜路回到塔那那利佛。但是我们刚出城来到国道上的时候就被宪兵拦住。宪兵向我们解释说前方路段夜间行车非常危险，有可能遭遇武装劫匪，需要先停下等候更多车辆，然后大家组成车队一块儿出发。就这样我们等了两三个小时，在车队达到一百多辆规模的时候我们获得许可出发了。出发前有六名宪兵加入车队，分成三组分别乘坐在车队头、中、尾的三辆汽车中，一直护送车队抵达目的地为止。

问：要是在夜间行驶途中遭遇劫匪怎么办？

答：宪兵应该会最先逃走。最好的情况是他们会开两枪，但是估计劫匪的火力比他们强大很多，他们能逃跑就不错了。

（4）公路网布局的先天劣势。公路网络以地理中心塔那那利佛为起点呈散射形状分布，以此为基准处于不同方向散射终端的主要城市之间没有公路互通，很多直线距离相距不远的城市需要绕道塔那那利佛或者中部高原前往。比如西部沿海的图里亚（Tulear）、穆龙达瓦（Morondava）、马仁加（Majunga）之间，东部沿海的桑巴瓦（Sambava）、费内里武（Fenerive）、塔马塔夫、马南扎里（Mananjary）、马纳卡拉（Manakara）、多凡堡之间都是如此。

以桑巴瓦为例，马达加斯加的著名香草、木材产区桑巴瓦在塔马塔夫正北方，两地间的直线距离仅300千米左右，但是之所以行驶时间超过35小时（见图3-7），是因为从塔马塔夫出发的汽车需要先

---

① 对Mika的访谈，2018年6月12日。

第三章 马达加斯加独特的经济地理格局如何影响其当代国家发展

西行前往塔那那利佛,再向北朝迭戈苏亚雷斯的方向行驶,在快要到达迭戈苏亚雷斯前重新向东行进后最终才能到达目的地。

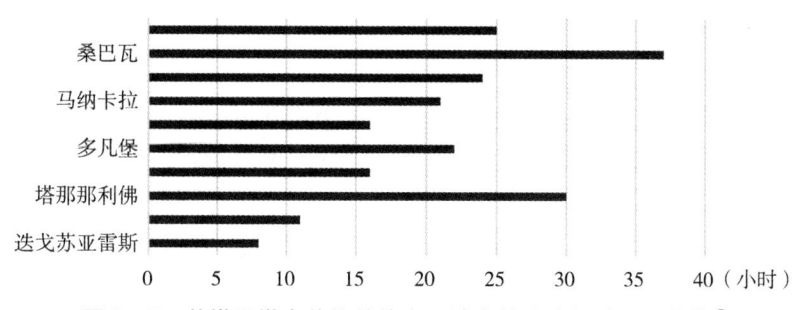

图 3-7 从塔马塔夫前往其他主要城市的公路行驶时间估算①

综上,马达加斯加公路运输中的种种限制性条件意味着如果采用货车行驶时间计算的话,即便行驶最大海港到所有主要城市中最短的一段,即从塔马塔夫到塔那那利佛,其耗时也很可能超过15小时甚至20小时。这意味着货车要么选择在途中休息一晚用两天时间到达,要么采用夜间行车。前者的时间成本更高,后者的安全隐患更大。这还是塔马塔夫前往其他城市公路运输主要线路中最短的一段,对于其他目的地而言时间消耗还会大幅度增加。要切实改善这一困境,最有效的方法有两个:一是改善塔马塔夫与周边城市的道路连通情况,避免从中部高原绕行;二是在马达加斯加其他位置发展新的大型港口,在空间布局上使得物流通道分散化。但是这两种方法都涉及大规模基础设施建设,从投资回报的角度看短期内很难有投资者愿意进行如此规模的工程投入。

糟糕的公路运输条件是很多发展中国家普遍面临的问题,因此越发体现出经济中心地带的区位对于这些国家的重要意义。如果经济中心的演化长期以来在沿海进行,那么对外贸易的物流运输就可以避免很多在陆地上的损耗。就经济发展而言,从全球的宏观尺度上看,研

---

① the Logistics Cluster, https://logcluster.org/countries, 2020-05-29.

究已经证明经济发展和海运之间存在正相关的关系（见图3-8）。与之相呼应，很多内陆型国家（landlocked country）因为受到先天地理条件制约，因此对物流和贸易产生了极大阻碍，并对经济发展产生负面影响。

引人深思的是，如果列举对内陆国家发展的主要制约因素，[①] 会发现它们在上文讨论马达加斯加国情时得到很显著的体现。

- 高额的运输成本。
- 出口导向增长与单一和低附加值的商品结构。

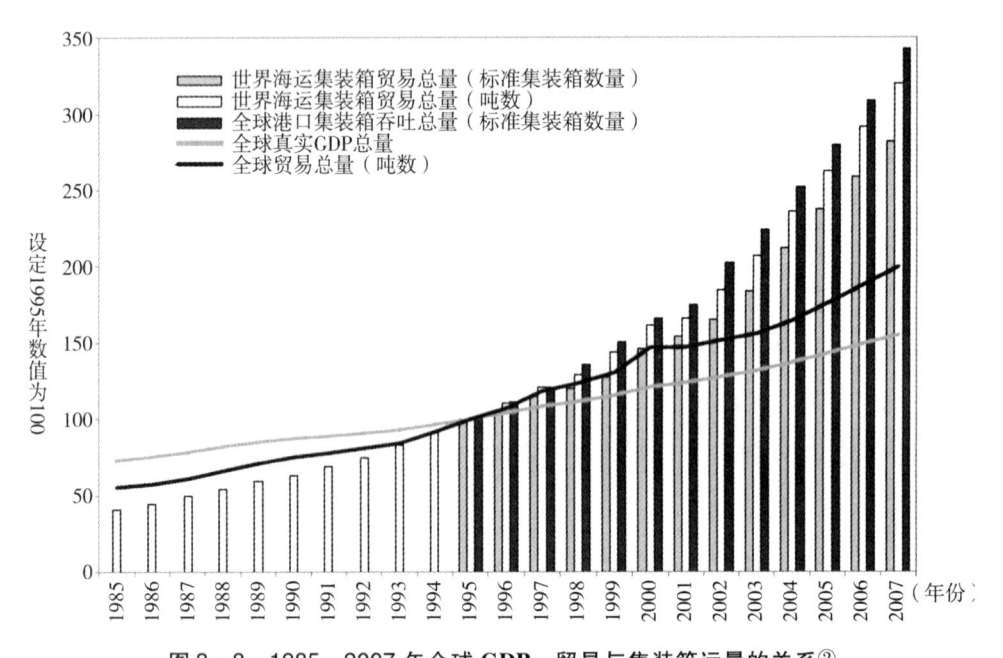

图3-8　1985—2007年全球GDP、贸易与集装箱运量的关系[②]

[①] Anwarul K. Chowdhury and Sandagdorj Erdenebileg, *Geography Against Development: A Case for Landlocked Developing Countries*, United Nations Office of the High Representative for the Least Developed Countries, Landlocked Developing Countries and Small Island Developing States (UN-OHRLLS), 2006, pp. 32-45.

[②] Ek Peng Chew, Loo Hay Lee, Loon Ching Tang, ed., *Advances in Maritime Logistics and Supply Chain Systems*, World Scientific Publishing, p. 50.

第三章　马达加斯加独特的经济地理格局如何影响其当代国家发展

- 科技传播速度缓慢。
- 对外贸易伙伴数量有限。
- 开放程度低。

综上可见，马达加斯加尽管是一个海岛国家，却在发展中面临的主要制约因素这一点上呈现出内陆国家的特点，因此也面临很多与内陆国家一样的困难。

更糟糕的是，相比内陆国家，马达加斯加还有作为岛国的独特劣势。从区域一体化的角度来讲，马达加斯加这种远离大陆的岛屿国家存在的另一大先天不足是无法在路上交通网络中与其他国家对接，因此也无法获得区域性陆上交通升级带来的物流和市场红利。

以非洲大陆的公路网为例，根据世界银行的计算，当非洲大陆公路网建成后，沿线国家和地区的贸易额能获得50%到1000%不等的提升，但遗憾的是，马达加斯加无法从中获益（见图3-9）。因此，与赞比亚、乌干达、卢旺达、埃塞俄比亚等非洲内陆国家相比，马达加斯加孤悬海外，没有通过陆路媒介参与一个地区间经济联动的机会。想要融入区域经济交往中来只有海路可以选择，然而沿海的长期滞后发展使其受孤立的情况始终未能得到改善，无法分享整个东非和东南非的区域发展效应。

此外，随着人口增长和区域一体化程度的提高，非洲城市走廊的发展将成为非洲城市化在接下来的必然趋势。尽管目前非洲的城市走廊依然集中于一个国家之内，比如尼日利亚的拉各斯—伊巴丹走廊，南非的豪滕走廊，但可以预见未来出现跨国性的区域性城市带是大概率事件，比如联系尼日利亚、贝宁、多哥等国的伊巴丹—拉各斯—科托努—洛美—阿克拉城市带就很可能在不久的将来形成，[①] 这是区域人口增长、经济发展、城市扩大、基础设施建设升级和贸易往来加

[①] 曹小曙等编著：《非洲城市交通发展战略与规划》，东南大学出版社2015年版，第163页。

◆ 成为内陆国家的岛屿

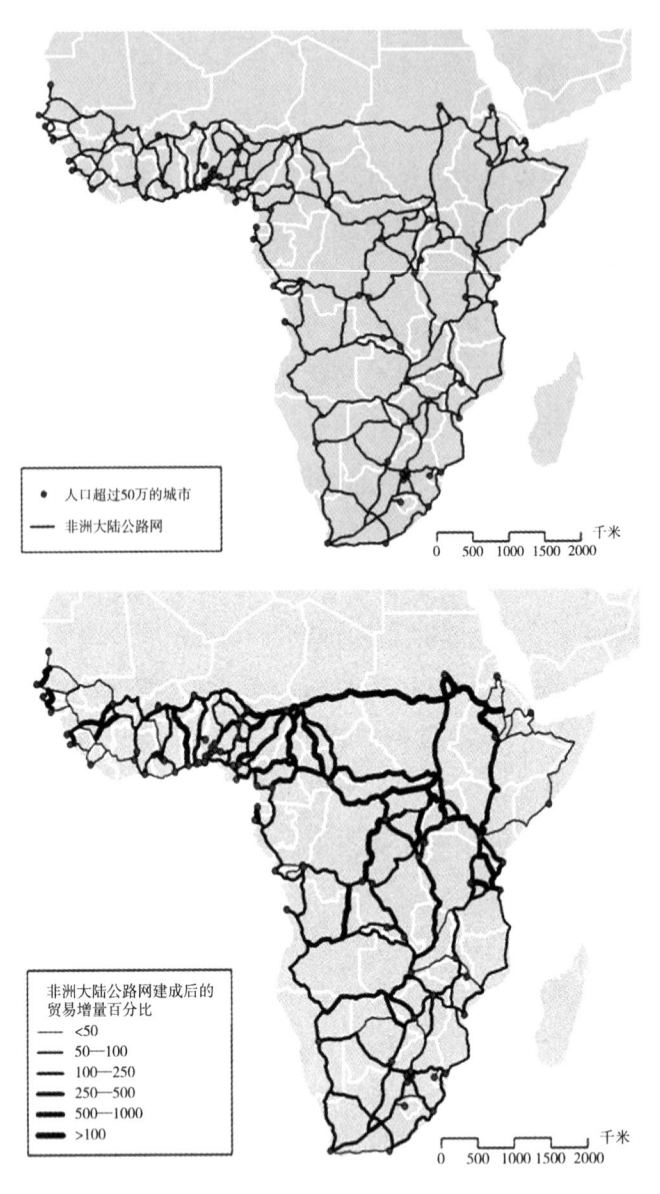

图 3-9 非洲大陆公路网建成后给沿线带来的贸易增量预计（百分比）①

---

① 世界银行，http://web.worldbank.org/archive/website01100/Program/WEB/0__CO-37.HTM，2019-05-03。

深后会出现的必然趋势。① 这一类城市走廊会形成规模性经济效应,如果能够辅以适当的政策框架,它们将很可能在未来引领非洲区域一体化进程。不过又一次让人感到遗憾的是,马达加斯加再次被排除于这一历史机遇之外,它不但与非洲大陆相隔遥远,存在天然的海洋边界,又因为自身经济地理演化的特点而在陆地空间上也加剧了与非洲区域的隔阂,再加之非洲人口增速最快和城市化进程最快的区域也难以将马达加斯加纳入辐射范围,这一切都使得马达加斯加寄希望于通过区域一体化带动发展的想法难以实现。

由上不难看出,马达加斯加在改善贸易环境和促进经济流通上所面临的环境还不如部分非洲内陆国家。其实从马达加斯加在南部非洲发展共同体(SADC)中的"对外贸易之中南共体区域内贸易占比"的统计中已经可以感觉到这个趋势,它在该区域内的贸易融入度方面远不如区域内的内陆国(见表3-8)。

表3-8 南共体(SADC)各国对外贸易伙伴中南共体国家的占比(2007)②

国家	对南共体国家出口额在总出口中的比重(%)	从南共体国家进口额在总进口中的比重(%)
安哥拉	1.3	7.4
博茨瓦纳	18.0	85.5
刚果(金)	2.7	29.9
莱索托	18.1	78.3
马达加斯加	3.7	10.1
马拉维	35.7	53.9
毛里求斯	10.6	9.7
莫桑比克	22.5	34.1

---

① Laurent Bossard, ed., *West African Studies: Regional Atlas on West Africa*, OECD 2009, p. 89.
② Johannes Muntschick, *The Southern African Development Community (SADC) and the European Union (EU): Regionalism and External Influence*, Palgrave Macmillan, 2018, p. 155.

◈ 成为内陆国家的岛屿

续表

国家	对南共体国家出口额在总出口中的比重（%）	从南共体国家进口额在总进口中的比重（%）
纳米比亚	38.0	79.3
塞舌尔	0.7	9.1
南非	10.1	4.7
斯威士兰	78.5	97.2
坦桑尼亚	17.2	11.6
赞比亚	23.2	57.1
津巴布韦	66.5	67.5

此外，值得一提的是，马达加斯加的经济地理格局不但阻碍着它海上与陆上的对外商贸交流，同时还阻碍了建立在航空业上的入境旅游的发展。

马达加斯加的旅游业在殖民时期就开始萌芽，彼时随着塔那那利佛与塔马塔夫间铁路的通车，当时前往马达加斯加的游客能够从塔马塔夫到塔那那利佛能够实现朝发夕至，在一天内大致领略马达加斯加东海岸的风景。[①] 时至今日，这一段路程的陆上交通依然是按这个速度在运行。从这个行程时间上可以发现很重要的一点：马达加斯加的旅游资源虽然很丰富，但是因为岛屿面积的原因，其空间集中度很低，需要大量的基础设施来支持游客在景点间的移动，所以很难走塞舌尔、马尔代夫这样的小型印度洋岛国的旅游发展道路。再加上它的地理位置距离全球主要出境旅游消费群体遥远，以当今社会主流的追求速度、舒适度与经济性兼顾的旅游模式，它的旅游资源很难得到有效开发。

这种劣势甚至因为时代的发展而被放大了，今天前往马达加斯加的游客中，除了少数乘坐豪华游轮短暂停靠以外，大多数都选择搭乘

---

① Madagascar. Le pays, la production, la vie sociale. Agence Économique du Gouvernement Général de Madagascar, 1933, p. 31.

第三章 马达加斯加独特的经济地理格局如何影响其当代国家发展

飞机。但是马达加斯加最主要的国际航空枢纽在首都塔那那利佛,这就使得大多数旅游观光线路必须先从首都前往外省最后再回到首都。对于假期短暂的大多数国际旅游者而言,花费大量时间在往返外省的路途上会极大地影响旅行体验。尤其对于热带海岛极力打造的海边度假模式而言,这种从首都前往外省沿海的周折会过滤掉为数众多的旅客。特别在印度洋还存在毛里求斯、塞舌尔、马尔代夫、桑给巴尔等等替代性热带海岛旅游方案的时候。马达加斯加旅游资源的丰富是建立在其广袤国土面积和复杂地形地貌这一前提下的,而这种优势在落后的基础设施建设条件以及不合理的旅行线路安排上面很可能沦为劣势。

据统计,马达加斯加在 2005—2015 年到访的国际游客数目平均每年只有不到 27 万人,这其中还包括很多借助落地旅游签便利性进行商务考察的旅客。相比较,同一时间段毛里求斯的年均国际游客到访数是 96 万人,莫桑比克是 142 万人,南非达到了 889 万人,甚至连人口仅 10 万人左右的塞舌尔同期年均入境游客数量都达到了 21 万人。[1] 在区域入境游客方面,统计显示,2013 年马达加斯加的非洲地区入境旅客数量是不到 3.5 万人,在与同年非洲国家的对比中,这个数字只高于科摩罗、塞舌尔、塞拉利昂、冈比亚、几内亚和佛得角。[2] 由此可见,尽管旅游资源丰富,尽管海外游客通过航空入境可以避开对于贸易而言存在的"厚国界",但是马达加斯加国内的经济地理结构(比如最大空港位于塔那那利佛)却依然对其旅游业发展起到阻碍作用。

综上,因为经济地理演化而出现的"厚国界"在海运、陆运甚至航空上都在阻碍马达加斯加与外界的交流,并因此阻碍其区域一体化

---

[1] UNCTAD, *Economic Development in Africa Report* 2017: *Tourism for Transformative and Inclusive Growth*, United Nations Publication, 2017, p. 14.

[2] UNCTAD, *Economic Development in Africa Report* 2017: *Tourism for Transformative and Inclusive Growth*, United Nations Publication, 2017, p. 118.

融入。接下来将通过中国驻马达加斯加企业鹿王公司的案例来论述这种"厚国界"的阻碍效应如何与上一节中马达加斯加地方分权实践中产生的地理演化趋势发生相互作用并形成反馈,从而给马达加斯加的发展造成负面影响。

鹿王集团是中国一家知名的羊绒衫生产企业,20世纪末为了解决出口配额问题,鹿王集团开始在海外建设生产车间。此后20余年,马达加斯加逐渐成为鹿王集团海外版图中规模最大的羊毛衫成衣加工制造基地。根据2018年的数据,当时鹿王在马达加斯加的工厂解决了当地近6000人的就业。在其带动下,纺织业成为马达加斯加工业化进程中的排头兵,创造了马达加斯加近三分之一的工业产值,并为该国的整个劳动市场提供了约20%的就业机会。[1]

鹿王集团在马达加斯加的工厂坐落于首都塔那那利佛南部郊外20分钟车程的弗雷洛工业区(Zone Industrielle Frello),尽管这是马达加斯加规模最大的工业区和免税区,但是缺乏便捷宽阔的道路与国道相连,特别是大型载重卡车进入工业区前,需要经过一座老式钢架桥,通行速度非常缓慢。在雨季圣诞节到来前的大规模堵车时,从弗雷洛工业区去往塔那那利佛市中心的通行时间可以长达数十小时。

以上还只是工业区周边的交通情况,如果把工业区的区位和塔那那利佛合并起来放置到整个马达加斯加的范畴内考虑,立刻能发现这里也受困于所有塔那那利佛具有的交通缺陷。首先,鹿王集团进行羊毛衫生产和加工所需的羊毛在抵达塔马塔夫港以后,先要经过事故高发且车速缓慢的二号国道抵达首都。在完成了加工贴牌生产后,又要经过同一条道路返回海港装船运往其他国家。往返途中产生的路费和时间都影响着鹿王集团在马达加斯加的生产活动和经营利润。以时间为例,鹿王集团在马达加斯加制成的产品中有很大一部分销往欧美市

---

[1] 《非洲亚洲谋发展,塑造国际好品牌——内蒙古鹿王羊绒在马达加斯加打造样板企业》,2020年8月20日,中华全国工商业联合会(http://www.acfic.org.cn/fgdt1/minqifengcai/201809/t20180910_55864.html)。

第三章 马达加斯加独特的经济地理格局如何影响其当代国家发展

场,而在诸如圣诞季来临前的订单高峰时期,客户对于货品交付的时效性会有更严格的要求,同时还可能随时根据市场行情更改生产计划。在这样的情况下,本来依靠海运物流在运输时间上就有较大的不确定性,如果从港口到工厂之间的运输还需要增加可观的额外时间,无疑降低了企业应对市场需求的灵活度。

鹿王集团驻马达加斯加的总负责人冯经理也从更宏观的全球海运视角指出区位条件不好是制约公司在马达加斯加进一步发展的重大阻碍——这里离中国本土和欧洲市场都远,比如东南亚到国内的海运周期只是二十来天,而马达加斯加这边是四五十天。这就导致中国企业在马达加斯加进行出口加工型生产时运输周期过长,这要求客户必须提前很早就下订单,而且企业要回应市场需求追加产量时也比较困难,这使得企业对于市场回馈的响应会显得迟缓,严重阻碍了企业利润的提升。

那么,既然将工厂选址定于塔那那利佛这个在交通运输上存在如此大的缺陷的城市,为何鹿王集团不将工厂设置在沿海最大的港口城市塔马塔夫呢?首先最重要的原因是马达加斯加低下的劳动力成本:马达加斯加属于世界最不发达国家之一,并且人口结构呈现明显年轻化趋势,这就为类似纺织业这样的劳动密集型产业提供了大量廉价劳动力。然而马达加斯加劳动力人口最集中的地区就是以首都为中心的中部高原,这成为鹿王公司选择塔那那利佛作为厂址的首要原因。根据冯经理的介绍,马达加斯加鹿王公司的发展顺应的是整个中国劳动力密集型产业海外转移的大趋势。在纺织行业上中国劳动力成本低的优势在很久以前就已经消失殆尽,不只中国,目前东南亚很多国家也在面临相似的问题,鹿王集团在柬埔寨也建有工厂,但是柬埔寨雇工的工资已经超过180美元一个月,而柬埔寨邻国越南相同工种的工资水平已经超过200美元,这还不包括雇主需要支付的社保、医保等开销。相比起来,马达加斯加鹿王公司支付给雇工的月均酬劳大致是100美元,即便如此,这个薪资依然是马达加斯加最低工资水平(约等于 50.5 美元）的大约两倍。

马达加斯加目前人口 2400 万，并且还在保持高速增长，人口结构中年轻人比例很大，这一切都为鹿王公司和该国整个纺织业的进一步发展提供了劳动力方面的保障。并且由于马达加斯加整体生活水平低，冯经理认为这样的人口红利还能持续相当长一段时间。除了低成本的劳动力，冯经理指出，马达加斯加优良的气候条件对于羊绒生产来说也是一个优点。此外，由于马达加斯加政府亟待劳动密集型企业为其解决大量就业，在税收上制定出很多优惠政策，行政上也给予了比较大的配合，当地从总统、总理到各个部长都很关切鹿王公司的发展，因此在整体上为鹿王公司创造了舒适的营商环境。并且这种税收优惠也促进了该国纺织行业的整体发展，形成了初步的规模效应。

不过比较遗憾的是，由于鹿王马达加斯加公司的定位主要还是为欧美厂商进行代工和贴牌生产，其产品的利润率不高。尽管在马达加斯加工厂出厂时单价 40 美元的羊绒衫在欧洲零售市场上的售价一般都在 100 欧元左右，但这其中的大部分利润都被品牌商获得，作为中间加工商的鹿王可以获得的利润份额极其微薄。[①] 被问到在利润上还有没有可以挖掘的潜力点时，冯经理认为已经没有了，整个羊绒衫代工生产的利润已经很透明，而马达加斯加的生产成本在全球已经属于很低的水平，除了扩大规模增加利润总量以外，单位利润可以再提升的空间已经不大。这是选择在马达加斯加开展业务的劳动密集型企业面临的一个重大问题，由于处在全球价值链的低利润端，企业需要尽一切可能减少成本损耗和扩大产能，这样才可能生存甚至发展。从这个角度上看，因为塔那那利佛生产区位劣势造成的损失或许在未来对企业的进一步发展还会产生更大的负面影响。

就此，冯经理认为如果马达加斯加可以在沿海特别是塔马塔夫港建立起成熟的工业区和免税区，对于鹿王公司会更有吸引力。其原因

---

① 由于涉及商业机密，此处受访者并未透露具体数字。

第三章 马达加斯加独特的经济地理格局如何影响其当代国家发展

首先是可以免去港口到首都的往返运输成本以及相关开销,冯经理粗略估计这可以为公司降低1%—2%的总成本;此外,处于马达加斯加东海岸的塔马塔夫气候更加湿润,在这里进行羊绒加工可以减少羊绒中絮状物的飞散,从而减少工序、节约用水。这些都是直观上很容易看到的回报,如果再算上运输时间和运输风险减小后为企业带来的隐形效益,那么像鹿王这样的纺织企业可以获得的收益增加和随之而来的竞争力提升将是非常可观的。遗憾的是,冯经理认为就目前来看,由于长期以来马达加斯加各种资源过度向首都塔那那利佛集中,塔马塔夫还不具备容纳鹿王公司这样规模的企业的能力,这种沿海布局的规划还停留在理想中。并且接下来,鹿王公司在其发展规划中依然选择将新的扩建项目安放在塔那那利佛。[①]

乍看之下,鹿王公司在马达加斯加的成功似乎体现了马达加斯加独特经济地理结构为企业发展带来的优势,是一个可以用来反驳马达加斯加发展受到地理因素负面影响的例子。针对鹿王公司甚至以纺织业为代表的劳动密集型企业而言,这种观点是部分合理的。因为马达加斯加的经济地理结构使得人口向内陆聚集,为鹿王公司提供了充足的劳动力;而长期以来由于经济地理结构演化形成的欠发达局面,又使得马达加斯加劳动力薪酬水平整体偏低。这些特点对于鹿王这样的企业而言无疑是巨大的优势条件,目前为止,鹿王的成功也很大程度上有赖于此。但是,如果上升到国家发展的整体层面,鹿王公司的案例是否代表一种良性趋势则有待商榷。在讨论马达加斯加奴隶贸易的过程中可以看到,尽管奴隶贸易对于马达加斯加社会在整体上带来巨大损害,但是在局部地区,伊默里纳王国却可以借助这一有害性的机制崛起。类似地,马达加斯加长期以来演化形成的经济地理格局在整体上阻碍着马达加斯加的对外开放和国家发展,但是也因此在局部形成了利于某一些企业发展的条件,比如大规模的低廉劳动力,这些条

---

① 对马达加斯加鹿王公司冯总经理的访谈,2018年8月13日。

件和企业自身条件以及国际大的产业动态环境结合，是有可能在国家整体发展困境中带来少数企业甚至行业发展的。同时还要看到，当鹿王这样的企业在内陆得以生存和发展时，它会进一步向该区域吸附劳动力和资金，从而形成反馈，继续加剧马达加斯加既有经济地理结构的固化。

总体上看，马达加斯加鹿王公司的案例直观展现了"厚国界"对于企业在马达加斯加投资经营所产生的负面影响，以及在这种影响下它们坚持内陆区位选择的动机以及取得成功的原因。那么回到上一节地方分权的问题上来讲，马达加斯加沿海为何不积极招商引资，发展本地经济呢？塔马塔夫郊区第二市镇（Commune Toamasina Ⅱ）行政长官尼凯斯（Nicaise）所提供的回应有助于理解沿海地区无法吸引鹿王集团这样的企业来当地建厂的原因。尼凯斯指出：马达加斯加的现状是地方分权很大程度上只停留在形式上。地方行政单位无法获得足够的财政支持，难以切实改善地方基础设施与公共服务，因此即便在地理位置上拥有显著的区位优势，依然会因为其他因素的制约而阻挡外来投资的进入。比如他自己的市镇虽然位于塔马塔夫港，并且拥有大面积的可使用土地，但是囿于每年的财政拨款有限和缺乏电力供给，使得外来投资在当地进行投资评估时非常谨慎。尼凯斯还补充道：当马达加斯加的地方上有大企业投资时，通常它们都直接与中央政府预先签订协议，在投产后所上缴的税收中绝大部分直接流入中央财政，地方可以获得的微乎其微。除此之外，由于马达加斯加绝大部分关联外来投资事务的部门都处在塔那那利佛，这也使得外来企业的核心商务活动、行政审批等都集中于首都进行，客观上进一步提升了沿海地区招商引资的难度。[①]

需要强调的是，中央对于地方财政权力的干涉，比如将大企业的税收直接收归中央财政并非一个简单的指令所完成的行政手续。这是

---

① 对 Toamasina Ⅱ 市市长 Nicaise 的访谈，2018 年 3 月 28 日。

第三章 马达加斯加独特的经济地理格局如何影响其当代国家发展

在地方分权机制与马达加斯加经济地理结构相互作用下演化导致的结果。上一节已经看到：人口分布、族群对立深刻影响着马达加斯加的选举过程；地方行政长官的党派属性影响着其任期内的施政顺利程度；地方选举存在着分化权力的内在机制；地方分权规则和民众对于政治运行的理解存在巨大偏差。这些系统性的原因一边造成地方分权的失效，一边导致地方政治运行和地方行政单位地理空间的碎片化，同时在加剧中央—沿海对立的基础上不断巩固内陆中央地区的主导地位。

如果进行简单归纳，可以说，长久以来马达加斯加地方的积贫积弱使得它们必须依赖中央的资源维持运转，在这个过程中地方不免让渡出一部分权力，并且长期无法改变自身欠发展的现状。长此以往，马达加斯加塔那那利佛以外的边缘地区陷入一种持续性的发展停滞中。更糟糕的是，由于马达加斯加呈现出独特的演化经济地理特点——以内陆为中央而沿海为地方，这就使得马达加斯加地方分权的失效在继续提升中部高原地区的地位，并且进一步强化马达加斯加内陆为中心的经济地理结构，维持和加强其"内陆性岛屿"（landlocked Island）的奇特形态，并通过"厚国界"效应阻碍其对外交流。至今马达加斯加还是既受到本岛沿海与内陆交通联系的阻碍，又因为沿海欠发达而增加了与外界联通的难度。同样面对地方分权的失败和低效，非洲大陆很多采取相似政策的沿海国家却能够既依托原有地理布局的优势，获得沿海地区的持续发展；又能够借助区域一体化的浪潮和区域经济的效应，在本国一些传统的边缘地区也看到新的机会。

鹿王集团马达加斯加公司的例子还展示了地方分权作为一种植入性政策框架和治理规划在全球和国家层面长期演化而来的结构性经济逻辑前多么弱小，同时这也再次质疑公共选择理论指导的地方分权是不是一种具有普适性的治理方法。马达加斯加独特的演化地理发展历程使得中央内陆和沿海地区已经出现了社会经济发展的巨大不一致，在全球化程度日趋加深的今天，地方分权的实践不仅关系到一个小区域内的政治权力安排，它更处在全球资本、信息、人员和物质的流动网络中，当诸如鹿王集团这样的企业面对马达加斯加的经济地理局面时，它们做出的选择往往不会顺应地方分权制度设计的初衷，而是在资本逐利属性的驱动下对整体局面进行宏观评估。既有的经济地理格局在这些国际资本到来时已经为它们打造好了值得优先选择的运营逻辑和框架，在马达加斯加这种逻辑就是顺应中央内陆支配地方沿海的逻辑，优先考虑在首都区域发展（见图3-10）。然而一旦他们确实做出这样的选择，又意味着资本、人员、知识进一步向中央内陆地区聚集，进一步加大内陆与沿海地区的差异。最终，区域一体化困境和地方分权失败构成了一个自反馈机制的重要环节，继续维系马达加斯加的经济地理演化模态。

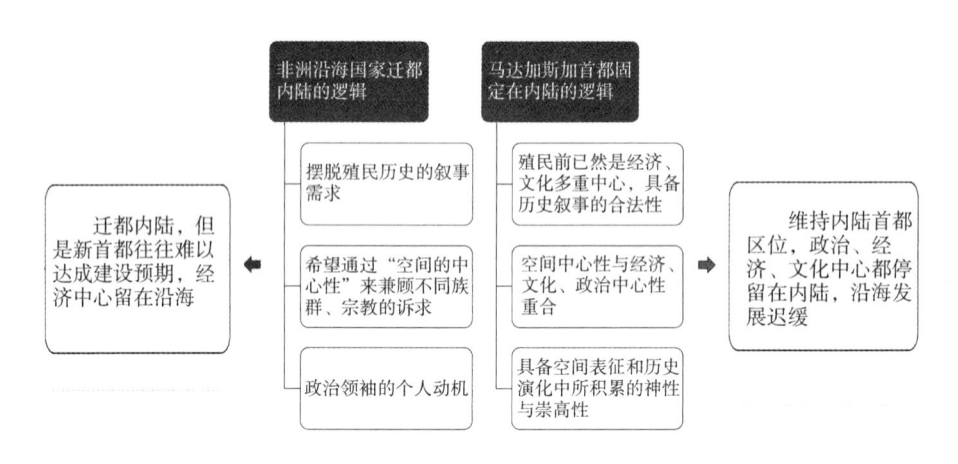

图3-10 首都区位强化经济地理格局

四　非洲沿海国家迁都内陆的启示

（一）首都的形成和首都的迁移

"首都"无论在中文还是拉丁文中都含有"头"的意思，顾名思

第三章 马达加斯加独特的经济地理格局如何影响其当代国家发展

义,首都在大多数情况下对于一个国家来说是最重要的城市。但值得注意的是,国家本身是人类社会演化到一定阶段形成复杂而且庞大的组织以后才形成的,因此首都也是一种人类历史发展进程中的产物。在一段漫长的时间里,世界上很多地区的人类社群因为规模有限,在他们当中并不存在首都和城市。古代史中首都通常只属于少数王国和帝国,一直到威斯特伐利亚体系形成、民族国家走上历史舞台时,首都才逐渐成为以国家为单位的人类不同群体的标准配置。据统计,即便时间来到20世纪伊始,真正意义上有首都的国家只有40余个,随后的第一次世界大战带来了奥匈帝国和奥斯曼帝国瓦解,第二次世界大战诱发了英法殖民帝国崩溃,20世纪末苏联解体,这些历史事件催生了一大批现代民族国家的诞生,也使得世界上国家和首都的数量都突破了200个。[1]

按照彼得·霍尔（Peter Hall）极具代表性的框架,可以将首都分为以下六个类型[2]。

(1) 多功能首都：汇聚一国在国家层面不同功能性需求的单位,比如伦敦、巴黎、马德里、斯德哥尔摩、莫斯科、东京。

(2) 国际大都会型首都：在满足国家首都功能的同时还兼顾国际性政治经济活动的首都,是类型(1)的特殊形态,其中伦敦和东京是代表。

(3) 政治首都：为安置政府机构而创设的首都,但是除了政治以外的其他首都职能往往还留在旧都或是其他城市,这种首都的代表有海牙、华盛顿、渥太华、堪培拉、巴西利亚。

(4) 旧都：往往是类型(3)的反面,这一类首都移除了中央政府机构,但是保留了其他职能,比如里约热内卢、达累斯萨拉姆。

(5) 帝国旧都：曾经殖民帝国的首都,虽然在帝国瓦解后丧失了

---

[1] David L. A. Gordon, ed., *Capital Cities in the Twentieth Century*, Routledge, 2006, p. 1.

[2] David L. A. Gordon, ed., *Capital Cities in the Twentieth Century*, Routledge, 2006, pp. 8–9.

原有的帝国性职能，但依然扮演本国首都的角色，有时也会通过经济、文化影响到旧有帝国的领土，典型代表是伦敦、巴黎、里斯本、马德里。

（6）省会：往往位于联邦制国家，因为历史原因具备了实际上类似国家首都的功能，比如米兰、慕尼黑、多伦多、悉尼。

从上述首都分类框架中可以看出首都存在的一些特点：首先，首都的中心性存在政治、经济等不同维度，它们有时候汇聚于同一城市，有时候被拆分。其次，首都作为功能化的中心城市其辐射的范围不同，有州、省一级的中心，有国家级的中心，有区域性甚至世界范围上的中心，当然不同层级间的中心性并非互斥的，比如国家级首都也完全可能是某一领域的世界级中心。最后，人类历史上很多首都会发生空间上的迁移，并且新首都有时候会成为政治、经济、文化等所有领域的中心，有时候却只是成为单一维度的中心。

本书尤其关注首都的第三个特点即空间迁移，因为它尤其能体现在变动的历史条件下一个政治单元（通常是国家）如何重新规划自身的整体发展，而且迁都行为的发生必然涉及人类对于地理空间的理解和主动利用，是一种典型的人地互动演化现象。迁都行为在人类出现王朝、国家这样的大型复杂社会组织后就一直存在至今。以华夏文明为例，在中国大地上自从夏、商开始就频繁出现迁都行为，之后有很多城市在不同朝代都行使过首都职能。世界历史上的迁都更是不可胜数，即便在第二次世界大战以后各个国家版图趋于稳定的情况下依然发生了一些首都迁移：巴西、缅甸、哈萨克斯坦、巴基斯坦等国都在这一时期更换了首都，而韩国、印度尼西亚等国也都有过迁都规划，并且后者已经开始着手实施。不过相比世界其他区域，撒哈拉以南非洲在过去的半个多世纪中是迁都行为发生最频繁的地区，这个时间段内该地区有7个国家进行过迁都。

第三章　马达加斯加独特的经济地理格局如何影响其当代国家发展

独立以后非洲国家迁都行为的主要原因有如下几点。[①]

第一，非洲国家的迁都与去殖民化以及民族主义的觉醒有很深的关联——在第二章中介绍过，非洲地区现代大型城市的兴起最早都与奴隶贸易和殖民活动有关，为了摆脱历史负担，非洲国家希望通过迁都的方式来减少本国的殖民印记，走出一条自己的发展道路。

第二，在殖民活动中，由于殖民者是按照自身管理和掠取资源的便利性来组织殖民地区域划分的，所以很多国家的中心城市在独立后处于该国地理空间的边缘位置。其中最典型的就是一系列沿海国家，它们独立时全国最大的城市绝大部分都在滨海地带，内陆地区得到的开发则相对较少，此时迁都就成为更好地兼顾全国发展平衡性的一种策略。此外，一些内陆国家也面临相似问题，比如马拉维迁都利隆圭就是为了更好地照顾本国中部和北部的发展。甚至还有少数国家在独立时不存在合适的首都，比如毛里塔尼亚和博茨瓦纳，努瓦克肖特和哈博罗内都是独立后才创建的新首都。

第三，非洲国家普遍存在族群、语言、文化以及宗教多样性的问题，在一些国家的迁都行为里，这些因素有着很大的权重，首都变更被认为是可以更好地照顾不同族群和宗教信众利益的举措。

第四，一些非洲国家的迁都行为当中无法排除政治领袖个人意愿的影响，这些领导人有的为了衣锦还乡，有的为了获得更多支持而倾向于采取迁都的策略。

第五，20世纪80年代以前西方国家对非洲相对宽松的援助和贷款政策也在一定程度上为迁都行为提供了资金支持。

当然，以上促成非洲国家迁都的原因并不是单独起作用，而往往是多个原因共同促成了迁都行为的发生。接下来，在分析非洲沿海国

[①] Vadim Rossman, *Capital Cities: Varieties and Patterns of Development and Relocation*, Routledge, 2017, pp. 85-87.

家迁都的具体案例时会展现这一点。

为了在讨论首都经济地理演化时增强和马达加斯加的可对比性，这里着重要考察的是非洲沿海国家的迁都行为。这样进行对比最重要的原因在于和同时代迁都的其他一些沿海国家一样，非洲沿海国家的迁都在轨迹上也体现出从沿海向内陆转移的特点（见表3-9）。由于本书着重讨论的是马达加斯加内陆与沿海之间在历史演变中存在的关系，所以独立后非洲沿海国家向内陆迁都的行为可以说为理解马达加斯加的首都区位逻辑提供了一个非常好的对照。

表3-9　　　　　　1950年以来向内陆迁都的沿海国家

国家	迁都轨迹
缅甸	仰光—内比都
巴西	里约热内卢—巴西利亚
巴基斯坦	卡拉奇—伊斯兰堡
坦桑尼亚	达累斯萨拉姆—多多马
尼日利亚	拉各斯—阿布贾
科特迪瓦	阿比让—亚穆苏克罗

有鉴于此，接下来将对尼日利亚、科特迪瓦和坦桑尼亚的迁都行为进行分析。

（1）尼日利亚。作为当前非洲最大的城市，拉各斯在奴隶贸易时期就是西非最重要的贩奴港口，后来它又受到英国殖民统治者的偏爱，进一步巩固了自身地位。殖民结束后，采用联邦制的尼日利亚继续使用拉各斯作为联邦首都，一直到1991年才正式将联邦政府所在地迁往阿布贾。[1]

尼日利亚迁都阿布贾主要是由两方面原因促成的，一是拉各斯

---

[1] Toyin Falola and Matthew M. Heaton, *A History of Nigeria*, Cambridge University Press, 2008, p. 8.

第三章 马达加斯加独特的经济地理格局如何影响其当代国家发展

城市化的速度过快,城市居民数量从 1960 年独立时的 76 万猛增到了 1990 年的 476 万。[1] 为缓解拉各斯的社会和环境压力,寻求新的发展空间成为必要举措。二是尼日利亚国内的族群和宗教情况,拉各斯位于约鲁巴人所在区域,联邦首都长期位于此地引起了其他群体的不满,他们担忧拉各斯这样一个发展最好的城市逐渐演变为约鲁巴人的属地。[2] 此外,由于尼日利亚北部属于伊斯兰教地区而南部沿海属于基督教地区,双方在首都位置上也在寻求妥协。出于这种多族群和多宗教的复杂内政情况,尼日利亚在一开始选址的时候希望能找到一个与各个主要势力都存在交集的核心区域,最终这片区域的面积达到了 3000 平方英里,很显然对于新建一座城市而言这个空间太过庞大,因此各方又在多次磋商后选定了阿布贾作为新首都的具体位置。[3]

阿布贾成为首都后在社会经济层面获得了较好的发展,但是依然存在其他一些问题。首先是迁都耗费的大量财政对尼日利亚政府造成过重负担,特别是新首都建设中存在的贪腐问题造成了相当于迁都总花费 25% 的额外开支。除贪腐外,阿布贾在随后的发展过程中也没有维持原先各个不同群体选择它作为首都时所期望的中性与平衡。来自北部信仰伊斯兰教的豪萨族从中获益更大,他们在阿布贾地区的人口增长速度高于南部族群,阿布贾也因此呈现伊斯兰化的趋势。[4] 此外,还有批评指出阿布贾的修建过程中存在规划上的社会分层问题,其核心区域只考虑了上层民众的需求,而对于普通民众并不具有良好的开放性,这最终导致城市内基础设施和公共服务的差别非常明显,没能

---

[1] Demographics, https://en.wikipedia.org/wiki/Lagos#History, 2020-07-09.
[2] Simon Bekker and Göran Therborn, eds., *Power and Powerlessness: Capital Cities in Africa*, Human Sciences Research Council and CODESRIA, 2010, p. 88.
[3] Jonathan Moore, "The Political History of Nigeria's New Capital", *The Journal of Modern African Studies*, Vol. 22, Issue 01, 1984, p. 172.
[4] Vadim Rossman, *Capital Cities: Varieties and Patterns of Development and Relocation*, Routledge, 2017, p. 90.

成为一个服务于人民的首都。① 还有一点，迁都阿布贾并没有解决拉各斯高速城市化中存在的种种问题，今日的拉各斯依然在城市规模持续增长的同时需要应对发展中国家巨型都市常见的交通拥堵、环境污染、社会治安恶化等挑战。

（2）科特迪瓦。科特迪瓦自1983年起正式将内陆城市雅穆苏克罗定为新首都，取代了沿海阿比让的地位。在科特迪瓦的迁都决定中，时任总统费利克斯·乌弗埃-博瓦尼（Félix Houphouët-Boigny）的个人意志体现得非常鲜明。在1950年法国殖民末期的时候，雅穆苏克罗还是一个只有500人的小村庄，② 但因为这里是博瓦尼的出生地所以被赋予了特殊的地位。博瓦尼从1960年科特迪瓦独立开始担任总统，随后在六次总统大选中连任，一直到1993年卸任，是撒哈拉以南非洲在位时间最长的国家元首之一。

当然，迁都这样的决定尽管可以被个人意志极大地影响，但是在形式上还需要其他的表述来增强其合法性。科特迪瓦官方为建设雅穆苏克罗给出的几个依据与尼日利亚迁都阿布贾时进行的论证非常相似。就此，科特迪瓦前总统洛朗·巴博（Laurent Gbagbo）的一篇文章进行了很好的总结。巴博认为迁都的最重要原因是与殖民时代进行切割，法国殖民时期科特迪瓦的首府就曾经进行过两次迁移，它们代表的是殖民者开发利用科特迪瓦的思维方式，特别是如何通过阿比让港口以及深入腹地的铁路掠夺科特迪瓦资源的经济逻辑。独立后的科特迪瓦需要通过迁往新的首都来展现整个国家和民族的一种新的自我，雅穆苏克罗应该成为一个非凡的象征，科特迪瓦通过它可以寻求对自己伟大文化和文明的认同。此外，巴博也指出，迁都雅穆苏克罗

---

① Onyanta Adama, "Urban governance and spatial inequality in service delivery: a case study of solid waste management in Abuja, Nigeria", *Waste Management & Research*, Vol. 30, No. 9, 2012, pp. 993-994.

② Robert J. Mundt, ed., *Historical Dictionary of Cote d'Ivoire*, Second Edition, the Scarecrow Press, 1995, p. 177.

第三章　马达加斯加独特的经济地理格局如何影响其当代国家发展

可以缓解阿比让的城市化压力，同时因为雅穆苏克罗更接近国土地理中心，可以更好地平衡各区域关系，特别是北方穆斯林和南方基督徒的关系。还有很重要的一点，巴博指出自己在最初是反对选择雅穆苏克罗作为首都的，因为这不是出于国家发展需求进行的建设规划，而是以建设科特迪瓦为名来改造领导人的家乡。但是在掌权后，巴博决定继续建设雅穆苏克罗，因为他觉得科特迪瓦的经济能力无法承受将如此多的投资付诸东流。①

由此可见，科特迪瓦的迁都举措是一项由个人意志主导的，但是又串联起当时整个民族国家建设和治理需求的过程。在这样的态势下，雅穆苏克罗的建设体现出强烈的政治象征色彩，其中最有代表性的就是"和平圣母堂"（Basilique Notre-Dame de la Paix）的修建。这座耗时五年修筑的宏伟工程目前依然是世界上最大的教堂，有人估计它的真实造价甚至高达6亿美元。② 博瓦尼希望通过圣母堂的修建确立基督教在科特迪瓦的地位，因为他个人认为基督教思想更加现代化。③ 并且在教堂修建过程中，博瓦尼还命令工匠在彩绘玻璃的圣画上将自己的形象作为《圣经》故事中东方三博士之一描绘上去（见图3-11）。除了圣母堂，博瓦尼还在自己的出生地修建起恢宏的总统宅邸，并保留了自己出生的茅草房，将其定为圣地，又在总统府周围的池塘引入了尼罗鳄来饲养，象征他个人的权势和威望。④

在宗教象征层面，雅穆苏克罗确实获得了不俗的地位。和平圣母堂竣工时，前教皇让·保罗二世（Jean Paul Ⅱ）亲自前往祝圣，现在

---

① 以上观点摘选自 Laurent Gbagbo, Pourquoi Yamoussoukro? https://www.jeuneafrique.com/129487/archives-thematique/pourquoi-yamoussoukro/#:~:text=Abidjan%20est%20donc%20une%20ville, culture%20et%20de%20notre%20civilisation, 2020-09-02。

② Basilica of Our Lady of Peace, https://en.wikipedia.org/wiki/Basilica_of_Our_Lady_of_Peace, 2020-09-02。

③ Vadim Rossman, *Capital Cities: Varieties and Patterns of Development and Relocation*, Routledge, 2017, p.109.

④ The crocodile feeder of Ivory Coast, https://www.bbc.com/news/magazine-19576296, 2020-09-02。

◆◈ 成为内陆国家的岛屿

图 3-11　被绘入教堂彩绘玻璃上《圣经》故事里的博瓦尼①

依然有朝圣者从非洲各个角落前来瞻仰这座建筑。换言之，圣母堂的修建使得雅穆苏克罗从一个小村镇转变为在宗教文化上具有洲际影响力的城市。② 但是，在社会经济层面，雅穆苏克罗的发展却远远没有达到博瓦尼生前的预期。博瓦尼卸任后这座城市的发展就开始减速，虽然目前雅穆苏克罗的人口据估计已经达到 40 万人，但是城市的基础设施状况因为缺乏修缮经费而不断恶化。根据雅穆苏克罗市长的介绍，目前他从中央政府获得的城市管理资金只有不到 100 万欧元，离实际需求相差很远。甚至博瓦尼过去命令饲养的鳄鱼也因为缺乏管理而泛滥成灾，威胁着城市居民。③ 并且和阿布贾相似，雅穆苏克罗及其周边地区的居民中穆斯林已经成为多数，出于宗教身份和自身的生活境遇问题，他们当中很多对雅穆苏克罗并不持积极看法，而将它视

---

① Détail vitrail Notre-Dame de la Paix de Yamoussoukro, https://fr.wikipedia.org/wiki/Fichier:D%C3%A9tail_vitrail_Notre-Dame_de_la_Paix_de_Yamoussoukro.jpg.
② Ugo Rossi and Alberto Vanolo, *Urban Political Geographies: A Global Perspective*, Sage Publication, 2012, p.62.
③ Yamoussoukro, capitale abandonnée de la Côte d'Ivoire, https://www.youtube.com/watch?v=_5eSBafNGq8, 2020-09-03.

第三章　马达加斯加独特的经济地理格局如何影响其当代国家发展

为博瓦尼借助国家资源来谋取家族利益的见证。[①] 2011 年因为总统大选诱发的内战某种程度上也是这种分裂的体现，雅穆苏克罗不但未能扩大基督教在科特迪瓦的影响，反而成为信奉伊斯兰教的瓦塔拉（Alassane Ouattara）首先攻占的对象。

（3）坦桑尼亚。1974 年公投后，坦桑尼亚政府正式决定将首都从达累斯萨拉姆迁往多多马。同尼日利亚、科特迪瓦相同，坦桑尼亚的迁都动机中，与殖民历史割裂占据非常重要的位置。在坦桑尼亚的建国者们看来，达累斯萨拉姆代表着早先阿拉伯王朝和后来大英帝国的统治，而巴加莫约则象征德国的殖民，新兴的坦桑尼亚需要一个新的首都获得全新的自我认同与发展。[②] 并且他们认为是殖民统治的特点造成了殖民城市中贫富差距的悲惨情况，通过良好的新首都建设能够改善这一状况。[③]

与此同时，作为乌贾马（Ujamaa）运动的发起人，"坦桑尼亚国父"朱利叶斯·尼雷尔（Julius Kambarage Nyerere）要将乌贾马的理念融入多多马的建设中来。为此，多多马的核心区域被设计成梯田的形状，配套的住宅区域也有一些被设计成村舍的格致，以此来彰显多多马作为乌贾马农村改造运动核心的地位。[④] 并且，梯田状的核心区域还被赋予了坦桑尼亚人民攀爬历史高峰的隐喻，[⑤] 以此来赞扬独立后坦桑尼亚达到的新高度。

虽然多多马的建设没有直接体现对于平衡不同宗教和族群利益

[①] Yamoussoukro, capitale abandonnée de la Côte d'Ivoire, https：//www.youtube.com/watch? v =_5eSBafNGq8, 2020 - 09 - 03.

[②] Emily Callaci, Chief village in a nation of villages'：history, race and authority in Tanzania's Dodoma plan, *Urban History*, 43, Cambridge University Press, 2015, pp. 112 - 113.

[③] Emily Callaci, Chief village in a nation of villages'：history, race and authority in Tanzania's Dodoma plan, *Urban History*, 43, Cambridge University Press, 2015, p. 96.

[④] Andrew Friedman, "The Global Postcolonial Moment and the American New Town：India, Reston, Dodoma", *Journal of Urban History*, Vol. 38, No. 3, 2012, p. 566.

[⑤] Luce Beeckmans, *The Architecture of Nation-building in Africa as a Development Aid Project：Designing the capital cities of Kinshasa (Congo) and Dodoma (Tanzania) in the post-independence years*, *Progress in Planning*, No. 122, 2018, p. 21.

的考量，但不能忘记它是作为乌贾马精神的集中展示而设计建造的，由于乌贾马运动本身是一项追求社会、经济和政治平等的事业，所以多多马从设计蓝图的一刻也就携带有追求社会公平的政治诉求。这一点在对多多马选址的地理位置上也体现出来。多多马位于坦桑尼亚内陆的核心地区，离各个主要族群的距离都大致相当并且处在道路交会点上，按照尼雷尔的设想可以更好地服务于广大坦桑尼亚人民。

然而，1985年尼雷尔卸任以后，迁都多多马的进程放缓了。这其中资金不足是主要原因：尼日利亚可以通过出口石油换取资金完成迁都，科特迪瓦新建雅穆苏克罗借助了20世纪70年代热带农产品价格上涨的红利，坦桑尼亚在同一时期却难以具备必要的财政条件来完成这一重大工程。据估计，在建设多多马的时期，只有1%的全国预算被投入其中，远低于预期计划的10%。即便1973—1986年尼雷尔主政的14年时间，总计投入新首都建设的资金也仅达到原计划第一个五年建设期预算的39%。而之后的1987—2002年，更是只有300万美元作为多多马的建设资金被拨付。[1] 迄今为止，多多马的迁都工作依然未完成，达累斯萨拉姆还是坦桑尼亚事实上的首都。

除经济因素外，也有学者从社会和政治层面补充分析了多多马迁都困难的原因。比如有观点认为，虽然多多马是按照秉承平均主义和集体主义的乌贾马精神来规划建设的，但其实它只在象征层面做到了这一点。无论是将多多马修建成农村的样貌，抑或是选择一个靠近坦桑尼亚地理空间的中心来建都，更多只是一种政治象征，而并不意味着官僚阶层和广大国民之间真正建立了紧密的联系。[2] 随着乌贾马运动的消亡和多党制开放，民主规则重新支配坦桑尼亚政治运行，在这

---

[1] Vadim Rossman, *Capital Cities: Varieties and Patterns of Development and Relocation*, Routledge, 2017, p. 92.

[2] Author Yoon, Duncan, "The Rationalization of Space and Time: Dodoma and Socialist Modernity", *Journal Ufahamu: A Journal of African Studies*, Vol. 36, No. 2, 2011, p. 25.

第三章 马达加斯加独特的经济地理格局如何影响其当代国家发展

样的改变下,深受个人意志影响的迁都工程受到质疑和拖延也不足为奇。还有学者指出主持迁都工作的"首都发展局"(Capital Development Authority)被孤立失去支持以及官僚阶层对迁都意见产生分歧是坦桑尼亚迁都困局的原因,[①] 其实这一点同样体现的是后尼雷尔时代政治变动下坦桑尼亚新的发展态势。

综上,独立后将首都迁往内陆的非洲沿海国家体现出如下共同点:都希望切割殖民历史并选择新的发展规划;都在政治上考虑兼顾不同族群和宗教的利益,并因此在新首都位置上都选择接近国土地理中心的地方;都体现出政治领袖的个人意愿;新首都的建设都带有强烈的政治和文化象征意义;迁都皆未能改变原有沿海首都在国内经济层面的主导地位。由此可见,非洲独立后的首都迁徙首先是政治因素驱动的,它们寻求建立新的政治、文化权力中心,而不是经济活动的中心。[②] 并且可以看到,地理空间看似一个中性概念,但其实这是一种误解。由于人类是在地理空间中活动的,所以其实地理空间中心对于人类而言无论从个体认知层面还是国家建构层面其实都具有不可忽视的意义。

因此本书认为,如果说后殖民时代的非洲国家存在对于殖民时期的一种路径依赖,那么非洲国家的迁都是一个政治动机为主导的打破殖民路径依赖的尝试。这样的理解也有助于将非洲国家独立后的迁都行为与更早的经济地理演化机制相联系进行讨论,从而进一步思考殖民和后殖民在非洲地理空间上的表征及其意义。殖民活动是全球化的一个重要阶段,是西方国家承接奴隶贸易展开的,以商业、资本、文化、军事、政治等媒介联结全世界的过程。这个过程带来了全球范围内物质、能量、信息前所未有的大流通,并在其中产生了新的社群、

[①] J. M. Kironde, "Will Dodoma Ever Be the New Capital of Tanzania?", *Geoforum*, Vol. 24, No. 4, 1993, pp. 435–453, 452.

[②] Simon Bekker and Göran Therborn, eds., *Power and Powerlessness: Capital Cities in Africa*, Human Sciences Research Council and CODESRIA, 2010, p. 193.

权力体系、世界观、生活模式。从物质积累的角度而言，西方在这个全球化的殖民过程中受益，其他地区则陷入动态的结构性依附。但是，这个殖民的过程也有其历史的特殊性，它受到西方殖民国家自身在运输能力、工程能力、医疗水平、通信水平、社会哲学伦理等各种因素上的时代局限。这使得殖民活动所牵引的全球化过程必然在地理空间上呈现出某些特征，使得非洲一些地区更早、更深入地融入经济、政治、文化的综合性世界体系中，或者换成更通俗的说法，使得这些地区发展更快。

因此，非洲沿海城市的率先崛起并非如同独立初期一些非洲国家领导人认为的那样是一个殖民者简单的选择过程，相反，这是资本主义扩张下一个长时段的经济地理演化过程中所呈现出的必然表征，西方殖民者的选择更多是基于全球化大流动的空间特点而做出的。从道德层面而言，这当然可以被阐释为"统治和掠夺"的便利性，但往往这样的道德判断太强化人的主观选择，而忽视了经济地理演化中只有通过人地之间的长期交互作用才会形成特定的地理形态。所谓"通工商之业，便鱼盐之利"，要实现商品生产与交换的繁荣，客观自然地理条件和人为正确的区位选择二者需要紧密结合。同理，当单纯为了切割殖民历史而将新的首都放置在国家的地理中心时，这反而是一种忽视社会经济发展规律而做出的草率主观决断。殖民主义不是单纯的意识形态，而是漫长的经济社会实践，非洲沿海国家在迁都决策上却仅仅将其当作一个意识形态的问题来处理，最终产生的很多后续问题在深层次上都是这个失误的后续效应。

（二）马达加斯加首都区位的持续性

上文通过尼日利亚、科特迪瓦和坦桑尼亚的案例展示了后殖民时代选择迁都内陆的非洲沿海国家的原因、问题，并展示了它们存在的共性。接下来将要讨论的是马达加斯加的首都区位选择机制，相比其他非洲沿海国家，马达加斯加既没有在殖民时期出现滨海殖民首府和

第三章 马达加斯加独特的经济地理格局如何影响其当代国家发展

大规模的沿海城市,也没有在独立后将首都迁往沿海地区,是什么原因使得塔那那利佛的核心位置如此稳固呢?接下来将试图探讨回答这一问题,并通过与前文案例中其他向内陆迁都的非洲沿海国家进行对比,来展现马达加斯加特殊的经济地理演化逻辑。

1. 马达加斯加首都的发展

在19世纪初伊默里纳王国奠定霸权以前,马达加斯加并不存在可以成为整个岛屿首都的城市。当时几个强大的族群政体有各自的主要据点,但是规模都非常有限。可以说,塔那那利佛向国家级首都演化的过程是伴随伊默里纳王国崛起形成的。前文中介绍过,塔那那利佛所处区域在当时位于整个马达加斯加内部贸易网络的核心节点,加之后来梅里纳人积极参与奴隶贸易,这种商业中心的地位为塔那那利佛积聚了可观的物质财富。与此同时,以伦敦会(London Missionary Society)为代表的欧洲传教士又为塔那那利佛带来了学校、医院、印刷术、文字,确立起文化、卫生方面的优势。教团和外来使节的进驻又使塔那那利佛开始获得外事功能,具备了外交中心的属性。而随着西方建筑师帮助伊默里纳女王在塔那那利佛山顶修筑好气势磅礴的女王宫后,塔那那利佛在符号和象征层面具有的优势于马达加斯加岛内就再难以找到对手了。

殖民时期,虽然法国殖民当局有过将马达加斯加总督所在地迁往塔马塔夫的考虑,但是加列尼最终还是决定保留塔那那利佛的核心地位。前文章节中介绍过,加列尼并未采取法兰西帝国普遍的直接统治模式,而是采取了将殖民统治和当地实际情况相结合的策略。加列尼认为梅里纳人在马达加斯加当地族群中所具备的优势太过明显,如果将殖民重心放在沿海而把中部高原让渡给梅里纳人的话,法国政府很难保证对全岛进行有效的控制。因此,加列尼以及他的继任者们都开始把塔那那利佛作为殖民建设的核心,不仅在这里设置行政管理机构,建设医院、学校、娱乐场所,更是将全岛的发展规划都围绕塔那那利佛展开,比如所有国道的起点都设在塔那那利佛,整个铁路网络中的四条铁路也有三条可以与塔那那利佛连通,后来的民航网络也将塔那那利佛作为中心。

经过殖民时期的建设,塔那那利佛的首都地位得到了进一步巩固,甚至可以说在马达加斯加独立选择首都时是无法被替代的。尽管"马达加斯加国父"菲尔伯特·齐拉纳纳(Philibert Tsiranana)来自沿海地区,它所建立的政党也名为"马达加斯加不幸者党"(Parti des Déshérités de Madagascar),但是这不妨碍它在击败梅里纳精英主导的政党获得总统职位后将首都选定在塔那那利佛。之后在长达40余年的时间里,马达加斯加政府有过加强沿海发展的举措,但是从未真正考虑迁都事宜。一直到2001年,拉齐拉卡和拉瓦卢马纳纳对总统大选的计票结果产生分歧并展开对峙,前者率领自己的部下前往塔马塔夫,并且炸毁了各省通往塔那那利佛道路上的很多桥梁,希望以此方式切断首都补给,孤立拉瓦卢马纳纳。与此同时,拉齐拉卡宣布塔马塔夫成为新首都,成立塔那那利佛省以外五省共同组成的新马达加斯加联邦,这是独立后马达加斯加唯一一次与迁都有关的重大事件。不过拉齐拉卡的企图没有能够实现,随着马达加斯加民众和国际社会纷纷支持拉瓦卢马纳纳,拉齐拉卡很快失势,并最终流亡法国。

2001年的政治危机结束后,塔那那利佛作为首都的地位就再也没有受到过挑战。近20年间的几位国家元首都有过继续发展塔那那利佛的计划和举措,而这其中又以当前拉乔利纳推出的马达加斯加首都卫星城扩建计划最为宏大。在上一章节中已经有所提及,以拉乔利纳为代表的马达加斯加政府正在推动一项名为"塔纳太阳城"的首都扩建项目。该项目计划在今天塔那那利佛市西侧的空地上兴建一个占地1000公顷的综合性新城。在规划中,该城市建成后将包括新的市政府、参议院大楼、总理府、使馆区、购物中心、体育中心、中高档住宅和普通型住宅区、国际会展中心、医院、手工艺品市场、大中小学等建筑和单位,它们会由六车道的高速公路

第三章　马达加斯加独特的经济地理格局如何影响其当代国家发展

与塔那那利佛的旧城相连。①

虽然这个城市的扩建方案目前依然停留在3D概念视频展示的阶段，其中也体现出不尽合理的地方，比如1000公顷土地如何承载如此多的建设项目，但它反映出的马达加斯加领导人对自己国家首都的下一步发展设想却是真实的。"塔纳太阳城"计划体现了拉乔利纳依然希望以塔那那利佛为中心统领全国的发展。就他当选后在全国展开的一系列发展项目来看，"塔纳太阳城"项目无疑是规模最大、最有野心的一个。它的规划投资额达到25750亿阿里亚里（约合8.6亿美元），旨在把塔那那利佛打造成一个现代化、多功能的综合型城市。②但值得一提的是，"塔纳太阳城"计划激起了沿海民众的抗议。在新冠疫情肆虐的时期，有沿海民众认为花费在首都新城建设上的资金应该用于改善沿海地区人民的生活状况，并借助族群议题发起了"沿海人团结起来"的行动。③

2. 塔那那利佛避免迁都的原因

对于马达加斯加而言，塔那那利佛避免迁都的主要因素体现在以下几个方面。

（1）人口分布与政治地理的共同作用。塔那那利佛地区200多年以来是马达加斯加岛人类活动的中心，拥有全岛最稠密的人口分布。这不但在该地形成了马达加斯加最大的国内市场，也为经济发展提供了最充沛的劳动力。但是，人口密度自身并非能够避免迁都的决定性因素，非洲其他沿海国家向内陆迁都时也是从人口密集的地区迁往人

---

① Tanà-Masoandro, The new city of Antananarivo, https://www.youtube.com/watch?v=fxzM1pm9ZHM, 2020 - 8 - 22.
② Projet Tanà Masoandro: Un investissement de 2575 milliards Ariary, http://www.midi-madagasikara.mg/economie/2019/07/31/projet-tana-masoandro-un-investissement-de-2575-milliards-ariary/, 2020 - 08 - 23.
③ Solidarité côtière de Madagascar: Résurgence du clivage tribal, http://www.midi-madagasikara.mg/a-la-une/2020/06/09/solidarite-cotiere-de-madagascar-resurgence-du-clivage-tribal-2/, 2020 - 10 - 28.

口稀疏的地区。马达加斯加人口分布对于迁都的影响需要结合人口与长期演化的经济地理结构之间的关系来看待。在相当长的一段时间，马达加斯加中部高原人口密度的增高是由伊默里纳王朝和法国殖民策略的先后影响决定的。也就是说，相比大多数非洲沿海地区是在殖民者到来后产生急剧的城市化进程和人口增长，马达加斯加中部高原的人口增长存在本土政权崛起的推动。这样的历史遗产保证了殖民统治结束后的当地政府在延续使用塔那那利佛作为首都时具有历史叙事的合法性，将独立后的建都选择描绘为"恢复"马达加斯加历史上曾经的主权，而不是必须在荒野上兴建一座新城来实现与殖民时代的切割。

这一点最明显的体现是马达加斯加二战后追求独立时的主导政党——马尔加什革新民主运动（Le Mouvement Démocratique de la Rénovation Malgache，MDRM）的名称以及该党领袖约瑟夫·拉塞塔（Joseph Raseta）和约瑟夫·拉武安吉（Joseph Ravoahangy）在法国国会宣传马达加斯加民族自决运动时所使用的措辞。首先从政党名称很容易看出其中蕴含的恢复马尔加什民族旧日荣光的意味，再有就是作为入选法国国民议会的法属非洲本地议员，二人在游说法国议员支持马达加斯加恢复主权的过程中使用的词语是 Restauration，这个词语带有复辟和回归的意涵。考虑到梅里纳人曾经建立过的伊默里纳王朝以及该王朝与法国曾有的龃龉，上述措辞甚至诱发过法国政府对于马达加斯加追求独立是为了恢复梅里纳王国的联想。[①] 由此可见，马达加斯加民族运动的领导人认为殖民统治无法消除马达加斯加前殖民时期本土政权的伟大，民族独立运动的目标应该是重塑往日辉煌。

换言之，马达加斯加历史上演化形成的人口地理空间分布与殖民史之间是可以调和的，它们可以借助历史共存于同一空间。在这个大

[①] 两人在1945年10月至11月法国国民大会的讨论会上使用的是 restauration de l'indépendance de Madagascar，详细论述见 Larinihiko Denis Alexandre, "Ecrire l'histoire du mouvement de résistance à la colonisation: un enjeu historiographique à Madagascar", *Afrika Zamani*, No. 17, 2009, p. 271。

第三章 马达加斯加独特的经济地理格局如何影响其当代国家发展

前提下，在 20 世纪末开始成为马达加斯加政治运行基本规则的民主制度才可能与当地人口地理分布形成一个动态的正反馈机制。简单而言，塔那那利佛地区的人口越密集，他们在全国范围投票中所占据的权重就越大，政治家在发展政策上就会向这一地区倾斜，而如此一来又会吸引更多的居民前来，从此周而复始，形成一个城市规模和民主诉求间的相互增益过程。

前文中看到，诸如科特迪瓦和尼日利亚这样的沿海国家在独立后的迁都计划中必须考虑如何平衡族群身份和宗教信仰有差异的群体间的利益问题，而将新首都的地点选在国土地理空间的中心往往是解决这一问题所采取的策略。在这一点上马达加斯加就体现出明显的区别，如同在讨论地方分权时强调过的一样，马达加斯加独立至今，其政治地理的中心与自然地理的中心是重合的。所以其他沿海国家的地理中心面对地广人稀的境况而不得不重起炉灶时，马达加斯加却可以自然而然地延续自己历史上演化形成的地理空间中心与人类活动中心重合的情况。

（2）地形与建筑共同营造的景观特性。从前殖民到殖民时期再到后殖民时期，塔那那利佛都在城市景观的象征意义上扮演着无可替代的角色。这其中首先起作用的是塔那那利佛的地形，十来座山丘在种满水稻的广阔平地上陡然凸起，俯瞰整个塔那那利佛地区，伊默里纳女王在其中最高的山丘上修筑了女王宫，使其成为马达加斯加最具代表性的地标建筑物。塔那那利佛的居民依靠女王宫来判断自己的空间归属，只要还能看到女王宫，他们就认为自己还身处塔那那利佛，身处于马达加斯加的核心地区。[1] 不仅如此，由于女王宫旁还有先王的寝殿、王族墓地以及一座天主教礼拜堂，它们和女王宫都象征着神性，又正好在天际线上体现着世间与天界的联结，所以对马达加斯

---

[1] Catherine Fournet-Guérin, *Vivre à Tananarive*: *Géographie du Changement dans la Capitale Malgache*, Karthala, 2007, p. 30.

◇❖ 成为内陆国家的岛屿

加民众又持续施加着宗教和精神层面的作用。这一点很像葛饰北斋《富岳三十六景》中所描绘的富士山,女王宫和葛饰北斋的富士山一样已经不再是简单的地形背景特征,而是一种被嵌入日常生活中的神性坐标(见图3-12)。除此之外,类似里约热内卢基督山、巴黎圣心教堂等一系列景观都在扮演类似的角色,通过空间高低差异与宗教文化的融合来塑造等级和神圣是人类社会普遍存在的现象,而对于马达加斯加这种存在阿希纳体系的国家而言,这种现象的意义也更为显著。

图3-12 塔那那利佛女王宫①与富岳三十六景之一②的对比

更重要的一点在于,马达加斯加神性地理建筑景观的出现是与伊默里纳王朝崛起以及法国殖民统治的逻辑一脉相承的,是当地漫长政治权力演化中浸入居民内心的景观。在第二章介绍过奴隶贸易时期伊默里纳君主如何通过阿希纳这样的机制将象征资本转化为物质财富,它展现出的神性—权力运行同样具有明显的"高—低"区别,这与外在的地形—建筑表征也是契合的。在这一点上,塔那那利佛和雅穆苏克罗圣母堂、阿布贾国会大楼以及多多马的巨型乌贾马村都不相同,

---

① 作者拍摄于2018年7月30日。
② Thirty-six Views of Mount Fuji, https://en.wikipedia.org/wiki/Thirty-six_Views_of_Mount_Fuji, 2020-09-03。

后者是后殖民时期构建民族国家时拔地而起的新坐标,之所以能实现这样的工程往往依赖于国家领导人的个人设想和意志,并且它们修建在一个缺少群体政治文化认同的地点。这也是为什么后边这几个首都的象征性建筑在竣工后,要么无法获得大多数国民的一致性认同,要么反而起到激化族群、宗教和阶级矛盾的效果。

(3)族群与种姓的空间分布,需要高度差来维持意义。由于梅里纳人在一开始已经占据了塔那那利佛的山丘和高地,所以后来当岛内其他地区的居民前来时,大多数只能选择低地居住,无形之间这强化了梅里纳人(特别是精英梅里纳人)与其他族群的等级差异。此外,在中部高原还存在一种类似种姓制度的社会阶序结构。处于最顶端的是梅里纳贵族(Adriana),其次是梅里纳人的自由民(Hova),这两个阶层占据了塔那那利佛城市内的高处空间。在他们下方的有曾经服务于梅里纳王廷的佣人(Mainty)以及社会地位最低下的"奴隶"(Andevo),后两者主要生活在塔那那利佛的低地。长此以往,在马达加斯加社会的心理空间和语言表达上,空间高低成了划定社会等级的重要依据。

社会等级在塔那那利佛地区的空间表达还被作为模板复制到了马达加斯加的其他地区,比如南部城市菲亚纳兰楚阿被梅里纳人征服以后,后者于当地选择一座山丘并在其顶部修建了和塔那那利佛相似的王宫和住宅区(见图3-13),使得王朝都城的权力空间表达在遥远的领地也能够被复制和感知。

(4)宗教事务。除了16—17世纪在沿海小规模的传教活动外,基督教在马达加斯加真正大规模的传播是从塔那那利佛开始的。19世纪初,希望与欧洲国家增强联系的拉达玛一世邀请伦敦传道会(LMS)前往塔那那利佛,并且就在山顶的王族社区内建立教堂和学校,向伊默里纳的王族家庭讲授语文、算数以及其他基本课程,当然同时也允许他们的传教活动。有了当地最高权力的背书,基督教迅速在马达加斯加中部高原传播开来,同时塔那那利佛自然而然成为全国

◈ 成为内陆国家的岛屿

图 3-13　菲亚纳兰楚阿依据塔那那利佛模板规划的旧城①

基督教的中心。② 除了伦敦传道会所属的新教，天主教在法国殖民马达加斯加后也迅速与新教展开竞争，并最终取得了和新教分庭抗礼的地位。在这个过程中，天主教也将传教的核心定在了以塔那那利佛为代表的中部高原地区，迄今为止，塔那那利佛总教区依然是马达加斯加信徒最多、规模最大的天主教区。

此外，由于马达加斯加社会经济发展水平较低，国家无法向广大国民提供足量的公共服务，这其中的很多空缺需要宗教力量填补，而由于人口分布原因，马达加斯加宗教机构提供公共援助和服务最多的地区还是塔那那利佛。这其中最具代表性的就是来自阿根廷的佩德罗神父（Père Pedro）。从1989年开始，在目睹了马达加斯加的贫穷后，来自阿根廷的天主教遣使会神父佩德罗在塔那那利佛创建了一个叫"好朋友"（Akamasoa）的人道主义组织，该组织旨在为马达加斯加

---

① 笔者摄于2017年5月16日，本来山顶也有一座女王宫，后被焚毁。
② Catherine Fournet-Guérin, "La Nouvelle Immigration Chinoise à Tananarive", *Perspectives Chinoises*, Vol. 96, No. 1, 2006, p. 44.

第三章　马达加斯加独特的经济地理格局如何影响其当代国家发展

最贫困的人群提供住房、教育和有薪酬的工作。经过20多年的艰苦努力，2014年，Akamasoa成立25周年之际，前后有30余万贫民从中获得帮助（马达加斯加当时人口总数的1.5%），仅2013年一年就有约35000人从该组织获得食品、健康、衣物等紧急援助。"好朋友"修建了18个居民新村，新建住房2600余幢，学校30余座，2013—2014学年有11550名学生在这些学校接受教育。全球媒体对佩德罗神父的事迹进行了广泛报道，他本人于2013年获得了诺贝尔和平奖的提名。[①] 佩德罗神父所创建的天主教慈善机构不仅在塔那那利佛完成了规模宏大的社会福利工程，更重要的一点在于因为基督教与西方国家有深层的亲密度，并且廉洁和透明度高，所以一些来自西方国家政府和企业的援助也倾向于选择佩德罗的机构进行援助行动。[②] 这就使得塔那那利佛成为一个以宗教为媒介，融合政治、外交、资本等诸多要素互动的场域，它会在物质和象征、国内与国际层面不断增加这个城市在马达加斯加的权重，使得它作为首都的地位更加牢固。

（5）消费、时尚与文化。在本章第一节提到过，由于马达加斯加的道路运输系统是以塔那那利佛为中心向外省辐射，而外省相互间缺乏联通，所以从海外进入马达加斯加的商品在通过塔马塔夫港口的海关后，都要先到达塔那那利佛，经过二次销售后进入外省。塔那那利佛有马达加斯加最繁忙的集市，集中了马达加斯加绝大部分商品批发商；相应地，这里的商品门类最齐全、款式最新，销售价格也更具有吸引力。一位在当地经营厨房用品批发的中国商人曾说：在外省乡下可以看到我卖的碟子，我进口什么款式，马达加斯加外地市场上就是那个款式。[③]

[①] Association Humanitaire AKAMASOA, Rapport d'activités 2013 Et Perspectives 2014, http://www.perepedro-akamasoa.net/wp-content/uploads/2015/08/rapport_d_activite_20132.pdf, 2020-09-05.

[②] Evénements, https://www.perepedro-akamasoa.net/gallery/evanements/, 2020-09-05.

[③] 对一位中国厨具批发商的采访，2018年4月15日。

◈ 成为内陆国家的岛屿

　　这种商品流动的空间特性给塔那那利佛带来的不只是商贸的繁荣和财富的积累，更是线下消费模式中无上的声誉和名望。要知道马达加斯加还未出现成熟的全国性网上购物，主流的购物模式依然是线下的现金交易。因此，塔那那利佛对于大多数马达加斯加外省的居民而言意味着自己关于商品想象的终极边界。在外省的生活和调研中，无论遇到哪个类别的进口产品在当地无法找到，卖家最常说的一句话就是"需要去塔纳看看"。也正因如此，每年圣诞节和新年到来前的近半个月时间里，购物人潮会从马达加斯加的各个方向涌向塔那那利佛，造成一年一度的交通大拥堵。在不堵车时20分钟可以结束的车程在圣诞大堵车时可能拥堵6个小时以上。

　　与购物紧密相连的是现代消费社会中对于时尚的构建，在信息获得日趋容易的今天，无所不在的广告、影视作品、体育赛事、音乐视频都在塑造和传播时尚，在向最偏远的马达加斯加居民介绍另外一种生活方式和成功学叙事。当他们认同了这些新型偶像和审美，并通过消费诉诸自己想象中的美学追求时，塔那那利佛就在消费文化的意义上成为他们心中的圣地。与此同时，全国最具影响力的文化娱乐事件绝大多数也发生在塔那那利佛，这其中包括罕见的国际明星演唱会、[①]孔子学院汉语桥大赛决赛、法国文化中心的高水平讲座、商品展销博览会，等等。它们都是只有在塔那那利佛才能够有机会参与的活动。过去两年首次登陆马达加斯加的数字化电影院和肯德基餐厅也只存在于塔那那利佛，并且在开业典礼上得到了马达加斯加总统站台支持。此外，款式最全的盗版NBA球星战靴、欧洲五大联赛球衣、最新潮和流行的盗版电脑游戏也只有在塔那那利佛的展销会、数码城和时尚体育用品商店才能买到。

　　还有不能忘记的一点是，马达加斯加是面积接近60万平方千米

---

① 比如2009年加拿大歌手兼歌剧演员加鲁（Garou）和2016年法国女性饶舌艺人迪亚姆斯（Diam's）的到访都在当地引起过轰动。

第三章 马达加斯加独特的经济地理格局如何影响其当代国家发展

的全球第四大岛屿，加之其基础设施建设落后以及国民消费能力普遍较低，就使得有很大比例的外省居民从未到访过自己国家的首都，有更大一部分比例的外省居民不可能有多次前往首都或者在首都长期生活的经历。这种难以到达性和塔那那利佛在马达加斯加的地位相结合，造成了前往首都在部分外省居民心中成为一种具有"朝圣性"的旅行。这里，朝圣中所追寻的神圣是上述原因中塔那那利佛城市景观、政治意义、宗教地位、社会阶序、消费文化中心等多重要素的综合，它们与塔那那利佛在马达加斯加地理位置的中心性一起，构成了首都的特殊地位。

综上，马达加斯加和其他选择将首都迁往内陆的非洲沿海国家之间主要的不同体现在：首先，马达加斯加在殖民前已经拥有内陆王朝，并且拥有在政治和文化层面都具备极大影响力的都城。殖民者对马达加斯加的殖民建设规划异于其他非洲沿海国家，没有将沿海建设成殖民地中心。

马达加斯加作为岛国，独立后它的首都之所以没有迁徙，一个很重要的原因是人文地理中心与自然地理中心的重合。此外，在分析非洲沿海国家迁都内陆动因的时候已经发现，政治和文化象征因素的权重往往高于社会经济因素，在逐一梳理了马达加斯加首都的不可替代性后，可以看到塔那那利佛确实是在政治、文化象征以及社会层面都在全岛占据不可撼动的主导性地位，并且它是一个在漫长人文地理演化中形成的中心城市，无论在政治还是文化层面都可以得到自我历史叙事的支持，因此没有选择迁都也是符合马达加斯加国情的。

如果说尼日利亚、科特迪瓦和坦桑尼亚迁都过程中存在的共性体现的是非洲沿海国家在独立后建立新的经济地理演化路径的尝试，那么马达加斯加独立后首都区位固化和加强的过程体现的则是既有演化路径的维持。

但无论是打破路径还是维系路径，可以从二者的对比中发现一些更深层的共性。

（1）地理空间中心的重要性。向内陆迁都的沿海国家在考虑新首都对于不同族性、宗教群体兼顾公平的时候，都希望通过一种"空间距离平均主义"来实现。当然，这反过来也说明在这些国家内存在着既有的族群、宗教对峙，特别是在民主制度确立后，不同群体的诉求会通过民主制度下的选举博弈来表达，而新首都的区位选择也是这种博弈的空间性体现。

马达加斯加历史上演化出的首都恰好出现在其地理空间的中心位置，同时又是其最强势族群梅里纳人的传统领地，并且马达加斯加没有明显的宗教分化，这使得首都到各个地区的空间平均性在漫长的历史演化中自然存在，马达加斯加陆上交通网络从伊默里纳时期至今始终延续的塔那那利佛中心放射布局就是最好的证明。

（2）政治、文化因素不能从整体系统中割裂。在向内陆迁都的沿海国家中，无论是寻求与殖民历史割裂，还是兼顾不同族群与宗教的利益，都是以政治和文化为首要考虑的决策逻辑。即便有时候迁都还存在排解既有首都发展压力的动因，但是这种动因也是在同时考虑政治和文化因素的前提下进行的。因为如果只考虑有利于对外区贸易和规模经济发展的逻辑，迁都完全可以向沿海地带的周边其他地区进行。但不要忘记的是，非洲沿海国家在迁都内陆后新首都的社会经济发展往往无法达到预期，甚至给国家带来沉重的财政负担。这正说明要凭空打破政治、经济、文化协同形成的既有路径是非常困难的，它会造成一种国家层面上的系统失调。

同样地，马达加斯加的不迁都情况中，政治、文化因素与经济原因的长期协同演化是形成其首都区位难以撼动的原因。诚然，马达加斯加首都位置长期固定这一现象中有经济因素的重要作用，比如大型企业在首都聚集后形成了对资本、人口、技术的吸附效应，使得首都在马达加斯加的经济地位进一步提升。但这种经济因素是与其他政治、文化因素构成一个系统的，必须采取整体的视角来看待，这里回应的也是演化经济地理始终强调的整体观和复杂系统理论。如果把经济、政治、文化当作可拆分处理的维度去规划国家发展，那么很可能就会遭遇其他迁都沿海国家类似的问题。

当然，这并非意味着目前马达加斯加的首都区位就是利于其国家发展的。上边强调的只是具有稳定性的系统如果不被强行重组其内在结构的话就可以维持较长时段的稳定。但是对于马达加斯加而言，这样的稳定是中央内陆地位继续固化、边缘沿海继续欠发展的稳定。

五 小结

本书第二章中分析了马达加斯加"内陆统御沿海"经济地理演化路径是如何形成的。在此基础上，第三章通过地方分权、区域一体化和首都区位逻辑这三个当代发展理念与实践在马达加斯加互动的反馈式路径维系机制，来展现马达加斯加的经济地理格局如何阻碍其国家发展。

在本章的发现中首先值得注意的一点是，无论地方分权、区域一体化还是首都区位，都与地理空间有着极其密切的关联，然而既有研究除了关于首都区位的文献重视首都位置选择的地理空间以外，关于其他两个话题的研究却对于地理因素不够重视。这其中地方分权陷入新自由主义的理性个体预设逻辑中，把地方治理的空间特殊性架空，将其同质化成一种普适性的线性叠加效应。区域一体化则把国家发展和区域发展仅仅视作一种制度驱动的协同机制，同样存在将不同国家地理空间通过制度手段而实现同质化的取向。

针对上述问题，马达加斯加经济地理演化中地方分权和区域一体化实践的困境正好为论证地理因素对其产生的阻碍作用提供了极具说服力的例证。首先，本章中的研究发现：相比其他国家，马达加斯加的地方分权呈现陆地空间中心与人文活动中心的重合，而其他非洲沿海国家则相反，其人文活动中心的沿海地区其实是国土空间的边缘。

◈ 成为内陆国家的岛屿

这样的特点使得马达加斯加的地方分权一旦失败的话，作为沿海的边缘地区会持续陷入发展的停滞，从而反过来阻碍国家与外界的沟通和整体发展。同时，本章还论证了马达加斯加经济地理特征下新自由主义地方分权实践失败的合理性，从而进一步展现了当涉及地理空间的政策施行不考虑该地经济地理的特性时，后者将会如何对前者产生抵抗甚至背离。地方分权实践中马达加斯加地方单位的碎片化和弱小化就是对这一点的生动诠释。

同样地，在区域一体化问题上，通过对比马达加斯加和其他非洲国家的相关要素，会发现受困于海洋阻隔这种自然地理因素，以及该国历史上经济地理演化中持续被边缘化的经济地理因素，马达加斯加今天依然比大多数非洲国家更孤立，更难以从区域一体化中获利。这展示了制度一致性在面对地理差异时的无奈，马达加斯加作为一个呈现出内陆欠发达国家特色的大型岛国，它的"厚国界"效应甚至比很多纯粹的内陆国家更为严重。

在地方分权和区域一体化之外，本章还对比了马达加斯加和三个当代发生过从沿海向内陆迁都的非洲沿海国家。在分析这三个国家的迁都过程后，发现其中占据主导地位的是政治和文化逻辑，并且由于对抗着长期以来形成的沿海作为经济活动中心的演化逻辑，这三个国家在迁都中和迁都后都出现了巨大的问题，并没有收获迁都前预计的效果。虽然马达加斯加没有进行过迁都，但是它的都城能维持在内陆的演化性原因与三个沿海国家迁都内陆时的决策性原因具有高度的相通性，而三个国家迁都后出现的问题也能从反面印证马达加斯加首都区位在面对"沿海先行"的全球主流经济逻辑时为何会起到负面影响。

此外，本章还将这三个发展实践之间的关系进行了整体性分析。在马达加斯加，区域一体化的困难会延迟外沿海地区的发展，从而维系和加强既有的内陆主导结构。而这样一来，地方分权中沿海可以获得的资源和权力也就越少，又导致其发展的迟滞，并进而继续加强作为岛国的马达加斯加融入区域和世界的难度。因为不具备陆路联结可

第三章 马达加斯加独特的经济地理格局如何影响其当代国家发展

能性时,加强海运联系是首选的出路。同样,马达加斯加首都区位的持续和巩固会产生相似的效果,它阻碍地方分权,增加着与外界沟通的难度。最终,三者构筑成一个相互增益的正反馈机制,使得以塔那那利佛为代表的内陆中部高原越来越强大,使沿海地区与中央地区的相对发展差距也维持在较高的水平。毫无疑问,这种对于三个因素相互作用机制的分析主要体现着演化经济地理学中反馈和路径依赖的部分。

此外,本章还可以与第二章进行呼应,进一步深化解释为何马达加斯加在殖民时代结束后体现出与撒哈拉以南非洲整体发展差距扩大的趋势。法国殖民时期在马达加斯加取得的经济和发展成就看似是在质疑本书的既有发现,但其实经过更细致的考察,会发现法国为了按照马达加斯加既有的经济地理特性进行统治和管理,在这片岛屿上倾注了巨大的物质财富,而这其中因为地理因素产生的损耗是非常大的,所得到的回报率也是值得商榷的。可以说殖民时期法国是以强大的外力勉强打通了马达加斯加当时的"厚边界"效应,并通过依附关系为其提供了足够的市场,最终促成了当地社会、经济的整体发展。从演化经济地理学的角度来说,这一部分首先体现了整体性的系统观点,因为英法印度洋博弈的动态过程和帝国主义全球体系下法国的地缘战略是理解马达加斯加与法国殖民依附关系建立的前提,而这种博弈和地缘战略当然是渗透着深厚地理影响的,无论苏伊士运河的地理意义还是印度洋在东方贸易路线上的地位,都在为这种整体论视角提供地理经验材料的证据。其次,法国殖民结束后马达加斯加回归封闭与孤立的过程同样展现了演化经济地理中的反馈式路径依赖特性。法国殖民时的依附关系是法国通过高强度物质能量输入后形成的新的稳定态,而随着去殖民化和马尔加什化的彻底进行,原有经济地理演化机制重新成为主流,使马达加斯加重归旧时的稳定态。但与此同时,外部环境已然发生了深刻的变化,其中抓住了区域一体化、冷战后新一轮全球化等时代机遇的部分非洲国家就此走向新的发展阶段,而马达加斯加则继续陷入其欠发展的困局中。

第四章

结论与反思

一 结论

综观本书，对应其探讨的两个研究问题，可以将最终的结论概括为以下两点：(1) 自然和人文地理因素持续对马达加斯加经济格局产生演化性影响，在长时段的历史中，全球、区域性的整体环境与马达加斯加的地方性特征互动，并在具有非线性特征的复杂性系统的自组织机制、反馈效应作用下，生成并固化了内陆统御沿海的经济地理格局。(2) 马达加斯加的经济地理格局对其当前的国家发展通过反馈机制在继续产生阻碍，涉及国土空间的治理实践在马达加斯加独特的经济地理演化机制下，不断巩固内陆优势，维持沿海地区的弱小，阻碍了国家的对外沟通，最终在整体上延缓了国家发展。

围绕上述两个总体结论进行的整个研究和书写从问题挖掘到文献回顾再到实证探讨，其实都在不断地产生新的发现。

首先，本书先挖掘出马达加斯加在发展中让人感到困惑的现象：一是作为拥有非洲国家中最长海岸线的大型热带岛屿，却长期遭遇沿海发展极度滞后的窘境。二是良好的自然禀赋与令人失望的国家发展现状之间的反差，以及马达加斯加与撒哈拉以南非洲整体在发展水平上差距的逐渐过大。这两个谜题虽然在本书的介绍中体现得非常明显，但是其实寻找到它们却同样经历了一个漫长的探索和思考过程。

第四章 结论与反思

特别是马达加斯加沿海极度欠发达的现象,至今国内国际学界缺乏对其成因的关注和探讨,而更多只是将马达加斯加视为一个极度欠发达的整体。可以说,本书通过彰显这个问题,希望唤回在发展研究中对地理的关注,重视空间的异质性,而不是把各个国家,特别是欠发达国家当作扁平化和同质化的经济抽象个体。

随后本书通过文献回顾分别检视了对马达加斯加发展困境的既有解释,发现它们都存在明显缺陷,特别是无法解释马达加斯加问题的特殊性。

在马达加斯加特殊经济地理格局如何形成方面,本书逐一检视了既有主要探讨地理因素与经济地理格局关系之间的地理理论,发现它们对马达加斯加发展问题有部分解释力,但是又都存在欠缺的地方。这其中古典地理学说与地理决定论提供了很多地理环境影响人类社会、文明后续发展的案例,但是都陷入还原论的执念中,过分强调地理的决定性。地缘政治重视了人的能动性与地理要素的互动,但是却具有鲜明的大国中心主义,此外,忽略了不同边缘地区的地方特色在与大国地缘战略相互作用后可能发生的独特后续演化。经济地理区位学说很大程度上是建立在二战后甚至 21 世纪以来形成的经济格局之上,对于空间因素对当前经济运行规律如何产生影响有细致的刻画,但是缺乏历史纵深,因而也缺乏对现有经济地理格局如何演化形成的解释,并因此失去对后发地区地理区位的历时性观照。

在关于马达加斯加国家发展欠发达解释机制方面,追求普适性的宏观发展理论在面对个别案例的特殊性时会出现解释力适用性减弱的问题。而诸如用族群、文化、资源诅咒等单一因素的决定论的因果链来解释马达加斯加发展困境也行不通,因为这些因素及其造成的不良后果不是马达加斯加特有的,而是非洲很多国家和地区的共性,甚至有些因素对马达加斯加的负面影响明显小于一些在整体发展上优于马达加斯加的非洲国家。此外,与挖掘研究问题时的发现相似,在针对讨论马达加斯加欠发达解释机制部分的文献回顾的过程中,本书发现

◈ 成为内陆国家的岛屿

既有文献的一个共性也是对马达加斯加地理因素的忽视。这其中有比较表层的忽视，比如对自然地理因素的忽略——要么视其为无足轻重，要么甚至认为地理环境影响国家发展的想法就是完全错误的。还有深层忽视，比如讨论马达加斯加发展困境的研究中没有注意到马达加斯加在经济地理上中央统御沿海的显著特征，以及这种地理结构的演化机制和它对国家发展的影响。作为整个非洲海岸线最长的（亚）热带岛屿，马达加斯加却没有大型沿海城市，并且整个经济地理的核心居于内陆，如此反常的现象却缺乏深入讨论，无疑让人吃惊，同时也说明其具有极大的研究价值。

综合上述文献回顾中的讨论，发现在应对本书的研究问题时，如果要在整体上对既有研究进行超越，需要从以下几个方面着手。

（1）地理因素与其他因素相互共同作用的系统性和复杂性关系。

（2）重视全球性、区域性整体态势与地方特性互动的关系。

（3）重视长时段经济地理路径演化与特定时段系统演化机制互构的关系。

有鉴于此，人文地理学中新兴的演化经济地理学分支进入视野，它所提供的理论框架很好地回应了上述需求。接下去的实证研究部分，在引入演化经济地理的视角后，通过从历时性的路径塑造和共时性的复杂系统动力机制来加以分析，可以发现地理因素通过演化作用在对马达加斯加国家发展持续产生影响，并能较好地为马达加斯加的发展困境提供解释。

比如在马达加斯加先天条件和发展现实的落差上，经过本书的实证分析后可以看到：一个地区的先天条件只有与更广泛整体的系统产生有机联系才可能实现价值。而是否能产生联系、如何产生联系、联系的强度如何、与其他竞争性联系相比是否具有不可替代性和优势等一系列问题的解答都受到经济地理历史演化的深刻影响，是在以地理为基底的复杂性系统综合演化下形成的结果和态势，并将进一步持续演化。

第四章 结论与反思

因此，传统上认为马达加斯加有良好的先天条件和资源禀赋只是一个片面性和机械性的理解。比如认为热带海岛等同于良好的贸易区位条件，毫无疑问就是忽略了这个海岛与市场的距离、本土物产与历史知名度、周边地区竞争等一系列演化性系统因素的结果。同样地，矿产资源、旅游资源等一切与马达加斯加有关的资源与发展禀赋都适用于这一逻辑。并且不但自然条件如此，马达加斯加所具有的社会人文条件优势，比如稳定的族群关系和从欧美引入的"先进"制度，同样没有能够突破地理因素的制约从而改善其与外界的沟通，反而与地理因素发生了独特的耦合，加剧了马达加斯加的封闭和孤立。整个第三章描述的三种发展实践各自的地理效应，以及三者如何共同耦合并相互反馈，从而最终影响马达加斯加发展的过程就是在展现这一点。

又比如在马达加斯加经济地理格局如何形成和固化这一点上，演化经济地理视角下的分析也带来了有意思的发现。由于地理条件是在国家这个复杂系统中最持续性和稳定性的存在，因此一个国家在地理上具有的特性自然而然会在国家发展中通过和其他要素的相互作用，展现出该国发展路径和状态的独特性。同理，即便不同国家间在其他要素上具有相似性，但如果国家间在地理因素上存在着差异，那么各自地理因素和其他因素耦合后出现的演化轨迹也完全可能不同。同样是西方主导的海洋导向的奴隶贸易，在大西洋沿岸和马达加斯加都通过武器、布匹、银币等交换奴隶的方式进行，但是在不同的地方性地理特征下就展现出完全不同的演化路径，大西洋沿岸促成了经济地理中心向沿海的转移，而马达加斯加则形成了"内陆统御沿海"的经济地理格局。

并且，地方地理特性带来的演化路径差别在后续演化中会发生进一步的迭代，从而体现出早期差异对后续发展的持续性影响。研究中可见，奴隶贸易形成的经济地理结构在殖民时期经过殖民建设后，在非洲大陆和马达加斯加又都各自加强了它们的原有特征，前者的沿海中心地位进一步提升，后者的内陆地位也继续固化增强。在殖民结束后，这样的经济地理形态又在当下的演化中和新的要素发生反应，比如区域一体化、地方分权、迁都等，在进入新发展阶段的同时，又持续背负旧有系统机制的影响，这也是对演化经济地理学中路径依赖很好的历史案例支撑。就马达加斯加而言，大航海时代开始因为地理特性而逐渐形成的经济地理演化特征，在其独立后依然维系其"内陆型岛屿"的孤立与封闭，使其长期无法融入区域和全球经济发展的潮流中，并且和其他正在融入的非洲国家产生逐渐拉大的差距。

综上，在发现问题、文献回顾、新视角引入以及实证检验后，地理因素通过演化机制对马达加斯加经济地理格局的塑造，以及这种经济地理格局对该国当代发展产生的负面影响得到了较为完整和可信的论证。

综合整个结论部分的观点，本章通过演化经济地理视角对马达加斯加发展困境进行的研究不失为一次具有创新性的尝试。首先在研究对象上，对马达加斯加本来显著，却长期被忽视的地理特征寻找到了新的分析方法，并就此论证了这一地理特征对马达加斯加国家发展的负面影响。其次在研究范式上，本书选取的是人文地理中新生分支学科——演化经济地理的视角，并且通过马达加斯加的案例为演化经济地理实证研究对象中极度欠缺关注的非洲区域提供了一个有益的补充。再有就是在研究理论上，本书从问题的发现到论证之间贯穿着与既有发展理论的对话，并通过对马达加斯加发展困境的讨论，补充了发展理论中较为欠缺的对欠发达国家相互差异的比较，丰富了对于国家发展机制的理解。

最后，尽管科学研究应该尽量停留在实然层面的讨论，但出于发展问题无法回避的道德与价值牵涉，作为一个在马达加斯加生活过多年的研究者，还是于全文即将结束之际提出一点自己的期望——无论是油田产量的突然大规模增长，还是政治强人主导的国家经济地理格局重构；无论是外来巨额资金的介入，抑或是人口爆炸后产生的结构性压力，希望这个国家能够寻求到一个突破既有困境的契机，并将其与政治良治、本土文化中的优秀价值、非洲的区域融合、更深层次的全球化等要素有机结合起来，尽可能多地利用机遇、规避风险，并从中实践和演化出适合马达加斯加特性的新路径，从而尽早打破既有演化经济地理格局的桎梏，实现惠及大多数民众的快速发展。

二 本书可能存在的局限性

本书可能存在的局限性也很明显，主要体现在以下两个方面。

（1）本书是一个持有历史特殊性和不可逆性观点的研究，采用的是复杂性思维与理论的研究取向。这种取向相信因果律和决定论的存在，但是又认为受困于复杂性系统的非线性特征，难以对复杂系统的演化给予精确的一般性规律预测。所以，相对于当前社会科学主流中通过控制干扰变量而检验因果联系的方法，本书采取的是另外一种截然不同的思路和立场。但是，由于研究的对象是一个国家长时段的整体发展历程，在本书所持的范式下，这个研究对象本来就是一个包含大规模变量的、长时段的、复杂互动的变化过程，所以其实整个研究的解释是极大程度简化后的模型，因此在解释的严密性上存在先天的缺陷。

（2）第二个问题承接第一个问题，在演化经济地理学内部，理论建构上所采取的态度与本书是一致的，对于系统复杂性、历史演化特殊性的认可已经确立，本书第一章对此有详细介绍。但是在演化经济地理学的实证研究中，占据主流的其实依然是目前社会科学研究，特别是量化研究的思路和方法。受限于计算能力、资料完备性和学科壁垒等诸多因素，目前真正能够为演化经济地理学的理论诉求找到配套实证检验的研究依然寥若晨星。因此，演化经济地理学严格意义上说还不是一个真正紧密和完备的范式。同理，本书是在为演化经济地理理论体系拓展应用可能性这一方向上进行的尝试，但是笔者深知无论在经验材料的密度还是论证过程的精度上，都与协调好演化经济地理学的理论框架和实证检验这一目标相距甚远。所以在结论处，本书也再次强调采用的是演化经济地理的视角而非一个完整的学科方法。但同时本书也相信，类似的研究尝试将会是接下来演化经济地理学的重要发展趋势，同时也会是其他尝试对人类社会采用复杂性范式进行研究的学科的发展趋势。

更深层次上讲，上述两个局限性也是尝试从自然科学向社会科学中引入概念和理论时会面临的重要问题。在这一点上，赵鼎新做出的评论无疑是很有启发性的，他在对比社会科学与自然科学之间所存在的区别时指出了社会科学发展中存在的范式交替现象：

> 多元范式下的范式交替是社会科学的发展形态。库恩认为，范式转换（paradigm shift）是科学突破性发展的核心。这一论点在自然科学基本适用。自然科学中，新范式一旦建立，旧的范式与相应理论或者失去价值（例如，一旦知道了光的波粒两相性，"以太"理论就永远过时了），或者其价值将被清楚地锁定在一定范围内（例如，相对论的出现锁定了牛顿力学的应用范围）。这是个不可逆的过程。但社会科学范式的背后不仅仅是一些客观事实，而且是具有不同意识形态的人看问题的方法，并且每一看法都是误区和事实的混合，非常复杂。社会科学的发展路径是多元范式下主流范式的交替（paradigm alternation），而不是范式转移。[1]

社会科学从自然科学中借用概念时通常需要依赖隐喻机制予以阐释和界定。由于隐喻具有不确定性和阐释性，所以在科学中提出隐喻化的概念和意象模式后，需要通过自然科学的实验方法对这种假设性的隐喻构造进行论证，并在这个过程中保持相关隐喻性概念的可证伪性。最终，经过科学检验而确认的概念和隐喻是锚定在严格的科学规

---

[1] 赵鼎新：《社会科学研究的困境：从与自然科学的区别谈起》，《社会学评论》2015年7月第3卷第4期。

律性上的，并且往往可以通过数学表达式概括其普遍性规律，这也就是赵鼎新所说的经典力学和生物学这样的自然科学中概念具有本体意义的意思（见表4-1）。换言之，此时的隐喻受到可验证的自然规律支撑，失去了多重主观阐释的可能性。

表4-1　　　　　　　社会科学与自然科学存在的范式差异[①]

	经典力学	生物学	社会科学
方法论基础	法则	覆盖性法则（加科层化的负反馈机制）	灵活组装的正反馈机制（加其他）
结构功能关系	紧密	紧密	可紧可松
系统性强度	极强	强	弱
	还原论	还原论不再完全适用	还原论适用范围更有限
	演绎和归纳有（宏观低速意义上的）自然统一	演绎和归纳有实验室意义上的统一	演绎和归纳都可以与经验完全背离
	概念有本体意义	概念有本体意义	概念往往没有本体意义，而只有特定问题意识下的意义
科学发展形态	范式转换	范式转换	多元范式下的范式交替

但是在社会科学中，概念的阐释是难以被锚定的，不同研究者对同一个概念的理解完全有可能存在巨大的偏差，以此为基准发展出来的理论体系和学术框架自然也会存在巨大差异。以经济系统这一概念为例，古典经济学建立在理性经济人经典力学隐喻上的经济系统中，当人被视作遵循追求经济效益的无差别个体时形成了一种系统的概念，这种对于系统的理解会排斥诸如知识背景这样个体获得的积聚性变化，也排斥了个人在特定情境下的动机差异，并且暗含时间的可逆性，使得经济系统维持在一种均衡中，不存在系统性错误，也不存在累积性的演化。与之相对地，生物学隐喻下对于经济系统的理解尝试

[①] 赵鼎新：《社会科学研究的困境：从与自然科学的区别谈起》，《社会学评论》2015年7月第3卷第4期。

为其中所具有的诸如演化、时间不可逆性、环境因素等特征寻求到与古典经济学不同的概念系统和解释框架，并且认为经济系统和生物系统都极其复杂，都具有很多非线性的因果关系，既有连续性，也有突变性。很多生物学家接受这样的判断和隐喻，很多经济学和社会学研究者则坚持延续经典力学范式的经济思考方式。① 除经济系统外，一个很典型的例子是人们在社会科学中不假思索就进行使用的"组织"（Organization）一词，组织到底是一种机械的、可拆分还原的装置，还是生物学意义上由复杂细胞组成的、在神经系统调节下不断进行物质能量交换，并且具有维持自稳态特性的有机整体？恐怕很多人在使用这个词时对应的隐喻体系是前者，并且视其具有理所当然的正确性。Organ 本身具有"器官"之意，对其衍生词 Organization 产生不同的理解其实正是自然科学概念在向社会科学中迁徙时遭遇的歧义现象。

同样地，虽然演化经济地理学采用了从自然科学中借用的新概念体系和理论框架，但是它们在被用于讨论社会科学问题时依然会存在范式交替的问题［或者托马斯·库恩（Thomas Kuhn）的"根本张力"②］，并且因此也不可能完全替代人文地理学其他分支以及其他社会科学学科针对类似问题进行的研究。在很长一段时间内它还会和其他社会科学的范式共存，互相学习和竞争，所以这里演化经济地理学对马达加斯加发展问题的分析依然只是一个可能性的，而不是一个排他性的，并且研究中概念的准确性、理论的适用性等也都会经受不断的质疑和改善。

此外，很多社会科学研究者早就注意到，如何对复杂的社会现象和问题进行定量描述和分析依然是一个困难的问题。这其中有两方面

---

① 霍奇逊：《演化与制度：论演化经济学和经济学的演化》，任荣华等译，中国人民大学出版社 2017 年版，第 71—72 页。

② Thomas Kuhn, *The Essential Tension: Selected Studies in Scientific Tradition and Change*, University of Chicago Press, 1977, p. 227.

的原因，首先是社会科学长期以来处于定性描述阶段，在概念厘定和可操作化上远未达成共识。其次就是如沈小峰所言：数学本身的发展在面对既有连续性又有间断性的多参数、复杂社会现象时还经常无能为力。虽然随着新的数学分支发展以及计算机计算能力的突飞猛进，复杂性社会问题的研究获得了更好的工具支撑，但是距离真正能够对社会现实中的复杂性进行分析还是有很大差距。[①] 此外，由于学科壁垒的日益扩大，社会研究工作者往往受限于专业知识，很难深入掌握数学发展的前沿理论与方法，这也使得他们在面对自己的研究问题时捉襟见肘。本书也存在同样的问题，受制于以上因素，本书采用演化经济地理视角对马达加斯加发展问题进行的分析只能停留在宏观定性描述的层面上，是一种在演化经济地理概念和理论框架下对马达加斯加发展困境这个研究对象进行的一种描述性和归纳性的分析，无法成为具备普遍适用性的演绎型结论。

尽管如此，如同上一节所论证，由于采取的研究方法和范式在面对"决定论—随机论"以及"特殊性—普遍性"的矛盾上尽力做了最大可能的调和，本书依然不失为秉持科学精神进行的一次探索性尝试。

[①] 沈小峰：《混沌初开：自组织理论的哲学探索》，北京师范大学出版社2008年版，第314页。

参考文献

中文学术文献

埃尔温·薛定谔：《生命是什么》，罗来欧、罗辽复译，湖南科学技术出版社2003年版。

艾伦·麦克法兰、艾丽斯·麦克法兰：《绿色黄金：茶叶帝国》，扈喜林译，社会科学文献出版社2016年版。

安虎森、季赛卫：《演化经济地理学理论研究进展》，《学习与实践》2014年第7期。

巴斯蒂昂：《马达加斯加：地理及经济研究》，商务印书馆1978年版。

保罗·克鲁格曼：《地理与贸易》，中国人民大学出版社2017年版。

曹小曙等编著：《非洲城市交通发展战略与规划》，东南大学出版社2015年版。

曾尊固等编：《非洲农业地理》，商务印书馆1984年版。

陈嘉震等编著：《世界港口：非洲卷》，上海市航海学会1994年版。

大卫·哈维：《地理学中的解释》，高泳源、刘立华、蔡运龙译，商务印书馆1996年版。

德隆·阿西莫格鲁、詹姆斯·A. 罗宾逊：《国家为什么会失败》，李增刚译，湖南科学技术出版社2018年版。

冯·贝塔朗菲：《一般系统论》，林康义、魏宏森等译，清华大学出版社1987年版。

戈弗雷·霍奇森、索布恩·昆德森：《达尔文猜想：社会与经济演化的一般原理》，王焕祥等译，科学出版社 2013 年版。

贡德·弗兰克：《白银资本：重视经济全球化中的东方》，刘北成译，四川人民出版社 2017 年版。

何大韧、刘宗华、汪秉宏编著：《复杂系统与复杂网络》，高等教育出版社 2009 年版。

贺灿飞、黎明：《演化经济地理学》，《河南大学学报》（自然科学版）2016 年第 46 卷第 4 期。

贺灿飞：《演化经济地理研究》，经济科学出版社 2018 年版。

霍奇逊：《演化与制度：论演化经济学和经济学的演化》，任荣华等译，中国人民大学出版社 2017 年版。

贾雷德·戴蒙德：《枪炮、病菌与钢铁》，谢延光译，上海译文出版社 2018 年版。

杰里·布罗顿：《十二幅世界地图的世界史》，浙江人民出版社 2017 年版。

凯瑟琳·科克里 - 维德罗维什：《非洲简史》，民主与建设出版社 2018 年版。

拉尔夫·A. 奥斯丁：《非洲经济史：内部发展与外部依赖》，赵亮宇、檀森译，上海社会科学院出版社 2019 年版。

莱弗里：《征服海洋：探险、战争、贸易的 4000 年航海史》，邓峰译，中信出版集团 2017 年版。

兰丁：《毛里求斯地理》，江苏人民出版社 1978 年版。

李小建编：《经济地理学》，高等教育出版社 2018 年版。

李新烽：《郑和与非洲》，中国社会科学出版社 2012 年版。

丽莎·A. 琳赛：《海上囚徒：奴隶贸易四百年》，中国人民大学出版社 2014 年版。

刘安国、杨开忠、谢燮：《新经济地理学与传统经济地理学之比较研究》，《地球科学进展》2005 年第 20 卷第 10 期。

刘志高、崔岳春：《演化经济地理学：21 世纪的经济地理学》，《社会科学战线》2008年第6期。

刘志高、尹贻梅：《演化经济地理学：当代西方经济地理学发展的新方向》，《国外社会科学》2006年第1期。

罗贝尔·科纳万：《达荷美史》，上海人民出版社1975年版。

罗伯特·杰维斯：《系统效应：政治与社会生活中的复杂性》，李少军、杨少华、官志雄译，上海人民出版社2008年版。

马立博：《现代世界的起源：全球的、环境的述说，15—21世纪》（第3版），夏继果译，商务印书馆2017年版。

玛乔丽·谢弗：《胡椒的全球史：财富、冒险与殖民》，顾淑馨译，上海三联书店2019年版。

迈克尔·波特：《国家竞争优势》，李明轩、邱如美译，中信出版社2018年版。

孟德斯鸠：《论法的精神》，商务印书馆2012年版。

米罗斯拉夫·约万诺维奇：《演化经济地理学：生产区位与欧盟》，安虎森等译，经济科学出版社2011年版。

尼科里斯、普利高津：《探索复杂性》，四川教育出版社2010年版。

彭慕兰：《腹地的构建：华北内地的国家、社会和经济（1853—1937）》，上海人民出版社2017年版。

彭慕兰：《大分流：欧洲、中国及现代世界经济的发展》，史建云译，江苏人民出版社2003年版。

皮尔·弗里斯：《国家、经济与大分流——17世纪80年代到19世纪50年代的英国和中国》，郭金兴译，中信出版社2018年版。

乔吉奥·列略：《棉的全球史》，刘媺译，上海人民出版社2018年版。

让·博西玛、让·马丁主编：《演化经济地理学手册》，商务印书馆2016年版。

让·马丁、皮特·森利：《从演化视角看路径依赖在经济景观中的地位》，载让·博西玛、让·马丁主编《演化经济地理学手册》，商务印书馆2016年版。

让·马丁、皮特·森利：《复杂性思考和演化经济地理学》，载让·博西玛、让·马丁主编《演化经济地理学手册》，商务印书馆2016年版。

沈小峰：《混沌初开：自组织理论的哲学探索》，北京师范大学出版社2008年版。

世界港口编委会编著：《世界港口：非洲卷》，上海市航海学会1994年版。

斯文·贝克特：《棉花帝国：一部资本主义全球史》，徐铁杰、杨燕译，民主与建设出版社2019年版。

维克多·勒维纳：《喀麦隆联合共和国》，上海人民出版社1975年版。

吴敬琏：《路径依赖与中国改革——对诺斯教授演讲的评论》，《改革》1995年第3期。

徐济明：《大西洋奴隶贸易与西非奴隶制》，《西亚非洲》1994年第4期。

玄奘、辩机原著，季羡林等校注：《大唐西域记校注》，中华书局1985年版。

亚当·斯密：《国富论》，华夏出版社2005年版。

杨虎涛、徐慧敏：《演化经济学的循环累积因果理论——凡勃伦、缪尔达尔和卡尔多》，《福建论坛》（人文社会科学版）2014年第4期。

杨永春编著：《非洲城市的发展与空间结构》，东南大学出版社2016年版。

伊本·赫勒敦：《历史绪论》（上卷），宁夏人民出版社2014年版。

伊恩·T. 金（Ian T. King）：《社会科学与复杂性：科学基础》，王亚男译，科学出版社2018年版。

尤根·艾斯来茨比奇勒、大卫.L.里格比：《广义达尔文学说与演化经济地理学》，载让·博西玛、让·马丁主编《演化经济地理学手册》，商务印书馆2016年版。

约翰·H. 米勒：《复杂之美：人类必然的命运和结局》，潘丽君译，广东人民出版社 2017 年版。

詹姆斯·菲尔格里夫：《地理与世界霸权》，龚权译，上海人民出版社 2016 年版。

张萍：《历史商业地理学的理论与方法及其研究意义》，《陕西师范大学学报》（哲学社会科学版）2012 年第 4 期。

张小军：《社会场论》，团结出版社 1991 年版。

赵鼎新：《社会科学研究的困境：从与自然科学的区别谈起》，《社会学评论》2015 年第 3 卷第 4 期。

赵雪朋、郝太平、邓志东等：《马达加斯加矿产资源勘查概述》，《西部探矿工程》2013 年第 9 期。

甄峰等编著：《非洲港口经济与城市发展》，南京大学出版社 2014 年版。

郑家馨：《南非通史：插图珍藏版》，上海社会科学院出版社 2018 年版。

日语学术文献

飯田卓等编：《マダガスカルを知るための》，明石書店 2017 年版。

英语、法语学术文献

1. 英语、法语历史文献、档案

A. Grandidier, ed., Collection des Ouvrage Anciens concernant Madagascar, Tome1, Ouvrages ou Extraits d'Ouvrages Portugais, Hollandais, Anglais, Français, Allemands, Italiens, Espagnols et Latins relatifs à Madagascar (1500 à 1613), Comité de Madagascar, 1903.

A. Grandidier, Collection des Ouvrage Anciens concernant Madagascar, Tome1, Ouvrages ou Extraits d'Ouvrages Portugais, Hollandais, Anglais, Français, Allemands, Italiens, Espagnols et Latins relatifs à Madagascar (1500 à 1613), Paris, Comité de Madagascar.

A. Grandidier, ed., Archives des Colonies, Collection des Ouvrage Anciens concernant Madagascar, Tome 5, Ouvrages ou Extraits d'Ouvrages Portugais, Hollandais, Anglais, Français, Allemands, Italiens, Espagnols et Latins relatifs à Madagascar (1718 à 1800), Paris, Comité de Madagascar.

A. Grandidier, ed., Collection des Ouvrage Anciens concernant Madagascar, Tome 3, Ouvrages ou Extraits d'Ouvrages Portugais, Hollandais, Anglais, Français, Allemands, Italiens, Espagnols et Latins relatifs à Madagascar (1500 à 1613), Paris, Comité de Madagascar.

A. Grandidier, ed., German Correspondance, 6 april 1637, et Calendar of State papers, Domestic séries, Vol. CCCLII, No. 41. Archives des Colonies, Collection des Ouvrage Anciens concernant Madagascar, Tome 2, Ouvrages ou Extraits d'Ouvrages Portugais, Hollandais, Anglais, Français, Allemands, Italiens, Espagnols et Latins relatifs à Madagascar (1640 à 1716), Paris, Comité de Madagascar.

A. Grandidier, ed., Purchas, his Pilgrimes, t. 1, 1625, Voyage of Dounton to the East Indies, Collection des Ouvrage Anciens concernant Madagascar, Tome1, Ouvrages ou Extraits d'Ouvrages Portugais, Hollandais, Anglais, Français, Allemands, Italiens, Espagnols et Latins relatifs à Madagascar (1500 à 1613), Paris, Comité de Madagascar.

Alfred Grandidier, L'origine du nom de Madagascar, Comptes rendus des séances de l'Académie des Inscriptions et Belles Lettres, 35e année, N. 1, 1891.

Cadet Thomas, Madagascar, Histoire et Géographie Élémentaires, Ch. Poussièlgue, Paris, 1901.

Gabriel Gravier, Madagascar, les Malgaches Origines de la Colonisation

Française, Paris, Charles de la Grave, 1904.

Gallieni, Lettre de Madagascar: 1896 – 1905, Société d'Edition Géographique, Maritime et Coloniale, 1928.

Gallieni, Neuf Ans à Madagascar, Hachette, 1908, 274

Georges Foucart, De Tamatave à Tananarive, Imprimerie L. Danel, 1890.

J. Scott Keltie, ed., The Statesman's Yearbook: 1900, Macmillan, 1900.

J. Scott Keltie, ed., The Statesman's Yearbook: 1910, Macmillan, 1910.

J. Scott Keltie, The Statesman's Year-Book: Statistical and Historical Annual of the States of the World for the Year 1890, London: Macmillan.

J. Scott Keltie, The Statesman's Year-Book: Statistical and Historical Annual of the States of the World for the Year 1900, London: Macmillan.

James Johnson, The Influence of Tropical Climates on European Constitutions, Thomas & George Underwood, 1821.

James Sibree, Madagascar, and Its People, Notes of a Four Years' Residence, William Clowes and Sons, 1870.

Jean Baptiste Piolet, Madagascar et les Hovas: Description, Organisation, Histoire, Librairie Ch. Delagrave, 1895.

Jean Hess, Figaro du 7 août, Bulletin du Comité de Madagascar 2e Année – N° 8 – Août 1896.

Louis Brunet, *L'Oeuvre de la France à Madagascar: La Conqûete, l'Organisation, le Général Galliéni*, Augustin Challamel Editeur, 1903.

M. Epstein, The Statesman's Year-Book: Statistical and Historical Annual of the States of the World for the Year 1930, London: Macmillan.

M. Epstein, The Statesman's Year-Book: Statistical and Historical Annual of the States of the World for the Year 1940, London: Macmillan.

M. Loisy, Madagascar, étude économique, Paris Augustin Challamel, 1914.

Madagascar, Histoire et Géographie Élémentaires, Ch. Poussièlgue, Paris, 1901.

Madagascar. Le pays, la production, la vie sociale. Agence Économique du Gouvernement Général de Madagascar, 1933.

Mia Carter and Barbara Harlow, ed., Archives of Empire, Volume1: From East Indian Company to the Suez Canal, Duke University Press Durham and London, 2003.

Morvan Duhamel, Entretiens Confidentiels de Georges Albertini, Editions Amalthée, 2012.

P. B. Gheusi, *Gallieni: 1849 – 1916*, Bibliothèque Charpentier, 1922.

S. H. Steinberg, J. Scott Keltie, ed., the Statesman's Yearbook: 1960, Macmillan, 1960.

S. H. Steinberg, ed., The Statesman's Year-Book: Statistical and Historical Annual of the States of the World for the Year 1960, London: Macmillan.

S. H. Steinberg, ed., The Statesman's Year-Book 1963: The One-Volume ENCYCLOPAEDIA of all nations.

S. H. Steinberg, The Statesman's Year-Book: Statistical and Historical Annual of the States of the World for the Year 1959, Palgrave Macmillan.

S. H. Steinberg, The Statesman's Year-Book: Statistical and Historical Annual of the States of the World for the Year 1965 – 1966, London: Macmillan, 1966.

S. H. Steinberg, The Statesman's Year-Book: Statistical and Historical Annual of the States of the World for the Year 1969 – 1970, London: Macmillan, 1967.

Stephen H. Roberts, *History of French Colonial Policy: 1870 – 1925* Vol. Ⅱ, PS King & Son, Ltd, 1929.

William Ellis, *History of Madagascar* Vol. 1, Fisher Son & Co., 1838.

William Ellis, History of Madagascar Vol. 2, Fisher Son & Co., 1838.

2. 英语、法语学术文章与著作

A Nicholas Awortwi, The Past, Present, and Future of Decentralisation in Africa: Comparative Case Study of Local Government Development Trajectories of Ghana and Uganda, International Journal of Public Administration, 33: 620 – 634, 2010.

Abdul Sheriff, Vijayalakshmi Teelock, et al., Transition from Slavery in Zanzibar and Mauritius: A Comparative History, Council for the Development of Social Science Research in Africa, 2016.

Alex Thomson, An Introduction to African Politics, Routledge, 2010.

Ali M. El-Agraa, Regional Integration: Experience, Theory and Measurement, Palgrave Macmillan, 1999.

Alice L. Conklin, A Mission to Civilize: The republican idea of empire in France and West Africa, 1895 – 1930, Stanford University Press, 1997.

Ambe J. Njoh, Planning Power: Town planning and social control in colonial Africa, UCL Press, 2007.

Andrew Friedman, "The Global Postcolonial Moment and the American New Town: India, Reston, Dodoma", *Journal of Urban History*, Vol. 38, No. 3, 2012.

Andrew Roberts, The Colonial moment in Africa: essays on the movement of minds and materials, 1900 – 1940, Cambridge University Press, 1992.

Angeline Chartier, Transferts et appropriations de modèles de développement dans les pays du Sud: pour une analyse du (dys) fonctionnelment de l'aide: l'exemple de la décentralisation en Haïti et à Madagascar. Géographie. Université Michel de Montaigne-Bordeaux III, 2016.

Anwarul K. Chowdhury and Sandagdorj Erdenebileg, Geography Against Development: A Case for Landlocked Developing Countries, United Nations

Office of the High Representative for the Least Developed Countries, Landlocked Developing Countries and Small Island Developing States (UN-OHRLLS), 2006.

Arturo Giraldez, The Age of Trade: The Manila Galleons and the Dawn of the Global Economy, Rowman & Littlefield, 2015.

Ashley Jackson, "Britain in the Indian Ocean Region", *Journal of the Indian Ocean Region*, Vol. 7, No. 2, December 2011.

Ashley Jackson, War and Empire in Mauritius and the Indian Ocean, Palgrave, 2001.

Author Yoon, Duncan, "The Rationalization of Space and Time: Dodoma and Socialist Modernity", *Journal Ufahamu: A Journal of African Studies*, Vol. 36, No. 2, 2011.

B. R. Mitchell, International Historical Statistics-Africa, Asia and Oceania 1750 – 1993, 1998.

Basil Davidson, A History of West Africa: 1000 – 1800, Longman, 1985, 93 Beate M. W. Ratter, Geography of Small Islands: Outposts of Globalisation, Springer International Publishing, 2018.

Bénédicte Gastineau, et al., ed., Madagascar face au défi des Objectifs du millénaire pour le développement, IRD Éditions, 2010.

Bill Freund, The African City: A History, Cambridge University Press, 2007.

Britannica, Ethnic Groups, https://www.britannica.com/place/Madagascar/Ethnic – groups, 2020 – 08 – 15; Philip M. Allen and Maureen Covell, Historical dictionary of Madagascar Second Edition, The Scarecrow Press, 2005.

Bonar A. Gow, "Admiral Didier Ratsiraka and the Malagasy Socialist Revolution", *The Journal of Modern African Studies*, Vol. 35, No. 3, Sep. 1997.

Canfei He, Shengjun Zhu, Evolutionary Economic Geography in China, Springer, 2019.

Catherine Fournet-Guérin, La nouvelle immigration chinoise à Tananarive, Perspectives chinoises, Volume 96 Numéro 1, 2006.

Catherine Fournet-Guérin, Vivre à Tananarive: Géographie du Changement dans la Capitale Malgache, Karthala, 2007.

Charles Fourier, Théorie des quatre mouvements, partie 1, Les presses du réel, 1998.

Charles H. Feinstein, An Economic History of South Africa Conquest, discrimination and development, Cambridge University Press, 2007.

Christopher B. Barrett, Andrew G. Mude, John M. Omiti, ed., Decentralization and the social economics of development: lessons from Kenya, CAB International, 2007.

CILSS, Landscapes of West Africa-A Window on a Changing World, U. S. Geological Survey EROS, 2016.

Cohn McEvedy and Pichard Jones, Atlas of World Population History, Penguin Books, 1979.

Colin Flint and Peter J. Taylor, Political Geography: World-Economy, Nation-State and Locality, Seventh edition, Routledge, 2018.

Colin Flint, Introduction to geopolitics, Routledge, 2006.

Crosbie Smith, Coal, Steam and Ships Engineering, Enterprise and Empire on the Nineteenth-Century Seas, Cambridge University Press, 2018.

Damien King and David F. Tennant, Debt and Development in Small Island Developing States, Palgrave Macmillan, 2014.

Dana S. Hale, Races on Display French Representations of Colonized Peoples 1886–1940, Indiana University Press, 2008.

Daron Acemoglu, James A. Robinson, Why Nations Fail: The Origins of Power, Prosperity and Poverty, Profile Books, 2012.

David Byrne, Gill Callaghan, Complexity Theory and the Social Science: the State of the Art, Rutledge, 2014.

David Graeber, Lost people: magic and the legacy of slavery in Madagascar, Indiana University Press, 2007.

David L. A. Gordon, ed., Capital Cities in the Twentieth Century, Planning twentieth century capital cities, Routledge, 2009.

Deryck Scarr, Slaving and Slavery in the Indian Ocean, Macmillan Press, 1998.

Désiré Avom and Mouhamed Mbouandi Njikam, Market Integration in the ECCAS Sub-Region, Mthuli Ncube, Issa Faye, Audrey Verdier-Chouchane, ed., Regional Integration and Trade in Africa, Palgrave Macmillan, 2015.

Dhital N., Khasa D. P. Issues and challenges of forest governance in Madagascar, Canadian Journal of Development Studies, 2015.

Didier Galibert, les Gens du Pouvoir à Madagascar: Etat Postcolonial, Légitimité et Territoire (1956 - 2002), Karthala, 2011.

Didier Ratsiraka, Charte de la Révolution Socialiste Malagasy, Imprimerie d'Ouvrages Educatifs-Tananarive dépôt légal N° 44 - 10 - 75, 48, 106.

Dieter Kogler, ed., Evolutionary Economic Geography: Theoretic and Empirical Progress, Routledge, 2016.

Douglass C. North, Understanding the process of economic change, Princeton University Press, 2005.

Dwayne Woods, "Bringing Geography Back In: Civilizations, Wealth, Poverty", International Studies Review, Vol. 5, No. 3.

Edgar Morin, Jean-Louis Le Moigne, L'intelligence de la complexité, Harmattan, 1999.

Edward A. Alpers, On Becoming a British Lake: Piracy, Slaving, and British Imperialism in the Indian Ocean during the First Half of the Nineteenth Century, Robert Harms, Bernard K. Freamon and David W. Blight, ed., Indian Ocean Slavery in the Age of Abolition, Yale University Press, 2013.

Einar Braathen, et al., ed. Ethnicity Kills? The Politics of War, Peace and Ethnicity in SubSaharan Africa, London: Palgrave Macmillan, 2000.

Ek Peng Chew, Loo Hay Lee, Loon Ching Tang, ed., Advances in Maritime Logistics and Supply Chain Systems, World Scientific Publishing.

Emily Callaci, Chief village in a nation of villages': history, race and authority in Tanzania's Dodoma plan, Urban History, 43, Cambridge University Press, 2015.

Emmanuel Jovelin, Lala, Rarivomamantsoa, Opinion Publique et Bonne Gouvernance à Madagascar, l'Harmattan, 2010.

Eric T. Jennings, Perspectives on French Colonial Madagascar, Palgrave Macmillan, 2017.

Esbern Friis-Hansen, Helene Maria Kyed, Participation, Decentralization and Human Rights: A Review of Approaches for Strengthening Voice and Accountability in Local Governance, World Bank, 2008.

F. Saito, Decentralization and Development Partnerships: Lessons from Uganda, Springer Japan, 2003.

Ferdinand Deleris, Ratsiraka: Socialisme et Misère à Madagascar, Paris: L'Harmattan, 1986.

Filliot Jean-Michel, La traite des esclaves vers les Mascareignes au 18e siècle, ORSTOM, Thèse. 3e cycle, Paris, 1970.

Filliot Jean-Michel, La traite des esclaves vers les Mascareignes au XVIIIe siècle, ORSTOM, 1974.

Françoise R. Jourde, Gérard Roy, Paysans, intellectuels et populisme à Madagascar. De Monja Jaona à Ratsimandrava (1960 – 1975), Karthala, Paris, 2010.

François Villancourt, Decentralization in Madagascar: a String of Unfinished Races, International Studies Program, Andrew Young School of Policy Studies, 2008.

Frank-Borge Wietzke, Long-Term Consequences of Colonial Institutions and Human Capital Investments: Sub-National Evidence from Madagascar, World Development, Vol. 66, 2015.

Frémigacci Jean, Les chemins de fer de Madagascar (1901 – 1936), Une modernisation manquée, Afrique & histoire, 2006/2, Vol. 6.

Frémigacci Jean, Etat, Economie et Société Coloniale à Madagascar: Fin XIXè Siècle – 1940, Paris: Karthala, 2014.

Fritojof Capra, The Web of Life: A New Scientific Understanding of Living System, Anchor Books, 1996.

Genese Sodikoff, "Land and languor: ethical imaginations of work and forest in northeast Madagascar", *History and Anthropology*, Vol. 15, No. 4.

George Ritzer, Barry Smart, ed., Handbook of Social Theory, SAGE publications, 2001.

Gerald M. Berg, "The Sacred Musket. Tactics, Technology, and Power in Eighteenth-Century Madagascar", *Comparative Studies in Society and History*, Vol. 27, No. 2, 1985.

Gerald Runkle, "Marxism and Charles Darwin", *The Journal of Politics*, Vol. 23, No. 1, 1961.

Guoyu, Li, World atlas of oil and gas basins, Wiley-Blackwell, 2011.

Gwyn Campbell and Nathalie Guibert, ed., Wine, Society, and Globalization, Multidisciplinary Perspectives on the Wine Industry, Palgrave Macmillan, 2007.

Gwyn Campbell, "The Structure of Trade in Madagascar, 1750 – 1810", *The International Journal of African Historical Studies*, Vol. 26, No. 1, 1993.

Gwyn Campbell, An Economic History of Imperial Madagascar, 1750 – 1895: The Rise and Fall of an Island Empire, Cambridge University Press, 2005.

Hans F. W. Dubois & Giovanni Fattore, Definitions and Typologies in Public Administration Research: The Case of Decentralization, International Journal of Public Administration, 32: 8, 2009.

Hayek, F. A., The Fatal Conceit: The Errors of Socialism, Routledge, 1992.

Hilbert Isnard, La colonisation agricole à Madagascar, Revue de géographie alpine. 1951, Tome 39 No. 1, 1951.

Hubert Deschamps, Tradition and change in Madagascar, 1790 – 1870, in The Cambridge History of Africa, Vol. V: c. 1790 – c. 1870, John E. Flint, ed., Cambridge University Press, 2004.

Hubert Deschamps, Histoire de Madagascar, Berger Levrault, 1961.

Hubert Deschamps, Migrations Intérieures Passées et Présentes à Madagascar, Berger Levrault, 1959.

Immanuel Wallerstein, The Modern World-System Ⅲ: The Second Era of Great Expansion of the Capitalist World-Economy, 1730s – 1840s, Berkeley: University of California Press, 2011.

J. F. Ade Ajayi, ed.; General history of Africa, Ⅵ: Africa in the nineteenth century until the 1880s, UNESCO, 1989.

J. M. Kironde, "Will Dodoma Ever Be the New Capital of Tanzania?" Geoforum, Vol. 24, No. 4, 1993.

Jane Hooper, Feeding Globalization Madagascar and the Provisioning Trade, 1600 – 1800, Ohio University Press, 2017.

Jared Diamond, Collapse: How Societies Choose to Fail or Succeed, Penguin, 2005.

Jared Diamond, Guns, germs, and steel: the fates of human societies,

W. W. Norton & Company, 1999.

Jean-Michel Filliot, Histoire de Seychelles, République Française, Ministère des Relations Extérieures, Coopération et Développement, 1982.

Jean-Paul Rodrigue, Claude Comtois, Brian Slack, The Geography of Transport Systems Third edition, Routledge, 2013.

Jean-Pierre Raison, Les Hautes Terres de Madagascar et Leurs Confins Occidentaux, Enracinement et mobilité des sociétés rurales Tome 1, Karthala, 1984.

Jędrzej George Frynas, Geoffrey Wood, Timothy Hinks, The resource curse without natural resources: Expectations of resource booms and their impact, African Affairs, Volume 116, Issue 463, April 2017.

Jeffrey Herbst, States and Power in Africa, Comparative Lessons in Authority and Control, New Edition, Princeton University Press, 2000.

Jennifer Cole, Forget Colonialism? Sacrifice and the Art of Memory in Madagascar, University of California Press, 2001.

Jeremy Black, ed., War in the early modern world, Taylor & Francis e-Library, 2005.

JICA, The Feasibility Study on Toamasina Port Development in the Republic of Madagascar: Final Report, 2009.

Jingyun Zheng, et al., How climate change impacted the collapse of the Ming dynasty, Climatic Change, 2014, DOI 10.1007/s10584-014-1244-7.

Johannes Muntschick, The Southern African Development Community (SADC) and the European Union (EU): Regionalism and External Influence, Palgrave Macmillan, 2018.

John Frank Clark, Samuel Decalo, Historical Dictionary of Republic of the Congo, Scarecrow Press, 2012.

John Friedmann, A General Theory of Polarized Development, The Ford Foundation Urban and Regional Advisory Program in Chile, INT – 2296, 1967.

John H. Dunning and Sarianna M. Lundan, Multinational Enterprises and the Global Economy, Edward Elgar Publishing, 2008.

John K. Thornton, Warfare in Atlantic Africa: 1500 – 1800, UCL press, 1999.

John Kwadwo Osei-Tutu and Victoria Ellen Smith, Introduction: Interpreting West Africa's Forts and Castles, John Kwadwo Osei-Tutu Victoria Ellen Smith, ed., Shadows of Empire in West Africa: New Perspectives on European Fortifications, Palgrave Macmillan, 2018.

John Wright, The Trans-Saharan Slave Trade, Routledge, 2007.

Jonathan Moore, The Political History of Nigeria's New Capital, The Journal of Modern African Studies, Volume 22, Issue 01, 1984.

Joseph A. Obieta, The International Status of the Suez Canal, Martinus Nijhotf, The Hague, 1970.

Juval Portugali, Self-Organization and the City, Springer, 2000.

Karen Ellicott, ed., Cities of the World, Volume 1: Africa.

Karin Kleinbooi, Rick de Satgé with Christopher Tanner, Decentralised Land Governance: Case Studies and Local Voices from Botswana, Madagascar and Mozambique, Institute for Poverty Land, and Agrarian Studies, School of Government, EMS Faculty, University of the Western Cape, 2011.

Karl Marx and Friedrich Engels, Selected Correspondence 1846 – 1895, New York: International Publishers, 1975.

Karl Wittfogel, Oriental Despotism: A Comparative Study of Total Power, Yale University Press, 1981.

Kazuo Kobayashi, Indian Cotton Textiles in West Africa: African Agency,

Consumer Demand and the Making of the Global Economy, 1750 – 1850, Palgrave Macmillan, 2019.

Kempe Ronald Hope and Bornwell C. Chikulo, ed., Corruption and Development in Africa Lessons from Country Case Studies, London: Palgrave Macmillan, 2000.

Kerry Ward, Networks of Empire: Forced Migration in the Dutch East India Company, Cambridge U Kevin R. Cox Murray Low Jennifer Robinson, ed., The SAGE Handbook of Political Geography, SAGE Publications, 2008, 552 – 558niversity Press, 2009.

Klaus Schwab, ed., The Global Competitiveness Report 2019, World Economic Forum, 2019.

Lala Herizo Randriamihaingo, Coopération et décentralisation à Madagascar: Etats, organisations internationales et transnationalité, Science politique, Université de Pau et des Pays de l'Adour, 2011.

Larinihiko Denis Alexandre, Ecrire l'histoire du mouvement de résistance à la colonisation: un enjeu historiographique à Madagascar, Afrika Zamani, No. 17, 2009.

Lars Vig, Les Conceptions Religieuse des Anciens Malgaches, Paris: Karthala, 2001.

Lauren Ploch and Nicolas Cook, Madagascar's Political Crisis, Washington: CRS Report for Congress, 2012.

Laurent Bossard, ed., West African Studies: Regional Atlas on West Africa, OECD 2009.

Louis Dumont, Essais Sur L'individualisme: Une Perspective Anthropologique Sur L'idéologie Moderne, Paris: Edition du Seuil, 1991.

Luce Beeckmans, The Architecture of Nation-building in Africa as a Development Aid Project: Designing the capital cities of Kinshasa (Congo) and Dodoma (Tanzania) in the post-independence years, Progress in

Planning, No. 122, 2018.

M. Reda Bhacker, Trade and Empire in Muscat and Zanzibar: Roots of British domination, Routledge, 2003.

Madagascar Fenêtre: Aperçus sur la Culture Malgache Volume 2, Antananarivo: CITE, 2006.

Marcus R, Onjala J. Exit the State: Decentralization and the Need for Local Social, Political, and Economic Considerations in Water Resource Allocation in Madagascar and Kenya. Journal of Human Development, 2008, 9 (1).

Mariana Candido, An African Slaving Port and the Atlantic World: Benguela and its Hinterland, Cambridge University Press, 2013.

Marito Garcia, Andrew Sunil Rajkumar, Achieving Better Service Delivery Through Decentralization in Ethiopia, The International Bank for Reconstruction and Development / The World Bank, 2008.

Mark Blacksell, Political geography, Routledge 2006.

Mark Lardas, British Frigate vs French Frigate: 1793 – 1814, Osprey Publishing, 2013.

Martin J. Murray and Garth A. Myers, ed., Cities in contemporary Africa, Palgrave Macmillan, 2006.

Michael Pacione, Urban Geography: A Global Perspective, Routledge, 2009.

Michael Twomey, A Century of Foreign Investment in the Third World, London: Routledge, 2000.

Michael P. M. Finch, A Progressive Occupation? The Gallieni-Lyautey Method and Colonial Pacification in Tonkin and Madagascar: 1885 – 1900, Oxford University Press, 2013.

Mireille Razafindrakoto, François Roubaud, Jean-Michel Wachsberger, Institutions, gouvernance et croissance de long terme à Madagascar:

l'énigme et le paradoxe, UMR DIAL, 2013.

Mireille Razafindrakoto, François Roubaud, Jean-Michel Wachsberger, L'énigme et le paradoxe, Économie politique de Madagascar, IRD Éditions, 2017.

Mireille Razafindrakoto, François Roubaud, Jean-Michel Wachsberger, Les Elites à Madagascar: un essai de sociographie1 Synthèse des premiers résultats de l'enquête ELIMAD 2012 – 2014, Institut de Recherche pour le Développement, 2015.

Onyanta Adama, Urban governance and spatial inequality in service delivery: a case study of solid waste management in Abuja, Nigeria, Waste Management & Research 30 (9), 2012.

Paris Yeros, ed., Ethnicity and Nationalism in Africa Constructivist Reflections and Contemporary Politics, London: Palgrave Macmillan, 1999.

Patricia Rajeriarison and Sylvain Urfer, Idées Reçues: Madagascar, Antananarivo: Foi et Justice, 2010.

Paul Collier, Jan Willem Gunning, "Why Has Africa Grown Slowly?" *The Journal of Economic Perspectives*, Vol. 13, No. 3, Summer 1999.

Paul Knox, John Agnew and Linda McCarthy, The Geography of the World Economy, Routledge, 2014; Rob Potter, et al., Key Concepts in Development Geography, SAGE, 2012.

Paul L. Knox and Sallie A. Marston, Human Geography: Places and Regions in Global Context, Pearson, 2016.

Peter Whitfield, New found lands: maps in the history of exploration, Routledge, 1998.

Phares M. Mutibwa, Britain's "Abandonment" of Madagascar: The Anglo-French Convention of August 1890, Transafrican Journal of History, Vol. 3, No. 1/2, 1973.

Phil Hubbard, City: Key ideas in geography, Routledge, 2006.

Philip D. Curtin, The Atlantic Slave Trade, A Census, The University of Wisconsin Press.

Philip M. Allen and Maureen Covell, Historical Dictionary of Madagascar, Scarecrow Press, 2005.

Philippe Beaujard, The Worlds of the Indian Ocean: A Global History, Vol II, From the Seventh Century to the Fifteenth Century, Cambridge University Press, 2019.

Philippe De Lombaerde and Luk Van Langenhove, Indicators of regional integration: conceptual and methodological aspects, Philippe De Lombaerde, ed., Assessment and Measurement of Regional Integration, Routledge, 2006.

Pier M. Larson, Fragments of an Indian Ocean Life: Aristide Corroller Between Islands and Empires, Journal of Social History, Vol. 45, No. 2, The Indian Ocean, Winter 2011.

Pier M. Larson, History and Memory in the Age of Enslavement: Becoming Merina in Highland Madagascar (1770 – 1822), James Currey, 2000.

R. Keith Sawyer, Social Emergence Societies as Complex Systems, Cambridge University Press, 2005.

Ravelohery N. Tahina, Problems and Solutions-Madagascar Evidence, Journal of Economics and Finance Volume 6, Issue 2. Ver. I, 2015.

Riccardo M. Pulselli and Enzo Tiezzi, City out of Chaos Urban Self-organization and Sustainability, WIT Press, 2009.

Richard B. Allen, Ending the history of silence: reconstructing European Slave trading in the Indian Ocean, Revista Tempo, Vol. 23, No. 2, Artigo 6, 2017.

Richard B. Allen, The Mascarene Slave-Trade and Labour Migration in the Indian Ocean during the Eighteenth and Nineteenth Centuries, Gwyn Campbell, ed., The Structure of Slavery in Indian Ocean Africa and Asia, Frank Cass Publisher, 2003.

Richard B. Allen, Slaves, Freedmen, and Indentured Laborers in Colonial Mauritius, Cambridge University Press, 1999.

Richard B. Allen, Slaves, Freedmen, and Indentured Laborers in Colonial Mauritius, Cambridge University Press, 2003.

Richard J. Reid, Warfare in African History, Cambridge University Press, 2012.

Richard Marcus, "Political Parties in Madagascar: Neopatrimonial Tools or Democratic Instruments?" *Party Politics*, Vol. 11, No. 4, 2005.

Richard R. Marcus, The Politics of Institutional Failure in Madagascar's Third Republic, Rowman & Littlefield, 2016.

Rif Winfield, British warships in the age of sail, 1793 – 1817, Seaforth Publishing, 2005.

Robert B. Marks, The Origins of the Modern World: A Global and Environmental Narrative from the Fifteenth to the Twenty-First Century, Rowman & Littlefield Publishers, 2015; Eugene N. Anderson, The East Asian World-System: Climate and Dynastic Change, Springer, 2019.

Robert J. Mundt Historical Dictionary of Côte d'ivoire, Scarecrow Press, 1995.

Rodrigo Tavares and Michael Schulz, Measuring the impact of regional organisations on peace building, Philippe De Lombaerde, ed., Assessment and Measurement of Regional Integration, Routledge, 2006.

Roger Lee, et al., The SAGE Handbook of Geography, SAGE, 2014.

Ronald Hyam, Understanding the British Empire, Cambridge University Press, 2012.

Rupert Hodder, Development Geography, Routledge, 2000.

S. L. Kotar and J. E. Gessler, Smallpox: a History, McFarland & Company, Inc., 2013.

Sethia Tara, British Coionial Poiicy and the Decision to Abandon Madagascar to the French, 1882 – 1883, UCLA Historical Journal, 1981.

Shengjun Zhu, Wenwan Jin and Canfei He, On evolutionary economic geography: a literature review using bibliometric analysis, European Planning Studies, Vol. 27, No. 4.

Sheriff Abdul, Slaves, Spices & Ivory in Zanzibar: Integration of an East African Commercial Empire into the World Economy, Ohio University Press, 1987.

Sidney Mintz, Sweetness and Power, The Place of Sugar in Modern History, Penguin Books, 1985.

Simon Bekker and Göran Therborn, eds., Power and Powerlessness: Capital Cities in Africa, Human Sciences Research Council and CODESRIA, 2010.

Solo Raharinjanahary, Emmanuel Tehindrazaharivelo. Les Communautés Ethniques à Madagascar// Laurence Ink. Madagascar Fenêtre: Aperçus sur la Culture Malgache Volume 3. Antananarivo: CITE, 2009.

Solofo Randrianja, le Parti Communiste de la Région de Madagascar: 1930 – 1939, Foi et Justice, 1990.

Solofo Randrianja, Stephen Ellis, Madagascar: A Short Introduction, Chicago: The University of Chicago Press, 2009.

SPAT, Statistiques Annuelles, http://www.port-toamasina.com/statistiques/statistiques-annuelles/, 2020 – 03 – 12.

Spyros G. Tzafestas, Energy, Information, Feedback, Adaptation, and Self-organization The Fundamental Elements of Life and Society, Springer, 2018.

Stephen Ellis, l'Insurrection des Menalamba: Une Révolte à Madagascar (1895 – 1898), ASC-Karthala-Ed, Ambozontany, 1998.

Steven Gray, Steam Power and Sea Power: Coal, the Royal Navy, and the

British Empire, c. 1870 – 1914, Palgrave Macmillan, 2018.

Sylvain H. Boko, Decentralization and Reform in Africa, Springer Science + Business, 2002.

Symonette Fanjanarivo, et al., Entreprendre à Madagascar: les Grands Défis d'un Développement pour tous, Antananarivo: CERIC, 2016.

Thomas Hobbes, Leviathan, or the Matter, Form, & Power of a Commonwealth Ecclesiastical and Civil, Green Dragon in St. Pauls Churchyard, 1651.

Thomas Kuhn, The Essential Tension: Selected Studies in Scientific Tradition and Change, University of Chicago Press, 1977.

Thomas Sowell, Conquests and Cultures: An International History, Basic Books, 199813.

Thomas Suarez, Early mapping of the Pacific: the epic story of seafarers, adventurers and cartographers who mapped the earth's greatest ocean, Periplus Editions, 2004.

Thompson Alvin, The Role of Firearms and the Development of Military Techniques in Merina Warfare, c. 1785 – 1828, Revue française d'histoire d'outre-mer, tome 61, n°224, 3e trimestre 1974.

Toyin Falola and Matthew M. Heaton, A History of Nigeria, Cambridge University Press, 2008.

Trevor Burnard and John Garrigus, The Plantation Machine: Atlantic Capitalism in French Saint-Domingue and British Jamaica, University of Pennsylvania Press, 2016.

Ugo Rossi and Alberto Vanolo, Urban Political Geographies: A Global Perspective, Sage Publication, 2012.

Vadim Rossman, Capital Cities: Varieties and Patterns of Development and Relocation, Routledge, 2017.

Virginia Thompson, Richard Adloff, the Malagasy Republic: Madagascar

Today, Stanford University Press, 1965.

W. E. B. DuBois, Africa, Its Geography, People and Products and Africa-Its Place in Modern History, Oxford University Press, 2007.

Wanjala S. Nasong'o, ed., The Roots of Ethnic Conflict in Africa From Grievance to Violence. London: Palgrave Macmillan, 2015.

Wendy Wilson-Fall, Memories of Madagascar and Slavery in the Black Atlantic, Ohio University Press, 2015.

William A. Hance, "Transportation in Madagascar", *Geographical Review*, Vol. 48, No. 1, Jan. 1958.

William Edmundson, A History of the British Presence in Chile: From Bloody Mary to Charles Darwin and the Decline of British Influence, Palgrave Macmillan, 2009.

William Gervase Clarence-Smith and Steven Topik, ed., The Global Coffee Economy in Africa, Asia, and Latin America, 1500 – 1989, Cambridge University Press, 2003.

Yuko Aoyama, James T. Murphy and Susan Hanson, Key Concepts in Economic Geography, SAGE Publications, 2011.

Zöe Crossland, *Ancestral Encounters in Highland Madagascar: Material Signs and Traces of the Dead*, Cambridge University Press, 2014.

报告、数据库、网络资料

African Economic Outlook 2015: Regional Development and Spatial Inclusion, OECD publishing, 2015.

Agence Economique de Gouvernement de Madagascar, Madagascar: Le pays, la production, la vie sociale, Agence Économique du Gouvernement Général de Madagascar, 1933.

Ambatovy History, http://www.ambatovy.com/ambatovy – html/docs/index.php.html, 2019 – 05 – 12.

Andry Rajoelina sur FRANCE24, Il ne faut pas sous-estimer les scientifiques africains, https://www.youtube.com/watch?v=K1oBM5RPp_k, 2020-08-20.

Association Humanitaire AKAMASOA, Evénements, https://www.perepedro-akamasoa.net/gallery/evanements/, 2020-09-05.

Association Humanitaire AKAMASOA, Rapport d'activités 2013 Et Perspectives 2014, http://www.perepedro-akamasoa.net/wp-content/uploads/2015/08/rapport_d_activite_20132.pdf, 2020-09-05.

BBC, Madagascar: l'or engendre la polémique, https://www.bbc.com/afrique/region-37323620, 2020-10-24.

BBC, The crocodile feeder of Ivory Coast, https://www.bbc.com/news/magazine-19576296, 2020-09-02.

City Population, https://www.citypopulation.de, 2020-05-25.

Container port traffic (TEU: 20 foot equivalent units), https://www.google.com/publicdata/explore?ds=d5bncppjof8f9_&hl=en&dl=en#!ctype=l&strail=false&bcs=d&nselm=h&met_y=transport_infrastructure_and_services&scale_y=lin&ind_y=false&rdim=world&idim=country:MUS:NAM:MDG:TZA:KEN:BEN:AGO:SEN&ifdim=world&hl=en_US&dl=en&ind=false, 2020-09-17.

Délestage: Moins fréquent à Tanà mais plus accentué en provinces, http://www.midi-madagasikara.mg/economie/2019/01/12/delestage-moins-frequent-a-tana-mais-plus-accentue-en-provinces/, 2020-03-28.

Electoral Geography, Madagascar Presidential Election, https://www.electoralgeography.com/new/en/?s=madagascar&submit=search, 2020-06-15.

Express Madagascar, Résultats Provisoires Communaux, les Derniers Plis Attendu à Mahajanga, https://lexpress.mg/03/12/2019/resultats-provisoires – communaux – les – derniers – plis – attendus – a – mahajanga/, 2020 – 07 – 22.

Financial Afrik, Andry Rajoelina enclenche la vitesse supérieure à Madagascar, https://www.financialafrik.com/2019/11/18/andry – rajoelina – enclenche – la – vitesse – superieure – a – madagascar/, 2020 – 07 – 10; Programme FIHARIANA – Projet AKOHO NAKÀ.

France 24, Yamoussoukro, capitale abandonnée de la Côte d'Ivoire, https://www.youtube.com/watch?v=_5eSBafNGq8, 2020 – 09 – 03.

Francis Hutcheson, An Inquiry into the Original of Our Ideas of Beauty and Virtue, http://oll.libertyfund.org/title/2462, 47.

Friedrich Ebert Stiftung, Politika, 2016 Ⅲ, 35.

Friends of the Earth France and Friends of the Earth Europe, Initiative pour la Recherche Economique et Sociale en Afrique, Madagascar: The New Eldorado for Mining and Oil Companies, www.amisdelaterre.org/rapport-madagascar.

G. Chaliand, Comparing Mackinder's "Heartland", https://www.researchgate.net/figure/Comparing – Mackinders – Heartland – Source – G – Chaliand – J – P – Rageau – Strategic – Atlas_fig3_282007294, 2019 – 03 – 10.

Government of Madagascar, Recensement 1975: Séries Etudes et Analyse-les Ménages, 2.

Groupe de Banque Mondiale, Diagnostic systématique de pays: Madagascar, 2015.

Haute Cour Constitutionnelle, Résultats définitifs du second tour de l'élection présidentielle du 19 décembre 2018, http://www.hcc.gov.mg/wp – content/Recap/National.pdf, http://www.hcc.gov.mg/wp – content/Recap/Province.pdf, 2020 – 08 – 16.

Human Development Index (HDI). United Nations, http://hdr.undp.

org/en/content/human – development – index – hdi, 2020 – 10 – 20.

IMF, Republic of Madagascar: Economic Development, Country Report No. 17/225.

Individual country files and economic contour map G-Econ project, Yale University, https://gecon. yale. edu/country – listing, 2020 – 03 – 16.

Initiative Emergence Madagascar—Politique Générale de l'Etat, 2019 – 2023.

Institut National de la Statistique (INSTAT), 3ème Recensement général de la population et de l'habitation, 2019.

Jean-Pierre Raison, Pour une géographie du hasina (Imerina, Madagascar), https://horizon. documentation. ird. fr/exl – doc/pleins_ textes/divers4/010017390. pdf, 2020 – 11 – 20.

Laurent Gbagbo, Pourquoi Yamoussoukro? https://www. jeuneafrique. com/129487/archives – thematique/pourquoi – yamoussoukro/#: ~ : text = Abidjan%20est%20donc%20une%20ville, culture%20et%20de%20notre%20civilisation, 2020 – 09 – 02.

Logistics Cluster, https://logcluster. org/countries, 2020 – 05 – 29.

Madagascar Oil Ltd. , Madagascar Oil Updates on its Operations, Including Tsimiroro Project, https://www. rigzone. com/news/oil _ gas/a/137516/madagascar_ oil_ updates_ on_ its_ operations_ including_ tsimiroro_ project/? all = HG2, 2019 – 06 – 15.

Madagascar Oil Sa: Company Profile and History, https://www. ide. go. jp/English/Data/Africa_ file/Company/madagascar02. html, 2019 – 09 – 30.

Madagate, Antananarivo. Résultats officiels des élections municipales 2015, http://www. madagate. org/madagascar – informations – politiques/a – la – une/5267 – antananarivo – resultats – officiels – des – elections – municipales – 2015. html, 2020 – 07 – 20; Élections municipales malgaches de 2019, https://fr. wikipedia. org/wiki/%C3%89lections_ municipales_ malgaches_ de_ 2019#：~：text = Notes%20et%20r%C3%A9f%C3%A9rences-, D%C3%A9roulement,%C3%A9lu%20dix%20mois%20plus%20t%C3%B4t., 2020-07-20.

Mauritius Ports Authority, Annual Report, http：//www.mauport.com/sites/default/files/public/MPA-Annual-Report-2012.pdf, 2020-03-12.

Midi Madagascar, Andry Rajoelina à Mahajanga：Développement équitable pour toutes les régions, http：//www.midi-madagasikara.mg/politique/2019/05/24/andry-rajoelina-a-mahajanga-developpement-equitable-pour-toutes-les-regions/, 2020-05-31.

Midi-Madagascar, Projet Tanà Masoandro：Un investissement de 2575 milliards Ariary, http：//www.midi-madagasikara.mg/economie/2019/07/31/projet-tana-masoandro-un-investissement-de-2575-milliards-ariary/, 2020-08-23.

Midi-Madagascar, Solidarité côtière de Madagascar：Résurgence du clivage tribal, http：//www.midi-madagasikara.mg/a-la-une/2020/06/09/solidarite-cotiere-de-madagascar-resurgence-du-clivage-tribal-2/, 2020-10-28.

Ministère de l'Intérieur et de la Décentralisation de Madagascar, LOI N° 2014-020 du 27 septembre 2014 Relative aux ressources des Collectivités territoriales.

Ministre de l'Intérieur et de la Décentralisation, Décret n°2015-592 portant classement des Communes en Communes urbaines ou en Communes rurales, http：//www.mefb.gov.mg/dgcf/textes-pdf/decentralisation/DECRETS/Decret_ classement_ communes_ Fokontany_ consolide.pdf, 2020-08-16.

Miroslav N. Jovanovic, Dusan Sidjanski, Evolutionary Spatial Economics：Understanding Economic Mongabay, Madagascar：Échec des efforts soutenus par la Banque mondiale pour commercialiser la viande bovine, https：//fr. mongabay. com/2020/09/madagascar－echec－des－efforts－soutenus－par－la－banque－mondiale－pour－commercialiser－la－viande－bovine/，2020－11－16Geography and Location Over Time, Edward Elgar Publication, 2020.

Mongabay, Madagascars：Next president to take office bears suspect eco record, https：//news. mongabay. com/2019/01/madagascars－next－president－to－take－office－bears－suspect－eco－record/，2019－06－05.

Nature, Fate of Madagascar's forests in the hands of incoming president, https：//www. nature. com/articles/d41586－019－00189－8，2019－06－05.

OECD, Making Development Cooperation Work for Small Island Developing States, 2018.

Online Etymology Dictionary, https：//www. etymonline. com/word/develop, 2020－10－20.

Présidence de Madagascar, "530 Millions d'Ariary de financement, octroyés pour 30 projets sélectionnés", http：//www. presidence. gov. mg/actualites/informations/economie/704－programme－fihariana－projet－akoho－naka－530－millions－d－ariary－de－financement－octroyes－pour－30－projets－selectionnes. html, 2020－07－10；Des solutions pérennes contre la sècheresse dans le Sud, http：//www. presidence. gov. mg/actualites/informations/sociale/732－des－solutions－perennes－contre－la－secheresse－dans－le－sud. html；2020－0710；Lancement officiel de la distribution des dictionnaires：pour une éducation de qualité à Madagascar, http：//www. presidence. gov. mg/actualites/informations/sociale/744－lancement－officiel－de－la－distribution－des－dictionnaires－pour－une－education－de－qualite－a－madagascar. html, 2020－07－10.

Reuters, Madagascar faces struggle to restore mining industry, https://www.reuters.com/article/us-madagascar-mining-analysis/analysis-madagascar-faces-struggle-to-restore-mining-industry-idUSBRE9B10F320131202, 2018-10-05.

Slave Voyages, Trans-Atlantic Slave Trade-Database, https://www.slavevoyages.org/voyage/database#timeline, 2020-03-12.

Slave Voyages, Trans-Atlantic Slave Trade-Database, https://www.slavevoyages.org/voyage/database, 2020-06-01.

TAMALU: Bilan d'une Expérience d'Industrialisation à Madagascar (1964-1967), ORSTOM Tananarive, 1966-1968.

Tanà-Masoandro, Tanà-Masoandro: the new city of Antananarivo, https://www.youtube.com/watch?v=fxzM1pm9ZHM, 2020-08-22.

Tanà-Masoandro, Tanà-Masoandro: the new city of Antananarivo, https://www.youtube.com/watch?v=fxzM1pm9ZHM&feature=youtu.be, 2020-07-10.

Telegraph, Madagascar is blessed with resources but cursed by politics, https://www.telegraph.co.uk/news/worldnews/africaandindianocean/madagascar/5009380/Madagascar-is-blessed-with-resources-but-cursed-by-politics.html, 2018-10-05.

Transparency International, Les gagnants du concours de presse: quel est le budget de ma commune? https://www.transparency.mg/index.php/les-gagnants-du-concours-de-presse--quel-est-le-budget-de-ma-commune-, 2020-08-06.

Tribune Madagascar, L'officialisation de la création de la 23e région très attendue, https://www.madagascar-tribune.com/L-officialisation-de-la-creation-de-la-23e-region-tres-attendue.html, 2020-11-02.

TWAS (the Academy of Sciences for the Developing World), Malagasy Institute for Applied Research: Profiles of Research Institutions in Developing Countries, 2008.

UNCTAD, Economic Development in Africa Report 2009: Strengthening Regional Economic Integration for Africa's Development, 2009.

UNCTAD, Economic Development in Africa Report 2017: Tourism for Transformative and Inclusive Growth, United Nations Publication, 2017.

UNCTAD, https://unctad.org/en/Pages/Home.aspx, 2020 – 04 – 10.

UNCTAD, Review of Maritime Transport 2019, 2020.

USAID, Democratic Decentralization Programming Handbook, 2009.

Wikipedia, Basilica of Our Lady of Peace, https://en.wikipedia.org/wiki/Basilica_ of_ Our_ Lady_ of_ Peace, 2020 – 09 – 02.

Wikipedia, Demographics Lagos, https://en.wikipedia.org/wiki/Lagos#History, 2020 – 07 – 09.

Wikipedia, Demographics of Madagascar, https://en.wikipedia.org/wiki/Demographics_ of_ Madagascar#:~:text = According%20to%20the%202019%20revision, was%2065%20years%20or%20older%20, 2020 – 10 – 25.

Wikipedia, Détail vitrail Notre-Dame de la Paix de Yamoussoukro, https://fr.wikipedia.org/wiki/Fichier:D%C3%A9tail_ vitrail_ Notre – Dame_ de_ la_ Paix_ de_ Yamoussoukro.jpg.

Wikipedia, List of countries by GDP (nominal) per capita, https://en.wikipedia.org/wiki/List_ of_ countries_ by_ GDP_ (nominal) _ per_ capita, 2019 – 10 – 25.

Wikipedia, List of countries by length of coastline, https://en.wikipedia.org/wiki/List_ of_ countries_ by_ length_ of_ coastline, 2020 – 09 – 10.

Wikipedia, Madagascar Topography, https://ja.wikipedia.org/wiki/%E3%83%95%E3%82%A1%E3%82%A4%E3%83%AB: Madagascar_ Topography. png, 2019 – 08 – 12.

Wikipedia, Port of Durban, https：//en. wikipedia. org/wiki/Port_ of_ Durban, 2020 – 03 – 12.

Wikipedia, The Brouwer Route, https：//en. wikipedia. org/wiki/File：The – Brouwer – Route. jpg, 2020 – 10 – 10.

Wikipedia, Thirty-six Views of Mount Fuji, https：//en. wikipedia. org/wiki/Thirty – six_ Views_ of_ Mount_ Fuji, 2020 – 09 – 03.

World Bank Blog, Antananarivo：A city for whom？ https：//blogs. worldbank. org/nasikiliza/antananarivo – a – city – for – whom, 2020 – 11 – 03.

World Bank Database, https：//data. worldbank. org. cn/topic/% E8% B4% B8% E6% 98% 93？ end = 2008&locations = MG&start = 1960, 2020 – 11 – 15.

World Bank In Madagascar Country Overview, https：//www. worldbank. org/en/country/madagascar/overview, 2019 – 10 – 25.

World Bank, Decentralization in Madagascar, 2004.

World Bank, Governance and Development Effectiveness Review A Political Economy Analysis of Governance in Madagascar, Report No. 54277 – MG, 2010 – 12 – 12.

World Bank, http：//web. worldbank. org/archive/website01100/Program/WEB/0_ _ CO – 37. HTM, 2019 – 05 – 03.

World Bank, https：//data. worldbank. org/indicator/SP. POP. TOTL？ locations = ZG; https：//data. worldbank. org/indicator/EN. URB. LCTY？ locations = ZG, 2020 – 05 – 25.

World Bank, Hydro Atlas of Madagascar, Sheer, 2017.

World Bank, Madagascar Decentralization, Report No. 25793 – MAG, 2003.

World Bank, Madagascar Road Connectivity Project（P166526）, 2019.

World Bank, Public Data: GDP per Capita, World Bank, https://www. google. com/publicdata/explore? ds = d5bncppjof8f9_ &met_ y = ny_ gdp_ mktp_ cd&idim = country: MDG: MUS: MOZ&hl = en&dl = en#! ctype = l&strail = false&bcs = d&nselm = h&met_ y = ny_ gdp_ pcap_ cd&scale_ y = lin&ind_ y = false&rdim = world&idim = region: SSF&ifdim = world&hl = en_ US&dl = en&ind = false, 2020 - 09 - 16.

World Bank, Public Data: GDP per Capita. World Bank, https://www. google. com/publicdata/explore? ds = d5bncppjof8f9_ &met_ y = ny_ gdp_ mktp_ cd&idim = country: MDG: MUS: MOZ&hl = en&dl = en#! ctype = l&strail = false&bcs = d&nselm = h&met_ y = ny_ gdp_ pcap_ cd&scale_ y = lin&ind_ y = false&rdim = world&idim = country: MDG: CIV: TZA: KEN: RWA: SEN&ifdim = world&hl = en_ US&dl = en&ind = false, 2020 - 09 - 16.

World Bank, Silent and lethal: How quiet corruption undermines Africa's development efforts, African Development Indicators 2010, Washington, D. C. 2010.

World Digital Library, Portolan Chart, https://www. wdl. org/en/item/18177/, 2019 - 12 - 3.

中华全国工商业联合会：《非洲亚洲谋发展，塑造国际好品牌——内蒙古鹿王羊绒在马达加斯加打造样板企业》，http://www. acfic. org. cn/fgdt1/minqifengcai/201809/t20180910_ 55864. html，2020 - 08 - 20。

致　　谢

本书是根据我的博士学位论文修改而成的。这里首先要感谢我的家人，他们给予我陪伴、包容和理解，用温暖的日常化解我博士研究期间的压力与迷茫。

其次要感谢清华大学发展中国家研究博士生项目、清华大学国际与地区研究院以及国家留学基金委的资助，没有这些支持我无法完成本书的研究和写作，特此表示最真挚的谢意。

同样需要感谢的还有唐晓阳老师，作为我的博士导师，他见证了我在学术道路上从莽撞到沉稳的转变过程；他既给予我在思考上充分的自由空间，又通过自己厚重的学养在关键时刻为我指点迷津。

接下来要感谢 Solofo Randrianja 教授，在马达加斯加实地研究的两年间他成为我的良师益友，我们的友情从印度洋边的树影下一直延伸到清华园的暮霭里，相信这段奇妙的缘分尚未终结。

同时非常感谢加州伯克利大学非洲研究中心主任 Leonardo Arriola 教授在我访学一年期间对我的照顾和指导，每一个披萨之夜的学术交流都让人难忘。当然还不能忘记 Ugo Nwokeji 教授的邀请和 Martha Saavedra 教授提供的无私帮助。此外，要特别感谢 Cheryl Schmitz 和 Rachel Strohm 的热情接待，从中我得以快速融入当地的青年学者群体。

学术上需要感谢的还有巴黎索邦大学的 Catherine Fournet-Guerin 教授和北京大学的潘华琼副教授，关于非洲的人文地理和古代史问题，我从与两位学者的交流中获得了丰富的收获和灵感。

当然，忘不了的还有在清华园里的每一个课程，各位老师独特的学术旨趣和丰富的专业知识都如周天星座般在回忆中耀动，清晰而富有深意，谢谢你们无私的分享与传授。

特别的感谢还要献给我在田野里遇到的当地朋友：Charles，我的老大哥还有你笑容宛在的妻子，Mika、Jean-Baptiste、Haja、Alissa、Merlyn、Loïc 以及所有向我敞开内心、讲述你们喜怒哀愁的人。

最后，还要感谢田野中来自祖国故土的情感：杨小茸大使的接见问候，赵颖星与陈康颖秘书的帮助，李威经理的热情款待，当地各位中资企业领导的关爱，一切皆感怀于心。此外还要专门把感谢献给在塔那那利佛一起打球的中国朋友们，作为远赴万里之外的创业者，你们身上的智慧和勇气也在鼓舞着我。